AMERICANS AND CHINESE
美国人与中国人

[美] 许烺光
——
著

沈彩艺
——
译

浙江人民出版社

目 录

前　言　001
自　序　010
引言：文化与行为　021

第一篇　追根溯源　001
　　　　　引子　002
第一章　现实之镜像　004
　　　　绘画　004
　　　　小说　015
第二章　两性关系　034
　　　　爱情　034
　　　　男权世界中的女性　045
　　　　恋爱与共产主义　047
　　　　一起谋杀案　053
第三章　差异之源　058
　　　　住宅　059
　　　　父母与子女　061
　　　　学校　073
　　　　社会需求与价值观　088

第四章　欧洲的终结与美国的开端　100
　　　美式生活的兴起　108

第二篇　人、神与万物　119

　　　引子　120

第五章　婚姻与阶级　123
　　　阶级　135

第六章　成功与英雄　143
　　　成功　143
　　　英雄崇拜　147

第七章　对政府的不同态度　163
　　　政府权威　163
　　　距离感及认同　171

第八章　政府的弊端　182
　　　腐败　182
　　　如何赢得好感和影响官员　188
　　　反抗与分裂　198

第九章　两种宗教　210
　　　中国人的宗教观　212
　　　祖先崇拜　218
　　　多神教与一神教　224

第十章　宗教信仰的基础　238
　　　"愿意参加卫理公会？"　238
　　　美国教会的发展方向　244

第十一章　对经济生活的两种态度　261
　　　中国经济的特点　262
　　　中国政府与中国经济　272

　　　　美国人的经济观念　273
第十二章　工业失败与经济危机　279
　　　　为什么中国没能实现工业化？　280
　　　　竞争：分与合的焦点　286

第三篇　进退两难　297

　　　　引子　298
第十三章　美国的问题　299
　　　　老龄人口问题　299
　　　　代际问题　307
　　　　种族危机　315
　　　　性犯罪与暴力　325
第十四章　中国人的弱点　338
　　　　传统的束缚　338
　　　　没有变革的革命　343
　　　　不发达的科学与音乐　349
　　　　缺乏家族之外的志愿组织　359
　　　　知足的代价　363
第十五章　共产主义在中国　367
　　　　动荡的中国　369
　　　　中国共产党力量的早期源泉　375
　　　　共产党领导下的变革　380
　　　　农村公社　382
　　　　城市公社　384
　　　　工分制与家族　385
　　　　干部、新的对话体系与社会转型　390
第十六章　不平静的世界：共产主义与美国　397

美国的困境　399
美国的选择　402
内部的敌人　410

后记：目的与成果　430
中国与西方简史对照　444
译后记　450
出版后记　453

前　言

1.

许烺光先生这本《美国人与中国人》，可被归入国外观察家解读美国人国民性格的出版大类，该系列以往的知名作者还包括：克雷夫科尔（Crèvecoeur）[①]和雅克-皮埃尔·布里索（Jacques-Pierre Brissot）[②]、弗朗西斯·利伯（Francis Lieber）[③]和弗朗西斯·格伦德（Francis Grund）[④]、托克维尔（Tocqueville）[⑤]、詹姆斯·布赖斯（James Bryce）[⑥]、于果·明斯特伯格（Hugo Münsterberg）[⑦]、乔治·桑塔耶拿

[①] 克雷夫科尔（1735—1813）：法裔美国作家和博物学家。1782年，他在伦敦将12篇文章编辑后出版，即是使他扬名一时的《一个美国农民的信》（*Letters from an American Farmer*）。
[②] 雅克-皮埃尔·布里索（1754—1793）：法国政治家、记者，大革命期间吉伦特派领袖。
[③] 弗朗西斯·利伯（1798或1800—1872）：德裔美国法学家、政治哲学家。他曾编撰《美国百科全书》（*Encyclopedia Americana*），而完成于美国内战期间的《参战政府密码》（*Code for the Government of Armies in the Field, 1863*）被视为史上首部概述政府在参战期间的行为规范的著作，为签订《日内瓦公约》奠定了基础。
[④] 弗朗西斯·格伦德（1805—1863）：德裔美国记者，著有《美国人及其道德、社会与政治关系》（*The Americans in Their Moral, Social, and Political Relations, 1837*）。
[⑤] 托克维尔（1805—1859）：法国历史学家、政治家、政治社会学的奠基人，著有《论美国的民主》《旧制度与大革命》《美国游记》等。
[⑥] 詹姆斯·布赖斯（1838—1922）：英国法理学家、历史学家和政治家，著有与《联邦党人文集》《论美国的民主》齐名的《美利坚合众国》（*The American Commonwealth, 1888*）一书。
[⑦] 于果·明斯特伯格（1863—1916）：德国著名心理学家、美学家、应用心理学之父。1889年他受美国心理学家威廉·詹姆斯之邀到哈佛大学担任客座教授，1898年、1908年先后担任美国心理学会主席、哲学学会主席。

(George Santayana)①和丹尼斯·布罗根(Denis Brogan)②。本书与这些先贤经典同样热心于发现美国带给全世界的意义和征兆,而最了不起的是,它们都意识到美国的祸福与全人类命运利害攸关。托克维尔在《论美国的民主》中有一段名言:"我在美国看到的超过了美国自身持有的。我所探讨的,除了民主本身的形象,还有它的意向、特性、偏见和激情。我想弄清民主的究竟,以使我们至少知道应当希望它如何和害怕它什么。"

在数百篇经典中回响的、始终带有迫切感、时而焦虑时而又自信的旋律,同样响彻在许教授这本兼具独创性和洞察力的作品里。与大多数被我们称为"文化社会学"的早期作品相比,《美国人与中国人》一书有以下三个显著的特征:首先,过去几乎所有评论家和观察家都不加批判地接受了爱默生用来评判英国的那条准则——成功与否是对一个国家的最大考验。每一个人都被迫承认美国的出现是一次重大的胜利——4000万前往"新世界"的移民就是最好的证据;大多数人承认它是一次政治上的胜利;还有一些人——如托克维尔和詹姆斯·布赖斯等最优秀的学者——由衷地相信它是一次道德上的胜利。在许多人眼中,美国俨然成为未来潮流的代表,这股潮流业已在拍打欧洲的海岸。关于美国的成长及其影响力的扩张,一些评论家正怀着警惕的关注,不少人准备听之任之,舆论主流表示欣慰,而几乎所有的人都表现出对它的顶礼膜拜。

如今,美国人自一个多世纪以来第一次对他们成功的"事业"(不再是"实验")充满疑虑,其他人则产生了不祥的预感。早从18世纪起,哲学家就在郑重地争论:美国的出现是错误的吗?历史上是否曾经出现如今天这般广泛的质疑和深刻的觉醒?曾经令克雷夫科尔和

---

① 乔治·桑塔耶拿(1863—1952):美籍西班牙裔的自然主义哲学家、美学家,美国美学的开创者,同时也是著名的诗人与文学批评家。
② 丹尼斯·布罗根(1900—1974):苏格兰作家、历史学家,著有《美国人的性格》(The American Character, 1944)、《美国政治》(Politics in America, 1954)等。

托克维尔、阿尔伯特·戴西（Albert Dicey）①和詹姆斯·布赖斯满怀热情地注视着美国，那些不断上升的国力和影响力的因素，为什么会使当代的评论家和观察家忧心忡忡，甚至心怀恐惧？在过去，多数国家乐见美国制度和社会改革的进步，尤其当它们发生在政治及经济领域时，为什么现在"美国化（Americanization）"一词已经逐渐带有贬义色彩？

许教授这本书是最早一本回应这种前景，并讨论相关心理因素的重磅之作。事实上，简明版的《美国人与中国人》在20年前就已预测到美国的新变化及其多样的表现形式——从种族暴力、代际问题到军事冲突、政治压迫和新殖民主义。相对于本书冷静和不偏不倚的分析、对比及警示，薛利伯（Servan-Schreiber）②式的、对"美国化"的批判——主要针对美国公司的扩张——显得相当浅薄。在许教授看来，美国向西欧输送的经济利益和技术模式，若与美国政治及军事力量、社会风俗和价值观向全球的输送相比，简直可说是无足轻重的。

许教授对美国人的性格分析区别于以往同类作品的第二个特征，要从这本书自身去寻找，而不能据各种表面现象加以推断。以往解读美国人性格的大多数著作几乎全都始于大抵相同的西方文化前提，又得出一模一样的推论。我们在英国、法国及德国学者的经典之作中只看到对"家庭"的讨论——时而是"家庭"争吵，时而是"家庭"庆典，所涉及的永远是常见的问题和特征。观察、设问和预言总是摆脱不了西方社会文化框架，同时受到该社会及文化参与者的利益限制。亨利·亚当斯（Henry Adams）③在大约一个世纪以前写道，若要确切地阐释历史法则，必须以美国经验为基础，因为美国既总

---

① 阿尔伯特·戴西（1835—1922）：英国法学家，曾对英国国际私法做出重大贡献。
② 薛利伯（1924—2006）：法国著名记者、政治活动家，20世纪60年代出版了一本轰动一时的《美国的挑战》（*The American Challenge*），指出欧洲经济之所以落后于美国，主要不是由于技术和资源，而是由于企业管理远远落后于美国。
③ 亨利·亚当斯（1838—1918）：美国历史学家、小说家，曾出任美国历史学会主席。他的家族在美国素有"第一王族"之称，与美国民主体制的确立有着不可分割的关系。

结了过去,又预示着未来。他所指的当然是西方的历史法则,因为美国经验不可能用来解释中国、印度、非洲各国,乃至俄罗斯的历史。这些对西方文化的偏颇理解,并非仅仅出自不可避免的地方观念,而是由文化的局限所造成。欧洲评论家对美国人习以为常的一切太过熟悉,他们的学术假设即使不是全然美国式的,也与它相当接近;得出的结论就算不被欣然采纳,也很少会带来惊喜,不太可能超越美国经验——他们对美国的体验虽然是间接性的,却并不全然陌生。许教授在这本书中审视了那些欧洲学者因太过熟悉而忽略的现象,提出他们因害怕被视为离经叛道而不敢提出的问题,基于一段长达3000年而非仅仅300年的历史而设定理论假设。——在他之前,只有朴弄杨(No-Yong Park)的《东方人眼中的美国文明》(*An Oriental View of American Civilization*)一书堪与这本著作相提并论。

  托克维尔,作为最出色的评论家之一,虽然意识到西方视野的局限性,但却无法从中挣脱。他写道:"我愈是细致地观察今日我们所处之世界,便愈发觉我们正面临惊人的多样性,愈是相信被我们称之为必要的制度,不过是我们早已习惯的制度而已。世界的多样性远远超出了人类的想象。"的确如此,世界的多样性比大多数文化人类学家的想象要广阔得多。早期的社会学家从东方寻找西方社会的参照物,例如孟德斯鸠的《波斯人信札》、伏尔泰《风俗论》的开篇以及奥利弗·哥德史斯密(Oliver Goldsmith)大受欢迎的《中国旅人的伦敦社会素描》(*Sketches of London Society by a Chinese Traveller*)。然而,上述作品只能被称为戏谑之作,书中的东方圣贤一律被描绘成披着波斯或中国丝绸的法国哲学家。许教授笔下的东方不是这样虚假的东方。"中国"不再仅仅作为文学上或戏剧化的参照物,而是与美国社会同等重要的研究和比较课题。

  与浩如烟海的阐释美国的作品相比,《美国人与中国人》一书的第三个特征是:在阐释美国现状时它是真正意义上的比较研究,以最古老的国度和新近涌现的强国互为对比。托克维尔时代用来形容美国的一切，在当前都可以用来形容中国：研究者不得不关注它的一切，试图回避它的经济学家简直无法进行任何演算，政治家为它不可预测的潜力而大受震撼，哲学家和伦理学家纷纷根据它的现状修正正在成形的理论。唯有托克维尔或利伯那样敏锐的头脑，才能预见西方世界将如何被这个一夜间就在大西洋彼岸崛起的全新国度改变，正如唯有借助托克维尔和亨利·亚当斯那样的历史观念及智慧，学者们才能预测俄罗斯今后的伟大。人们很容易想象的是，拥有3000年光辉灿烂的文明史的中国，其精神焕发的全新面貌，将会深刻地影响整个世界的命运，一如当年欧洲人曾对朝气蓬勃的美国充满遐想。毫无疑问，出生于中国的许教授不会犯我们过去的错误，把中国当作可资美国参考的历史化石。研究中国人和美国人的性格，是因为它将给我们以及整个世界带来丰硕的收获。

2

一个世纪以来，《论美国的民主》在介绍美国的诸多著作中始终是当之无愧的权威，这很大程度上是由于托克维尔紧紧抓住一个核心议题，并在美国人思想和行为的罅隙角落里加以探究。平等观念产生了深远的影响；即使它无法解释一切问题（例如奴隶制），它也使问题得以暴露。许教授同样抓住了一个核心议题——个人主义。许教授所描述的个人主义，或许与平等观念并无本质区别。我们从客观的角度可以认为，与其说个人主义的根源是平等观念，不如说追求平等是个人主义的表现。将个人主义作为理解美国人性格的关键，与把美国与西方相联系、又把西方世界与非西方世界相区别的平等观念相比，优势在于前者更为明确。平等观念并非西方世界一直以来的特性，在19世纪80年代的西班牙及密西西比河沿岸，更不是当时社会通行的原则。而自文艺复兴以来，个人主义一直是且仍然是使西方区别于东方的最为鲜明的特征。没有人能够质疑特定的环境和历史已将美国塑造为个人主义社会的一个典范，它充分展示出个人主义的优势及破坏性。

这没什么可奇怪的。美国毕竟是所有国家中最接近欧洲的一个,它的人民和文化都直接承自欧洲。在语言、法律、文学和政治领域,英格兰传统占据主导地位;在宗教、教育、社会行为、道德观念和社会心态上,德国人、意大利人、西班牙人及犹太人施加了重要的影响。如果一位人类学家想要选择一个西方民族与中华民族相比较的话,美国人当然是最佳选择。

许教授同时从宏观和微观层面追溯个人主义的影响。他为此深入地了解美国的政治体制、刑法、人们看待客观世界的心态以及外交和战争行为。他也仔细地剖析了亲子关系、对待祖先与后代的心态、青年社团与老龄生活、性在日常生活及文学艺术中的作用、犯罪率、对成功及权威的判定、游戏和体育心理,以及其他一些人类行为。在上述的所有领域里,他把美国人的优缺点一一与中国人相比较:美国人的危机意识与中国人的安全感;美国人的独占性与中国人的包容性;美国对下一代的爱护与中国人尊敬长辈的风俗……许教授认为个人主义可以解释为什么竞争会渗透到美国人生活的各个方面:孩子要争夺父母的关爱;父母要抢夺子女的关注和认同;美国女性关心美容和时尚是为了每一天都能让丈夫有新鲜感;美国男性焦虑地试图证明自己是成功人士,有资格获得妻子的爱和尊重;从企业到大学,每个组织内部都充满着为地位和认可而进行的、你死我活的竞争;教会为了争夺会员和捐款,如角逐中的企业一般竞相夸耀自身的兴旺。

许教授确信个人主义足以解释为什么美国人不仅决心要赶上自己有钱的邻居,而且显然还不得不超越他们。他们的决心是以下这些现象的基础:广告工业的追梦乐园;参与一切事务的热情;一旦发现另一个将带来更高地位或更快速的社会及经济回报的团体,就随时准备放弃自己的俱乐部、社团和教会的心态;持续地从一些邻居旁边搬到另一些条件更好的邻居旁边,从一个城区搬到另一个更时髦的城区。个人主义同样说明为什么每个美国人都积极投身政治,相信所谓民主就是任何一个成年男女都具备一定影响力，每个人都有被倾听的权利，即使对方是美国总统。美国总统每天都会收到两三千封建议信或劝告信。"每个人都有权利幸福"，是个人主义营造的至高幻象，人们相信幸福的权利不但是一切法律之根源，更明确受到各州宪法的保证。所谓幸福是指满足每一个人的愿望（甚至幻想）。这必然带来不断尝试、改变和进步的压力，不然人们又怎能获得幸福和成功？它又必然带来一种观念，即改变总是好的。

许教授在研究美国人的生活时，在各个层面都看到深刻的不安全感——它来自美国人自我依赖或仅仅依靠核心家庭成员的观念。他认为，美国人缺少的是一个锚，它本应联系着比个人及核心家庭更大的存在，与相互依赖的人际网络，与家庭、家族及乡邻，乃至与过去和未来相连。美国人缺少这样一个锚，因此才不安、空虚，缺乏成就感和幸福感，才会为了那种从逻辑上看永远不可能实现的虚幻成功而放弃家庭、信仰、事业、朋友和同志。正因为美国人缺少安全感，他们才被迫不断地证明自己——孩子们要证明自己更聪明、更强壮、更受同伴喜爱；男人要证明自己有女性无法抵抗的魅力；白人时时刻刻想表明自己远比黑人优秀。

3

许教授以批判眼光来审视美国的个人主义，但并未错误地把它当成一种恶，更不认为它是不可避免之恶。自我依赖之中充斥着危险因素，然而无论是对个体或社会而言，它也伴随着不少优点。有独立思想的人在这一信念下不但会努力改变自身的命运，更可以推动整个社会的进步；而此种对政治（或说民主）的期待，尽管有可能失败，却比中国人在过去许多世纪里建立的任何制度都更加有效；至于平等观念，则被中国人充分运用于1911年的辛亥革命和之后的共产主义革命。许教授认同美国先进的教育理念，认为应由学校适应孩子而非由孩子适应学校；美国高等教育体制固然有不少缺点，却培养出了更高比例的学者、科学家和政治家；美国人的家庭生活虽然存在危机，却提倡两性平等，鼓励年轻一代自食其力。

上述优点或许比缺点更为重要——对于美国人自身而言。但是，不受约束、无政府的个人主义又将给美国之外的世界带来什么呢？显然，在历史转折的当下，美国人的不安全感没有体现在美国国内，而是首先表现在世界舞台上。正如它内部的每一个个体那样，美国缺乏安全感、竞争欲望强烈，而且极其冷酷无情。美国人必须在一切领域一马当先——财富第一、权力第一、军备第一、登月计划第一。美国体制不仅要成为世界上最好的体制，而且必须要在他人眼中成为最好的；倾向另一种体制即为叛国，任何竞争者的存在都被视为是对美国的大不敬。美国标准必须成为世界各国的准则——包括欧洲、拉丁美洲，乃至亚洲各国。这样一来，美国理所应当成为亚洲的强权，而中国成为美洲强权或者仅仅成为东南亚强权的念头，则根本提也不要提起；美国第六舰队必须行使统御地中海的正当权利，而俄罗斯舰队统御加勒比海则完全是痴心妄想；美国军队可以在危地马拉和圣多明哥通行无阻，而俄罗斯人认为他们有权控制波兰或捷克斯洛伐克（按：于1992年解体）却要归于某种邪恶的念头。美国人甚至认为有权在他们选择的任何一片海域引爆原子弹或投掷神经性毒剂，因为世界决意让海洋属于美国人，正如上帝决意让月球属于美国人一样。信奉个人主义的美国人耗尽一生在寻找安全感，却总是找不到；而美国为了获得这种飘忽不定的安全感，不惜赌上它的物质财富、社会成员及道德伦理。美国永远不可能获得这种安全感，因为它的手段不是平等、合作，而是居高临下，试图把自己的意志强加于人。

在这一点上，许教授发表的观点有几分末日启示的意味。他的著作使人联想起埃里希·弗洛姆（Erich Fromm）[1]的警告，"将强大的

---

[1] 埃里希·弗洛姆（1900—1980）：美籍德裔犹太人，人本主义哲学家和精神分析心理学家，毕生致力于修改弗洛伊德的精神分析学说，以切合西方人在两次世界大战后的精神处境。

军队派往世界各地战场……正是西方缺少安全感的可悲的终极证明。除非社会凝聚力得到重建……没有目标的个人主义会倒向极权主义,以人民的自由交换他们渴求的决断力和情感安全。"他总结道,"美国人的使命是减少自我依赖,同时加强人与人之间的相互信赖,并以此来抵制上述倾向。"

许教授是一位杰出的人类学家,不会忽略任何社会特征都有其深刻的根源。他显然不相信美国人会用复杂奥妙的中国式互助精神来替换深入美国社会骨髓的个人主义。通过在每一细节上对比美国人与中国人的行为,他对美国的社会制度及民族性格提出批判。这一批判全然不同于美国人习以为常的那些批判——它不仅与旧世界的理想背道而驰,并且建议要全面修改它的模式。许教授明确指出美国及西方世界正面临的问题不是偶然的,而是西方惯例、标准和价值观的合理产物。它们不可能通过政治符咒,甚至内部改革而获得解决,只能通过伦理的进化而有所改善。假如许教授谈到的调整需要某些超出美国人经验的奇思怪想,这种言论不但不会带来助益,反而会让美国人感到绝望。幸运的是,情况并非如此。许教授没有就这一点过度纠缠,而只是希望美国人民摒弃过度自私的个人主义,恢复对自然资源的维护,对他的邻居及其他宗教、种族给予尊重,同时停止美国人在道德上优于其他民族的幻想。他的建议与大多数美国人信奉的宗教教义不相抵触。也许,要拯救地球和人类,美国人要做的仅仅是回归其原有的伦理精神传统而已。

亨利·斯提尔·康麦格[①](Henry Steele Commager)
1970年于马萨诸塞州艾摩斯特市

[①] 亨利·斯提尔·康麦格(1902—1998):美国著名历史学家、现代自由主义的领军人物,一生中出版了《美国人的智慧》(*The American Mind: An Interpretation of American Thought and Character since the 1880s*)和《理性帝国》(*Empire of Reason: How Europe Imagined and America Realized the Enlightenment*)等40余部专著。

自 序

我出生在中国东北的一个小村庄,那里曾是甲午战争和日俄战争的战场,小时候常听老人说起俄军和日军在战争中种种骇人听闻的暴行。我在一个小镇上学,在随后的游历和工作中逐渐认识了那时遍地兵匪、饥荒与传染病肆虐、学生运动与内战不断的中国,以及西方势力与日本对它的虎视眈眈。

奇怪的是,这些艰难困苦似乎并没有影响我和大多数同龄人在个人生活领域里过一种优哉游哉的生活。我们在婚宴上大吃大喝,欣赏婚礼前一天由乐师前导、两人合抬、沿街巡行的艳丽精美的新娘嫁妆;在露天集市里津津有味地听人说书唱戏;被地方戏剧、皮影戏里男女主人公的悲欢离合深深吸引。那时的我们年少无知,一些人常常逃学。看蒸汽机车呼啸着穿行于当地的火车站最让我们兴奋不已。车站里的各色旅客、小贩和身着制服的乘警与乘务员,也令我们着迷。

最好的时光还是春节,这是属于每一个人的节日——包括我们已经去世的祖先。我们能吃上精美的年夜饭,穿上新衣四处炫耀,就连小孩也被允许作小额的赌博——这时小孩手里多少都有些父母和亲戚给的压岁钱。压岁钱像是中国版的圣诞礼物,不过是单向的,只能由长辈赠予晚辈。

当然,生活中也有很多不愉快的事情。瘟疫来袭时,人们举办祈神大会,在门上张贴辟邪符咒;遭逢旱灾时,人们列队向龙王求雨;土匪横行乡里、抢夺邻里财物时,老百姓把大门闩上,蜷缩在门后;

军阀混战逼近时，学校停课，商店关门，短则几日，长则几周。直到胜利的一方开始执政，学校才再度开学，老师学生一起加入欢迎的游行队伍；老百姓涌去村外观看枪决，犯人有时是谋财害命的土匪，有时则是抨击时弊的记者；他们也会挤在一起望着一辆辆载着军阀及卫兵的汽车从街道上呼啸而过。然而，在我的印象中，大多数人与生活的劫难擦肩而过，没有受到真正的惊吓。食物匮乏时，我们忍饥挨饿；洪水来了，我们就四处逃难。人们既要躲避嚣张的兵匪，也试图远离腐败的官员，有时不得不靠行贿才能行使正当的权利。人们谨小慎微，尽量少说话，以维系正常的生活轨迹。

中国的事态日益走向严峻。骚乱更加频仍，外界压力与日俱增。在我从哈尔滨一所高中毕业的那年，中苏矛盾引发了一场战火。在大学读到二年级时，日本占领东北，我与父母失去了联系。一年后日本攻占上海，我就读的大学被迫停课。于是，我参与了帮助难民进入国际难民营的工作。1933年我乘船离开上海前往东北，在那里最后一次见到我的父母。我在到达大连港时被拘留拷问。两周后，我扮成一名劳工，逃离东北前往北平，在北平恰好见证了日本入侵华北。接下来的4年里，日本士兵、平民及其朝鲜附庸在中国境内作威作福，肆无忌惮。中国学生游行示威以抗议当局的不抵抗，却遭到手持木棍、水龙头和刺刀的警察的残酷镇压。1937年，在日本即将发动全面侵华战争之际，我因为获得英国庚子赔款奖金，乘一艘英国军舰离开了上海。

之后的两年可算是我人生中最美好的一段时光。在安静宜人的英格兰学习之余，我不但游历了英格兰以及苏格兰，还有幸到法国、比利时、德国和丹麦等地度假。1939年，欧战爆发，战火于1940年进一步蔓延到伦敦，我在世界的另一边看到过的生灵涂炭的场景又一一呈现在眼前。清醒时，我多半是在担心下一个晚上是否要如当晚一样到收容所或躲在楼梯间里过夜。1941年，在大战正酣之际，我取道南非、印度及滇缅公路回到中国。

随后的三年，除了有幸结识我的妻子维拉之外，我取得了颇为丰硕的学术成果。我在云南的一个小镇开展田野调查，与一群志同道合的朋友、同事相互切磋、取长补短。在此期间，我写了两本书，就是后来出版的《祖荫下》和《宗教、科学与人类危机》。空袭、物价飞涨、瘟疫与食物短缺成为我和数百万中国民众日常生活的一部分。在决定前往美国时，与那些更早来到美国的移民一样，我暗暗祈望我不远万里踏上的是一片不会受到战火侵袭的土地，在那里我可以安宁地工作，而我的孩子们也不用再经历我所经历的一切。那时，距离广岛遭受原子弹袭击只差9个月。

通过简述我的人生经历，我希望读者了解我撰写此书的初衷是记录个人的生命历程。现代人已经进入了一个处处是战争前线的时代，一场局部战争就可能埋下毁灭世界的种子。在20世纪60年代接近尾声时，美国面临许多内部危机，而且按弥尔顿·艾森豪威尔博士[①]（Dr.Milton S. Eisenhower）领导下的国家暴力犯罪原因及对策委员会（National Commission on the Causes and Prevention of Violence）的说法，这些内部危机的危险性绝不亚于"外部威胁的任何一种组合"。时间紧迫，形势危急，只要有任何切实的改进现状的希望，任何一个有想法的人都会毫不犹豫地尽其所能，去发掘那些将美国人逼入当前状况的基本推动力。

我算是一个边缘人。我在一种不崇尚变化的文化里出生长大，大多数人的生命轨迹几乎是可以预测的；而我目前工作、生活于其中的则是另一种文化：它提倡变化，认为变化即是进步，物质世界和人类社会不可能一成不变。一个人的内心如果存在两种对立的文化，它们互相碰撞、影响，这个人就只能生活在两种文化的边缘。他在文化碰撞的边缘行走，感受二者共同的存在。从这个角度来看，这本书是一个边缘人对自己生活经历的叙述及思考。

---

① 弥尔顿·艾森豪威尔：美国教育管理专家，曾任堪萨斯州立大学、宾夕法尼亚州立大学及约翰·霍普金斯大学3所著名大学校长。

同时，我又是一个崇尚科学的人，努力尝试用一种客观的心态去记录、展示和解读我人生的各个方面。因此，这本书既不算是从中国人的视角看美国人，也不是用美国人的眼光看中国人。我真诚地期望此书能展现我对中美两种不同生活方式的坦诚而公正的科学分析。以我的个人生活和严谨的学术成果为源泉，我尝试着为这两种广泛的数据源建立关联，希望这对每一个个体和他们所属的社会具有意义。

我的研究工作遵循一条人类行为学最基本的准则，而许多社会科学家尚未充分理解这条准则的重要性。我相信每一位研究另一种社会与文化的学者，在试图传达他对该社会与文化的认识时，在某种程度上必须自觉地成为边缘人。也就是说，他不仅要以本族人的眼光去看待该社会的风土人情、典章制度，而且还要像本族人一样去感受这些事物。否则，他就不可避免地会用自己民族的标准来推断这些事物在该社会文化中是否重要。这是一个非常艰难的过程，特别是对于那些自认为本民族文化更为优越的人来说。这也是为什么美国黑人声称白人教授，甚至那些善意的声援黑人的白人教授，不能教授黑人社会研究的原因之一。

人类学学者必须自觉培养起作为"边缘人"——在没有找到更合适的词汇之前我们姑且这样称谓——的意识，才能真正认识他所研究的对象。因为即使本族文化的优越感不会介入他的研究，人类学学者深植于心的文化偏见仍会影响到他对观察对象的选择和理解。许多非印度教教徒在批评印度教圣牛文化纯属浪费时，不曾反思基督教教堂庞大的经济支出意味着什么；同样，大量西方人士试图在中国寻找宗教迫害的迹象，也是因为西方历史和当代生活中充满了与宗教或教会有关的斗争。

成为"边缘人"没有任何简单的公式可循，但是可以通过比较法入手，也就是说，学生在试图理解另一种社会文化时，应同时仔细审视自己的生活方式。例如，从最简单的一个层面来看，不仅要研究在交往中中国人与美国人对彼此的反应，还要设身处地去思考如果美国人置身于中国人的处境，他们将会实施何种行为。

在一个更微妙的层面上，对两种文化进行全方位的系统性比较，可以为人类学学者提供客观的视角。它将降低这个学者的某种倾向，即用现实需求去评价自己所属社会的行为，而用理想标准评判他人社会的行为。例如，美国人急于了解什么原因导致了美莱村屠杀[①]（My Lai Massacre）（如战场歇斯底里），以及为何没能避免这场惨剧（因为美国的最高原则是任何情况下都不允许屠杀）。然而，在其他民族犯下或真实存在或道听途说的类似暴行时，我们是否会同样迫切地探究原因呢？

这种意识还会更好地帮助学者区分特定文化和泛文化。比如，所有西方记者几乎都见识过巴黎越南会议中关于会议桌形状的争论，大家把这一事件看作是"东方式"的面子之争。如果他们做了哪怕一点历史对比，他们就会认识到这类争端其实与"东方"文化毫无关系。1697年，大同盟战争[②]（the War of Grand Alliance）结束后，《里斯维克和约》（the Peace of Ryswick）花了6个月的时间才最终签署，原因就是法国和罗马帝国的代表就哪一方率先进入会场的问题无法达成协议，最后的结果是双方同时步入会场。类似的纠纷也同样发生在1815年维也纳会议和1945年波茨坦会议期间：1815年，5位君主通过5个门同时步入会场；而1945年丘吉尔、斯大林和杜鲁门也使用了相同的策略。

移民看似是最完美的边缘人，但他们的"边缘状态"会随着环境的变化而间歇性地缺失。

下面，请允许我暂时重回对个人经历的叙述。20世纪50年代

[①] 美莱村屠杀：越战期间美军老虎部队怀疑村民掩护越共逃亡，在1968年3月16日对越南广南省美莱村（My Lai）进行屠杀。

[②] 大同盟战争：发生于1688年至1697年法王路易十四在位时。路易十四欲在欧洲做出大规模的扩张，因此遭到荷兰、神圣罗马帝国哈布斯堡王朝和英国、西班牙等组成的大同盟联合对抗。战争的结果是各国被逼言和，然而法国仍是欧洲最强的霸权。

中期，朝鲜战场上的枪声逐渐平息，麦卡锡风暴①（the McCarthy hysteria）也结束了，我稍稍感觉轻松了些。这时很多新生事物出现了，包括刚刚兴起的大众传媒——电视，给我的生活带来了快乐。每天我都会花好几个小时看电视，甚至在孩子们的影响下喜欢上了米尔顿·伯利②（Milton Berle）和他的《豪迪·杜迪》（Howdy Doody）系列剧。人类第一次太空之旅带来的惊喜使我回想起了我在中国东北读小学的时候与父亲的一些美好记忆。我父亲于1943年去世，生前他一直相信地球是圆的，静止不动，形状像一个盘子。他认为这是哥伦布向西航行发现美洲大陆的原因。他的观点当然和我在学校学到的知识格格不入，我因此与他争辩起来。争论的结果总是不分胜负，我不能说服他，但他也没有强行压制我的想法，因为父亲坚信新式学校有益于我的未来发展。然而，私底下，我总是想找到更强有力的证据以便一劳永逸地解决我们的争执。如果那时候我能把宇航员从月亮上拍的照片给他看看该有多好啊。

除了这些惊喜之外，我的个人生活也渐入佳境，事业发展一帆风顺。我发表了更多的论文和著作，阐释了我的许多见解。我四处讲学，并广受欢迎。我带着夫人及孩子游历了欧洲、印度、中国香港和日本，最后返回美国。在远离美国的时候，偶尔我会突然意识到自己流露出如许多身在国外的美国人所特有的诸多抱怨，并为此感到非常苦恼。回到美国之后，我更加震惊于自己居然已如此这般适应了美国和美国人的生活方式。

似乎是为了确认核弹的阴影无处不在——美国、苏联、英国、法国都在进行核子试验。然而，事实上，即使是令人毛骨悚然的古巴导弹危机也并未对我的个人生活造成持续困扰。

---

① 麦卡锡风暴：即1950—1956年间美国对苏联间谍渗透和共产党人对国家体制的影响所产生的恐慌。它最初由威斯康星州共和党参议员约瑟夫·麦卡锡对共产党人的搜查开始，其间不少美国人被指为共产党人或同情共产主义者，被迫在政府或私营部门、委员会等地接受不恰当的调查和审问。
② 米尔顿·伯利（1908—2002）：美国电影喜剧演员。

我作为边缘人的感受，是在突然之间出现的。1963年11月的一天，南越总统吴庭艳和他的得力助手吴庭琛在一场政变中被杀。吴庭艳领导的政府倒台，其幕僚或是逃亡或是被杀，许多无辜者惨遭屠戮。在这一新闻发布后不久，我踏上了从西北大学（Northwestern University）到旧金山的旅程，参加美国人类学协会年会，准备当众宣读我的论文。在旅途中，我一直为越南民众遭受的苦难而揪心，同时又庆幸类似事件不会发生在美国这片土地上。正如一句中国古谚所说，我那时是在"隔岸观火"。学术会议的第二天，肯尼迪总统被暗杀的消息传来，我那愚人的天堂在顷刻间崩塌了。我在电视上亲眼目睹嫌犯李·哈维·奥斯瓦尔德（Lee Harvey Oswald）在一群执法人员的簇拥下被击毙，心情变得更为复杂。

正如身边许多人一样，我俨然已变身为一个典型的自命不凡的美国中产阶级，把个人及家庭安全、薪资和工作的稳定看成理所当然的定律，像太阳每天自东向西运动一般自然。人们偶尔会被绚烂的日出日落所吸引，但从不怀疑太阳的东升西落，周而复始。事实上，我常常因工作太过繁忙而忽略了某些我甚至已写在这本书里的暗示。

达拉斯事件[①]（Dallas event）后，我不得不停下来重新思考美国所面临的困难——自1963年后逐渐累积，日益严峻。美国人现在终于可以将丑陋的越南战争抛在身后，但这场巨大的失败，连同最近在伊朗的溃败，无疑将长期在所有国民心里留下阴影，国际声誉的下滑和美元贬值就更不要提了。在美国国内，肯尼迪总统遇害后，罗伯特·肯尼迪和马丁·路德·金以及一些不那么出名的人，如旧金山市长乔治·莫斯科尼（George Moscone）也相继遇害。为了免予起诉，尼克松总统及其副总统被迫辞职。尽管学生运动不再像20世纪60年代那样难以驾驭，但是吸毒、种族冲突、无故破坏他人及公共财

---

① 达拉斯事件：肯尼迪总统在1963年11月22日于达拉斯遇刺身亡。

产、暴力犯罪以及问题丛生的公共教育体系，显然已经成为这个时代最鲜明的特征。

可笑的是，处理这些问题的人似乎只关心表面上的事。比如说为了防止蓄意破坏和暴力犯罪，他们就强调要增加警力和安装更先进的监控设备；为了减少种族冲突和少年犯罪，他们就呼吁增加就业机会和公园娱乐设施。

乐观人士认为一切骚乱只不过是在预示更伟大的事情即将发生。骚乱的另一个名称即是活力。从他们的视角来看，骚乱是变革的伴生物，至少蕴含着变革的可能性。而没有变革，问题怎么可能得到解决呢？

另一方面，悲观者一如既往地向人们宣告末日灾难。他们引用了以撰写《罗马帝国衰亡史》而著称的历史学家吉本（Gibbon）的言论。在这些悲观者心目中，末日灾难总是奇怪地与诺亚方舟以来所谓"选民"的观念相互糅合。按照这一类西方观念，人类最终难逃大难，唯有少数获知"真理"或忠诚服膺"真理"的信徒才能幸免。

对于当前美国面临的问题，我虽提不出救世良方，但是特别忧心领导人、民众和学者们在谋求出路时从不把人类生存和福祉中最关键的因素——人与人之间的关系考虑在内。坦率地说，在我看来，美国问题的根源是个人主义过分膨胀所带来的人际关系危机。我衷心希望读者在读过这本书之后，就此做出自己的理性判断。极端的个人主义倾向往往迫使人们封闭自己的思想甚至情感。由于担心遭到反对，这类人除了心理治疗师，不愿向任何人袒露心声。更糟的是，为了避免沦为牺牲品，他们凡事总想先发制人。

只有在人性化的环境中，人们才能卸下防御心理，继而消除焦虑，产生接受帮助的心理需求，这都是亲密关系的终极意义，却恰恰为美国人的生活方式所排斥。亲密关系如今已经成为一种非常罕见的商品，人们只能通过提高沟通能力寻找救赎或是参加所谓的敏感性训练班。交流最首要的前提是倾诉及聆听的意愿。假如缺少这一前提,任何沟通技巧都不会产生效用。在这样的情况下,敏感训练班充其量是对学员们进行情感上的"按摩"而已。

由于缺少建立亲密关系的条件,美国人尝试用种种手段建立与同伴的关系,有人借助枪械保护自己,有人厌弃和远离人群,还有人期待将他人通通毁灭,以重新建立一个完全符合他心意的乌托邦新世界。因此,美国人大力鼓吹金钱的魔力,痴迷于经济的发展和扩张,迫不及待地用原子弹建造核长城。他们甚至不惜敲响世界末日的警钟,以便于如他们一样的选民可以重获新生。

这些表述看似零散,但无一不是基于以下这种特殊的心理:有个人主义倾向的个体在处理人际关系时之所以格外固执,是由于无法忍受他人对其精神世界的干预。在某一种社会环境中,一旦与他人关系外化的尝试失败,这一类人总是立即去往他处。有个人主义倾向的人不会去探寻以下这些问题的答案:例如,亲子关系怎样才更坚固持久?如何调整经济体制以便提升社会和谐度而减少人与人的竞争?相反地,这些人强调技术进步的必要性并进一步追问:要向劳动者提供怎样的训练以配合机器生产的需要?

本书尝试对中美社会的人类活动进行审慎的对比与研究,它的研究成果对于世界上其他国家也同样适用。自两位美国宇航员登陆月球并成功返回之后,我不止一次听到这样的感慨:"如果我们能将宇航员送上月球,我们就能够解决地球上的任何问题。"(我也听到有人持相反的观点:"美国人应该致力于解决地球上的问题,而不是急着奔向月球。")读完这本书,读者就会发现这一类的大众神话是多么的荒谬。对月探索所涉及的科技问题十分复杂艰巨,我们切不可小视。然而,了解人类产生焦虑和暴力行为的原因,特别是如何进行干预、防范,显然是一个远较前者困难的课题。

即便对于物理学界的先驱,要人类社会认可他们的发现和创新也不是一件容易事。伽利略与宗教裁判所、巴斯德及其科学界同行之间的分歧将会迫使我们回想起过去那些残酷的事实。西方人对物质世界的认知已摆脱巫术思维（他们不再呼唤神明来控制洪水，也不再相信炼金术），但对于人类活动的理解，仍然羁縻于蒙昧的枷锁（因为他们仍然认为非分的特权可以永远存在且无须为之付出代价）。

今天的社会学家过于幼稚地将"现代化"定义为服务于经济与政治目的的机械化与组织功能。在谈论人类生活品质时，他们仍然在用"社会流动性""消费模式"等概念来衡量所谓的"现代性"。我们必须认识到，这最多不过是"半现代"而已。物质上的满足，并不必然会消除精神世界中的焦虑与敌视。一个人如果不能摒弃用巫术思维来思考人类事务，就不能被称作是现代人。事实上，如果在精神层面无法获得自由，那么他在物质层面所获得的（或者即将获得的）自由都将徒劳无功。人类将会走入一个无休止的怪圈：毁灭—重建—更大规模的毁灭和更大规模的重建。

多年来，我得到了许多人的帮助和启迪，恕我不能一一表达感谢。除了之前我曾提到过的名字以外，我还想感谢东西方研究中心的乔伊斯·格鲁恩夫人（Mrs. Joyce Gruhn）、卡罗尔·尚夫人（Mrs. Carol Chan）、旧金山大学的乔伊·史蒂文森夫人（Mrs. Joy Stevenson），她们帮我分担打印书稿的工作。加利福尼亚大学伯克利分校远东图书馆的珍·韩小姐（Miss Jean Han）帮我整理了许多参考文献。罗伯特·林先生（Mr. Robert Lin），尽管研究和业务工作十分繁忙，还是十分热心地帮我完成两个索引的编撰。夏威夷大学美国研究所的斯图尔特·格里·布朗（Stuart Gerry Brown）教授、东西方研究中心戈德温·朱（Godwin C. Chu）博士、夏威夷大学出版社编辑斯图尔特·江先生（Mr. Stuart Kiang）分别为本书提出了宝贵的建设性意见。旧金山大学多边文化项目主任约翰·津（Dr. John B. Tsu）博士不仅给予我学术上的鼓励，更是给予了我朋友般的关怀。

一如从前，我要感谢我的妻子维拉。她使我能客观地审视事物。我有时被自己的热忱冲昏头脑，不能以正确的方法得出结论，这时她会提醒我重回正题。而当我不能清醒地认识某些新材料的重要性时，她会建议我尝试一下新的思路。此外，她花费了大量精力以完成本书附录中的"中国与西方简史对照"。

从我两个女儿艾琳·仪南（Eileen Yi-nan）和佩纳洛佩·思华（Penalope Si-hwa）身上，我得以感受（虽然只是间接感受）在美国出生和成长的各种滋味，包括喜怒哀乐、希望与绝望。在美国社会，年老的父母一般不会寄希望于获得成年子女的照顾，但我还是忍不住期盼能从女儿们身上得到一种生命的延续与满足。因此，我将此书献给她俩及她们的同龄人。

许烺光

1980年于加利福尼亚，米尔峡谷

引言：文化与行为

毫无疑问，人的性格、喜好、潜力和特质不尽相同。不平凡的行为往往会由某些人在日常生活中表现出来。例如，中国明朝有一位喜好恶作剧的文人徐文长，做过与200年后俄国人巴甫洛夫（Pavlov）相似的"条件反射"实验。徐文长与他的舅舅一向互相看不顺眼。有一天，两人特别较量了一番。那一天舅舅上门来看望徐文长的父母，徐文长出门迎接，对舅舅所骑之驴深鞠一躬，随后趁驴不备，用木棒数次猛击驴头及驴身。驴子负疼，乱蹦乱跳起来。

等到舅舅告别时，父母叫徐文长送客。徐文长等舅舅一骑上驴，就按平日礼节向他深鞠一躬。那头驴刚吃过苦头，于是立即扭摆狂跳起来，把舅舅掀翻在地。

总体来说，不仅人与人之间存在差异，不同社会群体内部也千差万别。在中国，南北方言互不相通；长江以南的宗祠在数量上远比长江以北要多；有些北方人认为南方人肤浅或滑头。至于我，经常有南方人说我不像是北方人。他们说我的长相像南方人，身材也不像北方人那么高大。尽管不少福建人都是1.8米以上的壮汉，北方人身材更高大的说法却依然盛行不衰。

在美国，正如有位作家的说法，有些纽约人认为加利福尼亚人永远活在青春期，左胳膊下夹着滑板，右手拿着印度教经典。反之，一些加利福尼亚人认为大多数纽约人是时尚的奴隶，"固执地认为在死之前至少会穿错一双球鞋。"

众所周知，美国各州有不同的法律。但是恐怕大部分美国人不知道，全美唯有密西西比州的囚犯享有配偶定期探视权；在内华达州，不仅赌博是合法的，而且在20世纪70年代石油危机之前当地政府一直不愿在高速公路上设置限速标志，理由是司机们有能力自己做出判断。

然而，虽然存在个体与地域差异，社会中的大多数人还是会按照通行的准则行事，违规的后果则各不相同。即将远行的美国男人如果在机场忘记与妻子吻别，回家后一定会有麻烦；中国人如果在朋友面前吹嘘儿子长相英俊，就会沦为他人的笑柄。在美国，一位客人如果不事前通知便带来不速之客，下次就可能不会再收到邀请；在中国，客人称赞女主人美貌，被认为是失礼的行为。客人可以赞扬她的厨艺、善良和教子有方，但最好不要涉及她的任何身体特征以及穿着。上述习俗不过是浩如烟海的行为规范中的几个例子。这些行为规范为每个社会的成年人所熟知，是该社会浑然天成的一部分。

这样看来，一个人可以随心所欲、不顾他人的看法，既不现实，更不符合人性。原因有二：第一，每个人都必须与其他人一起生活，建立程度不等的关系。这些人是我们的伴侣、父母、孩子、亲朋好友，以及我们的追随者或偶像。

第二，我们需要别人为我们提供生活物资和服务。我们和这些人构成了互相服务的关系。人们活在世上不但需要基本的公共设施、垃圾处理和医疗服务，还需要明信片、书写工具以及日常的食物。就连最超脱尘世的禅宗大师，他也不得不在别人修建的屋子里参禅修道，用他人做的工具惩罚他的弟子。印度教圣人经常坐在铺着虎皮的特制沙发上接受信徒膜拜，有时甚至会像麦迪逊时代花园（Madison Square Garden）里的葛培理牧师[①]（Billy Graham）那样熟练地使用麦克风。

[①] 比利·葛培理：美国著名作家、牧师、福音传道者。

因此，一个社会无论多么崇尚个人主义，但必须按照某些一般原则组织它的社会成员：男人与女人、成人与儿童、健康人与残疾人、科学家与屠夫、新手与能手、合格的从业人员与江湖骗子、军人与平民，等等。它必须一一区别这些不同的人群。每个个体归于哪一人群，是根据他身上的共性而非个性。

随着人类社会进化得比以前更加平等、自由，越来越多的妇女将从事一些以前被认为是男人专利的职业，家长对子女的束缚逐渐放松，更多的同性恋被人们所接受。但是任何一个社会（包括美国社会）都不可能祛除所有社会分类，以个人主义的理念将每个成员看成全然独立的个体。难道我们可以取消医生或驾驶员的资格认证，使得任何人只要愿意都可以开具处方或驾驶车辆？难道我们可以绕过年龄和收入差异，使得任何想领取社会保险和福利基金的人都可以如愿以偿吗？

尽管同样存在社会阶层、民族、性别、地区、年龄、职业等差异，但大多数中国人更擅长与自己的同胞打交道，而不善于应付美国人；美国人也是如此，在与美国人打交道时比与中国人相处更轻松自在。虽然美国人并不总是能理解美国同胞的所作所为，但是通常来说，不太会像外国人那样对这些同胞的行为感到惊讶。每个社会的成员共有一个基本的信念、心态和期待，这些共同意识是人们打交道时的基本指标，使社会稳定和持久。

在本书1953年的首版中，我引述了一则1948年被刊登在华北一家报纸上的故事。在天津的某河岸，有人发现了一个装有女性遗骸的包袱，使得一件奇闻为世人所知。10年前，张某偕妻儿离开家乡前往中国东北，靠挖煤为生。1946年张妻去世，张某就地将其安葬。后因内战发生，煤矿关闭，张某决定返回家乡。

他不愿意把妻子的遗骨留在东北，于是从坟墓中挖出遗骸，将其包裹起来，与他的3个孩子一道启程回家。他的孩子分别是11岁、8岁、7岁。一家人无力支付全程乘坐火车的费用，只好徒步经长春到沈阳，走了300多公里，又从沈阳乘车60多公里向西到达新民，然后步行近500公里到达中国北方煤矿中心——唐山，在那里他们搭上一辆免费的运煤货车走了120公里到达天津。

在开始最后200公里的回家之路的前夜，一家四口露宿在火车站附近。一个小偷误以为包着骸骨的包裹是一件普通行李，把它偷走后就随手丢了。张某发现包裹丢失，求人帮他写了许多张寻物启事，张贴在火车站周围。在获知警察在河边发现了一具女尸之后，他赶过去确认了那是他的妻子。当局基于公共卫生的理由要求他将尸骨就地埋葬。张某严辞拒绝，说"埋在这里是不可能的。即使我同意，我的儿子们也不同意。我千里迢迢把她带在身边，每夜枕着她入眠，我并没有生病"！最后当局只好同意让他带走骸骨。走之前，张某还向警方要回用来确认身份的一缕头发和一颗牙齿，称"下葬时她的身体必须完好无损"。

美国人可以理解中国贫民无力购买车票，因为他们知道贫困在旧中国司空见惯。而张某对亡妻的深情厚谊虽然让他们感动，但美国人不免认为张某的做法既怪异又无意义，有损张某和孩子们的健康。至于我的一些美国朋友，他们认同张某坚持要回头发和牙齿的做法，但却不明白为什么要用孩子的名义这样做。

就中国人而言，美国人的质疑都是缺乏理据的。中国人认为，将一个人的骸骨完好地安葬在家乡故园，不但是人生圆满的标志之一，更是子女应尽的义务。矿工张某的孩子还太小，没有能力埋葬母亲，因此父亲应该代替他们尽到这份责任，不管这个过程多么艰难。

正如一些中国风俗令多数美国人感到困惑不解一样，美国人的某些行为对中国人来说也同样匪夷所思。1944年，我在中国观看由美国作家玛莎·达温波特（Marcia Davenport）的小说改编的电影《空谷芳草》（Valley of Decision）时，第一次意识到了这一点。

这部电影由格里高利·派克和葛丽亚·嘉逊（Greer Garson）主演。

派克饰演一位富家子弟，其父是美国钢铁界巨头。派克在生产和劳资关系方面有很多新的想法，与父辈的观念格格不入。他的妻子在观念上与他父母的想法更为接近。尽管两人已经育有一个6岁的孩子，但这段婚姻并不让派克感到开心。嘉逊饰演这个巨富之家的女佣，她的父亲在派克家的工厂工作。在一次谈话中，她的思想、个性和同情心深深地吸引了派克。但嘉逊因派克是已婚人士，拒绝了他的追求。

这时，派克家的工厂爆发了劳资冲突。工人们举行大罢工，要求提高工资待遇，改善劳动条件。厂方打算雇用临时工来顶替。派克竭力说服父亲及工厂顾问将临时工遣散，恢复与罢工工人的谈判。但是就在父亲迫于儿子的压力，开始与工会领导谈判时，临时工与罢工工人之间爆发了械斗。派克和嘉逊的父亲不幸双双遇难，多人在冲突中受伤，派克家的豪宅也被付之一炬。风波平息之后，派克接管了公司事务，着手改善劳工政策。最后，派克那位性格冷酷的妻子提出了离婚，派克与嘉逊有情人终成眷属。

美国人认为这是一个很精彩的故事，情节发展完全符合一般人的价值观，生产矛盾的解决是由于制造业的新观念替代了旧方法；在平息社会冲突时，平等协商比用铁腕镇压工人更有效；开明的派克取代了保守的父辈；不幸婚姻的阴霾最终被真爱冲破……

和我一起观看电影的中国友人却对此不以为然。他深刻了解美国规模庞大的工业体系及其雄厚财力，对大工业内部滋生的劳资纠纷和暴力冲突也有一定认识，至于美国人乐于尝试新的生产方式，他更是知之甚详。但是他仍认为派克和嘉逊都是不义之人。派克不忠不孝，违背父亲的意志和遗愿。嘉逊更是令派克婚姻破裂、家庭失和，甚至使其父亲丧命的罪魁祸首。在嘉逊刚出现时，派克一家兴旺和谐、尊贵体面，如果不是她怂恿派克坚持己见，派克就不会劝他的父亲与工人谈判，两人的父亲更不致在冲突中丧生。

在中国人看来，与父亲发生冲突的儿子就是不孝子，帮助不孝子的女人也不是好女人。派克的原配反倒是一个被人算计了的贤良女性。至于年轻男主人与原配之间的不和，以及他和嘉逊共同获得幸福的可能性则不在中国人考虑之列。

两则故事充分说明，在不同的社会里，人们看待过去、现在和将来的角度，以及分析、解决问题的方式方法，各不相同。指称社会共同意识的词语很多，如"社会性格""文化主题""生活方式""民族性""基本个性"或"人生观"，等等。我不想评判这些术语的优劣，也不想卷入人类心理学领域的专业讨论，但为了便于本书论述，我将把共同意识称为"中国人的生活方式"或"美国人的生活方式"。

社会生活方式是否会随着时间推移而改变？我的回答是肯定的，但它并不是通常意义上我们所理解的"改变"，尤其是在谈到美国社会文化的变迁时，更是如此。在二战之后，特别是在20世纪60年代到70年代之间，美国确实经历了诸多变化。60年代，我们亲眼看到美国青年吸毒成灾，嬉皮士与雅皮士运动①此起彼伏，高等教育体系的学生运动及性解放运动兴起，以及几乎快要将各大城市烧为灰烬的种族冲突愈演愈烈。

自那时以来，我们目睹了许多新的发展，诸如被克里斯托弗·拉希②（Christopher Lasch）和汤姆·沃尔夫③（Tom Wolfe）称之为"新自恋时代"或"唯我主义的一代"，等等。这是不是一种全新的趋势呢？参加大规模游行的示威者在陈述他们的心理状态时，早已表明群众抗议正在转向个人对自我满足的寻求。例如，一个哲学专业的学生皮特（化名）声称，他之所以参加校园里的抗议，是想迫使其就读的常春藤大学放弃对那些主要在南非共和国从事商业活动

---

① 嬉皮士运动诞生并活跃于20世纪六七十年代，是一场以青年人为参与主体的、带有明显的反叛性质的文化运动。雅皮士文化则兴起于20世纪80年代。典型的雅皮士是那些受过良好教育、在大城市中从事专业性工作的中产人群。
② 克里斯托弗·拉希：美国著名历史学家和社会评论家，先后在艾奥瓦大学和罗切斯特大学任教。
③ 汤姆·沃尔夫：美国记者、作家，新新闻主义的鼻祖。

的美国公司的投资。皮特说，"我积极参与改变现实，感到自己比以前更快乐了，以前总会因为性压抑和无所作为而产生负罪感。"¹ 皮特的说法与60年代另一位叛逆者苏珊·斯特恩（Susan Stern）的观点不谋而合。在个人传记《气象员》(*The Weathermen*)一书中，斯特恩描述了1968年民主党在芝加哥召开全国大会期间她参加示威运动的感受："我感觉棒极了，觉得浑身是劲，可以一气儿跑上几公里。"²

从美国文化的长远发展来看，寻求自我实现的趋势已经大大超越了半个世纪前电影《空谷芳草》的主题。

至于中国，自1949年以来，共产党决心彻底整改中国社会，在西方世界看来，随之而来的一系列事件正是中国与过去决裂的信号。"大跃进""文化大革命""四人帮"垮台及推动四个现代化，都预示着这个拥有悠久灿烂历史的伟大国家正在经历一场全面且艰难的社会变革。

一些对1949年以前的旧中国有一定了解的西方人，在面对近年来中国人性格的某些转变时，表现得一知半解。例如，著名美国记者约瑟夫·艾尔索普（Joseph Alsop）在1972年游历中国后，由新中国的批判者转变为歌颂者。离开中国前，他与妻子坐在从广州开往香港的列车上，谈论起一件让他们备感困惑的事。这对夫妻发现与苏联和其他欧洲社会主义国家相比，这次在中国长达一个月的旅行"既不让人窒息，更不使人压抑"，"没有感谢上帝让我们离开这片土地（结束苏联之旅后的一般反应），我们反而希望能再多逗留几个月。"两人都忍不住地问，"这是为什么？"

我认为艾尔索普提出了一个很好的问题，因为在1964年夏天离开苏联时，我的感觉正是如此。可是，我觉得他给出的答案让人费解。

一方面他认为"新中国正以中国的方式前进"，并且说，尽管"大跃进"失败了，"文化大革命"造成了严重的破坏，但"到处都可看到人们为创造美好未来而奠定下勇敢、勤劳、智慧的基础。农业及工业生产取得了引人瞩目的成绩。我想恰恰就是这种向前跃进的氛围,应被视为我们在去往香港的列车上提出的问题的答案吧"。

另一方面,他又不得不提到"透过表面现象,那里看不到如苏联一样自由的生活。中国式的索尔仁尼琴①(Solzhenitsyn)是不可想象的。没有任何地下艺术、违禁文学。所有人都步调一致,或者在进行'思想改造'"。³

我怀疑上述理由都不是艾尔索普在离开中国时产生触动的真正原因。就成就而言,苏联的表现并不逊色。对比一下苏联革命前后的社会状况,我们能够否认它一度曾取得举世瞩目的成就,见证过一种向前跃进的氛围吗?事实上,二战期间澳大利亚驻中国大使亚历山大·埃格斯顿(Sir Alexander Eggleston)在重庆曾经给出一个令我满意的解释。他认为苏联的进步是因为俄罗斯人毕竟是俄罗斯人。而持这种看法的,绝非只有埃格斯顿一人。

那么,为什么中国不存在地下艺术与违禁文学?为什么中国人的步调如此一致?艾尔索普夫妇在一个"看不到自由生活"的社会旅行却不感到窒息和压抑;而每一次离开拥有"更加自由的生活"而且诞生过令艾尔索普及其同胞十分崇敬的索尔仁尼琴的国度时,却要不由自主地感谢上帝,难道不是自相矛盾吗?

如果仅以美国人的视角来审视新中国和中国人,这个悖论自然无解。我认为使中国有别于苏联和美国的,其实是人的因素。今天新中国的优势,就是它在做任何事情时,都能有效地将人与人之间的关系由传统的方式转向新的规划。

艾尔索普并不是完全没有意识到这一点。"接待过我们的人都友善可爱,乐于助人。我们的翻译官姚伟,是我们俩遇到过的最好的旅伴。"但他最终还是选择了一个典型的美国式答案,用"进取

---

① 索尔仁尼琴(1918—2008):俄罗斯杰出作家、苏联时期著名的持不同政见者。

精神"来解释两人离开中国时的依恋不舍。假如他了解中国人的性格，就会知道那些看似自相矛盾的事实其实是同根同源的。中国缺少地下艺术与违禁文学，与"友善可爱、乐于助人的接待人员"是同一种行为模式的两种体现。

我们用另一个案例来说明今日中国和传统中国在文化上的一脉相承。一位美国著名发展心理学家访问了一些中国学校之后说，"在某种意义上，中国老师给孩子的无微不至的关爱，更加可靠和全面，虽然他们不像美国师生之间那样亲密（斜体为笔者补入）。"他为此提供的论据仅是中国老师（幼儿园老师）奖励孩子的方式是"口头表扬而不是抚摸、拥抱"。[4]

在我看来，触碰得少不能证明彼此关系不亲密。美国夫妻在公共场合的亲吻拥抱能作为他们之间亲密程度的晴雨表吗？亲吻拥抱是美国人表达情感的常见方式，不能以此判定孩子对老师的信任度。另一方面，中国老师给予学生"更可靠"的关爱，有可能是因为二者之间存在真正意义上的亲密关系。既然"更可靠"的关爱意味着更持久和周全的照顾，假定这对师生之间存在着更亲密的沟通难道不是很合情理吗？

中国社会文化的变化是根本性的还是形式上的呢？关于这一点，我们将在第十五章"共产主义在中国"中讨论。

有些人认为经济发展必然带来文化变迁。20世纪70年代，在中国台湾发生的一件事提醒他们该重新思考这个判断。

纳妾是中国的传统习俗。西方人常常把妾看作是情人，不明白她们其实是合法的"助理"妻子。儒家思想认为纳妾是为了确保家族香火的延续，但不少中国男人纳妾只是为了满足私欲。中国在1935年曾立法禁止纳妾，直到中华人民共和国成立，这一禁令才真正得以执行。1949年后，已为人妾者可以自由选择去留，但不再允许有新的纳妾行为。

在日本殖民统治时代，台湾如大陆一样通行纳妾。直至日本战败后，台湾才开始推行大陆颁布的禁止纳妾的法令。然而，到了70年代，一家颇具影响的日报社发表了一篇报道：

> 春暖花开之际，一位62岁的地方官员也迎来他生命里的第三春，在这个鸟语花香的时节，他将迎娶他的第三位新娘。
>
> 这位退休的社区官员黄先生现在是三峰观（一座附设剧团的道观）的贵人。他是那里的常客，经常捐赠巨额资金。而新娘是该剧团的名角。
>
> 黄先生的亲戚说他先是喜欢上了那位女演员的唱功，然后因为他和道观及剧团的密切关系，他们就订了婚。
>
> 这对老少恋的婚礼定在3月25日[1977]。他们会在道观的诸神面前举行隆重的婚礼。高雄市的王玉云市长（音译）是受邀嘉宾之一。
>
> 据称，这位老者家中的妻妾都在忙着操办他的婚礼，这真是少见又让人高兴的事，尽管她们都与他办理了假离婚。[5]

假离婚使台湾人得以规避禁止纳妾的规定。显然，这四口之家会在同一屋檐下过着幸福的生活。

老翁纳妾和携妻遗骨回天津这两个案例的共同点在于它们都体现出了中国人的婚姻态度：婚姻关系更多基于夫妻间的责任和义务，而非男女的情爱。这就是新闻报道不提及两人婚恋经过的原因。婚姻的责任和义务在纵向上关系到孝敬父母、教养子女，横向则扩展到旁系血亲。这样说来，黄老先生的妻子及第一个妾帮他张罗娶第二个妾，岂不是理所当然吗？假离婚恰恰表明中国的传统文化模式仍鲜活地存在着，而与现代法律之间还有极大的心理障碍需要跨越。在西方的影响下，中国的法律明文规定实行一夫一妻制。但按中国的习俗，人们却依然认为一夫多妻并没有什么问题。假如不是这样，那我们又该如何解释报纸上如此坦率地提及假离婚的事实，而没有让当事人陷入法律纠纷、受到公众谴责（甚至惩罚）呢？这件事如果发生在美国，情况会大不一样。

从风俗的角度进行对比虽然廓清了中美两国之间的差异，但它提供的仍然只是片面解读。它没有向我们说明这些风俗之间的联系，以及它们如何在各自社会中对其他行为产生影响。比如，中国人典型的婚姻及家庭观念，与中国人不关心政治及没有广泛接受基督教有何关联？电影《空谷芳草》描述了代际冲突、劳资矛盾以及60年代的学生骚乱、70年代的自恋主义，它们又是如何与美国的种族歧视、政治体制以及工业技术成就联系在一起的？

另一方面，我们之前的分析没有解释个人行为、群体活动中前后矛盾的现象。例如，为什么宣扬神爱世人的美国基督教团体拒绝吸纳黑人信徒？在一个崇尚男女平等的社会，为什么在专业领域和政府部门位高权重的女性却如此之少？一个基于自由自治理念建国的国度，为什么会派军远征去镇压他国的民族革命，扶持一个腐败的傀儡政府？而二战之后，最令美国人困惑不解的现象是：中国这样一个崇尚礼教、爱家守业、尊重传统的国家为什么会突然转向共产主义？

我们应当看到，人的行为如同一张蜘蛛网，乍看似乎杂乱无章，实则脉络分明。一旦了解其构架和节点，我们就会发现看似分散的要素实则存在确实的内在联系，看似自相矛盾的行为实则来自同一个源头。本书旨在条分缕析，追溯导致中美两个民族行为模式不同的心理根源。

为此，我们有必要研究中美两国的普通民众，考察他们的生活、观念及行为，同时关注两国各领域的杰出人士及政府政策。我们将用显微镜而不是望远镜来观察两国民众。我希望读者不要受"中国""美国"这些抽象标签蒙蔽，它们不仅仅是两个地理上的名词，亦不仅仅代表两个人口众多的国家。我们想要展现出来的不是隐藏在"民族"帷幕下的无形人群，而是有着明确价值观、职责和理想的民众,通过不同的渠道,他们中的每一个人都懂得痛苦、胜利和献身的意义。我不想在书中详细叙述两个国家在历史、文化习俗及政治、经济体制上的巨大差别,但在试图了解美国人和中国人的过程中,这些差别及其他一些因素会为我们提供思路,帮助我们回答:造成这两个民族如此丰富、鲜明和众多的差异的终极根源是什么?

中国人和美国人生活方式的差异,可以归纳为两点:第一,美国人的生活方式更重视个人的偏好,这个特征我们称之为个人中心。与之相对,中国人的生活方式强调个人在群体中恰当的地位及行为,我们称之为情境中心。第二,美国人多情绪外露,而中国人则含蓄内敛。

两组差异存在内在的关联。个人中心导致美国人在社会关系和心理上的孤立。他们喜则欣喜若狂,痛则痛不欲生。情感作为个体生命的核心,它的波动自然极其强烈。

以情境为中心的中国人在社会关系和心理层面倾向于依赖他人,紧密地与现实生活以及身边的同伴相联系。他们的喜怒哀乐与其他人一起分享,所以那一切就显得温和平淡。[6]

两种截然不同的生活方式——个人中心的美国方式和情境中心的中国方式——就是我们以后章节所有论题的关键。我们将会看到这种差别也是各自社会顽疾和弱点的根源,例如美国社会的种族歧视和宗教斗争、中国社会的贫穷和惰性,等等。本书试图根据这些差别,找出解决问题的方法。

为此,我们会问:这两种生活方式各自满足了什么人生目的?人们在多大范围和程度上获得满足?他们付出怎样的代价?代价是否太过高昂?这些代价是否有可能减少,还是势必会逐渐上升?这些问题的提出对于我们大有裨益。因为世界未来的安危取决于每个民族对自身的认识以及各民族之间的了解,取决于各民族如何自我革新和把握机遇。

注释：

1. As reported in *Newsweek*, March 17,1969.
2. 引述自 Christopher lasch, *The Culture of Narcissism*.
3. *Washington Post*, January 10,1973.
4. William Kessen, ed., *Childhoold in China*, p.105.
5. Report from Kao Hsiung, in *Central Daily News*, March 19, 1977.
6. 引言中有关个人与情境的对比与更广为人知的内向与外向的概念无关。中国人和美国人都有可能是善于思考、内向的人，也都有可能是善于行动、外向的人。但中国人倾向于运用思想和行动以适应现实，而美国人则更多地是按照自己的思想来改变现实。我的这一对比，与大卫·雷斯曼（David Riesman）的自我支配人格（inter-directed）与外在支配人格（other directed）也有实质性的区别。对此，我在第四章会有详细的论述。

第一篇
追根溯源

引子

我们已经提出一个理论假设，即中国人的生活方式以情境为中心，而美国人的生活方式以个人为中心。现在，要通过观察我们所熟悉的具体的生活现实，在一般意义上对它进行验证。

为此，我将考察艺术（尤其是绘画、文学）以及两性之间的行为模式。

大多数人误认为个人的创造力可以跨越时空（该观念发源于个体中心论，具有典型的西方特征）。人类学家不认同这种看法。首先，有创造力的个人，与其他人一样是特定文化背景下的产物。其次，如果有人在某一艺术领域创造出超越其所在文化环境的作品，这些作品也很难获得大众认可。人类学家研究过许多不同的社会，发现在特定的社会群体中，艺术和文学的形式、内容与整个社会的历史环境、文化背景是高度一致的。中国社会和美国社会也不例外。

艺术和文学不单纯是创作者自身智慧与情感的结晶。它们基本上可以被看成是创作者所属社会的镜像——或者按照心理学家的说法，是创作者所属社会的投影。我们首先考察中美两国的艺术和文学，是因为它们不仅反映了各个民族的表层关注，更体现着人们潜意识里难于捉摸的深切渴望。

在观察、比较文学及艺术作品的投射影像之后，我将再去推敲两个民族两性交往的行为模式。我特别提出这个话题，是因为两性行为既是一切文明社会不可回避的课题，也是西方文学与艺术最热衷的题材。探讨两性问题，不管是在"投影屏"上或在现实社会中，对于了解两个民族不同的精神世界会大有帮助。

第一篇的最终任务是找出塑造中美两种不同生活方式的文化根源。为此，我们必须简要分别中国人及美国人的个体行为与两种社会的一般生活模式。一个初生婴儿如何长成成年的中国人或美国人，如何学会与同伴使用同一种语言，建立共同的价值观和大致相仿的处世原则？推动这一进程的最主要的动力来源于家庭和学校。人类学家将这个过程称为社会认同（socialization）和社会同化（enculturation）。

中美两种生活方式有特定的历史源流。中国人的生活方式有2000多年的历史，美国人生活方式的根源似乎更加久远，一般来说可以追溯至中东和欧洲文明的发源，不过，如果特指它与英格兰的渊源，那就不过只有数百年的时间而已。

第一章
现实之镜像

绘画

　　本书讨论的艺术形式仅限于绘画。中国画与西洋画在技法上有诸多不同。西方艺术家使用的工具更丰富，如油彩、蜡笔、水彩、彩色粉笔、炭笔、酪彩颜料，等等；中国画家一般仅限于水彩、毛笔和墨。西方艺术家在各种材料上作画——帆布、纸板、光面纸、木头、墙壁、金属及玻璃，等等；中国画家的载体通常只是纸和丝织品。西洋画的透视用明暗对比来呈现；中国画则与古希腊绘画一样，采用把近景重叠在远景上的手法。

　　然而，两者之间的根本区别在于：人的主题在西方绘画中比比皆是，在中国画中则较为罕见；此外，在西方，尤其是在美国，最受欢迎的传统人物画多以女性为主题，在一切细节中更偏重表现人的内心世界。达·芬奇（da Vinci）和凡·代克（Van Dyck）的作品多表现出欢快的情绪，凡·高（Van Gogh）和蒙克（Munch）则倾向于表现生活中阴郁的一面。背景——房子、家具、树林或天空——是否重要取决于它们是否衬托了画中的人物。这种创作思路十分明确，即使在温斯洛·霍默（Winslow Homer）及安德鲁·怀斯（Andrew Wyeth）的静物画或风景画中，无论主题是陆地抑或海洋，是葡萄抑或香蕉，这些事物一概体现着艺术家在无生命物中渗入的情感特质。以约翰·斯隆（John Sloan）的《麦克索利酒吧》为典型，西方画家总是细致地描绘酒吧里熙熙攘攘的过客，而中国画家往往只勾勒出酒馆的简单轮廓及高悬的三角形酒招。

即使在必须表现人物时，中国画家笔下的"人物"要么是一大片山水中的一个小点，要么被厚重的衣服包裹着，没有任何表情。观者能看出他们的身份、官衔、地位和其他社会特征，而对这些人的个性却一无所知。

在过去2000多年里，中国画家长于描绘虎、马、花、风景、鸟、鱼，甚至昆虫，可是罕有艺术大师关注人的主题。西洋画最重要的表现主题，如戏剧性的心理及情感冲突，在中国画里难得一见。事实上，即使我们真的在中国画里看到了人的脸部，那种淡漠的表情也与《美国革命的女儿们》（Daughters of the American Revolution）的表现毫无二致。只不过中国画的人物没有表情，是因为画家不重视表现人物个性；而格兰特·伍德（Grant Wood）作品中面无表情的人物则是有意为之的一种讽刺。

两个民族生活方式的差异在两国绘画中可谓表露无遗。西方绘画着重表现有鲜明个性的男女，中国绘画则聚焦于个人在外部体系中的位置。美国绘画常常流露出人物内心的冲突，而类似的情绪在中国绘画里近乎无迹可寻。

绘画艺术还进一步体现出两种文化中更深层次的差异。西方绘画最根本的追求之一，是创造最美丽或最理想化的女性形象，来呈现天使、女神、圣母、妻子、母亲、妓女、卖花女，甚至秋日清晨的海滨浴女。为了达成这一目标，西方艺术家试图运用两种相反的力量：表现人物的性诱惑，同时又竭力在某种程度上隐藏这种诱惑。因此，西方绘画里充斥着隐晦的性暗示。

除了春宫画之外，性的主题在中国画里几乎是不存在的。春宫画不像西方绘画那样只含蓄地展示性诱惑，而是纤毫无遗地呈现性事的每个细节。有些人或许会争辩说春宫画算不得艺术。可是，假如艺术的定义是人生经验的视觉化再造，不管它采用的是直接的、隐喻的抑或象征的手法，我们没有特别排斥春宫画的理由。一如所有的艺术品类，春宫画的艺术性也有高下之分。情色作品在西方艺术界并不少见，不仅在法国和拉丁美洲国家，就算在英、美这种法律明令禁止的国家，有意寻求的人其实也不难找到。以我见过的西方情色作品来看，其大胆露骨的程度一点不亚于中国的春宫画。

中美两国都立法禁止情色作品的传播，然而对比两国民众私下的反应，可以清楚看到两种不同的心态。在中国，任何一个受尊重的人，更不用说那些满腹经纶的儒家学者和官员，都不会公开承认喜欢春宫画，但中国人极少因私下与妻子、情人、娼妓共赏春宫而感到不安。

对于大部分有清教背景的美国人来说，情况要复杂得多。美国男性在浏览情色作品时不但内心会产生负罪感，更会因此受到社会谴责。近年来，美国文艺界对情色的表现在限制级电影和成人书籍中远比过去大胆露骨，可是自报纸的读者来信中，我们还是可以看到不少妻子、母亲在意外发现丈夫、孩子私藏的情色作品后所感到的愤怒与困惑。报方的回复也多半认为有必要向这些男性提供心理援助。

每个社会都必须建立行为规范。在有清教传统又奉行个人主义的美国，针对性行为的规范，依靠个人内心的约束多过于外部禁令。在以情境为中心的中国，情况恰好相反，外部禁令的控制力大于内心的约束。在偏重内心约束的美国社会，男性不但要力戒淫行，更被要求克制恶念。有趣的是，中国不存在类似《圣经》上的诫谕，"但是我告诉你们：凡看见妇女就动淫念的，这人心里已经与她通奸了。"（《马太福音》5:28）

但是，性是人类最基本的冲动之一，不可能彻底从思想中根除。把性冲动认定为恶行，而努力将之从思想中清除，只会促使它在人的心灵深处寻找庇护所。弗洛伊德称之为"性压抑"。相反，如果仅仅是为了加以规范，性行为可被划入特定的人际关系领域，而不必为之感到拘谨。在美国的清教文化背景下，性是罪恶的，只能用于延续后代。这种理想在现实中难以真正实现，更耐人寻味的是，在今日的西方神学理论中，圣灵感应说和圣灵怀胎说依然盛行不衰。对此，我将在本书第九章"两种宗教"中作深入的论述。中国道教始祖也有类似的传说，但中国人从不认为它有任何宗教上的意义。在中国人看来，正如孟子所说，饮食男女是人的本能，只要发生在恰当地点、施与适当的对象就好。

性压抑造成西方绘画对性的广泛关注，西方艺术经常以隐晦的方式呈现与性有关的内容。相反，在中国，性的区隔使得性在艺术作品中难觅踪迹，而在春宫画中恣意宣扬。除了理想情况，性的满足与可获得性一般呈反比。西方绘画对性的关注和投入远超过其他一切主题，中国艺术却没有如此表现。

熟稔美国发展轨迹的人大多认为多样性是美国绘画史最重要的特征之一。这看似是对的，仅作些许浏览，我们就会发现美国绘画界有诸多流派，而大多数流派都有自己的代表性画家。例如早期传统画派的吉尔伯特·斯图亚特（Gilbert Stuart）、托马斯·萨利（Thomas Sully）、塞缪尔·摩斯（Samuel F.B. Morse）、约翰·辛格顿·科普利（John Singleton Copley），哈德逊河画派的托马斯·科尔（Thomas Cole）、约翰·肯西特（John Kensett），超现实主义画派的伊夫·唐吉（Yves Tanguy）、帕维尔·切利乔夫（Pavel Tchelitchew），立体主义画派的斯图尔特·戴维斯（Stuart Davis）、约翰·马林（John Marin），印象主义画派的汉斯·霍夫曼（Hans Hoffman）、威廉·德·库宁（Willem de Kooning）、杰克逊·波洛克（Jackson Pollock）以及反对唯情论的波普艺术、普普艺术、观念艺术和以罗伊·利希滕斯坦（Roy Lichtenstein）、安迪·沃霍尔（Andy Warhol）等为代表的超级现实主义，等等。不同的学者或许会按不同的方式对艺术家及作品分类（意见很难达成统一），但美国绘画的多样性是确定无疑的。[1]

欧洲绘画与美国绘画来自同一源头，但二者的风格就细节而言存在显著的差异，例如以性为主题的艺术作品在美国出现得较少，也较含蓄。不过，我知道有一些美国画家的确是因为两三幅裸体或衣衫单薄、有明显性暗示的作品而著称的，他们是詹姆斯·惠斯勒（James M. Whistler）、约翰·斯隆（John Sloan）、威廉·德·库宁、雷金纳德·马什（Reginald Marsh）、国吉康雄（Yasuo Kuniyoshi）、伊凡·奥尔布赖特（Ivan L. Albright）。当然，似是而非的性感在其他美国画家的作品中也不少见。

美国绘画发展的另一个特点是新风格、新流派的层出不穷：例如格兰特·伍德（Grant Wood）和安德鲁·怀斯（Andrew Wyeth）所属的超级写实主义是对印象派的回应，波普与欧普艺术巨匠安迪·沃霍尔（Andy Warhol）、埃斯科巴（Escobar）、肯尼斯·诺兰德（Kenneth Noland）等人的出现也是如此。

1913年，纽约市军械库艺术展览（Armory Show）最早反映出了这一趋势。这次展览展出了杜尚（Duchamp）、斯隆（Sloan）、威廉·格拉肯斯（Glackens）、亨利（Henri）等一大批经常被传统画展婉拒的大师之作。它在纽约引发了一场骚动，最后展方不得不要求警方协助，以确保这些存在争议的画作不会受损。一年后，画家罗伯特·亨利带领"八人画派"在纽约市麦克伯斯画廊（Macbeth Galleries）办展，令美国绘画界受到了强烈的冲击。他们"将注意力从温情脉脉的传统社会转向足以更深刻、更全面地表现美国及其人民的景象"。[2]

一个相对近期的、足以反映美国绘画史推陈出新的案例是艾德·莱因哈特（Ad Reinhardt）领导下的小幅画派（minimal painters）。丹尼尔·门德洛维兹（Daniel M. Mendelowitz）认为莱因哈特"是一个受到东方哲学影响的神秘主义者……其支持者是质疑科技与物质进步给人类带来福祉的美国知识分子。莱因哈特追求的目标是：排除所有可能制造冲突的因素，达到一种梦幻的境界"。[3]

美国绘画界在风格创新上发展得太快了，以至于引来"这根本不是艺术"的非议，评论家不得不连篇累牍地为新艺术做出解释。随着时代的发展，西方及美国绘画的形式与内容发生了巨大的变迁。在"文艺复兴三杰"之一米开朗基罗与抽象派大师杰克逊·波洛克的作品中，人们找不出任何的联系。

然而，仔细审视西方艺术家的基本创作立场，虽然人们常说"现代艺术……与之前任何艺术形式截然不同"[4]，我们将会发现，二者实际上并没有什么本质不同。立体主义、印象主义、达达主义，以及波普和欧普艺术等（未来还会出现更多的新画派），与它们的先驱一样，关注的都是自我与个人的情感。现代艺术与传统绘画的区别在于，后者表现的是主题人物的思想情感（或说是画家将情感投射到所画的人物主题上），前者则倾向于表达画家自身的情感（或说是因压抑情感表达而产生的情绪）。

半个世纪以前，著名评论人爱德华·奥尔登·朱厄尔（Edward Alden Jewell）在《我们建立了美国艺术吗？》一书中说道：

> 如果没有，那么我们如何帮助有志投身艺术创作的人成为一名真正的美国艺术家呢？……如果我们认定一个美国人要在技艺方面有所发展，为了成为真正的、完全意义上的美国艺术家，他只需要成为他自己而已……
>
> 因为在我看来，真正的目标在内，而不是在外。它与个体本身有关；而不会是那个由外部的冲击力促成、并非本性使然的个体……有胆识的艺术家敢于直面自己的内心世界（因为这样做是需要勇气的），在那里他们会收获珍贵的精神财富。[5]

美国艺术界如此强调个人情感的表达，它与欧洲大陆的艺术源头渐行渐远也就不足为奇了。在外行人眼里，西方古典主义、浪漫主义的人物画、风景画与现实世界是大体相似的。但对现代美国画家而言，情况就不是这样了，因为美国画家只需表达自己内心的情感和想象，无须符合客观标准，观众自己会去理解画的意义。这像是一次墨迹性格测验。作品中画着一个正方形的轮子（或者是象征一片森林的、斑驳的空工具箱，又或是被理解成一名速记员的、旁边有一只变形的幼鲸在起舞的破笔记本），而画家无须对它的合理性做出任何解释。抽象派大师杰克逊·波洛克的作品可谓美国最极端的原子个人主义的代表，试图挣脱一切外部束缚。据说，他的大多数作品长达6.7米，因为这恰好是其画室墙壁的长度。鉴赏现当代西方艺术的困难在于，它们往往要辅以更多的创作说明。

对画家个人情感的强化和细致描摹，必然导致作品只呈现活力和创造力，而缺乏足够的深度。艺术评论家弗朗茨·舒尔茨（Franz Schulze）敏锐地指出美国社会"鼓励"活力和创造力，但对"深度"漠不关心。然而他对于西方现代画家为什么会走上现在这条道路，给出了错误的解读：

> 或许是因为在现代社会里找不到任何稳定可信、持久深刻的真理——"有深度"地理解这个世界也就不可能——因此现代艺术家只能尝试复制他们对世界唯一确定可信的反应，那些从真实世界中获取的无差别的感受。
>
> 舒尔茨在芝加哥谈及乔丹·戴维斯（Jordan Davies）、亚瑟·格林（Arthur Green）、莱蒙得·西蒙诺斯基（Raymond Siemanowski）的作品时，称那些符号与连环画和广告画更相似，而与苹果、圣母、落日相差甚远，甚至有些像抽象数据分析，这说明当传统认可的主题慢慢枯竭、变得毫无意义的时候，那些被禁止的题材看上去是值得一试的，即使它可能只不过是一次游戏性的尝试。[6]

如果认真观察过美国和欧洲之外其他民族的生活，舒尔茨就会认识到他的判断是错的。事实上，当前世界并没有失去"任何稳定可信、持久深刻的真理"，只是由于过分强调个人情感才造成了人的孤立，以及对一切事物缺乏认同。这样的人最后将自然而然地认为世界缺乏有深度的真理。本书第十三章将继续讨论这一问题。

与西方世界接触之后，中国绘画的形式、内容及技巧，没有出现什么变化。从历史上看，北方画派精于工笔，南方画派擅长写意。虽然不同画家之间难免存在风格上的差异，但是中国画坛很少出现那种因刻意求变而受到排斥（更不用说像西方画坛那种激烈争辩）的画家，"何为艺术"的话题也从来不会引发争论。对比公元9世纪与20世纪的中国绘画，一眼就可以发现二者的相似之处，因此不会产生理解的问题——与西方绘画史有着天壤之别。

在19世纪末20世纪初，西方绘画技法随着西洋画一起传入中国。学习西方绘画的人开始使用厚纸板、帆布、水彩、蜡笔和油彩，而中国传统画家仍沿用过去的墨水、颜料、纸、贝壳和木头，等等。一些中国画家借鉴了西方的透视画法及各种表现手法，由此形成中西合璧的画风。但总体上看，多数中国画家仍然固守传统，只有极少数人成为西方古典主义和浪漫主义大师远隔重洋的追随者。

1949年之后，与中国其他领域一样，艺术也被赋予了政治的烙印。但是，它只涉及创作目的的更改。就结构、内容和基本风格而言，中国绘画依然故我，山水画及花鸟画继续盛行，非传统人物画比过去有了显著的增加。我们在这一时期可以看到《百姓欢迎八路军》《包头钢铁厂》《宁夏回族自治区山坡上的羊群和牧羊人》，剪纸人物《兄妹植树》以及贝壳画《天女散花》《松鹤延年》（后两幅采用了传统主题），等等。我曾见过其中一幅佳作《公社的节日》，画中有楼房、电线，树上架着喇叭，上百名男女在街头骑着自行车，有的人还背着孩子。绘画艺术被用于宣传新中国社会和经济上的发展，不再单纯是创作者和观众共享的艺术品。

在多次政治运动甚至在打倒"四人帮"后，这种状况并未改变。1977年11月，陕西户县农民创作的80幅画被送往美国纽约、芝加哥和洛杉矶等地巡展，作品主题大多是男女老少参与政治活动和劳动生产的场景，几乎无一例外。这些画的标题分别是《春耕》《喜迎棉花丰收》《我们自己的制药厂》《钻井》《助人盖房》《谷场麦香》《运动和比赛》《文化夜归来》以及《通报1976年10月的两大喜讯》，等等。在最后这幅画中，一个男人和他十来岁的女儿正在返家途中，男人手中拿着一份《人民日报》，家门口贴着的对联上写着：

  坚决拥护华主席的领导
  深入揭发四人帮的罪行

  中国农民对未来的憧憬表现在《家家有储蓄》《渭河两岸新风光》《人工降雨》等作品中。其中有一幅名叫《户县新气象》的画，简直像是采用了从即将降落在芝加哥的飞机上向下俯瞰的视角：一排排楼房、树木整齐排列，办公大厦与低矮民居相映成趣，工厂上方烟雾袅袅。令人意识到这是一幅中国画而不是西方油画的细节，仅在于飞驰在宽阔街道上的不是小轿车，而是卡车和公共汽车，以及一列从画面正中呼啸而过的列车。《公社鱼塘》的作者如此解释他对于未来的想象：

  我们艺术家，在描绘未来时更多地侧重于我们的革命理想，而不是现状。我们村里的鱼塘本来砌了一道围墙，但是为了表现光明的前景，我在作画时隐去了围墙。为了突出丰收盛景，鱼儿要活蹦乱跳，鳞光闪闪。小鱼故意从网中漏出，因为它们代表成长的新一代。这是有意表现发展，我们并不是一下把所有的鱼吃光。[7]

  《时代周刊》的记者认为这幅画应被视作"社会主义写实画派"的代表作，并且指出"它竭力展现欢欣鼓舞的气氛……画家好像是在说'工作让人如此轻松愉快'。那毕竟是一个社会主义农村的新世界"。(《时代周刊》，1977年12月11日)《芝加哥论坛报》的评论员在题为"中国人视单调为快乐"的报道中尖锐批评了这次农民画展："许多作品低劣无聊，尽管不少西方绘画作品也只配获得同等甚至更坏的评价……历史悠久的中国画走到今日境地，实在令人深思。"(《芝加哥论坛报》，1978年4月23日)

我个人认为，把1949年以后的中国画看作是"社会主义写实画派"是不合适的，而且会误导视听。《芝加哥论坛报》评论员之所以给出如此负面的评价，是因为他不能从中国人的视角看待这些作品。

中国领导人要求的是求新，而且也鼓励民众求新，简而言之，就是两个要点：一是艺术必须服务于社会向前发展的需要，而不能仅满足于个人审美；二是鼓励人人可以作画，从而提高人们推动社会进步的热情。美国评论界显然不可能接受这两种艺术目标，尤其是前者。

这位评论员并未意识到，这一时期中国绘画，尽管有了新的主题，但农民及专业画家仍在延续以往的传统。他们的作品非常中国化。首先，人物面部的表现手法与中国传统绘画如出一辙。二者的区别仅在于，中国传统绘画中人物的面部是没有表情的，与格兰特·伍德《美国革命的女儿们》里的人物神似，而在1949年以后新中国的绘画作品里，每个人物的脸上都挂着相同的微笑。其次，这些作品都以某个特定事件为主题，这也是中国传统绘画最为常见的一种表现手法。

中国画家与美国同行最大的不同是，对开创新的画派、新的技巧及理念毫无兴趣，反而认为临摹古人足以乱真才是最高境界。《清明上河图》有许多摹本（包括纽约大都会艺术博物馆的那幅收藏），却都不是真迹。日本、中国大陆及台湾省的众多摹本之间只有极细微的差别。千篇一律——这是西方画家最深恶痛绝的品性，但在多数中国画家看来全然不必抵制。

中国绘画在台湾省的停滞不前与西方画派的不断繁衍，构成了鲜明的对比，这个现象一度引发台湾报界的激烈讨论。当郭大维（David Kwok）这位在美国享有一定知名度的中国画家提出变革要求时，他受到了其他中国画家的围攻。目前，我们仍没有看到任何改变的发生。当然，我们可以看到出生在台湾省的画家陈辉东（音译，20世纪20年代移居中国大陆），已开始尝试借助西方绘画技法，表达西方艺术神韵。他的作品中以一艘泊在港口的轮船为主题的《轮船》（1978），以及《裸体》《想象》《诗歌》等，都未显示出任何中国风。

50年代中期出现的"五月画会"有类似的突破。与西方现代绘画一样，该画会成员的作品必须经过诠释才能为观众所理解。陈廷诗的《偷窥》呈现的是一连串的红黑线条，中间挖出一些白色小洞。洪宪（音译）的《秋天的光芒》画了五颜六色的鹅卵石和泥土。只有从刘国松的少数作品，如3幅名为《哪里是地球？》的系列作品，观众才能依稀看到内容与主题的关联。[8]

《中国台湾第六届艺术展》（"国立艺术中心"1971年出版）一书系统地呈现了台湾省近年来的艺术发展。该书将所收入的艺术作品分为十个大类，以传统绘画为首，以下依次为水彩、油画、版画、书法、印章、雕塑、摄影、手工艺及建筑设计。传统绘画的类别里共有69幅作品，占全部180多份展品的1/3多一点。其中少数作品如李奇茂（音译）的《打谷》，与前文提到的大陆新式国画没有什么不同，刘国松的《孤月》与赵仲祥（音译）的《鸡蛋》，则表现出与中国传统绘画的偏离。

不论是现代派还是古典派，该书所辑的油画的主题和方法已全部西化。这类作品表现出两个有趣的特点：首先，肖像画中的人物一定采用欧美人的造型，而一些不需画出面部表情、在地里劳作的农民仍然用东方人的形体。其次，极少表现中式建筑。大多数建筑是西式的，通常带有西班牙或意大利建筑的风格。[9]

小说

中国与西方世界体现在绘画上的本质差异，在小说领域同样表现得十分显著。中国古典小说一般依据人物的特定身份，例如主人公是皇族还是庶民，来设计情节的发展，而西方小说[10]更侧重表现人物的行为和思想情感。当然，也有一些例外。不妨比较一下中国古典小说《红楼梦》[11]《水浒传》[12]，以及美国人耳熟能详的《愤怒的葡萄》(The Grapes of Wrath)、《灵与欲》(Elmer Gantry)、《鹿园》(The Deer Park)，我们发现中国小说很少深入刻画人物的内心世界，而这一类描写在美国小说里比比皆是。中国古典小说从不借用某个人物的视角来铺陈叙事，但这种做法却是美国小说作家经常用的。

就我熟知的几部中国小说而言，最称得上细致入微的心理刻画往往是主人公在大敌当前时心中克敌制胜的盘算。以想象力丰沛而著称的中国古典小说分别是：《西游记》[13]，讲述唐僧一行人于7世纪初千辛万苦去印度取经的神话故事；《镜花缘》，一部反映人际关系的讽刺小说；《郑和下西洋》，勾勒了1405年至1438年太监郑和的航海探险。[14]

两国小说对爱情的处理也明显不同，它们各自刻画了置身于全然不同的恋爱中的男女。在传统的美国小说中，恋人之间爱得忘我，男主人公在思想、言谈与行动上，处处流露出对女主人公的迷恋。双方的结合往往构成小说的高潮。大多数情况下，整部小说都在描述追爱过程中的痛苦、误解，以及两位主人公在最终结合之前所必需跨越的磨难。即使那些不以爱情为重心的美国小说，例如《愤怒的葡萄》、《丛林》(The Jungle)、《人鼠之间》(Of Mice and Men)等，仍然涌动着强烈的情感线索。

中国古典小说在表现恋人的浪漫互动时，显得极为随意、草率，倒尽美国读者的胃口。性的结合总是出现在开头，而不是整个故事的高潮部分。小说的布局取决于男主人公如何用合乎礼教的方法娶回女主人公，不惜笔墨、冗长拖沓地描述婚礼全过程。男女双方的相互吸引是不受关注的，两人的相爱远不及得到家庭、社会的认可重要。即使在模仿、设计与西方小说类似的曲折情节之后，一些中国小说依然逃不脱这一类的中国文化模式。

在中国古典小说里，男主人公对爱人的追求，与他对世俗物品及社会地位的追求，心态上并无差别。《红楼梦》中的贾宝玉与林黛玉没有性的接触，却与其他女人（包括几个丫鬟）有过暧昧关系。这并不影响他对心爱之人——林黛玉的追求。贾宝玉同时与几个女性调情论爱，甚至与一个男戏子有同性恋的行为，这在美国读者看来，除非他确有过人长处或是迷途知返，否则就该被看成流氓、恶棍一类的人。中国读者从不这样想，反而将宝黛二人看成一对值得讴歌的恋人。中国人不像西方人那样有以个人为中心的占有欲。

简析《好逑传》《玉娇梨》这两部中国爱情小说，读者会更清晰地认识到中美小说的不同。就曲折程度而言，这两部小说与《汤姆·琼斯》《双城记》不相上下，有身份错位、离奇境遇、虎口逃生等情节设计，但它们的侧重点显然在于家族的干预和认可，而不是个人的情爱与情感表达。

《好逑传》的男主人公铁中玉是朝中负有监察之责的御史之子，其父铁面无私，得罪了不少权贵。铁中玉担心父亲树敌过多，提醒他处处多加小心。在赴京与父亲团聚的途中，铁中玉邂逅了女主人公水冰心及其家人，得知她被假传的圣旨蒙骗，不得不下嫁一个素行不良的纨绔子弟。铁中玉适时揭破奸计，救出水冰心，两人坠入情网。在铁中玉被人下毒而病倒途中时，水冰心对他悉心照顾直至其完全康复。经历了种种磨难之后，两人由皇帝赐婚，终成一对眷属。

《玉娇梨》的故事则要从一位在吏部任职的老臣最宠爱的掌上明珠——才貌双全的白红玉说起。朝中另一位重臣曾经代子向红玉求亲，然而他的儿子没能通过红玉父亲即兴吟诗的考验。这位重臣因此怀恨在心，设计陷害红玉的父亲，将他贬到蒙古。这部小说由错认身份、剽窃诗文、男扮女装、秘密求婚等情节而层层推进，直至红玉与心上人喜结良缘的大结局。

上述两部中国小说冲破险阻、找寻真爱的主题，深受美国读者的青睐。它们的节选本及全译本被多次翻译成西方各种语言，甚至还赢得了歌德、席勒和卡莱尔（Thomas Carlyle）等一代文豪的赞誉。[15]

中美小说的种种差异不限于少数特选作品。中国小说的经典之作还有《三国演义》《济公传》《包公案》《金瓶梅》《西厢记》《聊斋志异》等。[16]熟稔美国文学的读者也不难列出类似一张美国小说清单。但在本书中，我们主要讨论那些可以在俱乐部书单和便利店书架上找到的简装版美国通俗小说。[17]

在中国小说里，人物的行为要与社会身份相符，而美国小说在人物设计上更着意展现其作为独立个体的思想、行为，这是中美小说的一大不同。中美小说另一大不同在于美国小说中存在大量与性有关的描写，而中国小说是否存在性描写则完全视乎类别。与以往任何时代一样，爱情仍是美国现代本土小说以及其他受欢迎的西方小说最重要的主题。当然，有不少西方优秀小说选择了与爱情无涉的主题，例如托马斯·曼的《魔山》(The Magic Mountain)、托马斯·沃尔夫的《天使，望故乡》(Look Homeward, Angel)、陀思妥耶夫斯基的《罪与罚》(Crime and Punishment)、约翰·赫西的《阿达诺之钟》(A Bell for Adano)、辛克莱·刘易斯的《巴比特》(Babbitt)和《大街》(Main Street)、诺德霍夫与霍尔合著的《叛舰喋血记》(Mutiny on the Bounty)、玛乔丽·劳林斯(Marjorie K. Rawlings)的《鹿苑长春》(Yearling)，还有马克·吐温、赫尔曼·梅尔维尔、杰克·伦敦等人的作品，都极少涉及爱情。不过，我认为人们倒也不会质疑"大多数西方小说都含有谈情说爱的内容"的看法。

中国古典小说在涉及到情与欲的话题时，可被分为以下三类：第一类是不涉及男女关系或仅仅点到为止；第二类即前文提到的《好述传》《玉娇梨》那一类，着力于情感的部分，而不涉及生理与性的层面；第三类则是春宫小说。

《三国演义》可被视为第一类中国古典小说的典型代表。美国读者只须对这部巨著中偶尔出现的几段"爱情插曲"略加审视，就能了解这一类小说的特点。这部小说以公元3世纪魏、蜀、吴的三国鼎立为历史背景。

小说一度提到东吴有意除掉未来的西蜀之主——刘备。刘备当时正有意续弦，而吴主孙权恰好有个美貌的妹妹孙尚香。吴国因此设下美人计想将刘备骗至东吴，谋士周瑜还计划在欢迎宴会上刺杀刘备。刘备一开始不知是否该接受邀请，后经军师诸葛亮安抚劝说，由赵云伴驾前往吴国。让周瑜没有料到的是，吴王之母孙太后坚持要求参加宴会相女婿，而且一眼相中了刘备，认为他就是她女儿的最佳伴侣。刘备与吴国公主孙尚香顺利地成了亲，举行了盛大的结婚庆典，令周瑜大失所望。

周瑜并不甘心，一计不成，再生一计。他给刘备送去各式贵重礼品，又专门为他和新娘修建豪华宫殿，在宫内安插众多侍女。周瑜希望把刘备困在温柔乡里，将其永远留在东吴。

不曾料到，诸葛亮早有防备，准备了锦囊妙计，而孙尚香非但未如周瑜所希望的那样劝说丈夫留在东吴，反而决心随他一起回到领地。周瑜想再次行刺，又怕令公主守寡而触怒吴国太后。孙尚香一心追随刘备，他也不可能将两人拆散。吴国赔了夫人又折兵，周瑜为此又羞又恨，吐血而亡。他的死因或许就是如今常见的脑溢血！

《三国演义》全书仅有几处涉及男女情爱。例如，割据北方的曹操因与有夫之妇私通而贻误战机，从而在战场上失利。这是典型的中国教条——情爱在文学中只是用来说教的载体——儿女情长会消磨斗志，长此以往更会招致灾难。另一个案例与蜀国大将赵云有关。他拒绝了美色诱惑，在战场上所向披靡，屡建战功。10卷本的皇皇巨著《三国演义》绝大部分都在叙述与情爱无关的历史事件。

至于中国的春宫小说，它根本没有描述美国人理想中的爱情——超越肉体吸引的两情相悦。这些小说露骨地描写性行为和肉体接触的快感，甚至不避讳同性恋。很少有哪部美国小说可以与之相提并论，或许亨利·米勒的《北回归线》(*Tropic of Cancer*)可以算作例外。《北回归线》1934年在巴黎首版之后很快被禁，直至1959年才由法庭裁定可以公开销售。即使在这样一本书里，作者也很少运用不堪入耳的粗俗俚语，而是以影射、声响、暗示及对话等方式隐晦地讲述与性有关的细节。大多数西方文学，无论是否曾经被禁，对性的描写都相当含蓄。[18]

下面，我们进一步就具体文字展开分析。在詹姆斯·琼斯的《乱世忠魂》(*From Here to Eternity*)中，作者描述了一位士兵在夏威夷与妓女过夜的情景。两人躺在床上，赤裸着身体，盖着被单。

"但是为什么？为什么你会记得我？"

"因为，"他说，"因为这个。"他微笑着抓住被单的一角，猛地一下把被单从她身上掀开，然后看着她躺在那里。

她一动不动，扭过头笑着看着他。"就为这儿？"

"不是。还因为安吉洛在这里的时候你触摸过我。"

"就这些吗？"

"可能不是全部。但是也差不多。"

"难道不是因为跟我谈得来吗？"

"是，那也是一个原因。确实是。但这也是，"说着，他注视着她。

"那聊天也是一个原因了？"

"是的。聊天，聊天很重要。"

"对我来说也是。"她满足地冲着他笑着，他一只手肘撑起身体俯看着她。她抓住盖在他身上的被单的一角，像他刚才那样，一把将被单掀开了。

"怎么回事，瞧你那样，"她说。

"我知道，这难道不让人感到害羞吗？"

"我想知道为什么会那样？"

"无法控制。每次都这样。"

"我们真得改变才行。"

他开怀大笑。突然他们交谈起来，枕边谈话，他们从未这样。而且这次真的很不一样。

之后，他充满感激地低下头搜寻她的双唇。

不但没有性的描写，就连爱也是朦朦胧胧的——"我想我会记得你的"，"这次真的不一样"，他"充满感激地"……许多细节推动着情节向前发展。性爱结束后，士兵试图亲吻女人的行为使得整个过程充满了浓情蜜意。在美国人的生活方式里，只有以爱情之名而进行的性才被视为是正当的。

亨利·米勒在《北回归线》中，对性的描写似乎更加直白：

看着瓦恩·诺登压在她身体上就像是看着一台齿轮松动了的机器在运转。如果没人理会，他们会这样无休止地进行下去，不断地摩擦又不断脱落，直到有人关掉引擎。他们两人的身体交织在一起就像两只山羊，没有丝毫激情，不停地拼命摩擦着，只是为了那15法郎。这样的场景一点点冲刷了我所有的感觉，只留下不人道的满足好奇心的愿望。那个女孩躺在床边，瓦恩·诺登俯身面朝着她，像半人兽一样两条腿稳稳地站立在地上。我坐在他后面的椅子上，冷静超然地观看他们的表演：就算他们永远不停止，与我也毫不相干。看着他们就像看着一台疯狂运转的报纸印刷机一样，成千上万张报纸不断飞出，带来的却都是一些毫无意义的新闻头条。机器本身反而更有意思，虽然疯狂，但与制造机器的人和事件比起来，它看起来更加精彩。我对瓦恩·诺登和那个女孩毫无兴趣；如果让我这样坐着观看全世界在这一刻发生的每一个动作，我会感觉更无趣。我分不清这里发生的事情和下雨或火山爆发有什么区别。只要激情的火花泯灭了，这样的行为对人类就没有任何意义了。机器还更好看一些。那两个人像一台齿轮松动了的机器，需要有人修理。需要一名机械师。

我在瓦恩·诺登的身后双膝跪下，认真地打量着这台机器。那个女孩扭过头来绝望地看了我一眼。"没用的，"她说，"那是不可能的。"就在这时瓦恩·诺登像一头公山羊一样充满力量，又准备重新开始运作了。他是个如此顽固的家伙，宁愿折断他的羊角也不愿放弃。他现在应该感到更惹火了，因为我在他的屁股上挠痒。

"求你了，乔，别再这样了！你会弄死这个可怜的姑娘的！"

"别管我，"他咕哝着说。"刚才我几乎得手了！"

《北回归线》在遣词用句上与美国记者、畅销作家罗伯特·格罗弗那本《100元的误解》(*One Hundred Dollar Misunderstanding*) 颇为相似，后者写的也是妓女与嫖客的故事。二者的差别只在于后一本书中的妓女是个黑人，嫖客则全是白人。这种设计增加了一点低级趣味。格罗弗同样用大量与性爱无关的对话和细节，将真实的性隐藏起来。他让双方在对话中使用两种截然不同的语言——黑人俚语和白人美语，因此双方完全不知道对方在讲些什么。下面两段是对有关情节的摘录：

（1）我希望他真的友善又温柔，数着他给的钱，感觉棒极了，接着准备开始干活。一上床，我就开始担心这儿担心那儿的，我总担心做得不好，边做边想这个该死的白人小子到底懂不懂该如何配合我，做好他该做的。我觉得我想得太多了。

果然，没过多久就完事了。他拔腿走掉了。

（2）但是不一样——这是我的观点。比如（不用些淫秽的字眼就很难描述），这个职业的黑人妓女和玛吉有相同的偏好，只是她做得……总之她比玛吉做得更过火。我的意思是她做起来感觉相当自然，至少我认为是这样，以她的身份来说，是这样的。我发现她行事的方式让人感到非常不安。我的意思是，非常的职业化，毫无激情，也缺少必要的前戏。让人惊恐不已，老天啊，真叫人恶心。

我想，可能是之前从未去过那样的声名狼藉的地方，对这些女人的行为有些误解——依据我那些自然的正常的经历，我说的是那些无须付费的经历。

说真的，她的行事方式真的让我感到很吃惊（让我吃惊的还有另外一个黑人妓女不停推开我们的门，把头伸进来，她这样莫名其妙地闯进来好几次。第一次正好是我兴奋过后，之后她又来了），让我在始料未及的时候就进入了第一次（原谅我用这样的表述）高潮。（我还要说的是我身处的环境也部分导致了我有那些感慨。）[19]

《北回归线》《查泰莱夫人的情人》等书中的极度写实主义，一度引起作家、书评人、警察、法官、语言净化委员会及社会各界的强烈抗议（许多地方至今仍在争论）。但是这些作品，包括《100元的误解》在内，与中国的《金瓶梅》[20]相比，其描写之大胆露骨还是远远不及。

睡到天光，妇人淫情未足，还不住捏弄那话，顿时尖柄捏弄起来，叫道："亲达达，我的心要往你身上睡。"立刻趴伏在西门庆身上，倒插蜡烛式，搂着西门庆脖子，自顾自地在他身上搓搓起来，同时西门庆两手扳住她的腰，扳得越紧越好，然后她就上下用力抽送，是那话儿渐末至根，只剩下两颗丸子被阻在外，妇人便道："我的达达，等我白日里替你缝一条红绫带，你把和尚给你的药末装在里边，我再给你缝两条长托带，等睡时你可拴在根子上，这样玩起来就不会格的人疼。"

西门庆道："我的儿，药末就放在磁盒里，你自家装上就是了。"

潘金莲道："今晚再来，让我们俩试试可好？"

（《金瓶梅》第3卷，318—319页）

美国文学中的性爱描写一直远比中国同类作品隐晦，但美国公众对此的反应是绝不宽容的。《小墓地》（God's Little Acre）的出版商被"纽约制裁不良行为协会"以道德败坏为由起诉；惠特曼的《草叶集》19世纪末在费城被公开焚毁；有关《北回归线》的法律纠纷，算是近年来发生的事件。有一部分书评人坚持将《两名少年》（Two Adolescents）和《乱世忠魂》一类的小说归为情色文学。美国国内有一定规模的图书馆要么根本不收藏《海克提郡回忆录》（Memoirs of Hecate County），要么就把它封藏在书库里。但中国人一直将《金瓶梅》视为一部旷世杰作。在20世纪30年代，中国当局受西方影响，一度试图删改书中过于露骨的情节，结果收效甚微。

美国小说中涉性的文字更为常见，但在表达上隐晦含蓄。读者的想象力通过暗示获得激发，就像被画作里的线条和人物姿态所激发一样。相形之下，中国小说中的性要么是几乎看也看不见，要么就是被归入另一种类别。中国古典小说不关心男女情爱，但一旦涉及性的话题就不再遮遮掩掩。

进一步说，在中国古典小说里，性本身不必接受批判。只有对性的过度沉溺或滥用，才会导致恶果，正如前文提到的魏主曹操因与有夫之妇私通而战败、《金瓶梅》男主人公西门庆最后纵欲而死一样。

在美国通俗小说里，情色或接近情色的描写大多含有批判的意味，再不就如《乱世忠魂》一般，作者把情色描写提升至真爱的高度。因此，大胆的性爱描写一般仅限于婚外艳遇，通常发生在妓女、嫖客或素有污名的放荡男女之间。一般来说，美国通俗小说是歌颂爱情的，认为爱情圣洁无比，不应与性爱相混淆。它最强调个人情感，判定双方关系道德与否也主要取决于是否存在真爱。如果爱是真实的，双方将会收获好的结局；如果爱情并不纯粹，就算是夫妻也可以分离，即使相爱的男女中有一方甚至双方是已婚的，情况也同样如此。

自60年代中期以来，美国小说和影视作品中直白的性爱日渐增多，情色与爱情的分野渐趋模糊。从马克斯·舒尔曼《校花回忆录》(*Memoir of An Ex-Prom Queen*)、朱迪思·罗斯纳《寻找古德巴先生》(*Looking for Mr. Goodbar*) 到盖伊·塔利斯《邻人之妻》(*The Neighbor's Wife*)，这些小说在预售时就已大热畅销。但是，除了性与爱的分离，我们还能从中看出些什么吗？

我的回答包含两个层面：首先，情色描写在西方文学中早已不新鲜，如弗兰克·哈里斯《我的生活与情爱》(*My Life and Loves*) 1922年在德国首次出版。其实早在1882年，无名氏之作《我的隐秘生活》(*My Secret Life*) 11卷本已于阿姆斯特丹自费发行。在此之前，情色小说在西方社会已秘密流传几百年，私相授受或经伪饰后出版，但大多限于法语版和意大利语版。自1959年以来，这类书籍获准在美国出版，露骨大胆的程度甚至超过同类中国作品。

中西方情色作品的差异在于：首先，中国作家认为情色只是整个社会的一部分，西方作家却认为情色自有其一贯的线索，而与其他生活领域无关。西方作家以中国同行所不及的程度，尤其关注于性征服、性行为、感官体验乃至性器官的细致描写。《我的隐秘生活》一书充斥着千奇百怪的性爱方式。该书作者是一位有钱的英国人，不仅享受与妓女口交的快感，还付钱给妓女的男友让其提供口交服务。[21]《我的生活与情爱》则围绕着以下4项主题展开：冒险、幻想、男人与事件、性爱。正如该书编辑所指出的，"不管他的主题是什么，哈里斯的人物及其空虚渗透于字里行间。"

其次，上述两位西方作家似乎不关心持续的暧昧关系（其中一位提及短暂的婚姻关系，另一位则根本不涉及），而长篇累牍地描述性征服与性体验，充分显示了以个人为中心的心态。弗兰克·哈里斯和《我的隐秘生活》的作者可谓是极端个人主义的典型代表。一旦了解到弗兰克·哈里斯的创作原因，整件事情就更加有趣了。哈里斯在《我的生活与情爱》的前言中解释称：对该书的数次禁令使他在经济上陷入窘境。

> 如果不是美国让我穷困潦倒，我也许不会将这部小说写得如此露骨。面临人生最后一搏（那时候我已快70岁了），为了获得同类的认可和落个平安的结局，我们都有可能牺牲部分真理。作为一个"邪恶的动物"，按照法国人的说法，"受到攻击时一定会奋起反抗"，我竭力抵抗。我虽无恶意，但也没有一丝畏惧，永不会妥协。我一直在为神圣真理而战，正如人性解放战争中勇敢的战士海恩（Heine）所言：此刻再战一次，是最好的也是最后的一次。[22]

弗兰克·哈里斯不加掩饰的创作不是由于对性的狂热偏爱，而是反抗现行体制的一种方式，是革命的工具。这充分表现了西方文化个人中心的特点，而与中国人以情境为中心的心态截然不同。性压抑与性放纵在西方文学中分化为势均力敌的两大潜流，中国文学没有出现这样的两极分化。

一方面，日趋开放的法庭裁决使得情色文学和同类影视作品在西方普及开来，不再是有钱人的专享特权；另一方面，捍卫清教传统的美国人大声疾呼对此加以抵制。20世纪80年代，哈里昆出版公司（Harlequin）出版了大量不含情色描写的浪漫爱情小说，创下不俗的销售业绩（1978年年度销售1.25亿册），这表明反对恶俗与情色的行动正在显露成效。这些在加拿大首版的小说在十多年间一直由纽约西蒙与舒斯特公司（Simon and Schuster）负责分销。1979年，西蒙与舒斯特公司以类似模式推出了"轮廓"系列丛书（Silhoustte）。

70年代初期，在这些书刚推出的时候，我听说过其中的几本，据说本本都赚了大钱。

> 莱姆、唐纳德和麦克莱恩是100位创作稳定的女作家中的成员，她们坚持每月合作推出12本"言情"小说。
>
> 她们共同创造了小说出版史上最有影响的奇迹之一——而她们的成功从不依赖低俗的性描写。[23]

出版公司的宣传品对这些作品的描述，与我对美国通俗小说的总结如出一辙。"无论人物的情感多么炙热，女主人公的贞洁在婚前绝不受触犯……剧情虽然充满曲折，大团圆的结局因种种误解而一再延宕，然而幸福总会如期而至，绝无例外。没有情欲，没有悲剧，没有不可治愈的病痛，更没有暴力。爱主宰了一切。"

看到这里，读者可能会问：既然你说在近代大多数中国人仍不能读写，那么小说又与他们有什么关系呢？你在这里描述的二者对比岂不成了一小群中国知识分子和美国大多数通俗小说读者之间的比较？

答案很简单。美国人通过学校、教会、俱乐部及大众传媒等渠道，了解到幼儿教育、心理分析、诗歌、小说、戏剧、宗教和国际事务等领域的常识；目不识丁的中国百姓则从评书、皮影戏、京剧和地方戏曲中，耳濡目染帝王将相的霸业功绩以及寒门学士得蒙丞相青目、当上乘龙快婿的奇闻轶事。[24]评书、皮影戏、京剧及地方戏的剧情与中国古典小说大体相似，甚至可说是完全一致。

在美国，最受成年人喜爱的小说、电影、歌剧和戏剧，多与爱情的主题有关，相应的中国文艺作品则被清晰地划分为情感主题、非情感主题。情感主题在京剧和皮影戏里比较罕见，评书倒是偶有涉及。至于地方戏剧，情感主题和非情感主题的比例不相伯仲。

评书是中国最常见的闲时消遣。集市、庙会、村镇、城市，处处都能见到说书人的身影，若是遇上七夕、春节等节庆，说书人更是忙碌，婚丧嫁娶的场合，也少不了要雇几个说书人助兴。他们有时只说一段，有时则说完全本。说书人的表演方式不尽相同：有的人只是说；有的人则是连说带唱。流传甚广的中国古典小说一般另有一份唱本。

事实上，评书在中国可能出现得比小说更早。中国最早的小说就是专门给说书人提词用的，仅有故事梗概，又称"话本"。现存最早的话本被发现于中国西北的敦煌石窟，据说是从唐代（618—907）流传至今。日本国家图书馆现存5本中国小说话本。在中国古典小说走向成熟后，话本仍然受到说书人的喜爱。[25]

皮影戏和地方戏在固定或临时搭建的戏台上演出，剧目改编自古典小说的片段或全本，有时也从口口相传的民间故事中取材。京剧比皮影戏和地方戏正规得多，演出和观看的费用也相对高，上演的曲目大多是根据《三国演义》等名著编排的，表演时间短则半小时，长则耗时数日之久。

在所有形式之中，评书流传最广，遍布城乡。京剧的受众面要窄得多，一般只在省城或大城市演出，不过倒也称得上是雅俗共赏。

在与西方接触之后，特别是新中国建立后，中国小说又出现了哪些变化呢？一个最大的变化是，从20世纪初起，与其他艺术形式相比，小说更多受到西方思潮的影响。传统的中国小说如历史小说、武侠小说、玄幻小说、言情小说等，虽然还继续保有一定数量的作者及读者，但值得注意的是，夏志清教授的巨著《中国现代小说史》有针对性地介绍了鲁迅、张爱玲等人的西式小说,而对张恨水、平江不肖生(笔名)[26]等传统的现代小说作家除了少许评论,几乎完全未加介绍。在中国现代作家的西式小说中,个人奋斗的主题及第一人称的叙述变得显著起来。当然,也有少数人例外,譬如中国现代小说作家之首沈从文。沈从文最关注的是表达传统中国社会的伪善、堕落及统治者的残酷压迫。

鲁迅的《阿Q正传》[27]是少数几本享有国际声誉的现代小说之一。主人公阿Q是村里贫民,身上集中了中华民族的一切劣根性。他生活的时代正值清朝末年,列强在中国肆意凌虐。每当阿Q受到侮辱(这是家常便饭)或因欺负弱者而自取其辱时,他最擅长运用的就是一套"精神胜利法"。他加入了城里一个盗贼团伙,负责收藏赃物,还以革命党的身份到处吹嘘,散布道听途说来的内幕消息,用这种方式胁迫那些曾经侮辱他的乡绅。可是,最终来到村子里的革命者不仅拒绝承认阿Q的革命身份,还与乡绅勾结,以抢劫罪判处阿Q死刑。在审判中,被吓昏了的阿Q只好承认他的假冒行为。在赴刑场的路上,阿Q模仿那些自知必死的犯人大喊口号,以为大家是希望他这样做的。

在新中国建立之前,大多数现代小说作家比较多地提到了爱与性的话题,只有少数作家不在此列,例如沈从文等人关心社会与政治环境的病态。沈从文被誉为"中国现代文学伟大的印象派大师"[28],作品呈现出两个极端:一方面强调"忠于土地的智慧,享受实现动物性存在的、现实的满足感";另一方面极力描绘"一种深刻的悲哀,弥漫在机械化的日常作息、无法驱散阴云的对谈以及脏乱的室内与窗外可爱春光的鲜明对比等情境之中"。[29]这并不等同于中国现代小说作家缺少多样性。茅盾以对人物的心理刻画而著称,而因《骆驼祥子》[30]为西方读者熟知的老舍,绝口不提爱情,更重视对人类奋斗历程的抒发。巴金创作了著名长篇小说"爱情三部曲"(1936)和"激流三部曲",后者又包括三部小说:《家》(1933)、《春》(1938)、

《秋》（1940）。巴金认为中国社会及政治的种种弊病主要应归咎于社会体制的不完善。张天翼最擅长的是讽刺小说和杂文，他的战斗力指向的不是阶级而是个人。他大力批判书中人物内心的冲突、势利、争斗、侮辱和伤害。张爱玲[31]是一位年轻的言情小说作家，独特之处在于把"乔叟笔下的生活趣味与成人对人生悲剧的惊觉巧妙结合在一起"。[32] 钱钟书是一位"绝无仅有的文体家"[33]，比其他作家更多地运用了象征主义。在中国现代文坛的大多数作家以讽刺作为"抵制病态社会的手段"时，"钱钟书揭穿了这类作家的伪装，指出他们才是社会和文化堕落的主因。"[34]

现代中国小说一般具有以下三大特点。

首先是人物"在纯粹性爱里寻找个人权利及自我放纵的意义"时的"无能"。陈爱丽（Ai-li S.Chin）曾将她研究的现代中国小说分为三类：1915年至1949年间的作品、在中国台湾面世的作品及1962年至1966年间大陆作家的作品。在第一类作品中，所谓的爱情在融入年轻人生活时由于年轻人一心只想改变世界而失去了应有的浪漫。第二类作品的主要特征是"父子对立而形成的冲突"，而不是"可通过个人满足或放纵获得宣泄的张力"。第三类作品"显然有意淡化情侣和夫妻间的情感"。陈爱丽总结称，"中国人更多关注社会关系中的自我存在，而非自我本身。"[35]

其次，现代中国小说在在表现出对现代中国生活病态的审视，过分关注外在现实，而对探索内心世界缺乏兴趣。夏志清在论著中就此有详尽讨论，将这种现象称为"心理贫困"，并进一步认为：

> 鉴于中国戏剧缺少悲剧及明清两代小说注重讽刺的传统（叙述人生悲剧的《红楼梦》显然是个例外），我们不禁怀疑学习西方文学是否能够丰富中国人的精神世界。[36]

最后一个特点是，中国现代小说几乎没有受到西方象征主义的影响（仅有少数例外）。

1949年以前，除张爱玲之外，著名现代小说作家多多少少地参与或同情共产主义运动。"文化大革命"迫使一些作家中断了写作生涯。直到1979年，在运动中受到迫害的一些作家，如周扬、邓拓和张闻天等，才得以恢复荣誉，重回工作岗位（后两位在运动中去世）。

中国大陆问世的小说大多不关注人的情感，情爱成分比古典小说更加稀见，就我读过的小说而言，几乎每一部都是模糊掠过。"四人帮"垮台之后，新的政治空气或许会使两性话题在中国文坛重获应有的位置。

无论未来如何，中国小说的基本特征不会因新的发展而变化。在新的政治空气里，中国文坛将更着力于表现现代中国生活的弊病，而且会努力构成统一的方向，对个人的内心世界依然兴趣缺缺。根据这一判断，西方的象征主义很难谈得上对中国小说的创作产生了影响。

但是，夏志清关于中国小说漠视内心活动及对象征主义缺乏兴趣的论述，其实并不全面。他指出，"……在借鉴西方传统时，中国作家只会接纳并运用那些他们觉得适当和有意义的元素"。[37]这个结论适用于包括美国、中国在内的一切社会及文化。夏志清错误地认为这一特征的形成是源于中国人借助19世纪民主、科学、自由等西方观念来扬弃他们的传统信仰。实际上，即使在宗教盛行的时候，中国人也从未对人的内心世界有兴趣，我们留待第九章和第十章再详细探讨这一点。他的另一失误是将儒家思想和西方的理性主义混为一谈。夏志清主张，鉴于中国宗教不再"对儒家思想构成制约"，儒家思想会抑制中国人对象征主义产生兴趣的一切可能。事实上，中国人在历史上从不曾对象征主义产生过兴趣。

宗教信仰、科学原理乃至政治主张，恰如绘画和小说一样，都不可能消除或制造中美现代小说中对心理活动的探索以及对象征主义的兴趣。这些信仰、原理和主张，要根据自身的实用价值，而为不同的社会文化接受、修正和扬弃。中国人独特的情境中心的生活方式，将自然演进成为大多数中国人所亲近的艺术范式。它们强调外部现实而不注重内心世界；强调个人在社会中的位置，而不重视对外在环境的反抗。同样，西方（包括美国）的个人中心的生活方式更倾向于情感驱动，追求可知抑或不可知的本原，以反传统和创新的手段来发现和坚持个体意识。个人主义不仅出现在西方的绘画和小说里，也影响着商业、宗教、政治和社会等各个领域的行为。

注释：

1. 丹尼尔·M·门德洛维茨（Daniel M.Mendelowitz）在《美国艺术史》一书中提及了更多的流派：几何抽象画派、抽象表现主义画派、小幅画派、历史画派、浪漫寓言画派、风俗画派、神秘主义画派、印象画派、立体主义画派、社会评论画派、现代现实主义画派及现代表现主义画派，等等。
2. 同上，pp.316–317.
3. 同上，p.454.
4. Kenneth Clark, "The Blot and the Diagram," *Encounter*, January 1963.
5. Edward Alden Jewell, *Have We An American Art*? pp.151,155–156.
6. Franz Schulze, "Scotch Broth, Chicago Chrome," *Chicago Sun-Times*, October 14, 1967.
7. 见中美人民友好协会印发的宣传手册《中国户县农民绘画作品展》。
8. 1970年台北"五月画会"之"五人展"。
9. 针对"特邀展出"的部分，但同样适用于其他展出中被评为"佳作"的作品。
10. 本书的讨论以美国原创小说为主，特别注明除外。
11. 曹雪芹著，王际真译。
12. 施耐庵著，赛珍珠译。
13. 吴承恩著，有多个译本，分别是 Helen M. Hayes in The Buddhist Pilgrim's Progress; and Arthur Waley in Monkey（New York, 1943）。
14. 《西游记》和《镜花缘》，是堪与《爱丽丝梦游仙境》和《格列佛游记》相媲美的中国古典奇幻小说。
15. 《良缘记》（The Story of an Ideal Marriage）被译为英语、葡萄牙语的节选本，于1719年被首度介绍到英国，1761年由 Thomas Percy 编入《好逑传》并出版。《玉娇梨》于1826年首次被译成法语，之后又译成英语和荷兰语，在欧洲广为流传，深受读者喜爱。（Shou-yi Ch'en, *Chinese Literature: A Historical Introduction*, pp. 493–497）。这本难得的佳作对本书提到的大多数中国小说有更详细的介绍。作者认为这两部爱情小说之所以在西方获得一致好评是由于"详尽描绘中国社会风俗和道德观念的小说能够得到外国读者的青睐"（同上，pp.

494）。但本书对此有完全不同的看法。《金瓶梅》和《水浒传》同样"详尽描绘了中国社会风俗和道德观念"，它们被引入西方的时间却晚得多，引入之后也并未获得足够的关注。我猜想，二者未能普受欢迎的原因大概是《金瓶梅》包含过多露骨的性爱描写，而《水浒传》基本不涉及爱情这一主题。

16. 《三国演义》（罗贯中著）的节选本由 C.H.Brewitt-Taylor 翻译。《金瓶梅》有两个英译本，一种由 Clement Edgerton 翻译，共4卷；另一种是由 Bernard Miall 将 Franz Kuhn 译成的德语简写本转译为英译本，*The Plum of the Golden Vase*，1939年在伦敦出版。Author Waley 曾为后者作序。《西厢记》也有两种译本：Henry H. Hart（Stanford, 1936）及 S.I. Hsuing（London, 1936）。《聊斋志异》的一个节译本由 Herber A. Giles 翻译，1908年及1916年先后出版于上海，而另一节译本由 Rose Quong 翻译，*Chinese Ghost and Love Stories*，1946年在纽约出版。

17. 那些因具有极高文学造诣而获大学教授及一般学者认可、被视作美国文学研究重要对象的作家，如霍桑、梅尔维尔、马克·吐温、福克纳、海明威、纳撒尼尔·韦斯特（Nathanael West）、诺曼·梅勒（Norman Mailer）、詹姆斯·鲍德温（James Baldwin）、约翰·伯斯（John Barth）、索尔·贝娄（Saul Bellow）等人，则不受这一条件限制。

18. 在飞机场、火车站及其他地点的报刊亭随处可以找到上百种的大众小说，一概以煽动性的书名和诱人的封面裸女为特征，内容亦是大同小异。拘谨一些的西方作家在进行情欲描写时止步于卧室之外，略为大胆的作家最多也就是写到床。但中国作家在这方面的表现往往令他们的西方同行望尘莫及。

19. Robert Grover, *The One Hundred Dollar Misunderstanding*, p.35, 45.

20. 在 Clement Edgerton 的《金瓶梅》译本中，原文中的色情描写都被译成拉丁语，下面一段引文也是一样。在介绍该译本时，译者解释说，"如果他（原著者）是一位英国作家，他一定会回避某些话题，或者如蜻蜓点水，或者干脆一笔带过。然而他没有那么做，非但没有三缄其口，反而直言不讳。这有时候确实让译者非常为难。……译者无法将其原封不动地全译为英语，这就是为什么读者时常会碰到一大段拉丁文的原因。我知道读者会为此感到非常气恼，我很抱歉，但是确实没有别的办法。"

21. 这些纵情声色的方式让我颇感吃惊，在中国的情色作品如春宫画及情色小说中，从未出现过一个男人和妓女，以及妓女男友之间如此错乱不堪的关系。我在阅读《我的隐秘生活》一书前，完全无法想象这样的关系。它与今日成人影院播放的限制级影片一样，除了性交本身，再无其他情节。

22. Frank Harris, *My Life and Loves*, pp.1-2.

23. Lloyd Watson in *San Francisco Chronicle*, September 25, 1979.

24. 20世纪六七十年代"四人帮"掌权时，传统文化被压制，一度禁止演出传统的京剧唱段。"四人帮"垮台之后，这些艺术形式得以重见天日，但有部分剧目对主题做了改动。与此同时，全民识字率由1949年的10%上升至1979年的75%。

25. Ch'en, *Chinese Literature: A Historical Survey*, pp.467-497.

26. Chih-ts'ing Hsia, *A History of Modern Chinese Fiction*.

27. Lun Hsün, *Ah Q Cheng Chuan*, translated by Wang Chi-chen, in *Ah Q and others*.

28. Hsia, *History of Modern Chinese Fiction*, p.208.

29. 同上，pp.201-202.

30. *Luo-tuo Hsiang-tze*, translated by Evan King as Rickshaw Boy.

31. 她的两部小说《秧歌》和《赤地之恋》由她自己翻译成英语。

32. Hsia, *History of Modern Chinese Fiction*, pp.392-393.
33. 同上，pp.459.
34. 同上，pp.434.
35. Chin, Ai-liS., *Modern Chinese Fiction and Family Relations*, p.88.
36. Hsia, *History of Modern Chinese Fiction*, p.504.
37. 同上，p.504.

第二章
两性关系

爱情

  中美两国在绘画和小说上的差异反衬出两个社会不同的生活方式。至少在理论上，美国人"坠入"爱河是无须任何理由的，某人突然为了某人而"疯狂"，双方都认定这是天作之合。美国人在公众场合从不试图遮掩这种爱，一对恋人手挽手出现在公众场合时，仿佛目空一切，与周遭的世界完全隔绝。

  美国法官会以有爱存在为理由拒绝解除被监护人反对的未成年人婚姻。同样，由于有爱的因素，某个校董事会召回了解聘一名与学生有暧昧关系的美国教师的决定。

  在一个把个人感受放在首位、情感表达越来越自由的文化中，这些态度和决定不足为奇。毕竟，在一切个人偏好和情感之中，有哪一种会比对异性的爱更重要呢？

  在中国，美国人使用的"love"一词从未受到重视。在近代以前，它很少出现在中国的文学作品里。

  在汉语中，"爱"这个字完全是为了与西方语言相匹配而创造出来的，"爱人"一词也是这样。在与西方接触之前，中国就此的表达常采用"情人"或"意中人"，即内心钟情之人。在中国古典文学中，"恋"和"爱"两个字总是分开使用，指的是情感上的爱或依恋，这不是指男女之爱，而是忠君和孝道的自然发展。新中国在提倡夫妻之间以"爱人"互称时，起初效果并不显著。我早年在中国大陆遇到的一些人，包括政府要员，都觉得"爱人"这个称呼很别扭。

中国文化不否认异性间的相互吸引——但从另一方面来说，在中国人眼中，美国式的浓情热恋几与放荡无异。自古以来，中国人一直认为两性关系是为了繁衍后代，"结婚"换用俗话说就是为男方父母讨个媳妇。[1]数千年来，纳妾在中国一直得到认可，理由往往是男方年迈的父母需要有人照顾，或是原配无子而家族又必须延续香火。中国人认为婚姻大事遵从"父母之命、媒妁之言"是天经地义。中国情侣从不在公众场合表现亲热，更不会像西方情侣那样随时随地表达爱的信号。

事实上，当中国男子说他爱上一个女孩时，常常暗示两人有不正常的关系；而如果女人告诉别人她爱上某个男子，几乎就等于在宣告自己的堕落。大概就是这个原因，中国古典小说极少用"爱"这个词来描述恋人间的情感。在方言中，"爱"经常暗指非正当关系。

上述情况是中国人特有生活方式的自然呈现。个人感情要服从集体需要，性及与之相关的一切被限制在特定的生活领域，必须符合社会认可的标准。

美国人认为，爱情足以让一切黯然失色，至少在热恋时是如此。而对中国人而言，恋爱只不过是他考虑的诸多问题（包括对父母应尽的义务）之一。美国人在意的是，"我内心的感受如何？"中国人却问，"别人会说些什么？"爱情在美国是至高的理想，一个女人即便在父母和密友面前，也不愿承认自己仅是为了寻求依靠才结婚。中国则有俗谚说：嫁汉嫁汉，穿衣吃饭。这种对比虽然是以古代中国的社会生活为蓝本，但是仍然适用于许多受过现代教育的中国人。

要指出的是，罗曼蒂克这一概念并非出自美国，甚至也不是出自北欧，它由11世纪至13世纪在法国南部、意大利北部以及西班牙等地区常见的民谣歌手倡导并扩散开来，随后才植根于西方世界的。今天，罗曼蒂克的爱情无疑是最能激发美国男女的人生价值之一。强调机缘、对爱人的独占、令人心醉神迷的罗曼蒂克，与美国人个人中心的生活态度正相一致，却与中国情境中心的生活态度格格不入。

因此，罗曼蒂克的概念传入中国后，并没有对中国青年男女的交往产生深刻影响。中美两国读者投给报刊专栏的信件，可作为衡量中美文化差异的晴雨表，十分耐人寻味。

美国人多半在信件中倾诉情侣、夫妻及亲子之间的种种矛盾。丈夫想知道为什么妻子如此难以讨好；女人想知道经过20多年婚姻后该如何保持自己的魅力；母亲想知道为什么她竭尽全力营造宾至如归的舒适气氛，女儿还是拒绝带男友回家。美国人还会因个人魅力不足，尤其是自己在异性中缺乏吸引力而写信倾诉。

中国人认为美国人探讨的都是些鸡毛蒜皮的琐碎小事。例如，有位丈夫抱怨妻子用"狗用过的餐盘"给他盛饭，而妻子的回应是，"别傻了，那个盘子早就消过毒。"另外，一个女性读者追问家里到底该由谁去倒垃圾，是男人还是女人？

中国人在来信中[2]提出了五花八门的问题，但大多与那些最基本、最重要的事宜有关，例如如何找到称心如意的伴侣。几乎没有人提及美国人信件中特有的两性之间（或亲子之间与性有关的）的情感纠纷。略举几例说明：一位丈夫得到父母及不能生育的妻子的首肯，准备迎娶妻妹，但又因法律和经济方面的问题苦恼；一个订过娃娃亲的男人，因对方借口他未能履行义务而另嫁他人，想知道是否可以起诉女方一家；一位青年不满意父母在他未成年时安排的婚事，询问如何才能摆脱那位农村的妻子，和城里的姑娘结婚；一个女人想离开因误会结缘、身染毒瘾的丈夫，另嫁他人，但不知道用什么办法才能摆脱他；一位热恋中的男子因女友入党后不肯回到他身边，不知如何是好。

下面这几封信典型地表现出中国人因父母或其他因素干涉而不能自由婚恋的苦恼。请注意第一封求助信写给一位中国男性，因为在当时的中国，女性还不能胜任心理咨询师这一角色。

亲爱的×先生：

时光飞逝，世事变迁，我也在寻找出路。先生，我是一名17岁的在校女生，两年前交了一名异性朋友，年龄和教育程度都和我差不多。两年里我们交往密切，在彼此心目中的印象在逐步加深，但仍然保持着纯洁的友谊。我们见面的时候对"爱"只字不提，但我很信任他，也很尊敬他。去年夏天他向我求婚了。我同意了。回家后我把这件事告诉了我的父母，可父亲是一个保守的人，坚决反对这件事。在过去几个月里我一直在苦海里煎熬着。

最近那个人给我写了封信，信中说"你应该和这样保守的家庭彻底决裂。为了我们将来的幸福，你要变得更勇敢，不能软弱"。他在我家门前走来走去，一看到我便让我写一篇题为"为爱抗争的故事"的文章。但是谁能够理解我呢？父亲身体很虚弱，又一直有高血压，不能承受大的打击。我把这些事告诉了男友，但他毫不体谅，每天都过来找我，闹得我不得安宁。

我无路可走，唯有一死了之。虽然我知道自杀是弱者的出路，但我确是一个弱者。先生，您怎么看呢？如果我那样做会不会有损家庭的名声呢？如果我死了，他又会怎样呢？请为我指点迷津，感激不尽。

报社的心理咨询师回复如下：

亲爱的××：

人非草木，孰能无情。感情的事难以捉摸，少男少女最易为情所困。然而，如果你们的情感刚刚萌芽就马上谈婚论嫁，可能会遇到很多麻烦。

你冷静地想一想就会明白，虽然你们两情相悦，情深义重，但是也不必马上结婚，而把问题弄得复杂。婚姻当然应该由当事人自己决定，但是考虑到你的家庭环境并不开明，你的父亲又有高血压，你理应小心行事，以避免悲剧发生。你想用自杀的方式结束一切，这样的想法过于狭隘，必定会受到社会无情的谴责。

我的建议是，如果你们真的深爱对方，并对共同的目标坚信不疑，最好的办法是你们先私订终身，过一段时间再请人与你父母商谈此事。到那时你会发现，这只不过是走个过场而已，风平浪静，所有问题都迎刃而解。我希望你能接受我的建议，而不要试图自杀。

两封信用的是同一种论调。有趣的不是父母成为女儿婚事的绊脚石（这种情况在美国也不少见），而是女孩的反应如此平静，心理咨询师的建议又如此保守。在美国人看来，中国女孩缺乏恋爱中的女人应有的决断，即使在考虑自杀时，仍在担心家庭的声誉。至于那位心理咨询师，他虽然肯定自由恋爱的重要，仍建议她耐心而无限期地等下去，直到事情发生转机。

当然，有人会说美国人有可能给出与中国心理咨询师相似的建议。事实上，这个咨询师的建议代表的也不是中国人的典型反应，特别是对追求婚姻自主的肯定。就受到调查的读者来信而言，大多数中国人认为男女青年的爱情不仅要尊重父母意愿，参考兄弟姐妹及亲属的意见，甚至要顾虑到工作和学习的需要。

最让美国人疑惑不解的是：为什么当女孩因父亲的身体状况焦虑时得到的建议是"过一段时间你们再请人与你父母商谈此事"。让女孩找第三方（此人甚至不是他们的亲戚）与父亲协商，在美国人看来是荒唐可笑的。但是情境中心的生活方式使中国父母的意见凌驾于个人情感之上。中国人认为在处理一些重要纠纷时，与其让当事人面对面商讨，反不如请中间人调解更有效。中国文化一向不鼓励强烈地表达个人情感，通过中间人参与讨论可以减少直接的情绪反应。这种把个人之间的私事转变为群体事务的意愿渗透在中国社会生活的方方面面。

中间人的介入，特别是当此人具有一定身份地位（例如社会地位显赫）时，将在很大程度上影响协商结果。中间人的地位越高，想从调解中受益的那一方就越有可能获得成功。这一类事情比比皆是，即便是受过高等教育的男孩，为了求得女同学的青睐，也常常请求师长出手相助。

此外，在这种以情境为本的生活方式里，中间人的权威使得处于弱势的一方有机会获得一个最初想要、但自己不敢争取的结果。下面这则故事证明了中国女性运用中间人解决问题的能力丝毫不逊色于男性。

J在国共内战时期是一名年轻的国民党军医。一天，他随营队在某个村庄宿营。一个村民的女儿彻夜呻吟，营长被吵得无法入睡。第二天早上他起来询问，得知女孩患有严重溃疡，即命J为她治疗。女孩的母亲婉言谢绝，低声说"病在她的臀部"。营长不理会她的抗议，最后由J为病人成功地实施了手术。

20天后，部队准备开拔时，母女二人前来道别并表达感谢。J发现他的病人原来是个美人儿，因匆忙上路，未及多谈。在路上，营长告诉J那位母亲想把女儿许配给J，因为按乡村习俗，没出嫁的闺女在男人面前脱去鞋袜都是件丢人的事，更何况她在J面前袒露无遗。这个女孩别无选择，只能嫁给他。3个月以后，J应战事需要被调至另一战区，随部队在某城驻扎时，发现他的女病人在大哥的陪伴下正在等他到来。营长曾答应女方家人帮忙说服J接受这门婚事，且为此做了些准备，现在只需"命令"J把女子娶过门就是了。

到了1965年，20年转眼而逝，当军医J再次回忆起这段往事时，他正忙着送大女儿去上大学。[3]

工作与教育的优先级高于个人幸福，即便是熟知中国情况的人也容易低估这种观念的影响。例如，一位年轻女士在写给北京一家报纸的编辑的信中，以"姐妹们，小心男人"为题倾诉自己的遭遇。她当时19岁，正读高中三年级。[4]她的悲惨故事是这样的：在一次舞会中，她结识了一位年轻英俊、受过大学教育的军官。之后，两人常常结伴出游，足迹遍布小城。过了一段时间，当她暗示想结婚的时候，军官却毫无反应，接着再也没有出现在她面前。她感觉到自己受了骗——"人人都笑话我"——于是提醒女性读者要小心这样的色狼。

这里我们清楚地看到一种基本思维模式——写这封信的是个城里的高中女生，不像那位认为女儿非军医不嫁的母亲那样传统，但她仍然认为她和那位军官的接触应该是结婚的前奏。这一点我们在后面还会继续探讨。这里先来看看报社收到的大量读者回信，大多是学生和普通民众写来的。信中大体一致的立场令人感到惊讶。有人同情她；有人指责她虚荣，认为高中女生不该谈情说爱；有人说她"刚刚19岁"，不该去参加舞会一类的活动；还有人为那个军官辩解，虽然也承认他考虑不周。但是，这些人从未质疑恋爱后渴望结婚是女孩应有的权利，并表达出相近的观点：吃一堑，长一智。以后要理智一些，停止玩乐，用心读书。大家认为她的目标应该是以优异成绩完成高中学业，升入大学，在自己的工作岗位上发奋图强。有的人甚至直接说这个女生应好好反思。

美国民众的反应则大不相同。假如他们认为这个女生与军官男友有着过于悬殊的地位及经济差距的话，一些美国人会说，"她怎能有如此期盼！"大多数人会认为她小题大做。归根到底，一个女孩没能和她遇到的第一个男人结婚是很正常的。在美国，约会正逐渐演变成一种性游戏，没有任何游戏规则，演变过程取决于当事人的创造力。它可能发生在任何男女之间以及任何场合，算不得一件多么严肃的事。

电视广告对这种新的趋势给予回应，为之推波助澜。人们常常看到广告以诱人的女性曲线特写鼓动男性到某海岛度假，或是宣扬使用某种牙膏（漱口水），就能收获美女亲吻等。

事实上，性游戏似乎正在美国已婚人士的聚会中流行。以下这封读者来信说明了这一点。

> 亲爱的安·兰德斯：我总认为你的栏目弊大于利。现在我找到了证据。还记得有个女人抱怨她的社交圈里玩的游戏吗？有人建议玩小孩子间的亲吻游戏，好玩而已，但接着演变成"我吻到了谁？"这类的成人接吻游戏。

在她的描述中，"我吻到了谁？"是一种要在床底下玩的游戏。一位男士蒙住双眼躺在床下，女士爬到床下亲吻他。接着他要猜出是谁亲吻了他。

> 这下好了，在读到你的专栏之前，我们生活圈里的人还从未听说过这种游戏；现在，它可算风行一时。我那疯狂的丈夫马上就想试试。我想知道还有多少怪异的乡村聚会会因受到安·兰德斯新游戏的启发而产生呢？你愿意大胆地估计一下吗？[5]

我们当然不能仅根据几封报纸刊发的读者来信来推测现实。但是，如果这些信件与其他证据指向相同方向，我们或许就应该予以慎重的考虑。[6]

在台湾省，一个女大学生同时和多名男生交往，往往会被认为品行不端，而在美国，大家会觉得这样的女孩人缘好，是个幸运儿。两地的观念形成鲜明的对照。一位来自台湾省的访问者在他的旅美日记中简要描述了美国人的约会:"表面上看,她们(美国女孩)似乎很解放,与男人平等相处。但事实上,她们已成为公众消遣的对象了。"[7]

观察亲密的或已订婚的男女之间的交往,中美差异同样非常显著。中国女孩会和男友一起参加娱乐活动、郊游、登山或去舞会,有些情侣甚至在公共场所牵手,然而中国人绝不会故意公开表现彼此的亲密关系。他们认为在第三者面前赞美对方是趣味不高。不管在一起待了多久,即使临近深夜,他们很少会忘乎所以,在公共或是私下场合,始终保持一定克制。在20世纪80年代,台湾省的大多数大学生在订婚之前只是牵牵手而已。我认识的一些现已结婚生子的知识分子,在结婚之前不过是有过远远的对视或互相通过几封书信。

只有在这样的社会背景下,我们才能理解中美两国人对以下事件的不同反应:1943年,抗战期间,在国统区,一位大学毕业生爱上了一个并不中意他的女孩。当时她生病住进了医院。有次男士前去探望时,防空警报突然响起,为了让女孩感到放松,他说,"别担心。要是炮弹掉下来,我们就死在一起!"然而,女孩毫不客气地回答,"不。我才不想和你死在一起。"[8]

当然,不是所有中国女孩都是这种反应。但是,每当我的中国学生和朋友听到这个故事时,他们都认为这个男子过于天真;而美国学生和朋友却会为女孩粗鲁的回应而感到震惊。一个美国女孩在这种情况下一定会因对方的浪漫举动而充满感激,用更温柔的方式回应他。而中国女孩把男女感情归于生活的特定范围,如果她并不爱他,就不能接受他的真情。

恋爱中的男女交往同样是压抑的。这一点可由50年代末港台地区流行的一首歌加以说明。在唱词中,男方将要离开村庄,他的恋人与他难舍难分,送了他一程又一程。最后男女两人的对唱是这样的：

> 女：我为你心痛万分，愿与你共枕而眠。
> 男：男儿志在四方，怎能沉溺于儿女情长？

这类压抑的表现在中国留美学生中很常见。例如，在美国中西部地区的某城，两位中国学生已经订了婚。男生经常写信给他的未婚妻倾诉衷肠。有一次他引用了一首唐诗中的两句：

> 在天愿作比翼鸟，
> 在地愿为连理枝。

男生引用时写错了句子，把比翼鸟放在地上，又把连理枝说成在天上。女孩把这当成笑话告诉了两人共同认识的朋友。很久以后朋友们还常常调侃地问这对恋人到底是想成为天上的比翼鸟，还是地上的比翼鸡。[9]

美国男孩认为中国女孩的行为不可宽恕，正如美国女孩会觉得流行歌曲中的男子对恋人的回应太不浪漫。然而，中国恋人一旦订婚，双方就已成为一个整体，自然不会再把对方看成外人。结婚之后，由于关系更趋稳定，这种相处模式也就更为固定。在中国人看来，歌曲中的男子绝不会因为冷淡的回应而失去魅力。他即使在心里欢喜恋人的提议，适度得体的回应岂不是更能抬高他的形象吗？

按照中国人的思路，男女之间的吸引，除了嫖娼之外，理所当然是婚姻的前奏。中国女子如果与许多男子有亲密关系，就会被视为自甘堕落；美国女子无论在婚内或婚外，都可以以爱的名义证明性关系的合理。

中国人对男女关系的看法是直线式的。性吸引（现代人称之为爱情）产生婚姻，婚姻造就后代。美国人对男女关系的看法如同一条两端分别是爱和性的直线，不管先有性还是先有爱，性关系必须与爱情相联系才是高尚的。结婚生子反而不在这条直线上，因为爱情和性关系不一定与之相关。

因此，在美国人看来，中国未婚男女之间的交往是过分羞怯的，而在相同状况下美国人的行为，在中国人看来又太过随便，甚至近于放荡。鉴于社会大环境要求掩饰个人享乐，中国人从不在公共场合表现对性的渴望。个人享乐不能逾越社会规定的界线，只能控制在二人世界之内。在美国人的生活方式中，享受性爱是个人权利，受到鼓励和推崇，社会规范只是次要因素。恋人们在公共场合尽情展示彼此的亲密，几乎不受什么限制。

我们不能判断说中国青年之所以不接受美国人的恋爱方式，仅仅是因为对西方文化的抵制。回看过去的一个世纪，中国知识界如饥似渴地吸收西方观念和技术成果，中国青年坚定地要求婚姻自由、反对父母包办，在政治、社会改革等方面，中国学生表现得比美国同龄人更加激进。唯一的结论应该是两国青年之所以用不同的方式处理浪漫关系，是因为各自生活取向的根本不同。

中美差异在两性间的许多活动中表露无遗，交谊舞是其中一例。我们之前已经看到许多读者在信中谴责那个19岁女孩过早参加舞会。这绝非偶然。交谊舞使男女之间有多种不太明显的身体接触，在"男女授受不亲"的中国是不被允许的。在历史上，中国从来不曾出现西方意义上的交谊舞。

交谊舞在中国仅限于情侣、夫妻在家或妓女与嫖客在妓院里偶尔跳一下。它一般意味着比西方更亲密的性关系，或者是性爱开始的信号。舞厅在一些中国城市里是被许可的，但政局一旦变化就会受到影响，许多人视之为伤风败俗。在台湾省，直至80年代，交谊舞仍然仅是西方人喜爱的活动。1966年，当地政府才颁布一项法令，允许外籍人士在460人以上的台北社区及日月潭、北投温泉等景区开设舞厅（据台湾"每日新闻"报道）。与此同时，卖淫却一直是合法的。

基于同样的原因，中国社会不能接受西方社会一方面允许扩大异性间的亲密交往，另一方面却禁止他们发生性关系。中国人从不赞成男女混杂，抚颈搂抱被看成是有伤风化。简而言之，中国人的观念是假如一对男女不能发生完整的性关系，他们就应该回避任何形式的亲密接触。

男权世界中的女性

即使在一些与性无关的情境中，中美两国对两性的态度也明显不同。今天，不少美国女性与男性共享公共生活。她们与男人一起受教育，一起工作，拥有共同爱好，在社会、政治、经济等领域与之展开激烈竞争。美国女性不但胜任医生、律师、政府要员、教授、工商业管理者等高级职位，也大量就职于工人、警察、文员、军人等普通岗位。

在鸦片战争结束之后的100多年中，只有少数中国女性享受到与美国女性相当的社会地位。她们散落在不同行业，是反抗中国传统陋习的先行者，然而中国还有千千万万不识字的妇女，从未听说过这些女中豪杰，或者只是茫然而好奇地仰望着她们。在1949年以前，大多数人对男女平等的观念仍一无所知，更不要提1911年辛亥革命后颁布的一系列维护妇女权益的法令。大多数中国女性养在深闺，从小学做针线活，被教导要回避任何与年轻男子的接触。最后，这些女性坐上花轿被送到婆家，她和她的孩子们都将被冠上夫姓。她们再用同样的方法教育下一代，生活就这样一轮又一轮地循环下去。

奇怪的是，早在1949年之前，中国少数受过教育的职场女性就自然地达成了与男性的平等，对手头事务充满自信。普林斯顿大学人口研究办公室的艾琳·托伊伯博士（Dr. Irene Taeuber）于40年代末期环游东方世界之后表示，无论是在职场还是其他领域，中国女性的安详自若都是大多数美国女性所望尘莫及的。[10]

这并非托伊伯博士的一己之见。早在10年前,赛珍珠(Pearl Buck)就做出过大致相似的判断,她写道:

> 我第一次感到吃惊,是在我询问一家由女性开办、信誉良好的银行的名字时。我的朋友们在上海时都与一家女子银行打过交道,非常欣赏中国女性处理投资的方式。他们认为中国女性机智聪明,胆大心细。但是在我的国家,我得知并没有一家由女性开办和经营的银行。当我问及原因时,我被告知没人会把钱存到这样的银行。至今我仍然不清楚这是为什么。[11]

美国人不信任女性并不难理解。它首先与美国职场女性的自我防范有关。这继而成为一个恶性循环。职场女性的防范意识越强,男性对她们就越缺乏信任。

美国受过教育的女性与男性共享职场已经如此之久,为什么她们的防范心理反而比刚刚获得平等地位且人数不多的中国女性更强烈呢?答案依然在于二者深层心理模式的不同。根据个人中心的思维模式,美国人认为性无处不在,男女在任何场合相遇都会产生两性的吸引。性的边界并不清晰,它有可能出现在任何时间、场合以及身份不同的男女之间。但在中国人的思维模式中,性被限定在特定的生活区域,不会向其他领域渗透。中国男人看待欢场女郎和女教授的目光截然不同。同样,中国女人判断男性也会以他们各自的身份、地位为参照。

简而言之,在美国人眼中,性的重要性超过周遭的情境,而中国人认为后者比前者更重要。美国女性随时可以施展女性的魅力,无论在她面前的是收银员、房东还是她的丈夫。只要女性的魅力得到赏识,她们并不在乎对方是公车司机,抑或她的学生、同事。而一位接受过现代教育的中国女性如果试图模仿美国女性的行为,她一定会自取其辱。因为在中国文化里,女性魅力是与性紧密相连的,只有在丈夫或至少是结婚对象面前才能展现。[12]

在美国男性眼中,即使工作性质与性毫不相干,美国女性仍与她的女性本质不可分离。美国女性的防范意识首先源于男性因她的闯入而产生的不快,而美国男性的不快则是来自职场女性先天的性别优势。

中国女性的性魅力仅属于她的丈夫或未婚夫,只在婚姻内的私密空间充分展露。中国女性如果获得升迁,男人倾向于认为这是由于她的个人能力而非性别。由于性被限定在婚姻、嫖娼等特定区域,职业女性在进入传统的男性领域时无须过分戒备,男人们也不觉得她们是入侵者。在职场这一社交场合,中国男女是无性别且平等的。

在美国,性别差异之所以不断深化,是由于受到中国人尚感陌生的骑士文化传统的影响。这一传统强化男女之间的心理差距,男性的才智与力量受到推崇,女性依赖男性被视为天经地义。这一切会挫伤职场女性的自信心。这也就是为什么美国女性在职场的成功往往使丈夫的自尊心受损;中国男人无论地位高低,反而没有类似的顾虑。它同样解释了为什么美国女性必须主动争取,才能获取经济、政治上的平等,中国女性则不费吹灰之力就可以享有平等的待遇。

恋爱与共产主义

1949年之后,男女平等的观念在新中国迅速普及。中国女性以前所未有的步伐走进国家经济、政治和公共生活。尽管这一变化在最高领导层尚不明显,解放军至今还没有过一位女司令员,但越来越多的女性正在学校、工厂、银行、商店、政府及公社委员会里施展才干。

在中华人民共和国成立以来的30多年里,中国女性穿着几乎与男人一样的服装,不显露身段,也几乎不化妆,再加上缺少夜生活、强调艰苦工作等事实，使许多西方观察家因此误以为中国人接受了清教徒的思想。

事实恰恰相反。清教徒的价值观包含与个人主义的生活态度相一致的性压抑。新中国的生活方式却只是更广泛、明确地将性的问题限制起来。今天的中国与几个世纪之前一样固守着以情境为中心的生活态度。

在西方，性压抑的极端表现是对圣灵感孕说的高度重视。该传说认为性的本质是罪恶，至高的神圣之举应将其完全根除。圣灵感孕说背后的心理机制与某个古老的中国传说相似。据称，古时候有个村民意外得到三百两银子。这个人想把银子存起来以备不时之需，又担心别人来偷，就在埋银子的地方立了一块木牌，上写"此地无银三百两"。

这样看来，性压抑与性别歧视实际上有密切的心理联系。许多西方游客来到中国后好奇地询问中国人如何处理两性关系。一位奥地利记者认为中国人似乎完全不懂浪漫，衣着不合体，发型缺少变化，女人更几乎不化妆。他引述了一位北京高中校长的回答："我们的青年在参与革命和推动社会进步的精神中成长，没有时间考虑爱或性的问题。"[13]美国历史学家芭芭拉·塔奇曼（Barbara Tuchman）的看法与之相近，"我可以说没有任何人会公开表示对性有兴趣……在谈到性话题时，在场的女翻译员会露出一副见到蟑螂似的厌恶表情；当一位心理医生被问及有关性变态和同性恋的问题时，他脸上出现了同样扭曲的表情。"[14]我听到的最直接的回答来自一名中国女孩。一位西方游客询问她对未婚同居的看法，她反问道，"为什么要那样做？在美国结婚很困难吗？"

西方人士把中国人这类反应看成新中国的新变化。但事实上，塔奇曼如果在1949年之前向中国女大学生提出同样的问题，得到的回答未必会比1972年这位女翻译员的答案更让她满意。对于以情境为中心的中国人来说，无论是否受到共产主义思想熏染，在他们眼里，塔奇曼及其他西方人士提出的与性有关的话题都是有失分寸的。中国人与美国人不同，不愿意与陌生人谈论包括性在内的私人话题。他们从来不曾摆脱赋予其个人尊严的社会框架，很少有人梦想要自由行动。美国人最怕向熟人泄露隐私，惹上麻烦。跟陌生人说话时，他们反而没有类似的担忧。

革命者在中国倡导的并非清教伦理，而是进一步强化了中国人一贯把性情境化的思维模式。在这种模式下，女人不是"良家妇女"，就是"风尘女郎"。前者被归为"贤妻良母"，把全部精力放在家庭、孩子身上；后者泛指"水性杨花"的女人，如过去的女演员、女歌手和妓女等。当中国女性因生活所迫而不得已出入公众场合时，人们常用"抛头露面"一词加以形容。中国戏剧和歌曲经常用这个词来悲叹女性的不幸遭遇。

相比北方，中国南方的"良家妇女"更多地出现在公共场合。在北方，女人只负责给在地里劳作的父亲、丈夫或兄弟送午饭；但在南方，女人通常与家里的男人一起干活，随处可见男女老少在一起踩水车。在西南边陲云南省，女人不但是田里主要的劳动力，还和丈夫一起到集市上做生意，背扛肩挑货物步行几十里去赶集。

这些南方妇女穿着蓝色或其他暗色的衣服，多数穿长裤，很少变换夸张的发型，不像"风尘女子"那样招摇，尽量避免吸引男人的注意。要说明的是，她们这样做并不是因为受到共产主义思想的影响。

20世纪初，西式教会中学和大学在中国陆续出现，这时渐渐可以看到精心打扮的"良家妇女"出入公共场所。男女约会在高校校园或其他地方时有所闻，不过仅限于少数人群和天津、上海、北京、广州等大城市。即使在这些大城市里，中国青年的行为方式也远不如美国同龄人在约会中那般大胆轻狂。20世纪30年代，教会女子高中的教务长一度禁止女学生与外界通信。违反者会被训斥，甚至开除。

这一切与中国以情境为中心、相对封闭的生活方式一脉相承。高中生的任务就是专心读书，由于身心不够成熟，所以不能对爱情动哪怕一点心思。大学里的恋爱勉强可以接受，而且一旦社会情况有需要，就应立即中止。西方读者看到下面这则故事时，一定会感到不可思议，但它确实是真实发生过的事情。

1931年，日军占领中国东三省，学生运动随后在全国爆发。学校罢课，学生上街游行，请求政府抵抗日军侵略。当时我正在上海沪江大学念三年级。学校里的激进分子联合了其他院校学生，准备去南京向蒋介石请愿，要求他积极抗战。蒋介石下令不许任何列车搭载请愿学生。学生们为此在南京至上海的铁路上卧轨，阻断了一切交通。

耐人寻味的是，在学生卧轨请愿期间，校内激进分子不但要求在校生停止一切聚会，也不许男女生谈恋爱。课虽然已经停了，这些激进分子仍然认为国难期间有必要禁止一切娱乐和个人消遣。[15]

他们的行为让人联想到中国守孝的传统。在中国，父母去世后，儿子要守孝3年。在此期间，他不能穿色彩鲜艳的衣服，不能吃好的，不能参加节庆活动，甚至不能与妻子同房。如果他的孩子预订的婚期恰逢丧事，婚事必须被推迟到3年之后。这个儿子如果在政府担任要职，他必须辞职回家。有一些著名的孝子在父母坟墓旁搭起茅棚，守孝3年。

激进学生的行为与中国守孝的传统有着共同的心理和文化根源。这种假设过于牵强吗？我认为不是的。

即使在"四人帮"当权期间，恋爱这回事在中国社会也是受到允许的。1972年7月某个晚上（约9点），我在上海外滩看到175对情侣，年龄均在20岁到30岁之间。[16]在浓荫掩映下的路灯异常昏暗，但中国情侣最多就是牵手、搂腰，没有进一步的亲密行为。回想30年代我在这座城市读书的日子，我敢说这些年轻人谈恋爱的方式与当年大学里我的同学们并无差异。

按美国人的标准看，中国青年在白天的举止就更显拘束了。我和家人在北京天坛、颐和园，武汉东湖，沈阳植物园里看到几百对情侣，甚至曾看到一对恋人坐在长城城墙上向内蒙古的方向远眺。可是，没有一对情侣是手牵着手的。这自然会给西方游客一些误导。而另一种现象可能又使西方人产生新的错觉。在翻看1972年回国旅行拍的照片时，我发现其中有许多手拉着手甚至搂着脖子的男人——女人们也是一样——但看不到异性之间有类似的举动。在我小女儿拍摄的一张照片里，有6对年轻人正在北京著名的王府井大街上闲逛，其中5对同性朋友手拉着手，唯一一对异性朋友却没有牵手。

这是否是西方人士问及同性恋的缘由呢？可能吧。美国以个人为中心的生活方式认为性无处不在，同性之间的亲密行为必然暗示着同性恋的倾向。而在中国以情境为中心的生活方式中，性有严格的界定范围，公开场合下同性间的接触一般不会引发类似猜想。

在新中国成立后，我们从一些情感案例中没有找到什么新奇的发现。1962年，中国北方农村一位32岁的女性曾向瑞典经济学家杨·米尔达（Jan Myrdal）述说革命中国在婚姻选择上的进步，"（以前）哪怕父母要把我嫁给一个无赖，我就必须跟他过一辈子。可现在，我们在结婚前可以见到男方，如果你不喜欢他，可以拒绝嫁给他。"[17]

这番话显然有些夸大，即使在过去，中国父母也不可能丝毫不顾及女儿的意愿。而且，正如前文所述，在1949年之前的很长一段时间，受过教育的青年男女在结婚之前都有简单的交往。女村民在谈到理想丈夫的标准时，按美国人的眼光来看，她的想法显然不够浪漫，最终决定和谁结婚也并非自主：

女人特别看重品行：想找一个强壮、健康、会干活……的小伙子。他的性格不能太暴躁。外表倒不是很重要。

男人在选择伴侣时，首先会问自己："她能照顾好一个家吗？"其次考虑她是否禀性温和。外貌固然很重要，但不是决定性的因素。

对女子婚事最有发言权的,依次是她的祖母、祖父,接下来是母亲,父亲的意见则是最不重要的……[18]

10年之后的1972年,在我和家人回国时,这种情况有改变吗?我看并没有。沈阳一位董先生的人生故事就是例证。董先生和妻子1957年结婚,1972年夏天他向我讲述了他的故事,我认为它恰恰是当时社会生活的真实写照。董先生与妻子是1949年在同一家工厂工作时认识的,随后他被分配到工会工作,直到1955年,他们才开始董先生所说的"特殊关系"。

我到工会工作后,经常回我原来工作的工厂看望老朋友。你要了解,我最初并不是去看她(他自己强调的),我必须重申。但是到了1955年,她的年龄大些了。有个星期天我去看她,下一个星期天她又到我的宿舍去看我。那时我加入了中国共产党,她也几乎在同时入党。1956年我被派往北京,在一家工厂当团支部书记,这是由同事投票推选的。我们开始书信往来,在暑天和冬天的假期里见面。通常是我回沈阳去看她,她只到北京看过我一次。尽管频繁地通信和见面,我们一直没有提及婚事,但是我们"心里明白"。我们通信和谈话的内容是什么呢?就是工作、学习体会以及我们各自认为有意义的事情。那时候我们只是"心照不宣",从没说过"我爱你"或"你愿意和我结婚吗?"

1956年冬天,她来北京看我时,我带她四处游览并拍了张合影。你知道吗,这是很严肃的事情。我们没有说什么,但是一切都很清楚了。三四个月之前,我告诉了我的父母。我妻子的父母早已过世,她是由她在大连的姐姐抚养长大的,她也把情况告诉了她姐姐。[19]

1957年秋天，董先生和妻子结婚，在妻子所在的工厂举行了简单的婚礼。他的前同事、妻子的朋友和同事都来参加，大约有45人。1972年回国期间，我从南到北在各地访谈和观察，发现新中国的男女恋爱与国民革命时期并无太大差别。中国青年的爱情发展依然缓慢，而且总是有亲人、朋友和同事参与其间，这在美国人看来简直是侵犯个人隐私。下面这个故事是60年代一则时事新闻，但并不能说明中国青年的恋爱方式已与传统生活分道扬镳：

> 易时荃为了反对母亲早点抱孙子的封建思想，三次推迟了她的婚期。她是纺织厂的劳动模范及工作组长，"一有运动，她和她的小组总是一马当先。"最后，她与一名党员结了婚。[20]

并不是所有中国人都能达到这则新闻宣扬的高标准，正如中国历史上不乏不孝之子一样。我在上海就曾认识一位少女，她发誓绝不嫁给党员干部，而北京郊区某公社的一名党员因执意要与一个家庭成分不好的女人结婚，被开除了党籍。

"四人帮"垮台后，《人民日报》编辑部收到了大量信件。据中国政府提供的数据，该报社在1977年9月共计收到1500封信，而到了1978年，仅6月的来信就高达40000封。"报社每天的来信数量相当于过去一个月的来信总量，而且数字仍在不断上升。"[21]大多数信件不会像美国或1949年之前的中国的读者来信那样问及私人情爱。唯一一封与个人情感稍有关联的，是一位工厂工人的来信，信中"希望粉碎'四人帮'强加给青年的枷锁，帮助他们树立正确的婚恋观念。在'四人帮'当权的时代，'爱情'一词成了禁忌"。[22]

一起谋杀案

1979年10月20日，《人民日报》刊登了一起骇人听闻的谋杀案的调查报告:《蒋爱珍为什么杀人？》。蒋爱珍，浙江绍兴人，是新疆石河子第144建设兵团医院的护士。她的哥哥曾担任该兵团的军官。蒋爱珍1973年入团，1976年入党，同年被选为党支部委员兼团支部书记。

第144团医院党支部副书记张国政，是蒋爱珍哥哥的战友。蒋爱珍到医院工作后，她哥哥嘱托张国政对小妹多加关照，因此，两人相处一向融洽。

该医院党支部的李佩华、谢世平及医院其他几位干部对张国政早有不满，一直想找个机会把他整下去。

1978年3月，蒋爱珍获准回浙探亲。在出发的前一晚，张国政和另一个人一起到蒋爱珍所在的外科值班室，"嘱咐她路上应注意的事情。"李佩华、谢世平怀疑张蒋二人有暧昧关系，在副院长的首肯下准备伺机捉奸。这晚凌晨两点多，他们唆使一个护士谎称因抢救病人需要，请蒋爱珍陪同她到另一栋大楼取纱布。蒋爱珍离开后，谢世平立即进屋搜查，但在屋内没有发现张国政。他派包括钟秋在内的六七个人，监视着外科值班室的门窗、周围过道及张国政家（紧挨医院）的大门，并没有任何发现。

蒋爱珍回到外科楼时看到谢世平，相互打了招呼。她在门外发现躲在暗处的李佩华，立即想到卧室里放着900元钱，担心被窃。于是蒋爱珍没有进屋，而决定赶紧向党支部书记反映此事。由于党支部书记的家距医院较远，她就先跑去敲张国政家的门，把他从床上叫起来。张国政赶到现场正在查问情况时，李、谢二人突然闯入。张国政问他们来干什么。李佩华回答说："我们来抓鬼。"

张国政这下明白了他们的来意。因为依照汉语的习惯，这种情况下所谓的"鬼"就是指通奸者。于是他派人把党支部书记和委员们一起叫来，亲自说明当晚的事情经过。支部领导询问了有关人员，又查看了蒋爱珍的卧室，未发现异常痕迹。这时，李佩华和谢世平只好说："我们失败了！"然而，他们非但没意识到自己的错误，反而发誓要变本加厉地诋毁张蒋二人。

该报道继续讲述李佩华、谢世平及其同伙如何在医院散布张蒋二人当晚在一起过夜的谣言。接着，医院外围的商店、学校也纷纷传出类似谣言。3天后，这些人又造谣说有人看见张国政从蒋爱珍的卧室出来，接着闪进自家的门，等等。"谎话越编越圆"，后来竟被专案调查组组长杨铭三当作"重要证据"。杨铭三过去曾与张国政发生口角，从一开始就偏袒李佩华、谢世平等人。在审查期间，李佩华、谢世平等人提出许多所谓张蒋二人关系的"疑点"，杨铭三要求蒋爱珍一个一个说清楚。后来，蒋的迫害者四处张贴大字报"曝光"所谓"丑闻"，有些大字报还配上了"不堪入目"的漫画。

医院内部有一些人认为这件事情有失公允，试图保护张蒋二人。这群人大约有三四十个，由一个姓苏的干部带头。他们也四处张贴大字报，陈述事情真相，呼吁"为受害青年蒋爱珍申冤"。可惜，大字报的墨迹未干，姓苏的干部就被调离了医院。而另一位女医生只是听了蒋爱珍的哭诉并安慰了她几句，就被杨铭三勒令写书面检查，在全院大会上作检讨。

蒋爱珍受尽侮辱，被完全孤立，同事们都不敢跟她说话。杨铭三甚至跑到一位对蒋素有好感的年轻医生家里，要求他的父亲对之严加管教，在蒋的问题没有搞清楚之前不要和她来往。

这样无情的谣言谩骂、公开侮辱一直持续了几个月。到8月时，蒋已深感申冤无望。8月29日，她用发给她练习打靶的步枪枪杀了李佩华及其路过的妻子，还杀了另一个迫害过她的人，当她想继续枪杀谢世平和调查组组长时遭到了逮捕。张国政在毫无证据的情况下被指控为同谋，被监禁92天。蒋爱珍因连杀3人被判死刑，自治区最高法院重审此案时改判为无期徒刑。后因最高法院院长致信《人民日报》，报社这才派出记者对此案进行深入调查。

调查报告发表之后，蒋的境遇日渐好转。多名参与该案的罪犯受到了相应的查处，先后被开除或起诉。在后续的章节中，我们还将进一步讨论此案带来的启示。眼下，我们应该意识到此案正是对

20世纪70年代中国社会男女关系的说明。

中国社会的男女青年仍与1949年之前一样相知相恋。恋爱节奏是缓慢的，婚前性行为仍是禁忌，双方（特别是女性）都应小心避免有损清白的言行，作风问题成为个人名誉中最重要的一环。专案调查组组长杨铭三显然滥用了职权，公报私仇。但他和同伙利用两个毫无关系的男女之间莫须有的私通作为迫害他人的借口，则相当说明问题。大多数美国人会认为这种指控是荒谬的。但在中国，这类借口却能使许多不明真相的人支持、默许这样的迫害行为，说明在男女关系方面传统的道德观念依然在起作用。

在中国，情境或说社会传统，在1949年之前或之后——始终凌驾于个人之上；但在美国，二者的关系恰恰是颠倒的。

注释：

1. 在下一代的婚礼上，美国父母也经常说，"我不但没有失去女儿（儿子），反而多得了一个儿子（女儿）。"但这种表达既不等于中国习俗中"讨媳妇"的概念，也与中式婚姻的现实有所不同。在第五章，我们将继续探讨这个话题。
2. 选自1945年至1948年中国北方发行的报刊收到的数百封读者来信。
3. *Central Daily News*, Taipei, August 3, 1965.
4. 新中国成立之前中国没有义务教育，许多人19岁时仍在高中就读。
5. *Chicago Sun-Times*, May 24, 1966.
6. 美国房地产商经常从性的角度进行房产促销。例如《华尔街日报》一则报道的标题为："三卧两卫，随时随地地性爱"。该报道称，一位西海岸的房地产商在广告中称每一栋房子都是"性爱空间"。
7. *Central Daily News*, Taipei, June 9, 1967.
8. "但求同日死"是通行的中国俗语，与其他表达至死不渝愿望的结拜或誓言一样，它让美国人觉得难以理解。双方的关系往往要依实际情况而定。《三国演义》中的三位英雄——刘备、关羽、张飞——据说曾念诵以下的誓词："不求同年同月同日生，但求同年同月同日死。"

    1967年，台湾省某日报文化副刊曾刊载过一篇短篇小说，其中一位大学男生和女友之间有如下一段对话。他们当时一起光着脚站在瀑布下方。

    女孩（念出两段名句）："我如此之幸福！愿意就这样去死！"
    男孩："不，要死我们就一起死！"
9. 中国人眼中鸡与鸟的区别，就如同美国人眼中猪和马的区别一样。
10. 据我与博士的私人谈话。
11. Pearl S. Buck, *Of Men and Women*. 1952年，我第一次读到这篇文章时，顿时对它产生兴趣。我决定做一番调查考证。我确实找到了一家银行——俄亥俄州亚克朗市第一联邦储蓄与贷款协会（the First Federal Savings and Loan

Association of Akron, Ohio)。它成立于1921年,在1952年固定资产达到1250万美元,雇员是清一色的女性——从柜员到董事长。多年以来,当地人称之为"女性联邦"。不过,这家银行的董事会由4名男性和女董事长共同组成。至于客户的性别比例,与其他银行并无差别。16年后,情形为之一变。女董事长1961年退休后,一位男性接手了她的工作,接着大多数工作人员也被替换成男性。银行又再聘用一位男性就任执行副董事长兼总经理的职位,从此董事会成员皆为男性。无独有偶,俄亥俄州克利夫兰市的一家女性银行,与"女性联邦"的历史极为相似。现在该银行改由一位男性管理。

尽管这两家女性银行都转入男性手中,但美国历史上一直不乏女性银行高管。据美国银行家协会统计,在1936年至1966年期间,全国约有1/10的银行管理者由女性任职。1950年、1960年和1966年银行男女雇员的比例分别为:73,000∶6,000;104,200∶11,600;126,000∶14,000(参见1967年美国银行家协会人事管理及职业发展部所提供的"就业指南"中"银行业"一项,页7)。然而,截至1967年12月31日,仅有极少数女性(约占1%)继续留在董事会主席的位置上(同上,参见附录I)。自这时起,银行中女性职员与管理者所占比例逐年上升。1975年,银行管理者中有25%为女性(161,331∶53,783,据美国财政部统计)。1978年,该数值达到30.4%(据劳工统计局统计)。但据美国银行业女子协会1979年7月发布的数据,只有2%的女性跻身于"高级管理层"。通过电话调查,该协会的女发言人称,"即使到了今天(1980年11月)董事会主席的职位中仅有2%由女性担任。"在80年代,全美大约有9家由女性创办的银行。始于1976年的旧金山西部女子银行就是其中之一,1980年9月它更名为金门银行,其他女子银行分布在纽约、洛杉矶、圣地亚哥和丹佛。它们都不是银行业巨头,金门银行的资产只在1000万美元上下。

12. 在二战期间,大量美国男子因为工作、社会活动或两性关系在中国及美国接触到中国女性。其中一些人认为中国女性和美国女性一样可以随时施展女性魅力。他们之所以产生这种错觉,恰恰因为他们是美国人而不是中国人。中国女性具备对环境的敏感认知,她们在中国男子面前表现出以情境为中心的矜持,即使这些男子正身处美国。但是,当中国女性在与美国男子打交道时,由于人际交往的场景出现极大变化,她们倾向于突破某些中国的规则。比如,身在美国的中国人,朋友会面时充其量只是握握手而已,但是其中不少人在与外国朋友的中国伴侣打招呼时,会采用更亲密的身体接触,如亲吻脸颊。

13. Hugo Portisch, *Red China Today*, p.36.
14. Barbara Tuchman, *Notes from China*, p.11.
15. 那时他们不允许我练小提琴,因为所有音乐活动都被禁止了。
16. Eileen Hsu-Balzer, Richard Balzer, and Francis L. K. Hsu, *China Day by Day*.
17. Jan Myrdal, *Report from a Chinese Village*, p. 221. Myrdal's visit was made in 1962.
18. 同上,22页。
19. 据私人谈话。
20. 《中国妇女》第6期,1963年6月1日出版。
21. "*People's Daily* and Letters from Readers," in *China Reconstructs* 27, no. 10 (October 1978):4.
22. Godwin C. Chu and Leonard L. Chu, "Letters to the Editor, They Write in China," *East-West Perspectives*, p. 4.

第三章
差异之源

是什么导致了中国人及美国人生活方式的差异？我认为最合理的解释莫过于广义的弗洛伊德学说。也就是说，不同的生活方式是由家庭培育的。大多数人最早接触到的外在环境是家庭。家庭是人类的加工厂，塑造个体必需的心理指向，将他们培养成在特定环境里发挥功能的社会成员。

在更高一级的社会组织里发生的事件，不论是外因导致的自然灾害、侵略，还是内因引发的叛乱、革命，将对家庭的特征产生影响。"新世界"奴隶制的建立对黑人家庭的影响一直是学术界热议的话题。新中国的成立将在多大程度上深刻地改变中国古老的家族制度，将在第十五章作进一步的讨论。目前，我们仅限于讨论中美家庭的结构差异，因为正是家庭在塑造两个社会中的主流人群。

人类学者认同这样一个公理，即天才和白痴之外，人格[1]主要是文化的产物。人格是个体对所处环境特殊反应的总和，文化则包括某个社会中一切可获允许的行为模式。因此，中美生活方式的差异又可以被看作两种社会人格和文化差异的总和。

个体的人格与其社会的文化并不总是相一致的。我们在引言中说过，人不是机器人，正如一个社会不可能静止不变。然而，每个社会都奖励人们遵照常规行事，对违反者给予处罚。

任何社会都有角色的不同以及与之一一对应的行为模式，均由男人和女人、老人和青年构成。大多数的社会有医生、律师、政客和士兵等分工，人们分担应尽的职责，有着各不相同的兴趣。在每个社会里，出任同一种角色的人往往兴趣并不相同，履行职权时也各有各的方式。一些商人在夜总会流连忘返，另一些商人却把柏拉图哲学当作信仰。但在一个特定的社会里，不仅人们的角色和兴趣是互补的，而且就连那些看上去相互矛盾的人，假如认真观察的话，也会发现他们在功能上互有关联。

鉴于文化的制约始于家庭，我们第一步要先对比两种家庭体系。毕竟，家庭是传承和散播生活方式的起点。

进行对比时，我们必须极力克制，否则将很容易滥用弗洛伊德学说。例如，英国人类学家格列高里·贝特森（Gregory Bateson）提出英美对待各自殖民地的态度的差异，源于两国不同的亲子关系。美国父母鼓励孩子"有大胆张扬的表现，同时在一定程度上保持对父母的从属和依赖"；而在英国，亲子关系的特征是"控制与支援"。美国的亲子关系"包含着给孩子心理断奶的因素，但在英国上流社会，挣脱这种依恋关系的束缚……要在寄宿学校才能完成"。因为"无法将殖民地送往寄宿学校……英国对它的非盎格鲁－撒克逊殖民地的居民便很难完成断奶的过程，这些殖民地也相应地很难走向成熟——与菲律宾的独立史形成了鲜明的对比。"[2]

英国人类学家杰弗里·戈勒（Geoffrey Gorer）另有一套大胆的假说，认为美国议会两院制是美国家庭兄弟关系的延续。众议院像是弟弟，行为散漫，不负责任，因为清楚地知道它的兄长——参议院，一定会施予援手。[3]

上述这些理论，既不是真正的科学，更毫无逻辑。因此，为了避免重蹈覆辙，让我们暂且忽略细节（因地域、阶级、职业等因素变化）而从家庭结构的宏观层面剖析、解释两个民族长期存在的差异。

住宅

我们先从中国人和美国人的住宅说起。美国住宅一般都有院子，或大或小。院子四周或许有一些低矮的灌木，很少为了防止路人看到院内而设立高大的院墙。大多数的住宅是既没有灌木也没有院墙的，仅在一天中的某些特定时刻用窗帘或百叶窗遮挡外界的视线。

大部分的中国住宅第一眼看上去是被高墙严实地围起来的，从外面只能看到屋顶，结实的大门将内院与外界完全隔离。在街道对面、正对着大门的地方通常立有一道影墙[4]；在门内约1.5米的地方摆上四扇木制屏风。据说门外的影墙有辟邪的作用，而木制屏风可以防止街上的行人在屋主开门时向内窥探。

至于室内的情形，中国和美国却又刚好倒转过来。美国人在家里强调隐私权，不仅卫生间有门，卧室、客厅、厨房也统统要装上门。室内一切空间和物品都是私人的。父母无权翻动孩子房间里的物品，孩子也不能在父母的领地肆意妄为。在美国某些地区，这条原则甚至延伸到夫妻之间，双方各有各的卧室。

在中国人家里，除了对非配偶的异性成员，隐私权几乎不存在。即使家里空间很大，中国孩子在青春期之前都可以与父母住在同一个房间。父母随意翻动子女的物品，子女也可以随意使用他们触及的父母的东西。如果孩子损坏了父母的物品，他们会被责骂，但不是因为他们碰了不该碰的东西，而是因为年纪太小，不知道爱惜器物。

隐私权的缺乏，最极端地表现在中国北方一些富裕的家庭里。住宅里的房间排成一列，如同火车车厢一样，一间房连着下一间房，不是每个房间都有独立的入口。就是说，假如家中一共有5个房间，宅子的前门通向正中一间房，它被用作厨房，然后每个房间都相通，一直连到最后一间。从屋子的一端算起——第一个房间称之为A房——一个人可以直接走到B房，然后进入厨房C房，从C房进入D房，最后进入E房。通常父母会住离厨房最近的B房；A房留给出嫁的女儿带外孙归宁时居住。如果家里有两个已婚的儿子，大儿子一家住D房，小儿子一家住E房。住在A房和E房的人出入时必须分别经过B房和D房。不同家庭对上述住房的分配可能略有差异，但是大致而言就是这个样子。

如此安排起居空间，在美国人看来简直难以接受，但中国人坚持只在这种线性布局中搞些变化，即使他们尚有充足的空间可以拓展。因为他们认为一家人必须住在四壁之内才算是一个整体。美国小孩在家里的活动，是有严格的界限的，家里与外界却并无分界。中国小孩则恰恰相反，在家里没有任何约束，高高的院墙和数道大门却把他与外界隔离开来。

父母与子女

住宅的不同，足以反映中美两国家庭行为模式的差异。世界上没有哪个国家会如美国这般重视婴儿[5]的处境和特权。相比之下，不夸张地说，在1949年之前的中国，儿童是最不受重视的人群。

这种对比表现在许多方面。美国人重视儿童权利，不仅表现在联邦政府、州政府的立法上，还有许多民间自发的"保护青少年协会"，监督、维护与之相关的福利。

而在中国，父母全权处置与孩子有关的事务。人们或许有一些误解，事实上杀婴在中国并非司空见惯。这种事大多出现在荒年，有些家庭生育太多女婴，却又无力抚养，才会有这种无奈之举。当然，没有哪个父母愿意张扬这种事情。相反，有不少以这种痛苦境遇为题材的故事，还有一些笑话被愤怒的父母用来应付那些专门嘲弄别人只生女孩的坏蛋。[6]

1949年之前，中国穷苦父母杀婴的行为从未引起公众的震动或谴责，也极少有人因此受到法律制裁。美国父母在自己的孩子面前可说是毫无权利；而从中国父母的立场来看，孩子不能指望获得长辈的保护。如果说美国人以国内难以计数的儿童保护组织为荣的话，中国人则强调中华民族的文化传统是百善孝为先。

美国父母极度重视孩子们的幸福，决心要做对的事情，因此慷慨地供养着大批儿童专家。中国家长对待孩子则相对随意，以致直到现代，儿科在中国才成为独立的科室。我在中国历史上没有找到任何一本教人们如何为人父母的书，在清朝灭亡数十年后，中国人仍然没有开展与儿童心理有关的科学研究。有关如何对待儿童的文章，零星地出现在报刊杂志上，其中大部分编译自西方人的著作。[7]

美国人不仅研究儿童的行为，而且鼓励他们；中国人不仅不把孩子当回事，还尽可能轻视他们的重要性。对美国人来说，重要的是父母要为孩子做些什么；而对于中国人来说，重要的是孩子要如何回报父母。

有关美国父母如何迎合孩子，看一下我认识的中西部一对夫妇的所作所为就知道了。为了让孩子开心，这对夫妇在客厅里装了一个漂亮的滑梯。客人要进入客厅，只能弯着腰从滑梯下面钻进去，而且不得不在孩子们的大叫大嚷声中，进行彼此的交谈。

这种做法在美国也不常见，以至于每次有客人到访，这对夫妇都不得不向提出异议的客人解释一番。中国父母如果溺爱子女到了这种地步，一定会沦为街坊四邻的笑柄。

千百年来，中国人是在"二十四孝"故事的熏染下成长的。"二十四孝"故事流传广泛，有许多个版本。中国先辈遵照传统创作方式，为后人至少留下了两套"二十四孝"故事。

它们被画成连环画，改编为戏曲，由说书人在各地茶馆、集市上演绎。下面就是其中的一则故事：

> 一个姓郭的穷人和妻子面临着很大的难题。年迈的母亲病重在床，急需药物和营养品，郭却根本买不起。夫妇商量后，决定舍去3岁的儿子，这是唯一的办法。他和妻子相互安慰，"母亲只有一个，孩子却可以再生。"他们在地里挖坑准备活埋儿子，刚挖了一会儿，竟然就挖出了金子。原来，他们的孝心感

动了神仙，老天爷给了他们一份奖赏。一家人从此过上了幸福的日子。

这个故事生动阐述了中国人最核心的文化理想——赡养父母是个人首要的责任，哪怕要为此牺牲自己的孩子。

经济上的供养还不是中国子女对父母尽孝的唯一义务。根据儒家思想的教导，子女应恪守"天下无不是之父母"的俗谚，随时满足父母的愿望、照顾他们的安全。假如父母身体不适，子女要竭尽全力为他们寻方问药。在古时候，父母若是被判入狱，儿子可以代其领罪受罚。一旦父母对儿媳有所不满，孝顺儿子就得立即休妻。在孝敬长辈这件事上，中国人可谓无所不用其极。所谓长辈，还包括继母及女子的公婆。

再以几则民间故事为例，以说明中国人的价值观。有一个古老的传说讲述一个男子放弃了辛苦获得的官职，千里迢迢去寻找失散多年的母亲；另一个民间传说讲述了年仅14岁的少年在老虎扑向父亲时，跳到老虎身上打杀老虎的壮举；还有一个故事提到一位男子割下自己的臂肉，和药熬汤，希望久病的父亲喝了之后能够痊愈。

最后一个故事说的是，一个叫王华的人已结婚生子，因为听说生父在战乱中丧生，就想买个父亲回家尽孝。不久，他遇到一位老人，老人也正在寻找失散多年的儿子。王华提出要认其为父，对方答应了。王华的"新"父亲是个富有的人，虽然故意隐瞒了身份，却无法控制早已养成的奢华习惯。王华和儿子生活清贫，却竭尽所能地工作以满足父亲种种需求。老人最终被王华的孝心感动，把所有财产都赠予了他。在故事末尾，老人竟然发现王华就是他要寻找的亲生儿子。

这些民间故事不仅被中国人视作模范的文学作品，而且经常被后人效仿。地方志和家谱中收录有许多名人传记，我粗略地浏览了50篇，其中至少有5篇记载着子女将手臂上的肉割下来为父母熬药。

有个男子在父亲生病期间曾两次割肉。由于第一次割肉并未见效，他第二次采取了更极端的手段，切开肚子，割下了一块他认为是"肝脏"的肉。结果，他和他的父亲很快双双离世。

民国著名的体育教育家郝更生在1966年写的一篇自传中提到他的母亲为了尽孝两次割取臂肉。他写道：

> 我母亲是一位远近皆知的善人。她孝顺到了愚蠢和迷信的程度。在婚前，她曾为给我的外婆治病割下了手臂上的一块肉；婚后，她又为我奶奶做了同样的事。甚至到今天，我仍难于想象，在当时的农村，没有麻醉药和消毒水，只用一把剪刀，她是怎样能做到的。[8]

成千上万的传记文章，虽然不致如此戏剧化，内容却都大同小异。

美国父母不仅希望根据自己的经验帮助孩子，而且认为必须深入调查孩子的需求（这样父母才能满足孩子的切实需要）。即便是最初级的教育，他们也期望可以寓教于乐。我曾见过两本书，书名为《儿童学穿衣》，一本写给男孩，另一本写给女孩。近来，我发现在各地城镇针对儿童开辟了许许多多的活动项目。加利福尼亚某社区提供了3种新项目——"儿童体育馆""肩并肩"及"儿童水世界"，均为4岁以下的幼儿开设。"儿童体育馆"招收3个月至4岁的幼儿，由母亲在旁协助，帮助孩子进行翻转、吊环、滑梯等活动。"肩并肩"将幼儿教育与父母培训相结合。至于"儿童水世界"，它提供"积极的、有创造力的游泳经验"，在专业人士的指导下，由父母和孩子一起参与。

据统计，到1951年时，美国与婴儿用品相关的商业年收入已高达50亿美元。仅就玩具业一项，它从1939年年收入不过1.5亿美元，跃升至1951年的7.5亿美元，1965年更迅速攀升至21亿美元。[9]比阿特丽丝·乔黛尔（Beatrice Judelle）提供了最新的数据，指出1965年全美有6000万名15岁以下的儿童，"每人每年平均花费"约为35美元15美分。可以预见，这个数字会随着儿童人口的增长继续上升。显然，美国以儿童为目标的商业活动，诸如如何更好地寓教于乐的指导、玩具与其他儿童用品的推广与更新，亦会随之蓬勃发展。

儿童读物的出版在美国一直火爆，近几年利润尤为可观。1979年，儿童读物几乎占据了精装书22%的市场份额，品种更是琳琅满目，如有声读物、彩绘本、图文读物、传记、都市传奇与宗教类书籍，等等。有人就此评论说，"一些读物可以博人一笑，另一些读物塑造了比成人知识更渊博的少年精英。特别值得重视的是一种近乎成人小说的新读物，它们多以强奸、虐童、死亡及性为主题。"[10]

在十大最畅销未成年读物中，有一本是罗伯特·克罗米尔（Robert Cromier）的《第一次死亡之后》（After the First Death）。这是一部"心理悬疑小说，讲述一群暴徒在新英格兰劫持校车、以车上学生作为人质的故事"。《新闻周刊》评论人在1979年7月16日的刊物中指出，"它是一部精彩绝伦的小说，文笔畅达，将美丽的少女校车司机、暗恋她的暴徒，以及一名在谈判中成为事态发展关键的少年的故事有机地交织在一起。"至于克罗米尔另外两本书——《巧克力战争》（Chocolate War）和《我是奶酪》（I Am the Cheese），前者描写发生在大学预科的一系列暴力事件，后者则讲述一个家庭冒用假名、走向毁灭的故事。两本书都发行了20万册以上。

据同一报道，美国图书馆协会在几年前发布的《书目》中谴责《巧克力战争》有暴力倾向且结局暗黑。克罗米尔并没有为此致歉，"只要我写的内容真实可信，为什么一定要设计完美的结局？"

中国父母与子女的关系全然不同。中国父母喜欢孩子的天真活泼，然而他们评判孩子，却大多是以孩子的行为举止在多大程度上近乎成人为标准。中国父母为自己的孩子少年老成而骄傲；但一部分美国家长会为此带孩子去看心理医生。中国父母眼里的淘气行为，在美国家长看来或许就成了孩子有主见的表现。

中国儿童怎样对待他的玩具，也是非常耐人寻味的。我6岁时，母亲给我买了一辆锡纸做的玩具车，车门上附有一个帘子状的装饰物。我以前见过真车上的车帘是可以活动的，于是试着也把玩具车上的"车帘"放下来，结果那个固定的装饰物被我猛地拽掉了。在这种时候，美国母亲有可能会为孩子表现出创造冲动而欣喜，但我的母亲却非常不满，觉得我不爱惜玩具，冲动鲁莽。相反，如果我像一个典型的中国孩子那样把一个玩具玩上好几年，换成美国母亲怕是要担心我发育迟缓或是心理扭曲吧？[11]

至于儿童文学，无论是在大陆还是在台湾，中国儿童的读物与美国同类书籍都远远不能比肩。80年代，一位台湾省作家还在发问，"我们的儿童读物在哪里？"

这位作家谈到了自己的经历。一天她9岁的侄女问她："姑妈，为什么你给我买的10本书上都写着'改编自某某原著'。"作家解释说那些书都是外国作家写的，要经过翻译和简化才适合中国小孩阅读。小侄女于是问道，"为什么外国人写出了这么优秀的作品，我们中国人却没有呢？"

小孩子的直言不讳深深刺痛了作家，使她顿时意识到这个残酷的现实。中国孩子的读物除了常规教材，大多是《白雪公主和七个小矮人》《木偶奇遇记》等外国故事。当然，这位作家也给小侄女买过一些本土故事书，如根据"二十四孝"故事改编的童书及一些历史小故事。但她不得不承认中国本土的儿童故事确实不及外国故事那般生动有趣。

她花了很大力气，到处搜寻本土的中国儿童故事，终于找到一套王子出版社发行的"王子儿童文学选集"。这一系列共有6本书，其中5本分别是：《橄榄探案》，讲述一个小女孩如何破解一桩无头尸案；《公鸡与太阳》，根据中国古老的民间传说改编；还有《乾隆皇帝》《赶鸭子的小姑娘》《南瓜王》。女作家认为这些故事非常有趣，在把它们送给小侄女之前，津津有味地把它们一一读完了。（台湾当地报纸，1978年8月22日）。

要真正了解中美生活方式的差异，我们必须对造成这种差异、长久以来形成的亲子关系详加剖析。只有这样，我们才能评价社会新的发展是否改变了旧的模式。事实表明，新中国成立后，亲子关系确实发生了诸多变化。

一个美国人在谈到家庭时，他指的是父母及其未婚子女；中国人的家庭则包括祖父母及其他亲戚在内。中国人的祖父母和亲戚们即使不住在同一个屋檐下，一般也都住在一个村子里，最远也不过是相邻的村庄、区县。新中国政府一直试图通过工读项目等方式刺激人口流动，以改变这种传统。但在第十五章，我们将看到亲属和地域关系仍然是构成人民公社的基本要件。至于美国人的血亲及姻亲，他们一般独立居住，相距颇远，除了年节很难聚到一起。

上述前提造成中美两国儿童早期成长经历的差异。中国小孩从小除了父母同胞之外，还与许多亲戚有频繁接触，美国小孩却在相对独立的环境下成长。前者从小就要适应与一大帮亲友的相处，后者则没有类似经验。

更重要的差异在于，成长中的孩子与非直系亲属的互动方式。美国父母对未成年子女有绝对的管理权。祖父母及外祖父母不管是否与之同住，都不承担管教孩子的责任。在有人生病或母亲分娩等特殊时期，老人也只不过是按照年轻父母（一般是年轻母亲）的要求完成家务而已。

中国父母并不是孩子唯一的管理者。即使不住同一屋檐下，祖父母也可以在短暂的探望期间越过父母的职权，用任何他们自己认为适当的方式管教孩子。中国的叔姑舅姨享有的管教孩子的权力会给一般的美国家庭造成相当大的压力。另外，如果美国母亲对祖母的溺爱表示不满，人们认为这是理所当然的，但中国母亲如果这样做，得到的将是大家的谴责而不是同情。

美国父母对孩子独占性的掌控加强了感情上的交融。美国人的亲子关系是亲密且排他的。父母要么成为孩子崇拜的对象，要么成为独裁者。美国孩子如果喜欢父母，父母就是他的偶像，如果不喜欢他们，他们就变成他的敌人。弗洛伊德提出的"恋母情结"现象，即孩子有意或无意地亲近父母中的一方而排斥另一方，正是这种家庭模式最极端的表现。

相形之下，中国亲子间的情感互动不像美国人那么浓烈。既然父母的权威性随环境而改变，在处于成长期的孩子心目中，父母的地位自然而然地要与权力更大的祖父母或叔伯姑姨等共享。成年人的权威被稀释淡化，孩子不会对某个长辈产生特别的依恋或排斥。中国孩子很少与父母中某一方结盟而疏远另一方，形成所谓"俄狄浦斯三角"。如果孩子喜欢父母，不会将其视作唯一的偶像；如果不喜欢他们，也不会不加控制地流露不满。

两种文化中家庭结构的不同，将必然形成上述差异。世界各地的家庭均由父母及未婚子女构成，美国家庭的二元关系（dyads）是各自独立发展的；而在中国家庭中，每一种二元关系都不能脱离外围的人际网络。

非血亲关系更清晰地呈现出双方的差异。如今，美国社会仅存的非血亲关系是教父母与教子的关系。我的大女儿艾琳的教父L先生是一位美国人类学家，1953年去世。几年后我和妻子带着两个女儿去拜访L太太。在我们5个人一起进餐时，我们的小女儿，当时大约12岁，随口向大家宣布，既然L太太是艾琳的教母，自然也是她的教母。这让我和妻子大吃一惊。我虽然生长在中国，接受中国教育，但我理解——至少是字面上的——教父母在美国的含义。艾琳是L先生的教女，L先生是艾琳的教父，这一关系与L先生的家人和艾琳的家人都毫无关系。而我们这个在埃文斯顿出生的二女儿，尽管从未到过中国，却显然在运用中国人的亲戚逻辑。按照这一逻辑，L太太是艾琳的教母，而艾琳的妹妹是L先生和L太太的第二个教女，并且L先生和L太太的所有子女都是我们这两个女儿的兄弟姐妹。[12]

中美两种不同生活方式的起源，现在可以看得更清晰了。美国孩子从小学会以个人的视角认识世界。他们不能选择父母，但可以自主选择亲近其中的某一方。以此为出发点，美国人与其他亲属的关系也完全基于个人偏好。美国人"小的时候就明白个人的种种选择会凝聚成一股巨大的力量，使得个人可以构建、维持或终止人与人之间的关系"。[13]父母必须努力扮演好自己的角色，才不致在赢得孩子青睐的竞争中失利。再加上大多数美国人在孩子很小的时候就鼓励他们亲力亲为——自己吃饭，自己做决定——引导孩子走自己的路，因此美国孩子要求环境适应他的需求。

中国孩子从小学习在关系网中观察世界，不仅必须服从他的父母，就如何应对更广泛的社会关系也毫无选择权。此外，中国父母坚信老人更有智慧，能引导孩子理解、区别不同的环境。至于个人安全，父母们最常见的观念是："在外面不要惹麻烦，遇到危险，赶紧回家。"中国孩子被要求适应环境。

实证研究能够证实这一差异。朱谦（Godwin C.Chu）对比了他和贾尼斯、菲尔德（Janis & Field）的研究，研究对象分别是182名中国台湾高中生和182名美国高中生，结果证明中国学生远比美国学生容易被说服。[14]

可是，美国父母虽然有意识地鼓励孩子在某些方面快速成长，但同时又坚定地阻止孩子们进入真实的成人世界。美国人参加聚会时会把孩子交给保姆照顾；如果在家请客，他们就在客人到来前把孩子哄上床。美国孩子不参与父母的社交活动。20世纪80年代，一些特别前卫的美国父母愿意带着孩子参加聚会，但这种行为尚不为一般大众所接受。

中国父母经常带孩子参加婚宴、葬礼和宗教庆典，乃至纯粹的社会或商业集会。有个经商的父亲时不时地带他六七岁的孩子参加董事会，认为这算不上什么。

这种行为在夏威夷、旧金山及纽约的美籍华人的第二代、第三代甚至第四代还相当普遍。在夏威夷，华人与他们的白人邻居一样经常组织家庭野餐、晚宴，甚至体育活动，以维持和扩展俱乐部及教会成员。不一样的是，华人会带着家中幼儿参加种种活动——包括一些将一直持续到深夜的社交性或商务拜访。

许多年以前，亲子"在一起"的概念开始流行，至少在美国某些地区是这样的。核心内容就是亲子应该一起活动，例如一起郊游、看演出、去教会及培养共同的兴趣爱好。有一些美国作家曾认为，尽管电视节目有种种问题，但至少它使一家人享受到"在一起"的时光。现在我们知道这不是事实。没有证据表明"在一起"会如前卫的美国父母所期待的那样，将家庭凝结为牢固的整体。这些美国父母追求的共处有计划性的局限，仅限于父母和孩子一起参与，外界仍然被隔离开来，与他们的小家庭圈毫无瓜葛。它本质上只是父母与子女的一次蜜月，并且势必会令所有参与者感到不安，尤其是那个主导这一切的人——家庭里的父亲。这种共处之所以失败，是因为它太刻意，不是在正常的美国亲属关系中孕育出来的。

中国青少年在生理和心理成长过程中逐步进入成人世界。孩子气和青春世界为成人所接受，但绝不受到鼓励。孩子们对成人世界参与得越多，就能获得越多奖励。从一开始，长辈就和他们共享性以外的各种兴趣；他们参与真实的生活，而不是美国孩子被人为划定的那一部分。

除了非常贫困的家庭，美国父母一般秉持一种与中国人完全不同的理念，即每个人都有隐私权。父母的社交及商业事务是他们的私人领地，除非有特殊的重大事件，且得到父母的邀请，否则孩子不能越雷池一步。同样，父母也尽量避免干预孩子们的活动。

中国人绝不这样做。中国孩子旁观、参与成人事务是理所当然的，成人也可以随意加入孩子的活动。这种互动甚至到了可以随意拆看彼此信件的地步。

最能体现中美生活深刻差异的对比莫过于下面这一种：美国孩子与朋友们一起庆祝生日，父母只为他们提供一些协助；中国孩子的生日会则完全变成大人的聚会，孩子一般会到场，与平时参加婚宴和葬礼后的聚餐一样，但绝不会成为该活动的焦点。

在美国，成人世界与儿童世界之间有许多种分界线。例如，许多美国父母自己根本不去教堂或质疑上帝的存在，却把孩子送到主日学校，让他们学习祈祷；美国父母生活在竞争世界，狡诈和欺骗时常导致成功，但他们给孩子讲的童话故事，总是好人对抗坏人，正义最终必将战胜邪恶，令坏人受到惩罚。即使家庭遭遇危机，美国父母在孩子面前依旧会表现得轻松愉悦。在遇到严重的财务或个人问题时，他们在面对孩子时也必须说，"宝贝，一切都会好起来的。"美国人希望把成人世界和孩子的世界截然分开，总是试图推迟向孩子传达负面消息，例如父母在车祸中丧生或因罪入狱，等等。总之，美国父母面对的是一个现实的世界，他们的孩子却生活在一个近乎理想化的国度里。在那里，成人世界的规则不起作用，或被淡化，或被彻底颠覆。

正是由于儿童世界的与世隔绝，使杰罗姆·大卫·塞林格（J. D. Salinger）《麦田里的守望者》的男主人公考尔菲尔德（Caulfield）成为众多美国年轻读者的偶像。这个少年看穿了在他四周的无形围墙。他谴责那些按照墙外规则行事的人都是骗子，同时又感到墙内的大多数人在努力地适应环境时产生了一种可怕的空虚感。考尔菲尔德最后终于皈依了常规生活，决定不再逃学，重返学校。他看着他的小妹妹菲比坐在旋转木马上，心想："孩子就是这样，如果他们想要得到那个金戒指，你就得让他们去做，别说什么。如果他们失败了，那就是失败了，别说什么话去阻拦他们，那是不好的。"[15]

在这一背景下，我们就能理解明尼苏达州发生的一起事件。15岁男孩艾迪·赛德尔（Eddie Seidel, Jr.）为抗议美国广播公司停播《星际大争霸》而从60米高的桥上跳河身亡。"艾迪的父亲说他是个绝顶聪明的孩子，没有什么能持续吸引他的注意力。"这位父亲"得知……他和朋友在一起吸毒，就让他去见了心理医生"。另一篇报道称这个男孩"厌倦了生活，因为实在没有什么值得奋斗……对他来说，这个世界上没有真正的挑战"。该报道的标题是"由电视节目决定的生死"。（《旧金山纪事报》，1979年8月26日）对任何一个社会来说，艾迪事件都是罕见的，但相对于中国而言，它更符合美国社会的背景。

中国孩子与父母生活在同一个世界里，父母不对孩子隐瞒真实的自我以及遇到的问题。中国孩子很小就懂得奖惩未必总是和成文规则一致，正义和爱不能战胜一切。他们比美国孩子更容易意识到环境压力——既能看到父母身上的缺点，也能看到他们的优点。父母在孩子眼里只是普通人，遵循传统习俗指定的道路，有时成功，偶尔也会失败。

美国孩子不仅坚信个人偏好至关重要，且十分肯定自己可以实现所有梦想。在被限定的、舒适的世界里，美国孩子几乎没有遭受过打击，不了解有时现实会将人类彻底打垮。父母是唯一可以对他们发号施令的人，孩子们有可能将其视为前进的障碍。

中国孩子意识到他必须服从父母及其他长辈，即使设法绕过了他们，也仍然要受到传统风俗的束缚。通过对成人世界的观察和积极参与成人活动，中国孩子了解到自身的一些弱点，并熟悉他所置身的真实世界，注意力分散、掌权者众多，种种限制不但源自于父母，更来自整个社会。中国孩子即使痛恨这些制约，也不知该如何反击，因为制约的源头实在太多太杂乱。

因此，中国孩子容易缺乏远大梦想，想象力与现实非常贴近。作为成人世界的一分子，他们忙于应付各种人事，无暇顾及自身需求。我认为这也解释了为什么中国文学始终（无论政局如何变换）不能塑造出独特的人物个性，更不关心人物的内心活动——中国文坛的一位学者称之为"贫瘠的内心世界"。[16]

学校

到了上学的年龄，中国孩子已经建立起相当真实的世界观，而美国孩子对即将步入的现实社会仍知之甚少。[17]学校发挥的影响使两国青少年的差异更为明显。中国私塾的传统习惯延续了两千多年，与美国人的教育理念可谓有天壤之别。

中国私塾深化了学生们在学龄前就得到的经验，这与现代美国学校试图发展孩子们在家庭中形成的行为模式是一致的。中国孩子在家中学习到尊敬父母和传统。它们也是儒家经典强调的美德。美国孩子在家中学会如何基于个人偏好做事。美国学校虽然指导他们相互合作、奉行体育精神……但是对创造性、自主意识的格外强调及实验教学法，无一不在强化孩子们在家庭生活中习得的价值观。

直到20世纪初，中国孩子才开始面对这样的问题，即学校里老师讲授的思想和行为模式，与他们在家中学到的不同。在新式学校里，他们了解到细菌与疾病的关系，而家里仅念过老式学堂的长辈却与历代先人一样，随意在地上吐痰；在新式学校，学生参加体育锻炼和乐队排练，学习绘画、手工，但长辈们却看不出学业与体操、舞刀、吹军号有什么关系。

实验教学法即使在美国，相对来说也是新鲜事物。它始于20世纪20年代，主要的倡导者是哲学家约翰·杜威（John Dewey）。杜威认为教育应该与孩子的兴趣、经验紧密相连。实际上，不少美国人迄今仍对美国早期历史上狭小校舍里古板的女教师形象记忆犹新。实验教学法的理念和方法是在美国本土发展起来的，如果按照本书的分析，它应被视为美国生活方式的自然结果。

与之相反，中国私塾的历史源远流长，教育方法影响到整个中国，两千多年来没有任何显著变化。19世纪末，新式学校自西方被引入中国，直到二战后期才彻底取代私塾。私塾是中国人生活方式的有机构成，从存在的时间来看尤其如此，正如新近出现的实验教学法应隶属于美国人的生活方式。

新兴的西式学校虽然向中国孩子呈现了与家庭中全然不同的思想和行为模式，但两者之间的差别，若与中国教育体制[18]及美国教育体制的差异相比，根本不值一提。

现举一例。首先，美国学校激发学生自我表达的欲望，训练相应技能，而中国学校很少会这样做。从幼儿园开始，美国孩子就被鼓励着在其他幼儿面前讲述自己的见闻——一个玩具或与父母的一次郊游。在把美国孩子和我认识的中国孩子作对比时，我惊奇地发现前者无论是在单个还是一群听众面前都表现得镇定自若，侃侃而谈，这与类似情况下中国孩子的窘困、不安形成了鲜明的对照。中国私塾根本不提供类似的训练。为了背诵和记忆，老师让学生逐一在他身旁面墙而立，大声背诵前一天布置的作业。班里其余的孩子（大约有30人）听不到正在朗诵的学生的声音，各自在忙着诵读自己的功课。只有偷懒的老师才会让两名学生同时站在他的两侧背诵。辛亥革命之后，新式学校大力推崇公开演讲，但这种责任只会落在少数经过挑选的人的身上。而且，校园里的公开演说和商业演讲都是机械性的表演。演讲者提前做过准备，并且接受指导人员的纠正。

新中国成立之后，音乐、舞蹈、雕塑、绘画及手工艺的公开展览日益普遍。我和我的家人，以及一些在20世纪70年代前往中国的游客，在欣赏这些精湛的技艺时都为之赞叹不已，即便按美国的标准，它们也称得上是卓越的艺术。表演者和参加者不再像以前那样局限于少数经过挑选的人，然而，自发性仍不受到优先考虑。随处可见的大幅标语表明，压倒一切的核心是艺术如何为工农兵服务。

美国人注重自我表现，这不仅使美国孩子在团体中不会感到受限，而且使他们确信自己的意志可以超乎于团体之上。而中国人在这方面的漠然，不但令中国孩子养成较强的现状意识，而且迫使他们压抑自己的愿望以维持大局。

中美两国学校的根本差异还在于，实验教育法在美国有重要的影响，而在中国基本没有形成任何本土化发展。简单地说，实验教育包含两个层面：个体的学习能力并不相同；擅长的领域也不一样。

实验教育法在美国教育体制中尚未获得一致认可，也未能被全面贯彻，但它对美国教育的重大影响却是毋庸置疑的。智力测验和心理测试的迅速传播是该方法受到重视的指标之一；为少数特殊儿童提供特别教育的运动是另一指标；课程安排更重视快乐学习而非学习本身则是第三种指标。

在某种程度上，中国私塾也允许学生按不同的进度学习。因此，有些人便认为它应该算作实验教学的一种。但是，这种学习的自主性只是为了方便，称不上一种教学原则。何况，美国学生可以自由选择课程，这些课程中有一些需要创造性，而另一些则强调记忆力；中国私塾学生却只能背诵圣贤经典和练习书法，从未有人考虑过采用新的教学方法以使学习变得愉快。中国人的求学之路只有一个直接而长远的目标：金榜题名并晋身仕途。

现代学校在中国始于清末，它们开设了不少新课程，使学习目标更趋多元化。新设的课程涵盖了美国学校里的大多数科目，学校也不再明确地让学生备考不复存在的科举考试。但在多数学校里，学生不能自由选课。而且，中国孩子虽然在现代学校里学习物理、化学，参加体育课和手工训练，却仍然着重于阅读、写作、伦理和历史、地理等科目。直到二战爆发时，主修人文艺术的中国大学生的人数仍然远远多于主修自然科学的人数。

换句话说，在民国那些年，中国教育没有从根本上脱离儒家思想——个人首要的事是在君臣、父子、夫妻、兄弟、朋友等人际关系中找到自己的位置。

二战爆发之后，主修自然科学和工程学的中国大学生人数逐步超过主修艺术人文和社会科学的人数。但1945年之后，中国台湾的新式学校在很多方面又重新肯定了中国传统的教育实践和目标。最显著的现象是人尽皆知的"补课"。由于小学毕业生要通过统一考试才能升入较好的中学,竞争又非常激烈,因此所有课程的学习都以通过考试为目的。希望在考试中脱颖而出的学生(在考生中占主流)要付费参加每天几小时的课外辅导班。许多辅导班老师就是正规学校里赚薪水的老师。至于要通过大学入学考试的高中毕业生,这样的补课对他们就更是寻常不过了。

民众的一再呼吁和政府议案都无法遏制这一"补课"的狂潮。1967年,台湾省决定将义务教育从6年延长至9年,学生从小学毕业后自动升入中学。该水平的入学考试被取消。人们寄希望于"补课"现象也可以随之消亡。这一措施的效果不是本书讨论的重点,我们更应留意的是中国传统教育的两个基本要素:(1)通过僵化的考试;(2)近乎饱和的课业负担,其中大部分要靠死记硬背来完成。因此,代代学子都被迫紧跟前人的足迹。

与中国学校相比,美国学校不但越来越重视自然科学,也越来越强调个人在科学、艺术、文学及手工艺等领域的创造性。比起中国孩子,哪怕是刚上幼儿园的美国孩子所掌握的自然知识及机械原理,都令我惊叹不已。我的一个女儿在5岁时曾给我上了一堂飞行课。她的老师带全班参观了飞机场,回家后我女儿特别兴奋地说起飞机库和风标。我问她风标是用来干什么的,她回答说:

> 它向飞行员指示飞行方向。如果风标从妈妈那边吹向我这边(手指着站在房间另一端的妈妈),那么飞行员就驾驶飞机从我这边飞向妈妈那边。

在美国,少数孩子有机会发展自己特殊的技能,这种机会即使在其他西方发达国家也很罕见。但另一方面,令我惊讶的是,与中国同龄人相比,美国的高中生和大学生对人际关系、历史与现实、内外国情所知有限。美国历史虽然是所有高中的必修课,但大量问卷调查和大学入学考试表明美国青年对本国史地知识并不十分了解。美国人对考试设计的持久努力,似乎只是以伦理和人际关系为代价而逐步加强对个人能力的培养。

这种努力存在两个问题。一是尽管推行了许多革新,美国学生的学习成绩却不断下滑。美国卫生部、教育部和福利部资助的全美教育发展评估委员会(National Assessment of Education Progress)在1979年的一项报告中指出:学术倾向测试(Scholastic Aptitude Test)中的数学成绩在"过去10年里下降了20多分"。报告认为问题的根源在于数学课程设计中"回到基础"的运动,指责过分强调加减乘除运算削弱了学生"运用数学知识解决日常生活问题"的能力。(《檀香山广告报》,1979年9月23日)其实,"回到基础"运动旨在抗议课外活动一类的虚饰盛行,它只不过是学习成绩下降之后的一种必然反应。

第二个问题是,美国教育过分夸大每个孩子的能力,而忽略他们与世界的关系,低估社会演变中传统的力量以及不同时空中发生的重大事件对于个人的影响。美国学校重视传记和自传,成人读者尤其青睐这类作品。个人传记的功用其实在于向民众提供一些真实案例,以证明杰出的个人可以排除万难获取成功。事实上,它们是在说,"照这样去做吧。"

实验教学学校的兴起一度且现在仍被视作是教育界的一场革命。实际上,这种现象只是完美地契合了美国家长教育孩子的基本心理导向。它的源头来自法国人卢梭的思想,在19世纪30年代又经瑞士人裴斯泰洛齐(Pestalozzi)、德国人福禄培尔(Froebel)及新英格兰的阿莫斯·布朗森·奥尔柯特(Amos Bronson Alcott)等人的进一步发展,但美国人却始终认为它是与约翰·杜威有关联的美国现象。1952年杜威去世后不久,《纽约时报》教育专栏编辑本杰明·范恩(Benjamin Fine)如此总结杜威教育哲学对美国教育的影响：

> 在50年前，教育建立在权威基础之上，即"老师懂得最多"，个体差异被忽视。教学内容是课堂中最重要的因素，学生反而是最不重要的……
>
> 杜威认为学习应该是有意义的，要与学生的兴趣和生活经历相结合。他还强调学校应该具有活力，要引导学生建立积极发问的态度。他尤其重视"兴趣激励"：一个小男孩如果发现学校里有他感兴趣的事情，就会愿意上学去。杜威博士认为明智而优秀的父母希望孩子接受这样的教育，社会也希望所有孩子都能接受这种教育。

杜威对于美国教育的影响，可以归纳为如下要点：
（1）孩子比教学内容重要。所以现在我们提倡以孩子为中心的学校。
（2）学习内容必须与时俱进，不应局限于过时的传统。
（3）学校应以民主而不是专制作为原则。
（4）纪律的建立要基于内心约束而不是外部约束。
（5）知识可从经验中获得，即现在经常听到的"从做中学"。它是经验教学运动中最广为人知的口号。[19]

除了重视自我表达和实验教学法，美国学校的第三个特点是似乎在鼓励一种好斗的种族优越感。许多美国学生满足于这样一种观念，即美国以外的世界是一片蛮荒：中国盛产神秘莫测的风俗，遍地都是鸦片馆；非洲是一块"黑暗大陆"，充斥着食人族和各种野兽。[20]欧洲则是衰落之地，对外散播颓废文化，当地居民不思进取。数百年前更聪明和更有抱负的欧洲移民早已迁居美洲，如今的欧洲人是当时只知固守田园的那批人的后裔。

我在公园遇到过一个美国小孩，他看我是中国人，试着表现得有礼貌，用孩子气的夸张口吻说道，"中国人很了不起。"我问他是否知道中国人为何伟大。停顿许久后，他回答说，"他们放风筝，还发明了火药。"

美国小男孩的单纯无知并非偶然。他的认知首先来自电影、漫画等大众媒体里出现的中国人或东方人的形象。许多年来，美国人一直在看英国小说家萨克斯·罗默笔下的傅满楚（Fu Manchu）、说着蹩脚英语的中国洗衣工，以及好莱坞著名导演哈罗德·劳埃德（Harold Lloyd）电影中留着辫子的中国人，他们把毕生积蓄挥霍在鸦片馆里。迄今为止，有关中国人最好的形象出现在史蒂夫·坎扬（Steve Canyon）所创作的系列漫画里。该漫画的主人公是个大冒险家，经常将一些中国人从不幸的境遇中拯救出来。

美国小男孩对中国了解甚少的更重要的原因与美国历史教科书有关。它们充斥着大量对中国及中国人由来已久的误解。[21]值得注意的是，西方近年来兴起了纠正这些错误的运动。一些大众化的少年读物，如《康普顿百科全书》（Compton's Encyclopedia）已经有了明显的改进，力图对非西方人做出更全面、准确的介绍。毕竟，《大不列颠百科全书》在第14版（1959）中只选用了以下这些照片呈现中国人的生活：

第一组（5张照片）：赤脚的挑夫、小贩和贫民窟似的街景；一艘平底帆船；10个正在用餐的苦力（围蹲在圆桌旁）；一座佛塔；一支内蒙古骆驼商队。

第二组（5张照片）：街头理发师给小男孩理发；渔民居家生活的篷船内景；路边的算命先生和替人写信的师傅；3个赤脚的男孩在江边玩骨牌；一个正在抽鸦片的烟客。

第三组（6张照片）：一名工人在调试发动机；黄河上的木制水车；建筑工人把灰泥浇筑在屋墙的竹格里；6个男人在护栏外查看炼焦炉的电池；在河中漂浮的竹筏；在河岸扛运货物的

苦力。

第四组（6张照片）：港口一景；一名近乎全身赤裸的挑夫；一个光头且袒露上身的战士，手持上了刺刀的步枪；3辆正在行驶的公交车以及许多三轮人力车；站在乡村商店前的母亲与幼童；一名在街头餐馆就餐的工人。

第五组（5张照片）：两名正用原始工具碾米的穿着破烂的乡村妇女；挑着农产品去集市售卖的农妇；农民正在插秧；矿区的女性用手挑捡煤块；黄包车夫在车边休息。

该百科全书用于介绍美国的页码是中国的3倍多（前者143页，后者41页），且附有13组不同主题的照片（中国仅为5组）：

第一组至第六组照片展示了位于华盛顿州的亚当斯山的壮美风景，丰收的麦田和大湖风光，位于加利福尼亚州的约塞米蒂国家公园（Yosemite National Park），美国的动物和植物。第七组照片呈现的是国会图书馆大阅览室，白宫的格林办公室，美国国会联席会议。第八组至第十一组照片介绍美国历任总统和副总统；第十二组至十三组照片向人们揭示美国历史上的重要瞬间，从普利茅斯山上的花岗岩柱廊到葛底斯堡被修复的大炮。没有任何展示美国贫民窟、黑人居住区、黑奴、移民，甚至是普通工人的照片。

换句话说，中国的土地上只有苦力、算命先生、抽鸦片的烟客及原始的水车——它所营造的画面大致与美国人对亚洲大陆的看法相一致。

《大不列颠百科全书》第15版（1974）问世时，其中介绍中国的两篇长文采用了全新的配图。介绍中国的文字比重占到美国的一半还多（后者146页，前者101页）。这或许是该书编辑对我在1970

年版《美国人与中国人》中的批评做出的回应。新版不但用更多的篇幅介绍中国，还删除了大量对中国社会与文化的错误解读。在介绍中国文化的那半页里，没有任何对中国文化的评述，只提到中国在西方思潮和商品经济的影响下发生了变化。两篇文章着重叙述的是中国在政治方面的历史与变迁。

《大不列颠百科全书》第14版差异化地介绍中美两国文化的做法不是偶然现象。直至80年代，大量美国高中教材仍在系统性地强化这种对比，例如梅佐和彼波斯编著的《人与国家：世界历史》(Men and Nations: A World History)。[22]该书分为10个部分，以"起源""希腊：西方文明的摇篮"开篇，结尾则是"现代世界的兴起""适应新时代"和"全球战争及战后"等章节。全书共822页，介绍中国的只有22页（正文第506—525页及"1964年新增文字"中的2页）。作者不仅刻意掩饰、忽略西方帝国主义300多年的侵略史，而且将介绍中国的仅有20多页的那一章命名为"新兴帝国主义：中国"，紧随其后的两章分别是"近代日本的崛起"和"美国成为世界强国"。这些标题的倾向性是显而易见的。

被专门设计出来、以纠正学生对整个世界认识偏差的美国高中课本，同样摆脱不掉这些根深蒂固的偏见。纽约卡耐基公司(Carnegie Corporation of New York)赞助出版的《全球人类史》(A Global History of Man)[23]，就是一个很好的例子。这本教材确实想向美国儿童更适当地展示世界各地的社会和文化。然而，我在书中依然可以轻易地发现某些偏见。例如，二战的爆发以1939年9月德国侵略波兰为起点，而没有采用日本发动全面侵华战争的1937年7月。认为后一时间只代表中日战争爆发的观念不能成为为作者辩护的理由，因为1939年9月的事件同样仅仅宣告了欧洲各国的矛盾激化，美国在1941年11月之前一直没有加入太平洋战争。

从这样的角度去观察世界，作者自然容易将整场二战看成是西方国家的功绩（参见斯塔夫里阿诺斯等，第206—214页）。这本教材几乎不曾提到中国，从中也看不到任何中国或其领袖的照片。在一些被炸得面目全非的城市组照之外，书中还展示了一张雅尔塔会议中丘吉尔、罗斯福和斯大林的合影，一张丘吉尔的个人照以及一张一个美国小女孩给一个希腊儿童送牛奶的照片。蒋介石，这位先于任何西方领导人展开行动、反抗侵略的中国国民党领袖，一直拒绝与日军妥协，将300万日军钳制在中国大陆，却连他的一张合影都未获刊登。

该教材更加严重地歪曲了朝鲜战争："美国早于联合国获知了（北朝鲜的）入侵并迅速采取行动支持李承晚集团"（实际上杜鲁门总统在下令美军出兵后才向联合国做了汇报）[24]；"十多个联合国成员国派军参战，北朝鲜人民军几乎被驱赶到北朝鲜与中国的边界线——鸭绿江上。这时中国宣布参战，击退了联合国军。"（所谓联合国军其实几乎全是美军，而且是由于麦克阿瑟不顾中国方面再三警告，下令进军鸭绿江，中国才不得已加入了战争。）

许多章节末尾设有题为"解释、辨识或定位"的练习题。这些题目是美国学生学过相关内容后用于复习的，大约有50个（涉及人物姓名、地点和事件）。以下这个表格列出了"与西方世界有关的问题"和"与非西方世界有关的问题"的数字对比，结果发人深省。

章节	题目相关内容			
	亚洲或亚洲人	非洲或非洲人	中东或中东人	西方或西方人
古典时期	11		4	22
中世纪	3	1	7	21
全球化时代	20	5	3	106

美国各级教材将会不断更新，持有民族优越感去认识世界的心态也将获得改善，然而，要使美国一流院校中的中等偏上的学生对于中国的认识超出孔夫子、风筝和火药，或许仍需要相当长的一段

时间。而若要使美国青少年认识到世界上还存在着比美国文化更优秀或者至少是一样优秀的文化，就需要更久远的时间。

我做出这些判断是因为旧的偏见很难破除。人们的意愿总是好的，但传统的思想观念通常很顽固，难以打破。事实上，我认为还存在另一种更难消除的心理根源。美国人真的能够接受另外一个种族，特别是非西方种族，在任何一方面超越他们吗？我认为他们恐怕接受不了，对于一个秉持个人中心生活方式的民族，优越感是时时刻刻不能缺少的。

从这个角度分析，美国之所以坚持认为它比其他国家，特别是比非西方国家更优越，理由与中国政府这些年的反美姿态既相似又有所不同。两国政府都注重实际，且受控于文化上的心理需求。美国对凌驾于他国的优越感的需求，植根于长期形成的国民性；而中国政府的反美姿态只是基于对短期政治利益的考虑，与民众的期待无关。华盛顿方面断然拒绝了中国共产党领导人在建国初期表现出的友好姿态，包括毛泽东和周恩来提出的访问美国的建议，并奉行国务卿约翰·福斯特·杜勒斯（John Foster Dulles）的多米诺理论①（the domino theory），对中国进行封锁和围困。这种态度必然导致中国政府与美国的敌对。由此判断，随着局势发展，中国对美国的敌意随时可能发生迅速的转变；而尽管受挫于越南战争，美国对其他国家的态度仍将长久持续下去。[25]

对中国人而言，儒家思想是唯一的智慧之源，中国的历史即为天下的历史。20世纪80年代的中国人（包括我自己在内），在听说成吉思汗及其后人把中国仅看成蒙古帝国的某个省份时，仍不免要大吃一惊，因为蒙古人的统治在中国史书里只被记录为一个朝

---

① 多米诺理论的基本框架是：东南亚地区对美国至关重要，共产党对其中任何一个国家的控制都会在该地区产生连锁反应并最终波及其他地区；东南亚地区正面临着共产主义"扩张"的危险；美国要采取措施，在该地区全面遏制共产主义。一般舆论认为该理论意在为二战后美国对东南亚地区特别是中印半岛的扩张政策制造理论根据。

代——元代，与唐代、宋代和明代一样。许多通俗小说，无论是超现实主义的还是现实主义的，都致力于描写历朝历代开国君主与大将开疆扩土的征战往事。一些小说写的是汉人与"野蛮人"的战争，但更为常见的情况是，战争双方都是汉人。

汉人与"野蛮人"之间的最著名的一场战争在三国时期蜀相诸葛亮与南人首领孟获之间展开。诸葛亮七擒孟获——每一次捉到孟获后再将其释放，而孟获每一次都带着更大的反攻力量卷土重来。在第七次被捉又被释放后，孟获承诺"永远效忠"汉人。中国人认为诸葛亮成功地运用了"攻心"战术，史书对此也大加赞誉。

汉人虽然在历史上一直保持着无可置疑的优越感，充分意识到自身与其他民族的差距，但他们从未接受所谓劣等民族必须改变生活方式的观念。有些"野蛮人"接受了汉语和汉族文化，成为"熟番"并被汉人接纳；许多人宁愿继续做"生番"，汉人对此也不加干涉。有些汉人想当然地认为后者的选择殊为不智，但仍把决定权留给他们自己。

汉人对外部世界的优越感可称之为"被动优越心理"，与美国及西方世界的"主动优越心理"互为对照。

拥有任何一种心态都算不上是纯粹的幸事。在阅读本书的过程中，读者将陆续认识到它们各自产生的后果。在中国的白种人，与身在美国的亚洲人一样，会引起孩子乃至成人的好奇。中国人把西方人称为"洋鬼子"，主要是因为他们的白皮肤、蓝眼睛和金黄色头发。中国人将这些颜色与死亡、葬礼相联系，正如西方人将黄色视为懦弱而白色与纯洁、婚礼相关联一样。不过，由于中国人有"被动优越心理"，中国父母和老师从不鼓励孩子轻视汉族文化之外的事物和思想，坚持用相对主义的立场认识世界。

比如，中国人千百年来一直推崇汉字，传说中它是古代圣贤的发明。民间建立了许多收集零散字纸的组织，雇佣专人，让他们手拿叉子，背着背篓，沿街捡拾有字的纸片，再将其送至孔庙焚烧。

中国人相信有字的纸不能被当作厕纸,否则会被天打雷劈。如果有人不小心踩到书本,他必须马上捡起它并放在头顶,以求神明谅解。

中国父母和老师不仅仅对汉字表示敬意。据我了解,许多家长和私塾教师教育孩子要尊敬所有写着字的纸张,无论上面写着汉字还是外文。我曾听一位父亲这样说,"毕竟,外国字一定也是由外国的圣贤发明的。"这个看似不经意的小插曲体现了中国人认识世界的基本立场。

在新式学校和新课程出现之后,禁止污损汉字的陈规渐渐被忽略和遗忘了。学习新课程时,中国学生不但要学习中国历史,也要了解本杰明·富兰克林的科学研究和领导才能、哥伦布发现新大陆、林肯总统解放黑奴的改革、英国大宪章及法国大革命,等等。在一年级或是二年级时,我在品德课上学习到一些外国名人轶事,如美国首任总统华盛顿小时候砍掉一棵樱桃树后勇于向父亲承认错误;法国学者蒙田利用闲暇时间记录自己的思想,在10年间累积成一部鸿篇巨制;14世纪的苏格兰国王罗伯特·布鲁司(Robert Bruce)在遭遇英国对手的毁灭性打击之后,被蜘蛛织网时不屈不挠的精神所触动,最终取得了对英的胜利。有些轶事虽然含有明显的虚构成分,但它们毕竟代表着美国和西方社会积极向上的一面。

不夸张地说,一般的美国高中生对美国以外的世界,尤其是对亚洲、非洲知之甚少。相比之下,一般的中国高中生对于整个世界及各个种族的认识更为全面。[26]

中国人在描述异国事物时,通常认为它们是不一样的。中国台湾受美国影响如此之大,美国的优越性在当地时时得以体现,但在80年代的台湾,人们的观念依然如故。与此同时,美国人通常倾向于认为中国人做的任何事情都是错的。当然,我并不打算否认美国确实存在少数亲华分子。

美国父母鼓励孩子在与现实世界相隔绝的童年生活里学习重视自我意识,美国教育体系也支持这一方向。这种个人第一的信念催生了国家第一的信心，后者必将对国内政治及外交政策有所影响。

孩子们的世界不可能无限期地与成人世界相隔绝。美国孩子从上学开始，第一次在父母不能施加干涉的情况下接触他人以及全新的思想、行为。为了接受现实考验，美国孩子不得不改变对自身和周边环境的某些看法。

中国孩子从未与成人世界相分离，因而不会面临这样的挑战。他们早早接触复杂的人性，对个人能力没有幻想，更不必考虑自己要如何在世界上生存。

美国孩子开始校园生活后，通常面临严重的混乱。混乱主要发生在两方面。首先是在宗教领域，大多数美国孩子在基督教家庭中成长，学习祈祷，参加主日学校及其他教会活动。在认识科学世界及用机械论解释、勾勒宇宙之后，美国孩子难免要用同样的法则去解释他们的宗教观。例如，上帝为什么能同时照顾所有人？谁或是什么创造了上帝？神迹应如何解释？美国孩子被建议要用理性看待一切，因此会提出上述甚至更多奇怪的问题。美国父母和老师无法给出让人满意的"科学"答案，只好尽量回避这些问题。有些孩子想用机械原理解释超自然现象。我有一次无意中听到一个小孩对同伴说，"耶稣就在这个房间里，但我们看不见他，因为他是一切形状和颜色。"这个孩子在重复我在许多教堂和主日学校里听过的辩论。然而，他的同伴将这观点延展到牧师和主日学校教师不能认可的程度，"上帝一定有很长的腿，站在世界的中心。他可以随意地这样看或那样看，这就是他无处不在的原因。"

美国父母们接受这样的解释吗？他们会不会告诉孩子这种想法是错误的，宗教信仰和现实生活分属两个不同的世界？如果父母们选择后者，他们要如何向孩子们解释所谓"信仰是永恒的人生指引"与受科学观念指导的现实世界之间的矛盾？如果他们做出了相反的选择，在孩子追问"上帝是否存在于学龄儿童将认识到的丑陋事物中"时，他们又该如何面对？

我认识的大多数美国家长倾向于把这类问题搪塞过去，对孩子基于机械论的关于上帝的疑问不做任何有效的回复。美国孩子在学龄前生活在一个过于简单的世界，是非清楚，善恶分明。因此，他们进入学校后一定会为新的局面而困惑，过去讲信誉、有权威的父母变得含糊其词，事实真相变化不定。这正是"上帝已死"的运动在60年代引起巨大社会反响的原因。我不想刻意说明该运动的支持者主要是年轻人，但情况可能就是这样。神学家当然可以辩驳说，这场运动真正的精神并非是说明上帝已经死去。然而，在我们看来，这个运动只是人们心中困惑和怀疑的另一种表现。

中国孩子没有类似的问题。在本书的后续章节将会看到，中国的宗教远比与美国宗教实用。基督教和犹太教有明确的教规教义，人们必须不断加以解读，使之与现实生活相关联；而中国宗教只提供了一些与人生重大问题相关的简要教义，例如道教的眼光娘娘会护佑患了眼疾的信徒，另一些教义则无须特别说明就能让人们接受，例如先祖与后人是利益共同体。中国宗教是非理论化的、实用性的，以一些不言自明的道理为基础，不大可能与中国人的其他价值观或信仰相冲突。

其次，美国孩子从一出生就要接受父母的权威、永恒的真理，以及一种绝对正确的生活方式。为了维持生活的前后一致，美国孩子必然试图将宗教信仰与科学知识融为一体。

中国孩子则从小就习惯于多个长辈的权威、多元化视角，习惯于不一致、怀疑和妥协以及由环境决定的无常人生。他不可避免地要将他的生活经验分为几个独立区域。即使科学实验证明了某种药物比供奉神明更有效，但为什么不双管齐下呢？

总之，受主动优越心理影响，大多数接受了科学精神的美国人倾向于拒绝和否定通向真理的其他途径。具有被动优越心理的中国人就没有类似的问题。同样，中国的一神论者也不关心无神论者的存在。中国人的看法是，"如果你的品行不端，神自会惩罚你。我为什么要替天行道？"虽然大多数美国人在现实生活中往往不得不接受相互矛盾的标准，但我从未听到任何一个美国人提出过类似中国人的看法。

中国人的这种心态足以解释为什么在现代学校开展反对封建迷信的运动时，受过教育的中国青年学生很少与保守的父辈发生冲突。我也没听说过有哪位中国父母因为学校传播不可知论或基督教而让孩子退学。总之，中国的家庭教育与学校教育虽然大相径庭，但它从未引起任何麻烦。

美国孩子，尤其是中产阶级或上流阶层的孩子，在校期间将面对一个难题，即如何跨越美好童年与现实世界之间的鸿沟。后者不是家庭温室，更没有父母抵挡外界风雨。新环境有好有坏，或舒适或残酷，美国孩子会发现一些同学相当富有，而另一些则近乎赤贫。一个孩子即使天性聪明，仍然会有烦恼，因为优等生经常受到平庸之辈的排挤。资质不佳的孩子则面临着另一种痛苦煎熬。如果家境比不上其他同学，更糟的是，恰好属于某个少数教派或族群，这样的美国孩子难免要比别人多受些伤害。然而，他的小小心灵绝不会想到上帝和圣诞老人竟会允许人们如此无情地伤害他人！

社会需求与价值观

美国文化强调自力更生，因此，新的压力将给进入校园的美国孩子带来极大冲击。

美国孩子从小就有私有财产意识，懂得如何区分哪些是我的东西而哪些不是。学龄期的孩子已经意识到他不能触碰属于父母的东西。家庭为他提供基本的生活所需，但他也开始赚一些小钱，有时是为父母服务的酬劳，有时是靠管理每周的零花钱而节省下来的。美国孩子很快就能意识到在他18岁或21岁后，父母不再有供养他的义务。这些心态是构成美国亲子之间略有商业味道的关系的基础，将随着孩子的成长变得愈加明显。

在研究中美不同的亲子关系产生的社会效应之前，我们要首先明确作为个体的人的社会需求。我们习惯于将人看成独立的实体，但每个"社会人"都要与其他人发生千丝万缕的联系。我建议采用"联系"（tied）这个词，因为每个人都必须和他人建立一种纽带式的联系。这就是单独监禁会被归类为人类最冷酷的刑罚之一的原因。读者还将在本书中读到，嗜酒者互诚协会、青少年互助会（Alateen，专为嗜酒者的子女而设）、嗜酒者家庭互助会（Al-Anon，专为嗜酒者的配偶而设）、达拉斯市的"相逢曼哈顿"和朝圣者戒毒协会（皆为反药物滥用组织）等组织都以帮助患者建立某种团体交往为基础。

这类"治疗"使某位成功戒酒的女性的丈夫陷入了尴尬境地。他在一封写给报纸专栏的信中这样写道：

> 在嗜酒者互诚协会的帮助下，我的妻子已经快5年没有过量饮酒了。但我又遇到一个让人头痛的难题。过去我妻子天天在家里烂醉，而现在我几乎见不到她。我下班回家时，她已准备好要去参加嗜酒者互诚协会的活动了。她几乎很少半夜之前到家……（《檀香山广告人》，1980年1月22日）

一个人想从他的同伴那里获得什么？他希望收获社交、安全和地位，至少也是三者中的一项。

社交需要表现为每个人都乐于与他人相处：看到熟悉的人，与之拥抱、倾听、交谈，私下说些悄悄话，进行程度不同的身体接触，等等。最亲密的交往发生在两性之间，而最不经意的社交或许是时代广场跨年晚会时的擦肩一笑。鸡尾酒会上的寒暄、跳舞、狩猎、家庭聚会、朋友间的对谈、学术研讨、茶话会以及心理治疗会议，这些活动处于上述两个极端之间。

安全，是指个人当下及未来的处境是否可以预期。它包括两个方面：第一，每个人都希望身边有几个志同道合的好友；第二，在必要时互相提供关怀、支持，也就是我们在日常生活中经常谈到的忠诚、信任、诚实和爱。每个人都需要这样的朋友，可以放心向其袒露心中不堪的想法，而不会遭到唾弃或遗弃。在倾诉心声或有所行动时，个人通常要在一定程度上确定对方的反应。最大的安全感出现在和平时期的军队内部，每个人的行动乃至娱乐活动都有规律可循；在骚乱或战争中，人们的安全感降至最低；朋友、社团、利益集团、政党、教堂与寺庙、帮派、荣誉团体、社区小组，这些使个人产生归属感的团体所带来的安全感，介乎两个极端之间。

至于地位，它让个人在群体之中感到自身的重要性，涉及个体在群体里的级别、序位，以及他所在的群体相对于其他群体的级别、序位。不同地位对应着不同的心态、责任与特权。地位的影响遍及体育运动、经济事务、职场、学术成就、政治等领域。学生对地位的敏感性不比战士更差。中国人重视面子和礼节，美国人注重声誉和优越感，这都基于对地位的需要。印度的种姓制度强调地位差别，上等种姓不要说与劣等种姓一起就餐，哪怕只看劣等种姓一眼，就会"被玷污"；而在欧洲天主教特拉普派的修道院里，人与人之间的差异被刻意淡化，无人在意地位的尊卑。可是，尽管特拉普派的修道士消灭了形式上的地位差异，他们心里却必定会认为本派的修道方式比其他派别更虔诚。

前文提到的一些戒除药瘾、酒瘾的组织可以满足上述三种社会需要。他们向孤独者提供长时间的陪伴；高计划性的活动使人际关系易于预期；这些组织的人数越多，辨识度（或其他特性）越突出，就能向其成员提供更优越的地位（与非成员相比）。

至此，我们讨论的是美国人、中国人及一切人类社会成员共有的需求。现在，再回到之前的话题——中美不同的亲子关系，我们将得出非常有趣的结论。无论对中国人还是对美国人而言，一生中最先满足其社会需求的必然是由血亲构成的家庭，即父母和兄弟姐妹。众所周知，一个人从同胞、双亲，尤其是母亲那里获得大量关注，以至于有时盼望单独生活。他的一举一动和饮食起居都是被规划好的，以至于他经常产生叛逆心理。个人在家庭中学习与兄弟姐妹竞争父母的宠爱。聪明的父母懂得在孩子成功时加以表扬，失败时给予安抚，以免使他产生自卑。

然而，自我依赖的价值取向使得家庭无法持续满足美国孩子的社交需求。美国传统里的婴儿专用床、独立卧室、看护人以及重视同龄玩伴的观念，使得美国孩子在学龄前就习惯于脱离父母的生活。鉴于在很大程度上仍然处于父母的保护和监督之下，美国小孩在这一阶段所能做的最多只是隐瞒父母或团结兄弟姐妹对抗父母。同代人之间的横向联合是孩子与父母之间对抗的开端，预示了即将出现的代际问题。美国家庭的独立性，不可避免地会让年幼的孩子认为父母是世界上最伟大的男人和女人。因此，美国孩子最爱向同伴吹嘘他们的父母。我曾听到一位海军军官的儿子向同伴宣布，陆军和空军是多么的没用。几天前，我还看到一幅漫画，画中有两个男孩，其中大的对小的说，"我爸当爹比你爸早！"但是，美国孩子一进入二年级，就会意识到从社会的角度来看，他和父母是各自独立的人。

美国孩子从小就被教育要独立自主，现在他准备依据同一原则去探索更广阔的世界。然而，社会需求迫使他寻求建立与他人的联系。美国孩子在独立意识的驱使下希望早日自立，因此要找到另一个团体来代替当下的原初社群。美国孩子在上学后要学着把他与同胞手足之间的联系转移到由本无关联的同学构成的团体上。这个新的团体即使是同性别的同胞兄弟或姐妹也不能进入。这是因为，尽管同胞手足不同于父母，但是他们仍属于一个美国孩子不能自主的团体。美国孩子迟早要脱离这个无须努力就轻易建立的原初社群——家庭，转向另一个他的加入、参与被看成无足轻重的因素的团体。他与家庭成员的亲密程度经常反向地决定着他在新团体中的地位。与新团体日渐亲密的关系，将逐步淡化美国孩子与父母的关系。

这不是爱不爱父母的问题。美国孩子即使很爱自己的父母,从同伴身上获得社交、安全和地位等满足的需要,迟早要超越他对父母的情感。美国孩子也不是不能理解父母,但满足自身社会需求的那种迫切感阻碍了他与父母的交流。自我依赖是浸润在美国社会每个细节之中的核心价值观。1980年,连漫画里的"蜘蛛侠"彼得·帕克都一心一意地想要抛开他的蜘蛛索而只凭自身实力解决问题。

有的美国孩子罔顾父母反对而放弃音乐训练,只是因为同伴认为这些技能太女性化。有的美国孩子蔑视父辈的文化源头,拒绝学习母语,只是因为它容易招致同伴的嘲笑。我听说一些在美国长大的中国孩子竟然向对他说中文的人吐口水;有法国血统的孩子则眼泪汪汪地对父母说他们再也不要说法语;一对富有的德国夫妇特意雇佣了一位家庭女教师与他们的儿子用德语对话,这个年轻人在学校时当然用的是英语。那位女教师很快辞了职,因为她的学生只服从她用英语下达的指令。发型、服装、作息时间、性和毒品,很多事情都会引起冲突。美国孩子对抗父母,只是因为害怕被同伴拒之门外。危机感越强烈,美国孩子就越是无视父母意愿,而去迎合同伴们的标准。

美国学龄孩子的不安全感恰好与美国父母的不安全感相对应。我们之前曾经提过,美国父母对孩子有完全的控制权。尽管有意识地培养孩子自立,但美国父母在潜意识里一直认为孩子是自身不可分割的一部分。至于独立自主,美国父母实际上指的是让孩子自主地去做他们允许的事,而不是令他们头疼的事。孩子还小的时候,容易听人摆布,父母们当然可以如愿以偿。他们教导孩子自己照顾自己,心里清楚这只是有限度的独立。但境况不会一成不变。婴儿用一瓶奶和温暖的怀抱就能安抚。在三四岁时,给男孩子剪个与父亲同款的发型,或让女孩子穿上与母亲同款的时装,他们就破涕为笑。可是,随着年龄的增长,孩子的身心逐渐成熟,他们产生了越来越多的个人需求，要求享有更多自由并按照自己的心意行事。

孩子上学之后，习惯于把孩子限制在围栏之内的美国父母，有时会突然感到他们的控制正受到威胁，而他们的孩子过于注重满足自己的社会需求。父母们曾经整日整夜地守护着孩子，关注和引导他们的一言一行，赞赏孩子的表现，深深为他感到自豪。在上述任何情况下，他们都可获得完全的掌控。但是现在，他们面临的前景是，见到孩子的机会越来越少，更谈不上了解孩子的生活。美国父母自然会产生危机感。他们越是习惯于操控一切，孩子越是有能力满足自己的社会需求，父母们就越难放弃对孩子的控制。

美国父母感觉受到威胁还不仅是因为不愿放弃控制。在他们身处的社会，一代人成长起来后就会无情地取代上一代人。孩子一旦独立，父母在孩子的生活中就失去了影响力。上学这段时期已向美国父母预示了孩子未来的独立及父母主导地位的下滑。很少有人能在这样的转折面前处之泰然。孩子们将脱离亲密温暖的家庭圈子，父母与孩子的未来都被不安定的阴影所笼罩。

许多美国父母并不期待孩子的最终独立，而且心中的焦虑随着孩子的成长与日俱增。的确有一些美国父母在孩子离家时宣布自己终于获得了自由，再没有比这更好的生活安排。一定程度上或许是这样的，不过这类宣言更多地是为了维护父母的自尊。大多数美国父母会试着用这样或那样的方式维持亲子间的纽带。

世事总是难料。对于婴儿，关爱与依赖相对等的简单公式在多数情况下是奏效的。但是当孩子上了学，他开始承受早日独立及加入同龄人团体的压力，情况就不一样了。有的孩子服从和依恋父母，不理会同伴们的要求，被人们嘲弄为被绑在了母亲的围裙上。这种依恋心理如果长期持续下去，这个孩子将在成人之后遭遇"糟糕的婚姻冒险"。因此，美国父母通常面临选择的两难，既希望与孩子保持亲密关系，又担心他被同龄人排斥。大多数年轻人会因同龄人的原因拒绝父母的建议，叛逆精神与日俱增。如果在成长中适应良好，美国孩子将会沿着在幼年就已确定的方向发展：他的生活方式以强烈的情绪色彩和强调个人偏好为特征。

在这一领域，中国父母和学龄孩子倒是可以轻松应付。中国孩子一直生活在现实世界，现在将在更广阔的领域里迎接挑战。他们不会为社会不公、怠慢和虚伪而感到震惊，因为早就经历过或懂得如何处理这类考验。大约12岁或14岁时，大多数中国孩子不但清楚知道自己未来的位置和面临的问题——更已俨然成为羽翼丰满的社会成员。

中国人相互依赖的心态进一步加强了实用价值的取向，与自我依赖的美国精神成为鲜明对照。前文曾经提到在中国儿子必须奉养父亲，父亲则有责任给儿子提供支持。二者的互惠是持续一生的社会契约。西方人的遗嘱对中国人而言是一件怪谈，父亲的财产、债务在他过世后理应平均地分给几个儿子。[27]

中国孩子从各个层面认识到他与父母的永久联系。举例来说，中国孩子从不设法赚零花钱[28]，从父母手中拿到多少就花多少。中国人认为赚父母钱的想法简直荒谬绝伦。穷人的孩子因现实的教育而懂得珍惜金钱，家境较好的年轻人就很少体会到这一点。

中国亲子之间的社会关系是自然形成、不受侵犯且一生不变的。一条古谚道破了这种关系的本质："前三十年看父敬子，后三十年看子敬父。"就是说，在儿子还小时，父亲的地位决定儿子的地位；但儿子长大后，他的地位将决定父亲的地位。

正因如此，权贵阶层的后代从小就像父辈一样有权有势；而他们的父亲在退休后依靠儿子的地位继续享有权威。一旦理解这一点，美国读者就会明白为什么中国人，无论母亲是否有名望，都不会像詹姆斯·罗斯福①那样谈论他的母亲、第一夫人埃莉诺·罗斯福。

中国孩子自幼年起就在家庭中获得社会需求的满足，长大之后

---

① 詹姆斯·罗斯福（1907-1991）：富兰克林与埃莉诺·罗斯福的第二个孩子，长子。埃莉诺·罗斯福是美国大众眼中最优秀的第一夫人，因富兰克林·罗斯福早年的出轨而与丈夫保持名存实亡的婚姻关系。

更没有离开它的冲动。中国孩子逐渐接触成人世界，总是受到长辈们的吸引。节庆期间，他与长辈一起玩牌或赌博，平时一起务农经商。他一步步建立起与父母相一致的兴趣，没有自立门户的必要。中国孩子如果在原初社群之外结交几个朋友，是可以接受的事，但是，如果朋友太多，一起活动影响到他的学习或对家庭应尽的义务，这些朋友将被冠以"狐朋狗友"的恶名，这个孩子也会被看成败家子。反之，如果他和外界联系很少，一心一意孝敬父母，他就是个好儿子、好男人。许多年轻人确实乐于感受同龄人的欢迎，但这并不是他们为之奋斗的目标。

中国孩子既不担心代际问题，也不怕被称为师长的宠儿。两种美国特有的现象其实反映了对平等的诉求，即年轻人要与长辈作斗争或受压迫者对权威的反抗。

美国父亲可以分享儿子的荣耀，儿子也可以从父亲的声望地位中受益，但美国人一定竭力否认其中的关联；处于同样境况的中国父子就觉得没有必要加以隐瞒。如果当事人的身份不为人们所知，他们反而可能会尽快让别人知晓。

中国人这种互相依赖的生活模式，与美国独立自主的生活模式截然相反。中国孩子乐于接受长辈的呵护，因为亲子关系是永久的而非暂时的，是不可更改的，也不因个人的接受或排斥受到影响。中国学龄孩子安于长辈的护佑，不会产生强烈的、向外界寻求联盟的冲动。

对中国孩子来说，同龄人的诉求不像对美国孩子那样难以违抗。中国孩子跟同伴们一起玩耍，同时无须背离父母的意愿。我自己的经历可以充分说明这一点。在我父母把家从东三省南部搬到东部时，我生平第一次遇到了方言的问题，我的一年级同学们用一种我听不懂的方言彼此交流。6周以后，我在学校里说起了当地方言，但回家以后还是说家乡话，我的父母对此不置一评。后来我去了北平，又去过上海，仍然这样处理语言问题。我每掌握一种新的方言，就将它加入我业已掌握的方言名单。我认识的中国年轻人都是这样。中国人学习外语时也是一样。东北人会说俄语、日语，法语在云南一带流行，其他省份则通行英语。中国人以能讲多种方言或外语而自豪，但它们绝不会影响他对家乡方言的使用。

就中国父母而言，孩子的成长不会使他们感到焦虑。首先，中国父母从来就不是孩子唯一的监控人，孩子日渐独立时不会有被冷落的感觉。其次，中国的亲子关系是终生持续的。父亲永远是父亲，无论他是不是足够慈爱；儿子永远是儿子，不尽职尽责也不会被逐出家门。在中国的社会组织里，年长不是劣势，而是赐福。中国父母不会因孩子的成长而懊恼，因为这不但不会削减他们的影响力，反而将使他们更受他人尊重。

中国人相互依赖的生活模式为老人和年轻人提供了基本的安全感。孩子不必离开家庭，父母也没有必要实行控制。中国人建立了一种将个人偏好限于最低程度的生活方式，不是因为要求一致的强力限制，而是因为对现状的满足而使每个个体的情绪趋向稳定。

在第十三章，我们将进一步讨论中美两国亲子关系与老龄化及青少年犯罪等问题的联系。在这里，我要指出的一点是：大多数美国父母认为随着孩子的成长，将有更多、更复杂的问题出现在他们身上。孩子即将进入青春期时，最令美国父母感到头疼。而大多数中国家长对此看法全然不同，孩子年龄越大，问题就越少。在全面接触西方世界之前，中国人从未把青春期看成是人生的一个特殊阶段，既没有特定的名词定义它，也没有与之相关的文献。[29]

此外，有两种因素进一步突出了中美青少年之间的反差。首先，美国公民在16岁之前一直在学校就读，而直至1945年，接受正规教育的中国孩子还不足30%。对大多数中国人而言，由儿童向成人的转变只是近几十年才出现的问题，而且这一转变从未像本书所描述的那样骚动不安。

其次，理想主义的平等观念是美国的核心价值，在中国却毫无影响。要评估这种观念对美国生活方式的影响,我们必须先从审视欧洲与美国的文化差异入手。

注释:

1. "人格"这一术语在与人类活动相关的研究领域应用广泛,但在我眼中,它已经过时了。要用另一种概念替代它,以便把个体和个体与他人建立亲密关系的需要同时加以考虑。有些学者认识到了这种必要,但是大多数人类行为理论并没有真正促使其改变。这种需要,作为人与人之间交往最确凿的证据,是人格必不可少的构成之一。它是个体发挥社会功能的要件,如同空气和水对于人和动物的生存那样重要。我曾提出用"人"作为替代方案(在汉语和日语中,该词均指代人类,但语音不同)。见 Francis L.K.Hsu, "Psychological Homeostasis and Jen," *American Anthropologist* 73, no. 1(1971):23-44。但这已超出了本书讨论的范畴,故本书依然沿用"人格"一词。
2. Gregory Bateson, "Some Systematic Approaches the Study of Culture and Personality," in *Character and Personality*, 11:76-82,1942; reprinted in D. Haring, *Personal Character and Social Milieu*, pp. 110-116.
3. Geoffrey Gorer, *The American People*.
4. 很多道路上只有一侧有房屋。即使道路两侧都有房屋,仍可以建造影墙,因为一般来说,各家各户不会直接门对门。
5. 孩子们的照片的吸引力可由广告商、用亲吻婴儿的方式拉选票的政客人数和报纸发放的读者问卷证明。1947年9月,《新闻季刊》发表了读者对2200张全国性报纸所刊登的新闻图片的反馈的统计数据。在男性群体中,"幼儿和婴儿"类的照片获得59%的关注度,略高于"选美皇后及青春少女"和"灾难事故"(分别为58%),也高于"体育"(57%)。在女性群体中,该类图片获得77%的关注度,略低于"婚礼和订婚"(79%),稍稍高于"社团与俱乐部新闻"(76%)。由目前的全国性报纸可以看出,婴儿、幼儿与少女的重要程度一如从前。
6. 有个笑话是这样的:一个大院里相邻住着的两个女人在同一天生了孩子。一个月以后,她们同时为孩子办满月酒。宾客之中有一个人,听说第一家生了个男孩,连忙大声道喜,"太棒了!太棒了!"他得知第二家生的是女孩,就不假思索地说,"糟透了!糟透了!"女孩的母亲非常生气,出于礼貌,没有当场发作。这时,一列送亲的队伍敲锣打鼓从门前经过,大人(包括那位口无遮拦的客人)和孩子都蜂拥而出看热闹。迎亲的队伍经过之后,大家又回到了第二户人家,一个没出去看热闹的人询问刚才都看到了什么。女孩的母亲连忙说,"没什么稀罕的事!不过就是四个'太棒了'抬着一个坐在花轿里的'糟透了'而已。"那个失礼的客人听后羞愧不已。
7. 20世纪30年代在上海、北京等大城市的街头出现了漫画书,大体分为两类:西方式的漫画作品和中国传统的连环画。
8. "Keng-sheng Hsiao Chi", in *Chuan Chi Wen Hsueh*, vol.11, no.4 1966.
9. Beatrice Judelle, "Child Population Study: National Toy Market Analysis," *Toys and Novelties*.
10. Susan Ferraro, "A Primer for Parents(and Other Adults)," *American Way*(an

in-flight magazine), (May 1979), p.23.
11. 我父母那时的经济条件并不坏。他们完全有能力在我小时候给我买很多玩具，但是事实上我连一个像样的风筝都不曾有过。
12. 中国没有认"教子"的习俗，不过中国的基督徒遵循这一西方传统。中国传统文化中与之相近的习俗是认"干儿子"，与受洗毫无关系（见第五章注释5）。
13. Helen Codere, "Ageneaglogical study kinship in the United States," *Psychiatry* 18, no.1 (1955) :79.
14. Irving L. Janis and Peter B. Field, "A Behaviroral Assessment of Persuability: Consistency of Individual Differences," *Sociometry* 19 (1956) :241-259;Godwin C. Chu, "Culture, Personality and Persuability," *Sociometry* 29, no.2 (1966) :169-174;Lily Chu Bergsma, *A Cross-Cultural Study of Conformity in Americans and Chinese*,pp.64-74;and Lily Chu, "The Sensitivity of Chinese and American Children to Social Influences," *The Journal of Social Psychology* 109 (1979) :175-186.
15. J.D. Salinger, *The Catcher in the Rye*, p.11.
16. Hsia, *History of Modern Chinese Fiction*, p.503.
17. 这里我们应该注意到有相当数量的美国小说在关注青少年与现实社会的抗争，譬如从詹姆斯·法雷尔（James T. Farrell）的《斯塔兹·朗尼根》（*Studs Lonigan*）中"我永远到达不了的世界"的社会关切，到托马斯·沃尔夫（Thomas Wolfe）以自传体的形式讲述一个青年如何理解世界和要求被世界理解。沃尔夫浩繁的文学作品主题（"世界上任何一个人到了最后都是孤独的"）在西方文学中俯拾即是，而美国当代文学对它则特别偏重。例如，舍伍德·安德森（Sherwood Anderson）和卡森·麦卡勒斯（Carson McCarullers）的作品几乎都在探讨个体的孤独。塞林格的《麦田里的守望者》和赫尔曼·黑塞（Hermann Hesse）的《荒原狼》（*Steppenwolf*）也在关注同一类主题。这些作家似乎认定孤独是人类的悲剧——是个体不可摆脱的生存状态。中国文学所表达的孤独是当恋人或家人被迫分离时的内心感受，从来不是人类生活的基本状态，更不必然与青年时代的奋斗相关联。
18. 除了中国私塾之外，我们要区分3种不同的、受西方影响而产生的中国新式学校：（1）1900—1949年间成立的新式学校；（2）1945—1980年在中国台湾成立的新式学校；（3）1949年之后在中国大陆成立的新式学校。
1966—1976年的"文化大革命"试图给中国学校注入新鲜的血液，但是据"四人帮"倒台后的报道称它带来的大部分是破坏性的影响。这些影响主要针对高等院校。1972年夏天我和家人一同访问中国时，高教机构基本停止了运作。大多数情况下，学校里老师的人数多于学生人数，学生大多都在校外宣传"文化大革命"、植树造林、参与公社劳动和挖掘地下宝藏。通过这些挖掘中国发现了很多新的遗址和古代器物，但是正常的高校教学研究几乎完全停止了。有些学生大肆宣扬反对一切评分和考试制度。最极端的事例是有人曾因为交白卷而成为英雄人物。
"四人帮"垮台之后，中国恢复了正常的教学秩序，那位英雄当然也颜面扫地。但是除了像我这种在短暂停留期间的粗略观察之外，美国人对中国教育整体情况缺乏系统的了解。参见威廉·肯森（Willian Kessen）主编的《童年在中国》（*Childhood in China*），以及我为该书写的书评，《美国社会学学刊》（*American Journal of Sociology*），1977年，第2期，83:521-524页。
19. *New York Times*, June 2, 1952.
20. 平心而论，二战之后的几代美国儿童没有受到类似教育。但是美国儿童继续延续这种可笑想法的事实，说明教育本身在帮助孩子纠正错误认知上，影响力实在微乎其微。事实上，就如我们将在本书中看到的那样，大多数二战之后的历史教科书也没有试图给孩子们呈现一个客观的世界。

21. Timothy Tingfang Lew, "China in American School Textbooks," special supplement of the *Chinese Social and Political Science Review*, July 1923 (Peking) pp.1-154.
22. Anatole G. Mazour and John M. Peoples, *Men and Nations: A World History* (with a 1964 supplyment).
23. Authored by Leften S. Starvrianos; Loretta Kreider Andrews; Geoge I. Blanksten; Roger Hackett; Ella C. Keppert; Paul L. Murphy; and Lacy Baldwin Smith.
24. 引自《全球人类史》214页。
25. 有迹象表明美国人希望把越南战争当作一个愚蠢的错误抛诸脑后。比如说，弗吉尼亚州费尔法克斯县格罗夫顿高中的历史教材的"1969年版用整整6页纸的篇幅介绍越南"，但是在该书1975年的版本里相关内容只剩下两页半，而且"越南"这一主题与"黑人冲突""学生示威"等主题列在一起。"在大部分学生眼里，越南是刻板和专制的——这是错误的，毫无意义，而且是一个与美国国家目标背道而驰的荒诞不经的失败。"（Martha M. Hamilton, "A Lesson Lost: Vietnam Becomes a Blur to High School Students," in *Washington Post*, May 20, 1979）
26. 将去远东旅游的美国读者可以试着做做以下这个小测试：在一张纸上写下你所知道的5个中国名人或重大事件；再找一位学历相当或更低的中国人写下5个美国或西方历史上的名人或重大事件。据我猜想，中国人将会在这个小测试中胜出。
27. 尽管违反法律，这种风俗仍然在中国台湾及香港延续着。1949年之前，生活在中国乡村的老人在得到成年的儿子同意之前不能随意处置自己的财产。
28. 在中国某些地区，每个已婚的儿子都可以从家长那里领到一份"治装费"之类的年度津贴，用于购买夫妇二人的衣服和其他零散花销。如果家里只有一个儿子，他就可以在家庭财力范围内想花多少就花多少。
29. 中国文人偶尔用"青春"和"青年"一词指代年轻人，以此与成年人和老人相区别。

第四章
欧洲的终结与美国的开端

读者在阅读前三章时或许会产生疑问：这里描述的美国生活方式难道不是盎格鲁—撒克逊人的生活方式吗？它难道不是为之后人类种种发展提供基石和框架的欧洲文明的一个层面吗？

我对此给出肯定的回答。在提及个人中心是美国人的重要特征时，我常常不由自主地联想起英格兰的个人主义。而在把美国民众描绘成一个情感奔放的民族时，我也充分意识到促使我得出这一结论的绘画、文学作品以及许许多多浪漫的爱情故事，无一例外地具有欧洲文化的根源。

然而，美国人的生活方式明显区别于英格兰人的生活方式，也是不争的事实。许多作家曾就这一问题有详细的论述。[1] 存在着这样一个简单而核心的事实——早在个人主义仍是英国生活方式的基石时，自我依赖的精神就已经在美国起步了。

英国的个人主义与美国自我依赖的精神之间的区别是清晰的。英国的个人主义基于法律上的平等，美国的自我依赖则离不开广大民众对政治、经济以及社会地位的平等诉求。英国通行的是有限的个人主义及有限的平等，而无限的自主及平等（至少在理想状态下）被视为美国公民不可剥夺的权利。英国人倾向于尊重由阶级决定的不同出身、财富状况、地位、风度及谈吐，美国人对此则深恶痛绝。

首先，毫无疑问，迄今为止美国仍然比世界上任何一个国家更能赋予普通人发财的良机。其次，许许多多发现大油田的故事、好莱坞一夜成名的传奇，以及由技工一跃而成工业巨头的神话，不断刺激着美国人的想象力，令他们坚信每个人都有无穷无尽的致富机会。

强调社会平等，渗透到美国生活方式的各个层面，其中当然包括亲子关系。英国孩子在长久服从父母权威之后，可以获得相对的自由；美国孩子则从出生当天就被鼓励要自立。美国孩子不但可以直呼父母的姓名——在英国是不可想象的——而且多数美国父母在管教孩子时担心伤害他们的感情，英国父母这样做时几乎从未有过类似的顾虑。美国社会学家大卫·雷斯曼（David Riesman）对一对父母的采访体现出了这一点。

> 问：你们是否认为老师应该处罚化妆的孩子？
>
> 答：是的，我认为老师应该处罚她们。但是你知道，我是一位具有现代观念的母亲。在严格管教我的女儿的同时，我仍然采用现代的观念。你知道你不能过分惩罚孩子，不然她们会认为你太刻薄，其他孩子也会向她们灌输你太刻薄的看法。[2]

英国家庭关系以尊重和权威为特征，美国家庭关系则建立在以情感和实用为基础的友谊之上。尊重，尤其是权威，暗示着父母与孩子之间的不平等。按照英国人的模式，一个好父亲要能提供好的生活，但他同时也可能是一名严苛的教官，不一定与他的孩子相处亲密。而在美国，情感和实用显然要以两代人的平等为前提。提供丰裕物质不再是一个男人成为好父亲的充分条件，清规戒律则干脆提也不要提起。美国父母的首要任务就是赢得孩子的友谊。他们必须时刻努力，以成为孩子的好伙伴和供养人；如果他们做不到这一点，孩子就会心安理得地把他们当成陌生人。

不可否认，上述说法是经过高度提炼的，实际情况因人而异。但是只有从这样的视角去看，我们才能理解以下这一幕。一个孩子做了捣蛋的坏事。母亲惩罚了他。孩子非常生气。母亲整理好眼前的混乱，问她的孩子，"我们还是朋友吧？"孩子咕哝着说，"嗯。"这位母亲这才如释重负。美国母亲"活着就是为了她的孩子们"，而这还只是"好妈妈"的寻常标准；美国父亲在诅咒不懂感恩的儿子时，也会伤心地发问，"我做的一切还不都是为了他吗？"

两国亲子关系的差异同样清晰地表现在盎格鲁—撒克逊人及美国人人际关系的诸多方面，诸如雇主与职员、老师与学生、牧师与教徒、男性与女性、政府官员与选民，乃至各种阶级与职业之间。美国人的生活方式广泛地表现出一种彻底超越常规的趋势，最极端地表现为渴望一种无边界、无限制、无传统的自由。

回顾之前讨论过的绘画、文学和两性交往，我们会更清楚地看到盎格鲁—撒克逊人与美国人的不同。美国绘画确实体现了欧洲传统——两者都注重个体，沉醉于表达强烈的情感。现代艺术——无论是立体主义、达达主义还是未来主义——无一不是在法国出现和生长起来的。然而，这些以欧洲为源头的画派最终全在美国找到了最肥沃的土壤和收益最高的市场。此外，就美国本土艺术家的作品而言，其中的抽象技法表达出不受限制的想象力，情感的丰沛程度远远超出"旧世界"的作品。

美国艺术界不停地在讨论如何开创一种超越时空的艺术形式，艺术院校的学生甚至因此痛恨被归入某个明确的流派。假如在任何领域进行创造的艺术家的确可被称为社会的镜子和前导，那么，我确信现在主义画家沃霍尔、马林、波洛克等人的作品投射出了在当下只能被微弱感知的某些美国特征。这个判断与美国绘画原本起源于欧洲不相矛盾。与中国古代和现代绘画相对照的话，英美两大艺术支流当然有许多共通之处，然而若以两大支流相互比较，彼此之间的差异仍然相当显著。

美国艺术家的作品忠实地反映了美国人强化个人情感世界的驱动力，图书和电影市场同样呈现出类似的趋势。1953年，我曾指出有两大类非虚构作品越来越受到读者青睐。它们与美国绘画一样指向同一个方向。其中一类作品着重表现炽烈的情感或对内心世界的深入探寻，代表作品有富尔顿·申（Fulton Sheen）《灵魂的平静》（Peace of Soul）、《生活值得珍惜》（Life Is Worth Living），哈里·欧威尔斯特利（Harry Overstreet）《成熟心灵》（The Mature Mind）、约书亚·李普曼（Joshua Liebman）《心灵的宁静》（Peace of Mind）、盖洛德·豪塞尔（Gaylord Hauser）《延年益寿》（Look Young, Live Longer），诺曼·文森特·皮尔（Norman Vincent Peale）《积极思维的力量》（The Power of Positive Thinking），富尔顿·奥斯勒（Fulton Oursler）《最好听的故事》（The Greatest Story Ever Told）。另一类作品帮助读者远离人群，去往没有社会或物质限制的遥远国度，代表作品有伊曼纽尔·维利科夫斯基（Immanuel Velikovsky）《碰撞中的世界》（World in Collision）、《混乱时代》（Ages in Chaos），弗兰克·斯卡利（Frank Sculley）《飞碟背后》（Behind the Flying Saucers），托尔·海尔达尔（Thor Heyerdahl）《太阳神号》（Kon Tiki），蕾切尔·卡逊（Rachel Carson）《我们周围的海洋》（The Sea Around Us）、《在海风的吹拂下》（Under the Sea Wind）。

据我观察，虚构类的通俗小说也表现出类似的趋势。有一类通俗小说或者着重探索神秘的人类心灵，如马克思·斯蒂尔（Max Steele）《黛比》（Debby），玛丽·简·沃德（Mary Jane Ward）《蛇坑》（Snake Pit），或者像詹姆斯·琼斯（James Jones）的《走向永生》（From Here To Eternity）那样，表现士兵如何在军事化生活中逐渐失去自我、理性而沦为野兽以及个人在这个过程中的挣扎、对抗。而另一类通俗小说喜欢用轻率自在的笔调描述人类生活与人际关系，营造一种个人幸福与人类世界的现实没有任何瓜葛的氛围，最具代表性的作品包括马克思·舒尔曼（Max Schulman）《厚脸皮的赤脚男孩》（Barefoot Boy with Cheek）、《皮货商》（The Feather Merchant）、《斑马德比》（The Zebra Derby），贝蒂·麦克唐纳（Betty MacDonald）

《蛋与我》(*The Egg and I*)，艾伦·史密斯（H. Allen Smith）《图腾柱上的矮人》(*Low Man on a Totem Pole*)，以及最近詹姆斯·赫利西（James Herlihy）《午夜牛仔》(*Midnight Cowboy*)，约翰·巴斯（John Barth）《路之尽头》(*End of the Road*)，朱迪思·露丝娜（Judith Rossner）《寻找顾巴先生》(*Looking for Mr. Goodbar*)。[3]

最近，一些畅销书似乎显露出改变的迹象，但我认为这只是流于表面的变化。美国通俗文学正如我1953年的所见，实际上只有两大趋势：(1) 探索内心世界，反抗外部组织和规则的所谓"恶果"；(2) 寻找一处个人可以无视一切束缚的荒野或者一种全新的生活态度，以便个人幸福可以脱离人际关系及现实生存问题，借此逃离人类世界。

20世纪60年代末，各式各样的迷幻药以及不用药物就能让信徒心醉神迷的印度乐师和僧侣风行一时，这似乎显示着美国人对真实的内心世界的强烈关注。当时，通俗文学的热门主题仍然与某些人物的内心世界相关联。因此，谋杀者的自传及传记，如杜鲁门·卡波特（Truman Capote）《冷血》(*In Cold Blood*)；"文化剥夺"，如克劳德·布朗（Claude Brown）《应许之地上的人类之子》(*Man Child in the Promised Land*)；"烂酒鬼"，如莉莲·罗斯（Lillian Roth）《明天我将哭泣》(*I'll Cry Tomorrow*)，以及历史名人和文学人物，如罗伯特·马西（Robert K. Massie）《尼古拉斯与亚历山大》(*Nicholas and Alexandra*)、亨利·特罗亚（Henri Troyat）《托尔斯泰》(*Tolstoy*)、斯大林娜·阿利卢耶娃（Svetlana Alliluyeva）《给朋友的20封信》(*Twenty Letters to a Friend*)、威廉·曼彻斯特（William Manchester）《总统之死》(*Death of a President*)、科妮莉亚·奥蒂斯·斯金纳（Cornelia Otis Skinner）的《莎拉女士》(*Madame Sarah*)和《伯特兰·罗素自传》(*Bertrand Russell: Autobiography, 1872-1914*)等等，正如我们所见到的那样大受读者欢迎。

性和暴力越来越频繁地出现在文学、电影和电视节目之中，进一步满足了人们逃离的需要。芝加哥电影评论人罗杰·埃伯特为了证明1967年足可成为一个电影史上的"丰年",把《雌雄大盗》(Bonnie and Clyde)、《尤利西斯》(Ulysses)和《爆炸》(Blow-Up)列为"15部最佳电影"中的前3名。(《芝加哥太阳时报》,1967年12月31日)埃伯特认为《雌雄大盗》之所以独得榜首,是因为它是一部"全方位电影",可满足"不同层次"观众的需求,既触动了"陋室中的知识分子",同时也吸引了"那些想好好看一部动作片的观众"。影片把贪得无厌的杀手塑造为际遇奇特、风度翩翩的人物,但埃伯特仍然坚称这是一部"有寓意的电影",因为:

> ……最出色的电影总是能打破常规,譬如在故事片的末尾揭示其寓意。有一个更有效的表现主题的方式,即把它埋藏在电影手法里。佩恩(导演)做到了这一点,有意把幽默和暴力相结合,使得观众在看到暴力画面的同时却能哈哈大笑。这是一种绝佳的心理治疗。故事进入尾声时,我们笑不出来了,即使愉快的片尾曲试图要撩拨我们发笑。

埃伯特的观点不大站得住脚,因为在他同样给出高分的电影《尤利西斯》和《放大》里,观众体察不到任何寓意,只看到它们对虚幻与现实的探索,表现出人类思维过程中存在着事实与臆想、事实与事实之间的互相干扰。榜单里的其他几部电影,《甜蜜的生活》(La Dolce Vita)、《不要在星期天》(Never on Sunday)、《毕业生》(The Graduate)和《我是个女人》(I, A Woman),对性、暴力或两者的结合大加挞伐,也不符合他之前的评论。[4]

读者应该意识到目前我们讨论的只是得到好评的电影。许多流行一时但口碑不高的电影更清楚地证实了我的观点。确有迹象表明,有些电影对"逃离"的对立面——"奉献"有兴趣,但是这类电影显然要小众得多。

进入70年代之后，美国电影出现了一些明显的变化。但是，当我们看得越仔细，我们越会发现新变化只是前面提到的那些趋势的延展。美国最受尊敬的电影评论人之一安德鲁·萨瑞斯（Andrew Sarris）说：

> 10年来，我越来越不愿意制作年终排名。我的看法总是与电影院南辕北辙。我越来越容易在逝去的日子里寻找庇护。好莱坞特效的崛起打动不了我。我喜爱的电影看上去似乎怪异而冷僻，而我不想为此长篇大论地解释。现在，仅此一次，记下过去一年的年度最佳影片，它们让我感到了真实的愉悦。（《乡村之声》，1980年1月14日）

萨瑞斯接下来一一列出他认为最好的5部电影，及另外7部他觉得还不错的电影，每组各按首字母排序：第一组为《克莱默夫妇》(Kramer vs Kramer)、《曼哈顿》(Manhattan)、《玛丽娅·布劳恩的婚姻》(The Marriage of Maria Braun)、《十》(10)、《木屐树》(The Tree of Wooden Clogs)；第二组是《富贵逼人来》(Being There)、《告别昨日》(Breaking Away)、《唐·乔万尼》(Don Giovanni)、《新闻头版》(Newsfront)、《达拉斯猛龙》(North Dallas Forty)、《乐队排演》(Orchestra Rehearsal)、《死神的呼唤》(The Shout)。

在萨瑞斯开列的名单中，仅有6部电影出现在《旧金山观察家报》（1967年12月30日）的电影排名榜单上。再对照另外两名影评人的选择，我们从这些名单里几乎看不到任何一致性。至于70年代的最佳影片，影评人更是一向众说纷纭。萨瑞斯对于70年代的电影发表了如下看法：

> 但是当问及这10年的最佳影片时，我们必须……要寻找高尚、不朽以及这一类的因素。我在70年代的电影中看到最

接近理论的是这样一个概念：我们已经超越了"效果"和"创作"而进入了更复杂的思考，"电影"首先是由什么构成的，是什么使它历久弥新。所有关于"表现"的夸夸其谈已经多少让位于"沟通"这一坚实的现实了。(《乡村之声》，1980年1月14日）

在一个以超现代的沟通技术为傲的社会里，"沟通"实际上成为通行的难题（不仅限于电影界），这乍看上去确实让人费解。然而，一旦我们认识到，由于对自我的过分关注，大多数人只想倾诉而不愿倾听，我们便能由衷地理解这一矛盾。沟通问题之所以如此严峻而普遍，是因为人们交流得越多，相互的理解就越少。难怪萨瑞斯在另一篇以70年代电影为主题的文章中哀叹道："最缺少的是在一瞬间照亮我们共同境遇的火花。在这个日益支离破碎的世界里，每个人似乎都行进在一条封闭隔绝的路上。"[5]

摆脱一切社会约束、追求个人愉悦的基本取向，对两性间的交往也产生了深刻影响。在这方面，美式生活方式极大地偏离了英国人的传统，以至于英国人一度认为美式约会是新奇有趣的。如今，促成一次约会的重要理由似乎是：(1) 提升自信。约会越多，在朋友的眼里就越成功。(2) 享受时光，因为是否享受一段时光非常重要。它们是典型的美国观念，而绝非英国观念，但英国年轻一代中少数人或许会有类似的想法。在要求个人寻找自我的文化模式里，个人成功是最首要的，而在情感不受约束的文化模式里，罗曼蒂克的爱又怎么会难于寻找呢？许多美国女孩期盼与一个男孩约会，不是因为喜欢对方，而是因为他成功约过其他女孩，并因此身价倍增。一些美国青年由于无法协调清教背景与自我享乐的欲望而备感烦恼。

在饮酒文化上，英美两国也有不同。英国人比中国人更爱酗酒，但好在社交礼仪对酗酒行为采取了许多限制。而在美国，就连在社交场合中酗酒行为也越来越不受约束。

美式生活的兴起

美国模式的自我依赖及随之而来的追求自由,由于3个因素而得以生存、发展。第一,在一片未开发的新大陆,拓荒者发现自给自足是眼前的现实,是在故乡从未体验过的生存前提。这是美国历史学家特纳"边疆假说"[6]的基点。早期移民的自给自足,在一代代美国拓荒者身上塑造出值得称羡的强韧性格、与自然抗争的勇气以及强调个人价值的情怀。这一切都为自我依赖的生活方式奠定了基础。

然而,仅凭自给自足一项,无论它达到了何种程度,都不足以成为美国人生活方式的试金石。在1949年之前,中国大陆的农民可以靠生产满足一家人的生活所需:食物、衣服、住宅,甚至交通工具。他们的直系祖先在闯关东时,地价便宜,到处都是机会,社会状况与美国西部相差无几,但闯关东的中国人从未形成与美国人相近的价值观。中国人认为人们只有迫于生活时才需要自给自足,它不是一种主动选择。拓荒者一旦成为乡村地主或住在城镇里的地主,就会中止自给自足的劳作,并有意识地淡忘那段日子。他将好好照管自己的土地,因为土地是他的身份象征和归依之地。但中国人从不认为一个人应该自给自足地活着。

美国拓荒者的自给自足根植于个人主义,即美国人生活方式得以形成的第二大因素。自给自足使个人主义得以不受限制地发展,一个移民家庭在充满敌意的环境下求生存,这将是他们活下去的必备条件。幸存者把不受拘束的个人主义作为一种生活理想传承给下一代,以之作为衡量一切价值的标准。

然而,具有个人主义色彩的自给自足不能充分解释美国人的生活模式。澳大利亚、新西兰、加拿大、非洲等地的拓荒者同样具备不同程度的自给自足精神,其中许多移民来自崇尚个人主义的国家,但他们也并没有发展出一种与美国相同乃至近似的生活方式。当然，这不等于说美国人不会认为，与印度人或马来人相比，他们与澳大利亚人和加拿大人更为相近。一些捍卫种族隔离政策的律师试图把南非共和国的状况与美国相提并论，内陆钢铁公司的前董事会主席克莱伦斯·兰德尔（Clarence Randall）则认为南非白人"是可爱的"，"如同我们自己一样"。（《芝加哥太阳报周末版》，1963年2月3日）

但事实上，即使在80年代南非白人勉强同意成立所谓的黑人独立州，使黑人稍获一点自由，以敷衍所谓的种族平等之后，那时的南非共和国仍被看作世界上种族地位最不平等的国家，它的法律和宗教教义公然倡导种族之间的不平等。而美国种族主义者和宗教极端分子当时在国内已经寸步难行。澳大利亚和新西兰从来没有为原住民的平等权利发起任何国内运动。[7]当美国人从移民法中清除掉种族歧视的最后残余时，澳大利亚和新西兰仍然在执行优待白人的政策。

我们因此特别提出构成美国人生活方式的第三个因素，以便读者理解美国历史的特殊性。这个因素在其他国家都不曾出现，即美国人的革命精神。无论采取什么名义，其他几个国家的早期英国移民都没有想过要与英国殖民政策彻底决裂。美国独立战争则以暴力手段完成了政治上的分离，从而使某些重要演变成为可能。

与王权分离，首先意味着抛弃王权象征的一切——等级制、财富不均、阶级与身份的不平等。英国上流和底层社会各有自己的"公学"，底层人讲话有所谓的口音；美国人的口音则多由地域因素造成。英国人重视爵位封号；美国法律规定外来移民必须在放弃爵位封号之后，才能入籍。英国人对于王室成员的毕恭毕敬与美国民众与总统之间朋友般的融洽气氛构成最鲜明的对比。[8]这些对比是对英美两国深刻差异最生动的说明。

其次，对平等的争论在美国远比在英国受关注。在英国，社会和政治运动对理论上的不平等大加挞伐，但现实中的不平等却被视作传统风俗而为人们所接受。不平等所造成的社会影响由于个人与历史的心理纽带而有所缓解。美国人为争取平等自由而成功挣脱了王权的束缚，因而认为这种不平等是人的情感所不能接受的。美国人对自我依赖、平等及相关制度的推崇是水到渠成、自然而然的结果，渗入到政治、经济、宗教和社会生活的方方面面。

我认为美国人对自我依赖的关注使英国人类学家杰弗里·戈洛（Geoffrey Gorer）错误地认为个体美国人的心理形成基于与父亲的对抗，正如美国社会始于对欧洲的反叛。[9]戈洛犯了两个错误。首先，没有证据表明美国人与父亲的关系是对抗的，美国社会作为整体也并不抗拒它与欧洲的联系。相反地，相当多美国人选择子承父业，而美国社会颇以与英格兰的血脉联系为傲，乐于接纳欧洲艺术、时尚乃至商品。美国对欧洲的援助规模远远超过对其他大陆。其次，迄今为止的心理学研究表明，美国人对母亲的排斥似乎大于父亲。美国丈夫，或是由于想和孩子成为朋友，或是由于工作过于忙碌，一般会把教育孩子的事交给妻子。这当然更容易造成母子间的关系紧张。[10]

美国最显著的社会现象不是孩子与父母的对抗，而是对个人绝对独立的重视。它首先出现在亲子之间，随后延伸至更广泛的社会关系。自立精神起源于英国的个人主义，但在"新世界"却表现得更彻底、更深入，因而特点更加鲜明。当英国父母与孩子（至少是青春期之前的孩子）仍然保持着命令与服从的关系时，美国孩子从生命的第一天起就被认为是与父母平等的。英国教师享受大权在握的快感，自觉地与学生保持距离，美国教师却越来越倾向于顺应学生们的兴趣和爱好。出身卑微的英国人可以坦然接受先辈的身份地位，而美国人在类似的情况下会更加发奋图强，并乐观地认为自己一定能超越前辈的成就。

英国个人主义向美国自立精神的转变，带来了一些始料不及却又意义深远的结果。一个人不可能绝对地自我依赖和独立。人类的延续要求个体的自我在内外环境之间达成平衡。内环境的要素是与生俱来的原始冲动,如性欲和饥饿,以及儿童时期被灌输的行为准则,总体上被弗洛伊德称为"超我"。外环境的要素是其他人,不仅是个人的亲戚、朋友及工作伙伴,还包括与他有直接、间接联系的一切社会成员。

平衡、调节内外环境的方式因人而异。不论采用何种方式,每个人都必须按照社会文化认可的规则建立自己与各类型"社会人"的联系。一个人可能会感到某一类人相对另一类人而言让他更觉亲近,但他不能疏远所有人。马克·吐温说,"对人了解越多,我就越喜欢狗。"这句话源自内心深处的醒悟,个人实际上很难摆脱自己与他人的关系。人的社会需求只能在同伴中获得满足。因此,生活在稳定社团里并由此满足了社会需要的成员,比那些受个人主义影响、坚持以个人成绩来衡量人的价值的成员,对生活有着更高程度的确定。

两种生活方式孰优孰劣,很大程度上取决于观察者的视角。强调独立自主、否认生活中他人重要性的人,拥有更强的社会适应力,做起事情来无拘无束,决策高效。但这些人内心会产生巨大的不安全感,必须找到一个能使其满足社会需要的团体,并不断努力维系自己在其中的地位。个人获得独立的动机越强,社会适应性及不安全感也就越强。

美国孩子在校期间面临着两难选择:顺从父母,还是忠于同伴?只有少数人有能力做出非此即彼的决定。它其实更像一场势均力敌的拔河比赛,在一系列的妥协退让之后,双方都不能获得完全的满足。

成年美国人清楚地知道他的亲人不是永久且持续的依靠。如果他想保持自信,不被标以"失败者"的标签,他就必须为自己设定目标并努力达成它。

成年美国人可以选择各种各样的社团,以满足社会需要,例如职场、社区、教会、邻里、大学、种族以及根据兴趣、爱好和事业而形成的各种团体。某一个或更多的团体,将成为成年美国人心灵的栖居之所。但是,这种栖居通常是暂时的,因为与自立精神相伴而生的自由、平等仍然是最首要的。自由、平等为何会使美国人心灵的栖居之所难以长久呢?答案是,这两种观念轻视地位、特权,而倾向于在各个层面上激发个人的雄心。因此,一个人无论取得怎样的成绩,都不会心满意足。他一方面嫉妒比他爬得更高的人,另一方面又恐惧在他身后苦苦追赶的人。对强者愈是羡慕、嫉妒,对弱者的恐惧就愈发强烈。[11]

嫉妒与恐惧造就了美国社会的两大特征:从众意识和不断发展非血缘关系的社群。后者与自我依赖的精神一脉相承,前者则貌似与其相反。

许多学者从中注意到了这样或那样的矛盾。其中一些人用标注但不解释的方式绕开了这些问题。[12]英国政治家哈罗德·拉斯基(Harold Laski)的解释最为极端,认为美国精神天然就是二元的,或者说,它处处充满对立。[13]美国社会学家大卫·雷斯曼(David Riesman)是迄今为止唯一一位深入研究过美国人从众心理的学者。他假设人类社会存在三种文化性格:传统驱动、内心驱动和他人驱动。

受传统驱动的生活方式是指个人自然地受控于年龄、性别、亲属关系和地方群体,社会结构在几个世纪里历久不变。雷斯曼认为,前资本主义的欧洲及今日的印度、中国、北非阿拉伯世界和巴厘岛都以这一类型的生活方式为特征。

雷斯曼将内心驱动描述为一种过渡性的生活方式,个人自主选择目标,为之不断努力,整个社会则以人口流动、生产扩张、探险远征、殖民和帝国主义为特征。他认为这一特征最早出现在中世纪的欧洲,文艺复兴之后成为西方世界的主流。

雷斯曼用他人驱动特指一种生活方式,相比于内心驱动的特征,受他人驱动的个体更加"肤浅，爱花钱，和蔼可亲，把握不住自己及自身价值，渴望被认同"。这种人"对任何人都能维系一种流于表面的亲热"。雷斯曼认为美国人的心理模式已经从欧洲型的内心驱动转变为他人驱动。

在雷斯曼看来，从众心理造成了萌芽于美国大城市的大众心理潮流。在中产阶级、年轻人、官僚及企业职员等群体中，从众心理表现得最明显。[14]

雷斯曼对内心驱动的定义几乎可等同于本书中一直使用的自我依赖精神，他人驱动则可视作本书所谓从众心理的核心要素。然而，我不同意雷斯曼所说的美国人的生活方式已从内心驱动转变成他人驱动（从自立变为从众）。

我认为雷斯曼的理论有两个缺憾。首先，他没有发现从众心理是过度自我依赖的不可避免的副产品。嫉妒强者和对后来者不断追赶的恐惧，使得美国人越来越依赖于自我依赖的行事方式。他必须不停地攀登，不仅是为了与高位者并驾齐驱，更为了防御落在他后面的追赶者。自我依赖的个体（强硬的内心驱动型）必须与同阶层的人竞争，必须跻身于能为他提供地位的群体。作为实现这些目的的手段，他也不得不遵守游戏的习惯和风尚，无论是为了保住现有地位，还是为了更上一层楼。由此看来，自我依赖精神与从众心理存在直接联系：自我依赖的精神越强硬，对与众不同的恐惧心理就越强烈。[15]

雷斯曼的理论的另一个缺憾是，他错误地把中国人的生活方式与前工业革命的欧洲社会相混淆。由于未能认识到自我依赖的精神和从众心理的内在联系，以及传统中国与前工业革命的欧洲的本质区别，雷斯曼认为三种人格类型的区别仅仅是"程度上的差异"。他的理论认为，传统驱动的中国人和他人驱动的美国人都要"从他人那里接收信号"，区别仅在于中国人要寻找的信号"来自于单一性的文化"，不需要"复杂的接收装置"加以筛选，而美国人要寻找的信号则"忽远忽近,源头多样且瞬息万变"。[16]

欧洲和美国本质上的关联是不可能在臆想中烟消云散的,正如中国与欧洲的天壤之别,迄今为止尚无法改变。

中国人与美国人的差别是本质的差别,这一点可由两国民众对待从众心理的不同心态来说明。中国人似乎更注重与他人保持一致,这是由中国社会相对稳定的特质所塑造的。当中国人有机会主义的表现时(正如所有从众者时不时会表现出的那样),他们仍在文化规范之内行事。汉语里没有与英语"conformity"完全对等的词语。按照人们的期待做事的中国人被认为是人情练达、善解人意的,与愚钝、冷漠、顽固全然无关。

战国时的楚国人宋玉有一句名言"曲高和寡",而表达得更直白的是另一句民谚"树大招风"。中国历史上不乏不畏生死、为捍卫信念挺身而出的志士,也有不少托马斯·莫尔①(Sir Thomas Mores)式的人物敢于抗争如亨利八世(Henry VIII)那样的中国暴君。唐朝人韩愈因劝谏唐宪宗寻找佛祖遗骨而被贬,在第七章我们将介绍他的雄文《祭鳄鱼文》。明朝大臣杨继盛因直谏皇帝(其他朝臣都三缄其口)要求罢免权倾朝野的奸相严嵩而被处死。但是,不可否认的事实是,这些中国名士的行为或是基于臣子对君主的责任,或是为了维护儒家道德规范,而从来不包含建立个人自主、自由的意愿。中国人博学多才,但从来没有写出一部颂扬自我依赖精神、反对从众逢迎的著作。中国最伟大的文学作品考虑的是怎样建立清明政府,铲除犯罪、腐败和内乱,从而建立太平盛世。中国人的问题永远是如何使个体循规蹈矩,而不是引导他突破传统及常规。只有极少数中国人遗世独立,但那一定要远离尘世、出家修行,或者至少隐居山林,寄情于书画、园林和山光水色,最多只称得上是

---

① 托马斯·莫尔(1478—1535):欧洲早期空想社会主义学说的创始人,才华横溢的人文主义学者和阅历丰富的政治家,以其名著《乌托邦》而名垂史册,1535年因反对英王亨利八世兼任教会首脑而被处死。

被动的特立独行。

相对地，美国人认为从众是不好的、卑贱的，而且由于美国将自立（以及自由、平等）奉为最高价值观，这种倾向更成为一大心理问题，美国人在违背自己的原则、表现出机会主义倾向时，不免要受到罪恶感的折磨。假使外界环境迫使他不得不随波逐流，为了让自己好过一些，美国人就在口头上谴责从众行为。这就是威廉·怀特[①]（William H. Whyte）的著作《有组织的人》（The Organization Man）拥有大量读者的原因。[17]怀特在书中谴责美国社会在生活和思想上趋同划一的趋势。他没有为美国人提供解决问题的方法，但确实对这种现象痛心疾首。

除了直接批评从众现象，美国人还指责不愿与自己保持一致的人，公开颂扬被自己破坏的一切准则，以此来排遣罪恶感。然而，这样做不但未能使美国人获得内心宁静，反而令他们生出迫害他人的冲动。在美国，各式各样的政治组织无须政治诱因、组织领导，就能在普通民众中蔓延开来。这股力量使犹他州成为摩门教徒的聚集之地，且不时以"白人至上"或"种族隔离主义"的面目出现。它所体现的趋势与公认的自由、平等的理想背道而驰。美国文明之父爱默生在用他的天才之笔阐述自立的重要性与必要性时，恐怕没有预料到这一点。

在被迫与大众一致时，自我依赖的美国人就采取一种防卫方式：加入另外一个更喜欢的组织或者干脆自己成立组织。"给自己办事"的意识形态在此处出现了。怀特在《有组织的人》一书中给读者的建议是，个体必须时时刻刻反抗组织。怀特似乎没有意识到美国人为了对抗组织，将不得不参加更多组织。美国人在把自我依赖的精神当作整个国家的意识形态之后，不可避免地会因为厌恶从众而分裂组织或另立门户。正是由于这一原因，志愿性组织在美国收获了

[①] 威廉·怀特（1917—1999）：美国著名的社会学家、新闻记者和人类研究学家，同时也是美国关于城市、人与开敞空间方面最受尊敬的评论家之一。

在世界上其他地方无法想象的扩张力度。

这类现象在中国社会和历史上几乎闻所未闻。在中国,敢于挑战世俗礼仪的人所面对的主要困难与威胁来自权威组织,而非民众本身。这些行为之所以要被严厉打击,是因为挑战了统治者的意志,而与一般民众无关。中国不存在有组织的群众抗议,厌恶从众的心理在中国社会也称不上是有影响力的驱动因素。

假如真如雷斯曼所说,美国人的人格已从内心驱动转向他人驱动,他们就不会如此厌恶从众和对不一致的现象大加挞伐。美国人不但非常厌恶从众,且千方百计与之对抗以保护自己,这足以证明他们没有放弃内心驱动或自我依赖的个人主义生活方式。

中国人的人格的确很接近雷斯曼理论中的他人驱动。中国人以情境为中心的生活方式重视相互依赖,"从众"不但有主导一切人际关系的迹象,而且受到社会主流文化的认可。中国人从众时不会像美国人那样,内心或者感到愤怒或者觉得不安,因此也就不存在所谓的对抗或防卫。

这种对比可以解释为什么中国在受到西方思潮影响之前,从未出现争取个人自由的哲学思想和重大斗争,也从未对思想上的异己分子施加迫害。同时,它也部分解释了这样一个事实:美国虽然以《人权法案》立国,这一保障却从未获得彻底执行。那些实践和保卫宪法的美国人,总是处于以美国主义、反共主义或这样那样的借口实施暴力的阴影中。

中国社会正在共产党的领导下不断进步。新中国成立以来的种种变化似乎对我就中美两国文化差异所获的结论提出了挑战。然而,事情并非如此简单。共产党政府对未来社会的想象源自西方社会思潮,而社会革命总是起起落落。正如我们将在第十五章中提到的,要求控制和要求自由的力量都受到了西方社会思潮的推波助澜。我们还应进一步观察中国基层民众对这些新变化有怎样的积极反应。

本章所做的分析促使我们认识到欧洲与美国的差异只是程度的

不同，而中美之间的差异却是源于两国分属不同的文化类型。美国之所以与欧洲发生分歧，是由于它从母国文化中继承的、矛盾的力量之源，在本国的生活方式中被夸大和显性化，在各个层面上变得愈加暴烈的缘故。

在追溯中美生活方式各自赖以生存的文化根源之后，我们将更容易理解两个国家凸显出的内部矛盾。美国社会的内部矛盾源自强调自我依赖的个人主义生活方式，中国人的诸多问题则是由过于重视相互依赖的情境中心生活方式所酿成。

注释：

1. 例如，James Bryce, *The American Commonwealth*; Alexis De Tocqueville, *Democracy in America*; D.W. Brogan, *U.S.A.: An Outline of the Country, Its People and Institutions*; Harold Laski, *The American Democracy*; Geoffrey Gorer, *The American People*; Henry Steele Commager, *The American Mind*; David Riesman, *The Lonely Crowd*; Seymour Martin Lipset, *The First New Nation: The U.S. in Historical and Comparative Perspective*; Daniel J. Boorstin, *The Americans: The National Experience*; Lawrence H. Fuchs, *"Those Peculiar Americans": The Peace Corps and American National Character*; Michael Kammen, *People of Paradox: An Inquiry Concerning the Origins of American Civilization*; Daniel J. Boorstin, *The Americans: The Democratic Experience*; Gordon J. Di Renzo, ed., *We, The People: American Character and Social Change*; and Christopher Lasch, *The Culture of Narcissism*.
2. Riesman, *The lonely Crowd*, p. 36.
3. 有些人可能认为这里引用的舒尔曼和史密斯的作品含有讽刺成分。
4. 当然，人们可以说任何电影都含有讽刺成分或是在表现生活的某个方面；这种观念越来越流行。但是，把讽刺和自我揭露奉为至高要义的趋势正是个人中心的生活方式的一种表现。
5. Andrew Sarris, "Film Criticism in the Seventies," in *Film Comment*, vol. 14, no.1, January 1978.
6. Frederick J. Turner, "The Significance of the Frontier in American History" in his *The Frontier in American History*. For a brilliant application of the Turner thesis see Ray Allen Billington, *America's Frontier Heritage*, The Turner thesis has been criticized on various grounds, notably in George Rogers Taylor, ed, *The Turner Thesis*, and Henry Nash Smith, *Virgin Land*, pp. 250-260.
7. 新西兰境内的毛利人的处境总算要比南非的黑人好一些。
8. 我可以指出林登·约翰逊总统之所以不受民众喜爱的原因之一是他不能或不愿与民众友好相处吗？理查德·尼克松拒人于千里之外的姿态更是有目共睹。就职演说一结束，尼克松就下令白官警卫穿上华丽的制服，令人联想起中世纪官廷的做法。虽然这些白宫制服最终被取消了，但它们却是尼克松想要与民众保持距离的一大标志。
9. Gorer, *The American People*, pp. 23-49.
10. 例如，对比美国大学生接受主题知觉测试（TAT）与中国香港及台湾大学生的测试结果，从二者的差异中就可看出美国大学生母子关系的紧张。这种测试要求测试人根据图片给出的人物和场景写故事。第一张图片画着一个注视着对面桌上的一把小提琴的男孩。许多美国学生将其解释为男孩和母亲之间的关系：母亲希望男孩练琴，但是男孩却想出去与朋友一起打棒球。然而，在大多数中国学生的解释里，母子的愿望是一致的。母亲希望孩子学琴，孩子自己也愿意这样做。最常提到的问题反而是家境贫穷，请不起教琴的老师。
11. 这里描述的人与人之间的这种动态关系也曾被一些关注美国人礼仪的学者们所确认。拉塞尔·里奈斯（Russell Lynes）注意到18世纪美国流行的有关礼仪的书籍"多数译自法文本或是从英国引进"，美国本土作品从19世纪初才"像一股巨大的洪流"涌现出来。里奈斯评价说，"礼仪类的书籍与一股讲究个人修养的浪潮同时在美国出现，有趣的是，与之相伴的还有新共和主义精神和对平等观念的再次关注。假如人人都是平等的，那么其中总有一些人认为自己比别人更好，或是模仿那些自认为拥有良好仪态的人。"（"Dining at Home" by Russell Lynes in *The American Heritage Cookbook and Illustrated History of American Eating and Drinking*, pp. 280-281）
12. John F. Cuber and Robert A. Harper, *Problems of American Society: Values in Conflict*, pp. 369-372, and Robin M. Williams, *American Society, A Sociological Interpretation*, pp. 287-288.
13. Laski, *The American Democracy*, p. 738, and "Religion, value-orientation, and intergroup conflict" in *The Journal of Social Issues* 12 (1960):14-15.
14. Riesman, *The Lonely Crowd*, pp. 11-26.
15. 美国政治学家西摩·马丁·李普塞特（Seymour Martin Lipset）曾用一种奇怪的解读揭示这一联系，认为从众心理最终促进了内心的自制。这听起来牵强而且论据不足，但足以说明以个人为中心的美国学者是多么不愿意放弃他们珍爱的个人主义的概念啊！（Lipset, *First New Nation*, pp. 136-139）
16. 同上，p.26.
17. William H. Whyte, Jr., *The Organization Man*.

第二篇
人、神与万物

引子

　　个体的人格与社会的行为模式在相当一段时期内不会轻易改变。人的许多癖好是忽生忽灭的。但是，如果说玛丽羞涩拘谨，而萨莉活泼开朗；约翰喜爱阅读哲学经典，而彼得着迷于通俗小说和好莱坞电影；李身手敏捷，王能诗善赋，我们总是可以确定这些个性特征既不会在朝夕之间养成，也不会在转眼间消失无踪。同样，虽然我们观察到时尚潮流的来来去去，但如果说美国人爱好橄榄球和跳舞，中国人离不开太极和麻将，英国建立了议会制政府，寡头政治在中东延续，日本人以神道教为信仰，种姓制度在印度影响巨大，我们也可以确定这些社会特征绝非一时的潮流更替。

　　人格和文化的历史延续性不随时空的变化而变化。一个商人是否具有进取心，不仅仅体现在企业经营上，如果"进取"是他的真实人格，而不是他自己口头上的吹嘘，这个特征免不了要在这个人的其他社会关系里出现，如亲友关系及对国内政治、国际事务的看法，等等。同样，中美之间的文化差异不可能仅仅局限于少数肤浅的领域，而将广泛影响整个社会所追求与信仰的诸多领域：从艺术到哲学，从宗教到政治，从民族关系到领土扩张……

　　迄今为止，我在谈论个体的人格和社会的文化模式时，似乎把它们区分为毫无关联的两个主题。事实上，二者是不可分割的——

人格特征在很大程度上是文化环境的产物,反过来,文化模式又被社会中每一个个体所影响和塑造。

诚然,不是每个人都遵循约定俗成的社会模式。有些人或许不愿意按照他人的期待来行事。然而,任何一个社会都有其特定的机制,运用温和的嘲讽或粗暴的体罚来清除异己分子,抑或强迫他们改弦易辙。同样,每个社会也总是提供某些场所,相对于其他领域,它们可以赋予偏离者更大的自由空间。有些社会就整体而言比其他社会更有弹性,得以产生更多推动变革的内部动力。不过,毋庸置疑,大多数社会成员的人格特征长期来看必然与这个社会的文化模式相一致。

在谈论美国人或中国人在某些特定情况下的行为倾向时,我们通常是就大的概率而言。这就像美国安全委员会在节假日前预测交通事故伤亡人数一样。虽然不能确认哪些具体的人会成为事故受害者,但就整体趋势而言,它可说是相当准确的。

本书对美国人和中国人行为模式的分析都以这一概率为准绳。借助这个工具,我们就可以安全地预言美国丈夫如果胆敢在公开场合不停数落妻子,一场家庭危机将很快爆发;中国职员如果每次拜访上司都不记得带上礼物,很快就要丢掉饭碗。显然,上述举止在各自的文化中都是不合时宜的。反过来,大多数美国妻子期待丈夫在公共场合秀一下恩爱,这种心态将强化美国婚姻高度民主的特征;中国职员给上司送礼的行为也进一步助长了企业内部潜规则的滋生。总之,个人的偏好与选择会影响中美社会当下的文化模式。

这似乎是一个循环论证,类似于先有鸡还是先有蛋的荒谬之争。但是,只是在我们想要给鸡与蛋排出先后次序时,这个问题才令人烦恼。如果随意地以鸡或蛋为开端,其中一项就会成为另一项的度量标准。假如先有了鸡,我们可以清楚知道它要下什么样的蛋;先有了蛋,我们也能确定它将孵出什么样的小鸡。

在第一篇,我们审视了中美两国生活方式的差异,深入剖析家庭、学校等微观结构，从中寻找两种生活方式的根源，同时还考察了两个民族一些广泛存在但尚未形成制度的行为模式。在本篇的8个章节里，我们将着手考察中美两国一般民众（不侧重政治领袖或杰出人物）的行为特征是如何与文化模式在各个层面上相互融合的。这一篇要解决两个相互关联的任务。首先，我们将试着发现在婚姻、政府、教会、经济及各种制度中现有的思想与价值观如何影响个体的心态和行为。其次，我们也要努力探究文化思想与价值观如何被个体行为所修正、改造。

第五章
婚姻与阶级

几年前,我看过一部电影,其中有一对小夫妻吵了架。妻子一气之下离家出走。这时,丈夫的母亲从她居住的楼下房间走上楼,安慰她的儿子说,"你不会孤单的,儿子,还有我在。"美国观众哄堂大笑。他们通过电影情节和对白已经做出判断,这个老妇人才是导致小夫妻争吵的原因。老妇人做了最愚蠢的事,不懂得应该置身事外,尤其是在小夫妻的矛盾公开化以后。

中国观众在这个情节中找不到任何滑稽之处。他们认为错在年轻的妻子,而非那位母亲。以中国传统观念来看,男人与父母的血缘关系比他的婚姻重要。贤惠的妻子是不会在两种责任发生冲突时离开自己的丈夫的。在这一文化背景下,老妇人安慰自己的儿子就没有什么不合时宜了。

在中国,妻子首先要通过丈夫的父母的挑选,才能在由其丈夫、公婆结为一体的家庭中成为新加入的成员。而美国妻子从来不认为自己的地位是附属性的。她们不仅掌握着丈夫大部分的收入,而且要求得到丈夫工作之余全心全意的陪伴。紧急情况下公婆固然可以伸出援手,但两代人之间友情的比重大过亲情。

中国人的婚姻不只是夫妻双方的事,还涉及双方父母。事实上,一些中国父母不仅会介入儿子儿媳的争吵,而且公开迫使两人摊牌。大多数中国妻子能以善意来理解公婆在她们与丈夫发生争吵时偏袒丈夫。这些妻子出于自卫或在太过委屈的情况下,会叫来在邻村居住的娘家人。于是，夫妻间鸡毛蒜皮的小事往往演变成双方亲属的一场大战。在这种情况下，夫妻二人总是分别站在各自亲属的阵营里。

美国父母对子女婚姻的干涉不致发展到这种程度。即使迫切地想干预子女的婚姻危机，他们也只能躲在幕后操控。家庭顾问坚决建议美国父母不要干涉下一代的事，然后一切问题就将不再是问题。

有个婚姻顾问在美国一家大型日报上发问："如何对付好管闲事的亲属？"随后，他给出如下的答案：

> 解决亲戚好管闲事的问题，答案通常在于夫妻二人本身。如果他们表现得不容许任何外来干涉，他们就不会再遇上类似的麻烦。但是，他们必须建立统一战线！
>
> 双方都要先为对方着想。无论何时因亲属的干涉而感到不快，首先要考虑的是对方，而非父母。

在美国，任何地方的人都欣然接受这一忠告。

上述对比体现了两国文化本质上的不同。中国人认为男人与父母的关系是恒久的，处于最核心的地位，其他的人际关系要么可被忽视，要么要依附于它。美国人的社会关系则由个人自己决定。基于这些观念，美国人格外重视婚姻幸福，中国人则对它不那么关注。而这一差异又成为两国生活方式的另一显著区别。

美国人的理想婚姻可分解为三个成分：爱情、同居和共享的生活。爱情指男女间奇妙而有独占欲的吸引；同居指时时相伴，形影不离；共享的生活则指二人志趣相投，彼此坦诚和了解。

中国人心中的完美姻缘全然是另一回事。性的吸引只是婚姻的要素之一；同居虽然有必要，但也不刻意反对夫妻之间长期分居；公然否定夫妻之间要共享生活，女人应待在家里，男人则出外工作。

中美婚姻观念的不同还导致另外一些行为方式的差异。我们已经提到过，接受现代教育的中国人对待另一半的方式，与罗曼蒂克的美国人大为不同，就连已婚夫妇也不好意思在大庭广众下表现亲密。美国妻子在战争期间即使漂洋过海也要和她们的丈夫待在一起，而中国丈夫长期在外地经商或打工，妻子通常留在老家。有些美国妻子是丈夫的同行，甚至有可能成为他的工作伙伴。她们与丈夫的同事谈论音乐、宗教、国际关系，知道他们每一个人的名字，而大多数中国妻子则对政治、经济、专业知识一无所知，很少与丈夫的男性朋友会面，更不了解这些人。有的中国丈夫甚至在妓院里招待朋友，如同在家中一样。1929年，我在中国北方的一家餐厅里参加了一场新旧结合的婚宴。新郎叫来相熟的妓女为宾客斟酒唱曲。有的客人认为新郎有失分寸，有些接受过现代教育的人觉得此人俗不可耐，但没有一个人认为新郎发了疯。至于新娘，她对新郎的举动根本无动于衷。

在1949年以前的数十年里，中国受过高等教育的已婚男人对于嫖妓逐渐变得不接受起来。但直至80年代，卖淫在中国台湾还是合法的，男人出入妓院也不算通奸。我并不想在此讨论两国男性谁更喜欢嫖妓，从应召女郎记录及一些美国议员、立法者、政客和工会领袖的私生活来看，不难发现美国男性在这方面绝不输于中国男性。但二者在观念上存在一点差别：大多数美国人认为妓女是堕落、罪恶的代名词；而在旧社会，中国人大多认为嫖妓是人性的流露，最坏也不过是一个品行上的瑕疵而已。

两国生活方式的不同，造成了这些顺理成章的差异。在美国人的生活方式里，婚姻可以整体性地改变一个人的社会环境；而对中国人而言，婚姻极少提升男性的社会地位，却可以彻底改变女性所处的环境。中国新娘不得不适应新的生活，新郎的责任和义务反倒与婚前没有太大差别。

以此为背景，我们就可以理解下面这篇刊载在报纸上的短文。它是系列短文中的一篇，每篇短文由不同作者撰稿，旨在阐述一句中国格言。这篇短文所揭示的格言是"丑妻近地家中宝"。

  年轻时的我不算太英俊,但也绝不难看。不幸的是我娶了(父母之命)一位丑妻。一些亲朋好友很同情我的遭遇。

  洞房花烛夜,看到她的第一眼就让我心生厌恶,恨不得马上离家出走。我的祖父看透了我的心思,把我叫到一旁,开门见山地问我:"丑妻近地家中宝。你明白这个道理吗?"

  我回答说不明白。

  祖父解释说,一位妻子最可贵的是她的品德,而不是她的美貌。美丽的外表会招惹是非。贤良的品德才能使她孝敬你的父母,忠诚于你,成为你儿子的榜样。同样的道理,离家近的土地便于耕耘,容易照料和管理。这两件瑰宝会给你带来一生的幸福。

  接下去的很多年里,我背井离乡,少有时间和妻子共同生活。但是妻子在家中勤勤恳恳,侍奉公婆,抚养子女,毫无怨言。

  来到台湾后,我的薪水微薄,妻子便靠种菜养猪、缝缝补补贴补家用,使我过着安逸满足的生活。

  昨天,我的大儿子告诉我,"爸爸,你记得那个和我一起办集体婚礼的王先生吗?他的老婆和别人私奔了。"

  我当然记得婚礼上人们看到王先生的新娘时那些羡慕的眼神和赞叹的话语。天啊,她简直美若天仙。

  回想着这件事,祖父的教诲又萦绕在我的耳边:"丑妻近地家中宝。" ("中央日报",1967年9月7日)

  美国读者或许还能联想起几年前在美国流行的一首歌(其实是拉美民歌),头两句是:"若想余生快乐又安逸,莫与美女结连理。"最近,一位美国男性向报纸专栏致信,询问一个在他求婚后要求他填写调查问卷的女孩能否成为好妻子。他认为那份调查问卷"简直像是一份向中央情报局申请职位的报名表"。其中包括：最近10年去过哪些地方？是否曾被辞退？如果是，请陈述原因……患过传染病吗？是否有违法记录？请列出3位证人。美国男人希望娶到好妻子，但很少有人敢如上面这篇短文那样描述他的妻子，并以之作为人生的成功案例——根据长辈的喜好来评价她，把她等同于容易照管的土地，赞赏她用自己的收入补贴丈夫微薄的工资。这些观点不要说强调自立自尊的美国男性不能接受，妻子们的反应就更不用提了。

反差极大的中美婚姻模式当然不能僵化地硬套在每一个家庭上。美国也曾出现一些特殊的个案，如为了孝敬父母而使个人的婚姻生活受到影响，夫妻长期分居却并未影响感情。此外，我们可以看到，金钱、地位、权利、孤独感，甚至飘忽不定却又无处不在的"个性合适"，比真正的爱情更能在婚姻中起到决定作用。

有研究表明，随着美国已婚夫妇年龄的增长，夫妻关系逐渐变得不如与孩子的感情那样重要，也不如兄弟姐妹之间的感情那样稳固。[1]美国父母对孩子疼爱有加，但当他们衰老时，孩子似乎并未给予相应的回报。在疗养院和敬老院里，老迈的父母满心期待着儿女们打来电话或寄来贺卡，在除圣诞节之外的日子前来探视，可是他们很少如愿。[2]美国人以个人为中心的生活方式使此类现象难以避免，因为自我总要占据第一位。美国人的自我可以拓展至配偶、子女和私有财产，它们都是自我依赖的美国人的奋斗结果和成功标志。至于在婴幼儿时期实施保护、养育和控制的父母，他们只会令业已成熟、自我依赖的美国人回忆起早年的不成熟和无助。

有鉴于美国人未必全都遵循标准、浪漫的婚恋模式，偏离预期的行为与偏离本身同样具有揭示性的意义。请注意，前文提到的要求婚者填写调查问卷的那个女孩，并未把求婚者与父母的关系列入考察项目。报纸专栏虽然没有评论这一疏漏，但明显不赞同这个女孩把调查问卷当作婚前序曲，"她可能会是一个好妻子，但我想她要是做典狱官会更合适。"通常来说，依恋父母的美国人很难与配偶建立和谐的婚姻生活（分析专家称之为"不幸的婚姻冒险"）。分居的美国夫妻则常常沦为亲友们猜疑的对象（"他们什么时候才分手？"）。我猜想在交友俱乐部相识的美国夫妻一定不愿意提起他们相识的经过，因为这不会令他们感到自豪。

我们同样找得到与传统模式背道而驰的中国案例。宋代诗人陆游被迫与心爱的妻子离婚，因为他母亲厌恶她。多年之后，双方都已再婚，陆游在一次游园时偶然与前妻相遇，意识到自己依然深爱着她。但碍于习俗，他无法与她交谈。他回家后赋诗一首，以倾诉相思，这首诗从此扬名天下。

《孔雀东南飞》是中国一首脍炙人口的长篇叙事诗，作者不详。它描述了东汉建安年间（196—220）一位更加痴情的中国丈夫。这个人在异地任职时，他的妻子被婆婆送回娘家，不久便投水自尽。他迫于家庭压力在院中一棵树下悬绳自尽，宁死也不肯娶母亲挑选的新媳妇。

中国人会认为这个男人有违孝道，他的行为太个别化了。我甚至怀疑这首诗之所以作者不详，正是由于作者或其后人不敢公开支持这种非中国化的举动。

地方志所记录的传记经常以隐晦的形式或多或少地流露出对个人牺牲的同情。有一篇传记记录了一名男子由于寡居的母亲讨厌他的妻子，而不得不把她休掉。11年后，他的母亲过世，这名男子才与前妻再婚。这个前妻在十几年中没有再婚，还用辛苦纺织得来的积蓄帮忙操办丈夫母亲的葬礼。另一篇传记记录了一名在妻子去世后终生未娶的男子，文章暗示正因如此这位鳏夫才得以在科举考试中成功。

在中国，家境好坏对婚恋模式有很大影响。人们大多以为中国是一个大家族盛行的国度。实际上，中国家庭平均人数只略高于5人。1949年以前在大陆及80年代在台湾，确有一些人口众多、家境优越的大家族，如各国特权阶层一样过着上流社会的奢华生活。在美国，上流阶层的身份标志通常是跻身于著名俱乐部、拥有乡间别墅或卡迪拉克、向妻子赠送珠宝首饰和华丽皮草、儿女就读名牌大学，等等。中国人千百年来则一直认为建立大家族是进入上流阶层的标志之一。它意味着除了住在一起的两三代直系亲属，还要有为数众多的旁支亲属。在古代中国，这样的大家族通常会被授予爵位，就像作战勇敢的美国士兵会被授予奖章一样。中国人彰显位阶身份的标志通常是一块长1.5米、高1米、厚约5厘米的木匾，黑漆为底，上镌金字。

为了获得此种殊荣，中国人的理想婚恋不得不严格地依附于父子关系，而不是夫妻关系。家境富足的男人在社交或经济上都不必依赖妻子。他的需求一部分由佣人分担，另一部分由妾室满足。大家族的利益统一是以牺牲所有成员（尤其是妻子）的欲望为代价的。

贫困之家在规模上很难扩张，倒不是家庭成员不想这样做，而是贫穷迫使他们选择另外一种生活。丈夫一切的生活起居都要依赖妻子，还要靠她帮忙以增加家庭的经济收入和社会资源。于是，夫妻关系的重要性超越了亲子关系。当妻子与母亲爆发矛盾时，丈夫一旦选择站在妻子这边，这个家庭就将面临解体。

自20世纪初以来，中国传统的婚恋模式出现了日益明显的变化。改变最大的要数受过西方高等教育的人群。中国人开始更多地强调自由恋爱，与父母分开单过。许多学者非常关注中国家庭的种种变化，预测它随着进一步的西化还将出现更多、更戏剧化的发展。

这类预测的理论基础多半是将先入为主的进化论投射在有限的西方经验之上。但西方以外的社会现实却向我们提供了不同的答案。举例来说，我曾断定富人阶层与贫民阶层有不同的家庭人口规模。25年之后，美国人类学家孔迈隆（Myron Cohen）在台湾省收集的调查数据无意中证实了我的观点，"1965年5月，云林县的绝大多数人口事实上都隶属于大家族。这是因为现代科技赋予传统习俗更大的实现空间"³。1975—1976年间，我在中国香港新界同样证实，经济发展和工业化不但没有削减大家族的稳定性，反而增加了亲戚们在同一屋檐下居住的概率。

毋庸置疑，任何文化都处于不断变化之中——有一些文化，相比其他文化，变动更加剧烈。可是，我从不知道哪一种文化能在一个世纪左右的时间里，翻转几千年历史所确立的大方向。1968年，台湾省的某份报纸刊载了一篇介绍胡宗南将军婚恋故事的文章，可以作为我最有力的证据。胡宗南是蒋介石—国民党阵营中最具反共色彩的将军之一，美国著名记者埃德加·斯诺曾报道过他在长征途中对红军的围追堵截。这篇纪念文章在他逝世后发表，题为"十年未婚妻；三天新嫁娘"。文章的内容如下：

> 25年前，胡将军和他的妻子经一位侍官介绍而相识。二人约定在当年冬天成婚，然而日军发动了全面侵华战争，胡将军决定不把日军赶出中国誓不成家。这段婚事一拖就是10年。在这期间，亲朋好友几番为他牵线搭桥，都被他断然拒绝。许多与他同一时期的高级将领都已妻妾成群，人们甚至因此怀疑胡将军是否有难言之隐。然而，胡将军始终初心不改。1945年日本投降之后，他再次推迟佳期，希望以一次战场上的胜利作为新娘的新婚礼物。1947年2月，他带领国民党军队攻占了延安。一个月后，在1947年3月19日，他与叶霞翟在西安作战总部结婚。他们在一起共度了两天，第三天他的妻子就返回了南京。二人再次见面是在3年之后，即共产党在大陆建立政权、胡将军及其军队退居台湾之时。⁴

叶霞翟不是只念过私塾、没有文化的中国女性。据作者称，她拥有美国威斯康星大学政治学博士学位。这段军旅婚姻也不像人们想象的那样短促。在胡宗南逝世6年后，叶霞翟（比胡宗南年轻得多）

作为胡宗南幼子的母亲，仍然沉浸在对他的思念之中。

胡宗南将军一再延迟婚事的举动是不寻常的，在西潮袭来之后的中国，他的婚恋观可算是一个特例。再取一例，钱昌自传附录所提供的细节虽然不尽相似，却体现了同样的中国人的特征。该文题为"结婚40周年有感"，文中满是对妻子的溢美之词。文章是这般叙述的：这门婚事缔结于20世纪30年代中期，婚礼前期事务皆由亲朋好友代为操办。订婚与婚礼的仪式都是中国式的。婚后不久，丈夫接到北京某所大学的聘书。这对新人于是乘船从上海经天津前往北京，途中为了省钱，两人分住在男女大统舱里。在40年的婚姻里，妻子一直是母亲（养母）眼中的模范儿媳。她诞下儿子延续家族香火，操持筹划丈夫妹妹的婚事，在丈夫离家在外、无法尽责的期间（还包括在美国工作的两年）守护家庭，而且从不干涉丈夫的工作。

受到相互依赖的传统观念影响，中国人婚姻内部的调整受到诸多责任和义务的制约。这些责任和义务有明确的规则，相互支撑而不是取代，因此，亲子关系与婚姻关系不会形成直接冲突。即使到了80年代，在台湾省，中国男子在未婚妻死后把对方父母认成"干爹干妈"的案例也不罕见。[5]美国人大多具有自我依赖的观念，婚姻内部的调整靠个人魅力和双方感情达成，这就要求他们必须努力维系婚姻，无人可以帮忙。结婚对美国人而言，意味着配偶将完全取代父母，而无论如何掩饰，这必然将在长辈心中引起不快。大多数中国夫妻之间相处泰然，许多美国夫妻则一直担心对方的爱情由浓转淡。在这个问题上，美国家庭顾问的建议通常只能听听而已。他们一方面坚持夫妻二人要彼此忠诚；另一方面，认为理想的婚姻就是双方一直处于热恋。我们在美国系列喜剧中经常看到，一对夫妻往往因对方一时忘记施行某些仪式（诸如结婚纪念日或早安吻）就闹得不可开交。其中的现实意义不难理解，因为生气的那个人把它当成了婚姻陷入危机的一种信号。

以下这个插曲更生动地说明了中国人与美国人婚姻关系的不

同。一位中国女性和一位美国女性住在同一间产房。前者顺产，而后者做了剖腹产手术。中国女性住院期间与丈夫会面，从不刻意打扮。美国女性的行为则大为不同。每次丈夫要来探望时，她都要下床来，在洗手间和床头柜之间来回奔走——换衣服、化妆、整理发型——嘴里还不停地说："我可不能让他看到我这副样子！"有几次美国女性直到丈夫敲门那一刻才匆匆忙忙打扮完毕，躺回床上。这时，她才终于如释重负，对她的中国室友微笑说："刚刚好！"

中国女性在我面前评论这个美国女性时，说："她简直把丈夫当成了国王，像是外人似的那么对待。刚生完孩子不到几天就这么折腾自己，真是太傻了。"她之所以会给出这番评论，是因为在中国人看来，丈夫和妻子应该是"自己人"。

中美婚恋模式的差异造成了深远的影响。中国人尽管要承担纷繁复杂的责任与义务，但他们的婚姻相对更加持久。美国人的家庭关系虽然简单，却逐渐发展为一种越来越不稳定的婚姻模式。首先，独立的个体模式如果导致夫妻之间的竞争，婚姻是不可能稳定的；其次，独立的个体模式促使双方在婚姻出现危机时首先把个人利益放在最重要的位置，这同样不利于婚姻的稳定。

1949年以来，西方世界出现了大量有关中国人婚姻及家庭生活发生巨变的报道。然而，观察者往往只注意到人际关系的表象，而忽略掉了本质。从第三章可以看出，中国人在共产主义革命之后，在表达爱情这方面的转变是何其微小，即使有所变化，也不曾脱离中国人的传统。

我不希望给读者造成一种印象，即人们的生活方式一成不变。就拿台湾省来说，变化时时可见。1968年，在屏东县的一例离婚申请里，政治成为婚变的主要因素。这对夫妻在地方选举中不许对方支持另一派的候选人，进而演变成感情破裂。当地民众大多认为这实在太荒谬了。根据他们的看法，为了地方发展和婚姻和谐，夫妻之间的政治分歧应被消除。（《联合报》，1968年2月29日）

可是从我的角度出发，我的确希望生活在国内的中国人可以忽略政权、政治与经济的变化，与作为少数族群生活在海外（尤其是美国）的华人相比，改变得更缓慢一些。美国华人离婚、分居的案例早已屡见不鲜。

在此，我想再对比一下我自己作为一个中国小孩与我的一个在美国长大的女儿的两种观念。我在童年时，和小伙伴们一样，认为除了死亡，没有任何事情可以将我的父母分开。中国人的婚姻像是自然规律中最不可更改的那一部分。但我那个在纽约出生、在埃文斯顿长大的大女儿，对此却有完全不同的看法。在5岁时的某一天，她因琐事跟我闹别扭，于是大叫着说，"妈妈，你和我在一起会很幸福的。"她妈妈提醒说，没有爸爸她可能不会快乐。我女儿不为所动。"但是你可以跟别人结婚，"她回答道，"我就会有一个新爸爸了！"

这并不是说所有的美国孩子都认为父母的婚姻关系不够稳定。然而，不可否认，在美国的社会环境里，亲子关系和婚姻关系主要取决于个人的选择。孩子与成人一样习惯性地认为分居或离婚是解决家庭问题最简单易行的办法。但在中国文化环境下，家庭关系是自然和永恒不变的，人们很少会想到分居或离婚。

美国统计局1979年发布的"离婚、未成年人监护及抚养"的最新数据显示了美国人婚姻及家庭生活的新变化。自1940年以来，离婚率上升了一倍多，从最初的2‰增长到1978年的5.1‰。1956年，美国有36.1万名儿童来自离异家庭，1976年该数字激增到110万。从1960年到1978年，单亲家庭的数量急速攀升。1960年，8.5%的孩子由单亲家庭抚养（其中7.4%由母亲抚养，1.1%由父亲抚养）。18年后，该数字上升到19%（17%由母亲抚养，2%由父亲抚养）。在20年间，美国儿童人口已减少了200万（从6200万下降至6000万）。

未婚同居的现象不再罕见（据1979年的估算，该数字可保守估计为100万）。有对情侣就此话题写了一本书。某个电视访谈节目探讨了这本书的主题：美国人想摆脱"合法化"。

大量社会事实（包括较为罕见但人数同样可观，且已获牧师认可的无性婚姻及来势汹涌的同性恋解放运动）促使律师、社会学家和未来主义者建议美国人采纳一种新的婚姻模式。"这么多人在以法律不认可的方式生活，改革势在必行。"康奈尔大学法学院的讲师朱迪思·扬格（Judith Younger）如是说。[6]

扬格建议美国立法批准以下三种婚姻方式：试婚，适用于16岁以上的公民，无须取得婚姻证明，且不必履行任何经济及法律责任；自利婚姻，适用于22岁以上的公民，这些人可以完全自立，仅是为了自我实现和交流的需要才走入婚姻；以及第三种为孩子而存在的婚姻。扬格还建议说自利婚姻在建立和终止时应有简单的手续，而即使是为了孩子的婚姻，在终止时也不需要向任何一方索取赡养费。[7]

扬格的提议是前所未见的吗？既是，又不是。它的创新在于建议美国立法批准某些当前不被提倡的同居行为。它又是老生常谈，因为这一设想只是美国人的个人中心生活方式的进一步发展。南加州大学教授托马斯·拉斯韦尔（Thomas E. Lasswell），作为美国婚姻与家庭治疗协会的主席团成员以及这场大辩论的保守派核心，一语道破这些婚姻模式的本质："婚姻的意义在于两个人想要在一起生活，是因为彼此相爱而不是经济、社交上的需要。"[8]

中美两国的婚姻模式各有利弊。中国婚姻显然限制着个人行动的自由，而美国婚姻所赋予的自由不但增加了美国夫妻的相处难度，而且使问题变得更为复杂化。社会生活中如果设立了明确的、易于感知的规则，人们可以相对轻松地找到自己的位置；但如果家庭关系很大程度上取决于个人的操控，双方就不得不为了磨合一直投入精力，且婚姻状态不够稳定。美国婚姻所带来的幸福，很少会出现在中国人的婚恋里。然而，假如看到硬币的另一面，美国婚姻里因爱情失败而产生的憎恨和椎心之痛，在中国人的婚姻生活中同样罕见。

阶级

在进入下一步讨论之前，我们先回顾一下本书迄今为止揭示的一些基本心理倾向，以便读者更好地理解中美民众对待阶级差异的不同心态。中国人倾向于以亲子关系为生活核心，后天形成的责任、义务要与这个核心相适应。而美国人总是从一种社会环境移向另外一种，以新的关系取代旧的关系，而且从某种意义上说，这种转换会一直持续下去。情境中心的中国人从最基本的人际关系纽带里获得了足够的安全感，这让他感到轻松自在，甚至安于现状，不思进取。一张人际关系网将他牢牢束缚住，某个环节的缺失或断裂不会导致整个世界崩塌。个人中心的美国人则认为任何一种人际关系都不是与生俱来的，因此必须紧紧抓住其中一项（通常称之为"依附心理"），或是不断寻找新的、更令人满意的同盟。在中国人满足现状、享受生活的同时，大多数美国人被迫为了获取更多回报而不断进取奋斗。在比较中国人与美国人面对阶级差异的心态时，读者应将上述事实牢牢记在脑海中。

中美社会阶级构成有以下几方面的不同。首先，贫富阶级的相对规模不同。根据一般的定义，至少有4/5的美国人属于"中产阶级"或更高的社会阶层。而即使按照80年代的大陆和台湾的情况来看，至少一半以上中国人（或许更多），要被划为"穷人"。

其次，中美两国界定阶级地位的标准不同。对美国人来说，财富是决定一个人阶级地位的最重要的因素。据理查德中心（Richard Centers）的研究，在确定"上流社会"身份时，个人财富在诸多因素中效用最为显著。美国当代社会人类学家劳埃德·沃纳（Lloyd Warner）的研究则进一步说明在所有财富类型中，继承的财富效用最大。[9]另一些深度分析表明，收入及消费模式在划分美国社会各阶级时是最重要的分类依据。[10]

个人财富状况在中国同样受到重视，但仅凭这一项不能将一个人送入最高等级群体，不论这份财富来自家族遗产还是由个人经营获得。直至近代社会，学识仍是中国人获取最高身份等级的最重要的准绳。它主要指对儒家经典的精通和掌握，是通往科举和官位的一条捷径。

文官政治是支撑中国社会运转的基础。在过去的2000年里，有钱的商人花钱买官，或把孩子送入学堂，寄望他们通过科举提高家族的社会地位。连权力、财力远超一般官员的贵族以及不时觊觎皇权的高级将领，也同样受到这种风气的影响。

中国的贵族多由皇帝及其亲属构成。中国王朝的建立者中有些人目不识丁，如明朝开国皇帝，还有一些是异族人，如元朝（蒙古族）和清朝（满族）的建国者。这些皇帝无一例外地用培养文官的办法教育皇子，没有太多文化的开国君主也用这种方法自我提高。中国皇帝大多博通经籍，并以此为傲。乾隆皇帝不仅擅长诗文书法，而且亲自主持了《四库全书》的编撰，该丛书最终收录的古籍计有36000卷之多。大量历史事实说明，中国统治者迫切地想要挤入这个他们可以完全控制、管理的士人阶层。

军人的境遇有同样的指示性。一般士兵被民间百姓视为流氓无赖，像强盗土匪一样处处受到歧视；军官的待遇比同级别的文官要低一些。读儒家经典、擅长吟诗作对的军官被尊称为"儒将"，比只懂军事战略而欠缺文化修养的将领享有更高的社会地位。在兵荒马乱的年代，学识的重要性将暂时让位于军权。这种现象通常发生在一个王朝倾覆而另一个尚未兴起之时。中国在清政府1911年被推翻后的40年里，情况亦是如此。然而，若从长期来看，学识的至尊地位在中国社会从未受到挑战。[11]

读者还要注意买官买出身的人在通过科举考试的官员眼里，始终是被轻视和嘲笑的对象。

几千年来，中国人一直以为社会阶层由士农工商构成，其实真正有意义的阶层只有两级：掌握儒家经典的文官和其他社会成员。

美国的情况完全不同。工人的社会地位比大学生低，因此上至精英阶层下到地位较低的社会群体都认为让子女接受高等教育是"必选项"。教授一职在"最受欢迎的职业"排名调查里位列第三。中国历史上的津要之职全由高中科举的读书人所占据，而在美国这类要职一般面向更广泛的人群。罗斯福新政之后，国家层面的人才选拔更加注重教育背景，但州政府和地方行政部门的选拔仍没有将其列为一项重要的任职资格。

但是，即使在国家层面，美国知识分子也从来没有获得他们的中国同行数千年来一直享有的优越感。知识精英在政府机构内地位飘忽不定，取决于由谁来做总统。他们在罗斯福任内受人尊敬，杜鲁门上任后不受重视，到艾森豪威尔出任总统时地位便已跌入低谷。肯尼迪总统上台后，知识精英的地位一度有所提升，但在约翰逊和尼克松任期内又降至历史新低，在卡特政府内部，知识精英的影响力取决于个人与总统的私交和政治需要。

美国知识分子与商界的关系处于摇摆之中。商人们为了达成某些目的时，才会向知识分子寻求建议。近年来，人们再度开始重视学位，特别是针对高级管理职位而设的工商管理硕士学位（MBA）。然而，商界成功人士谈及那些在实战中显得笨手笨脚的书呆子时仍一贯地使用轻蔑的语气。

中国人读书做官，继而获得财富地位，而对美国人而言，这个次序是倒过来的：财富和消费模式大体决定了地位、权力，学问只是附属品。

但是，这些看上去相当有趣的对比，实质上并不反映阶级在中美两国生活方式中的本质。认真观察民众如何看待阶级这一"概念"，才可以找出两个民族的本质不同。对情境中心的中国人而言，阶级为一群体属性。如果一个人与直系血亲被归为某个阶级，他的族人、远房亲戚，有时甚至整个街区的邻居通常也隶属同一阶级。阶级差异不会给中国人带来不安全感，他向上爬时不感到焦虑，也不担心与地位低的人交往会受到损害。

个人中心的美国人认为阶级是个体标签，这个标签时刻跟随着他。妻子的外表和孩子的成就同样被视为个体的标签。[12]美国人有可能向亲戚朋友施以援手，但在心理上并不认为那是他的义务。他努力争取进入上流阶层，同时决意回避与地位较低的人交往，以免受其拖累。

中国的文官阶层与其他社会成员之间界限分明。地位标识不但有明文规定，而且便于区别。一般百姓充分意识到自身的卑微地位，于是对官员言听计从，下级官员面对上级官僚时卑躬屈膝，以示敬意。

两大阶级地位悬殊，但社会底层有通畅的渠道向上晋升，不存在人们预想的种种阻力。[13]最耐人寻味的是，中国人有两个专指地位变化的名词"暴发户"和"新贵"。前者不用多加解释，后者专指刚进入官僚阶层的人。前者受人轻视嘲弄，后者则立即获得社会认可。在古代中国，最显赫的家族甚至皇帝都争相把女儿许配给出身贫寒的状元郎。

美国阶级之间的界限并不明朗。一般说来，大企业家、医生和律师是公众眼中的中上层成员，而工人和清洁人员等是社会的底层成员。但大多数美国人认为自己属于"中产阶级"，而且阶级与阶级之间往往有相当大的重叠。[14]与中国或欧洲社会相比，美国社会更强调平等，上流阶层对待其他阶级成员的态度大多是随和而不张扬的。

平等意识造成美国人在面对阶级差异时的复杂心态。一方面，美国通行的观念是一个人只要足够努力，就能获得想要的成功。美国电影和《读者文摘》等杂志卖力传播这一类的励志故事。与此同时，有证据表明长期从事社会底层工作的人倾向于用各种"技巧"自抬身份。例如，不少清洁工人以"清洁工程师"自称，我认识的一位农场主把自己介绍为一名农业专家。一个干洗店女工恼火地在投给报刊的信件中连声抱怨，因为有个顾客竟敢问她，"'你这么聪明，为何要做这种低级工作呢？'许多人不知道干洗工是需要专业技术的吗？"（《檀香山广告人》，1979年8月22日）中国顾客问不出类似的问题，干洗店的操作人员更不会为此大动肝火，因为在他们的生活之中，阶级差异本就泾渭分明。

可是，美国虽然强调人人平等，但社会底层向上晋升的阻力却比中国大得多。原因有两点：首先，美国固然比世界上任何一个国家提供了更多的致富机会，但卡耐基委员会最近发表了根据一项为期7年的研究做出的美国儿童成长报告，声称"尽管一个多世纪以来，我们一直致力于减少不平等给数百万儿童带来的不良影响，事实上我们并没有取得任何实效"。[15]该报告的结论是，即使祛除种族歧视的影响，在种种因素作用之下，富裕家庭的孩子长大后仍将变成有钱人，而穷人的孩子经常绕不开通向贫困潦倒的机会陷阱。

美国人晋升艰难的另一个原因是，攀上高位的幸运儿抵制底层成员自我提升的努力。这些人拒绝尚走在成功路上的美国人走入他们的居住区、俱乐部和教堂。底层成员即便有幸闯入，也会遭到立即抵制。

在任何时点，抵制底层的渗透与底层向上爬的欲望同样强烈。社会人类学家劳埃德·华纳（Lloyd Warner）及其同事曾描述过两位奋斗者的经历：

> 弗雷德是一位熟练技工（4级），每天按时上班，工资按周支付。当他与妻子南希刚搬到琼斯维尔市（Jonesville）的时候，南希跑遍全城、四处打听该市一个好的住处。她的几个有身份的朋友写信给琼斯维尔的熟人，请求他们关照南希和弗雷德。南希说，"如果你真的渴求某些东西，你就总是能得到它。这就是我们能在琼斯维尔找到房子并结识一些好朋友的原因。"

不管怎样，领着周薪和仅有熟练技工证书的弗雷德·布朗一家居住在一等富人区的三等住宅内。社交能力、年龄优势，以及拥有上层社会的朋友，这一切使这一家有可能步入有较好职业和收入的阶层。他们进入中上阶层的机会越来越大。那是他们的愿望、梦寐以求的愿望。[16]

中国版的南希和弗雷德不需要这么麻烦。中国人在亲属和公共关系中获得了足够的安全感和满足，没有必要去适应一个陌生且更富裕的社区。而且，即使不得不迁入一个陌生的社区，他们也不用害怕被冷落。中国有句俗谚说："远亲不如近邻"，社会地位的差异在这一方面是不被考虑的。

如同对待婚姻一样，中国人对待阶级差异的心态里有更多包容和更少排斥，美国人则恰好相反。由于社会关系对中国人而言是附属性的和可共享的，中国精英不像美国精英那样由衷地认同自己的优势地位，更不会在社会底层的上升中看到任何威胁。美国人就不一样。他们在与生俱来的群际关系里找不到任何永久性的锚，而且下定决心要一切依靠自己，因此每个人不得不更顽强地捍卫自己的社会地位和特权。社会上层的歧视和底层的渗透同样令他们感到恐惧。

这导致了中美之间的巨大反差：中国人并不回避阶级差别，甚至用定制使其象征化；社会地位由整个家族而非个人决定，人们改善地位的愿望不强烈，阶级关系更趋和缓。美国人的阶级差异在日常的言谈举止中不太明显，但由于每个阶级要承受其上、下两个阶级的直接威胁，阶级鸿沟经常引发剧烈的情感冲突。人们在中国可以看到开放社区及面向所有人的教育设施、俱乐部、社团、寺庙。作为对照，一向宣扬平等的美国人不但要划出专享的社区、学校、俱乐部和社团，甚至还设立了显贵家族专用的教堂。

读者如果能够理解这些社会差异的文化根源，就会意识到种族歧视只是美国社会普遍存在的排外倾向的一部分。歧视心理的源头在于大多数美国人害怕失去现有地位。假如不能消除这种心理的文化源头，种族之间混居的努力就不可能获得任何成果。在第十三章，我们还会继续讨论这一问题。

中国共产主义革命与俄国革命一样，发源于马克思的阶级斗争理论。由于大工业在中国经济中只占很小比重，中共领导人将斗争的重点转向农民（尤其是雇农）和地主（尤其是大地主）之间的矛盾。

中国在20世纪50年代实现土地国有化之后，总的趋势是工农兵翻身做主，压制封建官僚、富农和资本家。在"四人帮"掌权时期，出身不好的青年不能被大学录取，完全没有上升空间。"为工农兵服务"的横幅被悬挂在各大剧院、博物馆及杂技团的演出现场。直到1976年"四人帮"被粉碎后，高等学府的大门才再次向全社会敞开，考生根据成绩择优录取。

新的政策倾向对于中国人对待阶级差异的基本心态有无不利之处呢？中国人情境中心的生活方式擅长于调和，而不太适合开展阶级斗争。有关这一点，我们将在第十五章继续加以讨论。接下来，我们有必要转移一下视线，去研究一下中美社会的成功人士：什么因素使他们获得成功，成为民众心目中的英雄？这些人如何彰显成功和英雄的身份？以及，成功人士在成名之后如何处理与外部世界的关系？

注释：

1. Elaine Cumming and David Schneider, "Sibling Solidarity :A Property of American Kinship," *American Anthropologist* 63 (1961): 3:498-507.
2. 这一现象太过普遍、明显，因而无须加以论证。Jules Henry在他所著的 *Culture Against Man*,Chapter 10,"Human Obsolescence,"描述了一幅清晰的（或说悲惨的）老年人的窘境，pp.391-474.
3. Francis L.K.Hsu, "The Myth of Chinese Family Size," *American Journal of Sociology*, pp.555-562; Myron Cohen, "Family Partition and Contractual

Procedure in Taiwan";in David C.Buxbaum, ed, *Chinese Family Law and Social Change in Historical and Comparative Perspective*, p.196.
4. Fen-yuan Chen, "An Everyman's View of General Hu Tsung-nan," in *Central Daily News*, February 20 and 21, 1968。
5. "认干亲"是中国古老的习俗。它是一种伪亲属关系，与西方的"教父母"略为相似。中国人认"干亲"不用洗礼，多发生在两个成年人之间，而且要比"教父母"承担更多的社会责任。
6. Lawrence Van Gelder, "Does marriage Have A Future?" *San Francisco Chronicle*, November 13, 1979, p.19.（这篇文章最早发表于《纽约时报》）。
7. 同上。
8. 同上。
9. Richard Centers, *The Psychology of Social Classes*, pp.95-99; Lloyd Warner and Associates, *Democracy in Jonesville*, pp.33, 39-42, et seq.
10. Joseph A. Kahl, *The American Class Structure*, pp.19-90.近来，教育水平已变得同等重要。
11. 不难想见，在新中国成立之后的20年，"又红又专"只是这一古老模式的现代复制。粉碎"四人帮"之后，专业知识（学识）又一次获得了主导地位。
12. 这种情况一直维系到孩子成人之前。美国人通常认为一旦孩子脱离父母独立，这一联系就不复存在。同样，孩子一旦自立就会立即脱离他父亲的阶级，进入一个或高或低的阶级。
13. Francis L. K. Hsu, *Under the Ancestors' Shadow*, rev. ed., Chapter 12, pp.297-317.
14. 据一项研究称，分别有3%和7%的受访者把大企业家和医生、律师归为劳动阶级；另外，分别有2%、2%、1%的受访人把办公室职员、木匠和工厂工人列入上等阶层；至于清洁人员，分别有5%、59%和34%的受访者认为他们是中产阶级、劳动阶级和下等阶级。Richard Centers, "Social Class, Occupation and Imputed Belief," *American Journal of Sociology* 58,（May 1953）: 546.
15. Richard de Lone, for the Carnegie Council on Children, *Small Future: Children, Inequality, and the Limits of Liberal Reform*, p xi.
16. Lloyd Warner and Associates, *Democracy in Jonesville*, p53.职业和居住地根据需求的迫切程度被分别标注在从1（最高）至7（最低）的一份量表上。

第六章
成功与英雄

成功

在美国的社区、学校、俱乐部、社团和教会，有两股力量在持续发酵。一股力量是个人对地位下滑的恐惧——担心自己的社会地位和财富落后于邻居、俱乐部朋友以及一些地位相当的人。与地位较低的人交往会拉低一个人的身份地位，因此美国人很少会这样做。这种心理倾向的根源是第四章论述过的从众心理。在团体内发挥作用的另一股力量是，个人想要赶超地位相近的同伴的压力。提升社会地位的方法之一是与较高一级的团体建立联系，所以美国人必须在现有团体里向上爬或在其中分裂出一个精英小组。最极端的形式就是，持续性排他直至最后只剩一个人。这时，人数已无法减少，不可能再有物理性的排他，但从中却可以酝酿个体独特且无与伦比的理念。这就是美国人如何看待成功之精要。[1]

从某种意义上来说，中国人和美国人一样争强好胜，因为在两个社会中都流传着"一夜暴富"的励志故事。中国有大量以此为主题的小说、短篇故事、戏剧、皮影戏和民间传说。

中国版本的主人公最初大多是孤儿、被继母虐待的小孩、战争中与父母失散的少年、家境中落的书生或乞丐。在故事终了时，有钱人家收养了孤儿，继母被扫地出门，少年与家人重聚，穷书生金榜题名，乞丐凭借机缘与宰相千金喜结良缘。美国版本里的失意者则通常是一无所有的移民、怀才不遇的青年、黑人、受到误解的丈夫（妻子）、贫民窟的孩子或破木屋的主人。他们的人生一般也都有圆满的结局。

然而，在功成名就之后，中国人与美国人会产生截然不同的愿望。持个人主义观点的美国人希望在某个地方发财，同时获得一点他到任何地方都能罩得住的名气（哪怕是坏名声也好）。出生在俄亥俄州琼斯维尔市的美国人成功之后很少会对家乡感兴趣。如果他回乡小住，家乡人可能会热烈地欢迎他，当地若有琼斯维尔学院的话，或许还会授予他荣誉学位，但美国人与出生地之间的关联最多也就不过如此。美国成功人士的巅峰期会在某个大都市或国外度过，退休后安享晚年的最佳去处是佛罗里达或加利福尼亚，而不是自己的故乡。[2]

可是，千百年来，中国人反复叙述的一直是这样一句话：富贵不还乡，如锦衣夜行。中国有大量以此为主题的评书和戏曲。根据史实改编的《朱买臣休妻》就是其中之一。

朱买臣是一个穷书生，家境贫困，全靠妻子赚钱维持。他一心读书，不能帮忙改善家境。妻子十分气愤，时常冷嘲热讽，埋怨他愚钝无能。在一个寒冷的冬日，家里没有柴火取暖，妻子大发脾气，逼迫朱买臣进山拾柴。风雪交加中，朱买臣在湿滑的山路上连滚带爬，竭尽全力才带回几根枯枝。妻子大怒，逼着他立即休妻。这个女人后来改嫁他人，朱买臣则继续读书向学。

几年后，朱买臣高中科举做了大官。他骑着白马，前呼后拥，衣锦还乡。各级官员纷纷前来迎接，街旁站满了围观的百姓。

这时，朱买臣的前妻突然从人群中走出来，在他面前跪下，请求原谅。朱买臣命人在马前泼了一桶水，对她说，"妇人，你若能让这些水流回桶内，我便带你回府。"他的前妻感到绝望，便撞墙自尽了。朱买臣笑到了最后。这个故事与前文提到的俗谚一起，生动地表达出中国人的夙愿——衣锦还乡。

由此看来，中美两国成功人士的姓名与国内地名的关联，就颇有些耐人寻味。美国人习惯把体育明星的名字与其居住地联写，如迪克·萨维特（Dick Savitt），萨维特可换成奥兰奇（Orange）、新泽西（New Jersey）、惠顿（Wheaton）、伊利诺斯（Illinois）等一系列地名。³如果某个美国人成就了一番大事业，人们将用他的名字命名街道、公园、出生地或者随便什么地方，于是有了罗斯福大街、肯尼迪机场、杰克逊乡、格兰特公园和华盛顿市。

在中国，二者的关联方式是相反的。不是用名人的名字命名出生地，而是以出生地替代人的名字。清朝大臣李鸿章人称"李合肥"，"合肥"即其在安徽治下的老家。明朝宰相张居正被称作"张江陵"，他的故乡就在湖北江陵。中华民国总统袁世凯，又称"袁项城"，是河南项城人。这一规则如果被用于美国，那么威斯康星州的第一大城密尔沃基就不是"麦克阿瑟城"，而麦克阿瑟上将要被称作"陆军上将密尔沃基·麦克阿瑟"；同样，乔治亚州的普兰斯也不再是该州的卡特镇，前总统吉米·卡特反而要被称为"普兰斯·卡特"了。

孙逸仙，又名孙中山，中国人在应用他的名字时显然受到了西方影响。孙中山的家乡——广东香山，后来被改名为中山市。中国不但各地都有中山路、中山公园，甚至还出现了中山装和以"中山"命名的五金工具。但是，将人名用于地名的西化只是流于表面的影响。孙中山的故乡在国民党执政时期，不再仅仅被看作一个普通的行政地区，而是被奉为国家圣地，由国库拨发地方经费。该城在重新修葺后被打造为"模范区"，直接受国民政府管辖。

蒋介石没用自己的名字给他的老家改名，但却耗费巨资重修了祖屋和邻近的社区。1933年我去过他的家乡，气势恢宏的蒋氏祖宅、高大宽敞的祠堂、装饰一新的别墅以及四通八达的柏油碎石路让我为之惊叹不已。蒋氏故居地势较高，从上向下俯瞰着数千小镇居民的竹篱泥墙。

从中国传统来说，蒋介石是有理由这样做的。因为，作为一个在镇上出生长大的男人，如果蒋介石不向过去把他看成街头混混的小镇居民展示名望、权力和财富，那么在中国人眼中，他赢得的这一切就没有任何意义。不仅是最有权力、知名度最高的中国人才会这样做，稍有身份的中国人都懂得这种炫耀的快感。我在中国各地，包括在1941年到1943年间从事田野研究的西南地区的"西镇"[4]，都见到过一些门庭寥落的大宅。西镇那些大宅的主人都是西镇人，但长期在省城做生意或从事其他工作。他们在异乡他处颇有成就，然而正如蒋介石的做法一样，这些成绩如果不向故乡的乡亲展示，就完全失去了意义。

从以上这些段落，我们看到的仍然是中国人情境中心的生活与美国人个人中心的生活之间的对比。中国人在成功后，首先想到的便是在亲朋好友和街坊邻里面前炫耀、分享。个人的荣耀就是大家的荣耀；而众星捧月，当然足以使他获得更大的满足。这种情境中心导向的核心没有改变，仍然是在方方面面主导着中国人际关系的互助精神。

一个人再伟大，也不可能大过他的故乡。他靠个人的实力闯出了一片天地，但那毕竟离不开祖先积德行善和故乡风水对他的荫庇。[5]中国人成功之后如果不回乡展示自己的成就，他的成功就不能转化为有意义的实体，这不但是忘本，更是在败坏自己成功的根基。

那么，成为人生赢家的美国人呢？美国人的成就感与身边的人无关，更与出生地的"荫庇"扯不上关系。雄心万丈的美国人梦想着俯瞰全世界，而不是与世界同行。妻子和孩子当然是他的世界里最初的膜拜者。人生赢家慷慨地将名车、珠宝和豪宅赠予妻子和孩子，而这正如经济学家托尔斯坦·凡勃伦（Thorstein Veblen）在多年前所指出的，它们只是物化的表征，成功者借此向世人展示他为家人提供了多么优越的生活。换句话说，这是在展示自己的实力。家庭出身不会成为美国人成功的标准。要获取成功，一个美国人必须要比父母更加优秀，要靠自己的双手去赢取。

这些对比使我们更能理解，为什么粉丝来信在美国如此受到关注，在中国却少人问津。[6]中国人从粉丝来信中得不到任何满足，最得意的成就必须与家人和社群分享。最重要的是，唯有熟人表现出的敬意才是衡量中国人成就的真正标尺。而在美国人眼中，任何一封粉丝来信都是无比珍贵的。美国人的成功是个人化的，受众越多说明成就越显著。按美国人对个人成功的定义，成功使一个人自成为一个阶级。

美国人在一生中不停地改换环境。美国人先在情感上明确结束与父母的关系，再走入婚姻。他以同样的方式从一个阶级跃至另一个阶级，直到自成为一个阶级为止。美国人的奋斗过程充满焦虑，目标却飘忽不定，没有可以信赖的同伴，只能从阶级地位、会员身份、个人成就中获取安全感，但这一类安全感总是稍纵即逝。在每个时代里，除了极少数人之外，美国人总要面对一个又一个要超越的高峰。

中国人一生维系一个基本的人际网，向其中增添新的关系，但不会取代旧的。中国人在成功之后有意地回到他的出发地点，虽然不像美国人那样畅快地享受荣耀，但在不慎跌倒或失败时同样不至太过痛苦。在相互支撑的原初社群里，中国人始终保有自己的位置。社会阶级、俱乐部、社团及其他个人成就的标记对中国人来说都不那么重要。中国人在原初社群里拥有一定地位，没有强烈动机再去寻找其他的。

英雄崇拜

任何社会都有不平等的现象，或者源于家族、种族和阶级差别，抑或源于政治、经济和宗教分歧。在中美两国社会，"成功"这个概念都使不平等的现象更加突出，也更加难以避免。

然而，失败对中国人和美国人而言，意义却大不相同。中国人一般认为失败是可以忍受的，不仅因为他们可在原初社群中获得安全感，也因为传统中国社会把人与人之间的不平等视为必然。美国人则表现得非常痛恨失败，不仅因为他们与血亲之间没有建立稳定的情感锚，还因为人人平等是美国社会的理想之一。

因此，即使没有成功或没达到自己的最高目标，中国人仍然很容易满足。事实上，在古代，家境优渥的长者大多早早退休，享受悠闲的居家和读书生活。另有一些中国人在山水、书法、诗文和园艺中寻找精神寄托。中国人不必用持续的征服行为来抵消失败的后果。而美国人无论是否成功都要找到某种心理防护，以便支撑自己继续奋斗。英雄崇拜就是心理防护的一种。偶像对美国人而言是一种心理必需品，对中国人却不是这样，因此，偶像与公众的互动在中美两国的表现大为不同。

美国的名流要人都属于公众人物，必须保持与群众的频繁接触，或者通过公开露面的方式，或者至少要在报刊、电台和电视上不断曝光。幕后有传媒的设计、包装，呈现在公众面前的不是名人的本来面目而是按照观众的期望加工过的产品。不论性别及职业，美国的公众人物只要形象讨喜、穿着得体、口才出众，支持率就会不断攀升。最重要的一点是这一类人必须时常出现在大众视线里，必须有人追着索要签名，因为个人与粉丝的关系是打造成功形象的基础。美国政界名流要到现场看棒球比赛、吃热狗、热情地与每一位无名的祝福者握手，这样他的支持度就会上升。

中国的达官显贵通过大型庆典、隐秘的宅院、与其说是护卫不如说是身份象征的仪仗，刻意与公众保持距离。他们与公众的距离越远，就越能彰显其尊贵的地位。

在辛亥革命之前，清朝皇帝要一年一度走出紫禁城到天坛祭天。皇帝本人坐在一架由32人抬的御辇上，高级官员前后簇拥，骑兵、步兵手持各色旌旗和仪仗，整支队伍延绵约1.5公里。皇帝出巡的规模与奢华程度，与英国君主出席议会开幕礼不相上下。但二者的区别在于，英国君主要在这场年度盛典上给臣民们留下亲切得体的印象，而中国皇帝出巡时，只有最高等级的官僚和皇亲国戚才见得到他本人。列队的随从不用向皇帝的威仪致意，巡行队伍之外的人更不敢这样做。事实上，沿途街道早已禁止闲杂人等通行，官府还勒令所有房屋店铺紧闭门户。

一个经历过慈禧太后执政的老北京人对我讲述了慈禧太后和光绪皇帝离开紫禁城到颐和园避暑的情景。沿途街道先要洒水清扫，铺以黄沙。五组卫兵轮流在途中的间歇处巡逻，分别被称为头筹、二筹，直至五筹。马蹄敲打在街道上的声音预示着皇帝御辇即将到来，除此之外，四周是如死一般的沉寂。这些零星细节是这个老北京人偷偷从门窗缝儿里窥探到的。中国皇帝远离民众的安排或许可以说明，为什么按照中国宫廷惯例，除非有外敌入侵等重大危机，皇帝从不轻离首都。

这些区别体现着中美不同生活方式的基本差异。这里，我们先给英雄崇拜下个定义，即个体由于对杰出人士的敬畏、仰慕而希望拥有对方一切（部分）特征或设法与其保持一致的心理状态。情境中心的中国人面对偶像时主要的情感因素是敬畏，其他因素的作用相对小；而个人中心的美国人最核心的情感因素是仰慕，渴望拥有对方的特征或与对方相一致。

中国人敬畏高高在上的英雄，很少梦想有朝一日自己将取而代之。而美国人仰慕偶像、希望与其建立联系，不仅是因为接受了人人平等的思想，还因为本人迫切地要求成功。美国人将自我激情投射到一些已获得成功的人身上，希望变得和他们一样；之所以仰视这些人是认同他们的个人品质，而不是显赫的地位。

迈入近现代社会以后，中国人崇拜英雄的模式几乎没有任何改变。在国民党执政期间，虽然蒋介石及其夫人经常与各种组织和公众见面，两人的肖像在国内随处可见，但这只是一种表面现象。蒋介石与夫人出席公众集会时一成不变地以说教口吻发表演讲，听众只能洗耳恭听，不能提问，更谈不上一起讨论。蒋介石的寿辰演变成举国欢庆的节日，军政法各界官员及各大院校、行会、协会纷纷大肆吹捧。1963年，台湾省为蒋介石之母的百岁冥寿举办了大型纪念活动，各种团体皆踊跃参与，有人还专门整理了蒋介石为母亲所写的传记以及一些赞颂母亲的文章，将其制成一本烫金贴面的书出版。1975年蒋介石逝世后，台湾省每年在他冥寿的那一天都要开展纪念活动。蒋介石的继任者、他的儿子蒋经国在面对公众时表现得较为随和，但仍未能完全祛除统治者君临天下的那种氛围。

如此看来，中国当权者与一般群众之间缺少正常交流，就不足为奇了。美国人经常给政府官员写信。任何阶层的美国人都可以直接写给国家最高首脑，而且通常能收到回复，假如写信的对象是级别较低的官员，甚至有可能收到亲笔回信。然而，据我所知，任何一个中国人，如果没有与国民党政府核心成员的特殊关系，就不可能与蒋介石的随从部门有任何形式的私人交流，更不用说接触蒋介石本人了。没有门路的中国民众几乎根本不指望低级官员能对他们有任何回应。

在第三章我们曾谈及中美儿童表达能力的差异，相对应地，与美国公众人物相比，大多数中国名流也不善言辞。中华民国的缔造者孙中山，算不上是煽动力极强的大演说家，但与他身边一些知名幕僚相比，仍可称得上口才出众。蒋介石的演讲素以枯燥杂乱著称。事实上，大多数中国人都认为自己的谈吐拘谨乏味。在提前排除罗斯福、丘吉尔和苏格兰文学家史蒂文森这些演讲天才之后，我从中国近代名人里仍然找不出一位以口才著称、堪与美国名流相比的人。

中国精英阶层历来把远离群众视为身份象征。中国历史上没有说服大众的习惯和传统，统治精英不但缺少这方面的技巧，更从来不认为伟人应该建立与平民相等同的公众形象。中国精英可以爱民如子，对父母尽孝，但是绝不能像一般群众那样大笑或挤在人群里推撞。

毛泽东横渡长江的壮举应放在这一背景下加以解读——尽管这一报道受到西方传媒的百般嘲讽和挖苦。西方媒体太热衷于刺探敌对国家的失误，看待中国报道中毛泽东超乎常人的游泳速度时过于较真。这件事对中国人的真正意义在于，投身于长江激流的毛泽东与以往的领导人不同，一心想要改变现状。中国领袖很少做这种对常人来说司空见惯的事。毛泽东的行为实质上缩短了伟人与普通群众之间的心理距离。中国人对毛泽东横渡长江一事津津乐道，其实与美国人热衷于谈论艾森豪威尔爱打高尔夫球、肯尼迪爱打橄榄球、约翰逊在得克萨斯自家的牧场骑马和卡特背着旅行包步下总统专机舷梯是一样的。

文化传统毕竟不容易改变。中国人虽然兴致勃勃地谈论毛泽东出现在一些普通民众的活动中，但毛泽东仍是他们的最高领袖。报道中毛泽东在横渡世界第四大河流时的不合常规的游泳速度，不过是再次含蓄地显示伟人与公众之间存在的差距。

这一保持物理距离的风俗还影响到中国人的性观念。人们通常认为社会性的不平等限制中国女性的行动自由，将传统中闺门紧闭的习俗与印度女性会客时使用屏风、阿拉伯裔女性穿长袍和土耳其妇女佩戴面纱的传统相提并论。这些现象看似相似，其实却有很大不同。印度和伊斯兰国家延续这些传统是为了将女性与社会隔离开来。而中国少女待字闺中，不与家人之外没有婚约的男子见面，则不仅是为了两性的隔离，更是为了彰显她的身份。中国男性同样把隐居和远离群众视为身份的象征。

美国的情形恰恰相反。前文曾提到过，美国女性如果受到许多熟悉或陌生的男人瞩目，通常会大为开心；假如有个熟识的男性坦言为她的美丽而神魂颠倒，她就更是高兴。中国女性却认为这一类的注视和表白是不可接受的侮辱；女性的父亲或丈夫的社会地位越高，受辱的感觉就越强烈。如果一个美国男子冒昧地向一位七八十岁的老太太吹口哨，老太太有可能很高兴，也有可能感觉被冒犯，假如有足够的幽默感，她很可能一笑了之。而在中国古代，如果有人胆敢在公主或有身份的贵妇面前做出类似行为，他一定会受到严厉的惩处。在近现代,中国人对于这种事的态度渐趋和缓,但并没有全然消失。

新中国成立后,中国大陆与台湾的性观念逐渐产生差异。"性感"一类的西方词汇不时出现在台湾报刊里,然而由于它们暗含贬义,仅限用于娱乐明星和少数人群。中国大陆的大学生乐于受到异性关注,但如前文所述,同时与多名男性交往的女性会被打上"品行不端"的标签。中国影星在公开见面会等场合会受到影迷"围堵",但是中国影迷绝少出现美国青少年在类似情况下的那种歇斯底里。台湾虽然受到美国文化的显著影响,但男女保持距离且事关体面的观念在主流人群中没有多大改变。

在中国大陆,新中国女性以前所未有的规模走出家庭,参与到人民公社的各个领域——商店、工厂、学校、建筑工地、公共交通及政府部门的工作之中。她们穿着朴素,似乎对自己的女性魅力毫不在意,以至于许多西方观察家对新中国表现出"清教徒"的这一面大感惊诧。

这种误解仍是西方思维的产物。中国生活方式在历史上从未有过性压抑,现在依然没有。中国文化历来强调性的情境化,即性行为必须被局限在私人及社会规范允许的区域内,超出这一区域便不具有任何意义,这在前两章已有论述。保持距离对中国女性而言攸关体面。中国人尽管有男尊女卑的传统观念,对职业女性却很少表现出歧视,个中原因正在于此。在新社会里,越来越多的中国女性走出家门,与男性并肩工作在职场、政界及影坛(一种非中国化的现象),西方观察家由此期待西方式的公开展现女性魅力将随之盛行。不过,回避公开展示两性之爱的中国传统模式,其实有助于新中国调动更多人力资源以加强经济、政治建设,因为它将家庭以外的性的不良影响降至最低。

从这个角度看,我们就不难理解为什么演员在中国不被认可,在美国却享有极高声誉。中国演员受到轻视,是由于把身体当作一种资本加以展示；美国演员受到追捧，是因为他们的人生经历证实了靠个人奋斗一定能获得成功的信念。在美国，这一趋势已愈演愈烈，以至于如今好莱坞电影赞助商只要求演员长得足够漂亮，根本不在乎他们有没有表演才能。

当然，有人会提醒说，影视明星毕竟不能和美国总统以及新英格兰的蓝血贵族相提并论。就在数十年以前，美国城镇上的高级酒店可能还选择将他们拒之门外。在某一特定时点，谁可被算作名流，并不是本书要讨论的重点。人们对待影视明星的态度只不过是长久以来根深蒂固的文化传统在近期的一次重演。好莱坞大牌明星助选的现象在美国由来已久，在1968年的总统竞选期间达到新的高度。民主党候选人尤金·麦卡锡（Eugene McCarthy）的身边站着一些影视红星，如保罗·纽曼(Paul Newman)、迪克·范·戴克（Dick Van Dyke）、琼·贝内特（Joan Bennett）、雷德·巴顿斯（Red Buttons）、弗德里克·玛奇(Frederic March)、梅尔文·道格拉斯(Melvin Douglas)，等等。罗伯特·肯尼迪（Robert Kennedy）依靠的则是另一批实力相当的明星，如萨米·戴维斯（Sammy Davis, Jr.）、马龙·白兰度（Marlon Brando）、沃伦·比蒂（Warren Beatty）、劳伦·白考尔（Lauren Bacall）、玛琳·黛德丽（Marlene Dietrich）和杰克·帕尔（Jack Paar），等等。尼克松总统的竞选团队里有金格尔·罗杰斯（Ginger Rogers）、鲁迪·瓦利（Rudy Vallee）等人的身影，而前童星秀兰·邓波儿则频频参与共和党的助选活动。(《芝加哥美国人》，1968年4月15日）

1953年，我在本书第一版中写道："可以放心地预测，随着时间推移，美国演艺界人士由于在专业上依赖公众支持，不但越来越会迎合观众，社会地位也会进一步获得提升。"[7]这一预言的验证一方面是由于明星越来越多地被卷入助选活动，另一方面也是因为乔治·墨菲（George Murphy，曾任美国参议员）和罗纳德·里根等人在竞选中的大获成功。在1980年的总统大选中，反对党候选人和媒体或公开或隐晦地攻击罗纳德·里根年龄偏大，但从未对其演员经历加以指责。

在中国，当众表演历来是被人瞧不起的。在20世纪初，一些中国演员渐渐能够收获国人的追捧和高额收入。但到30年代，当中国京剧泰斗梅兰芳被美国波莫纳学院授予荣誉博士学位的消息传来时，国内舆论仍然一片哗然。许多中国学生颇有微言，称他们"早知道美国文凭不值钱，现在就更不值钱了"。

美国读者在看到下面这件发生在80年代台南的小事时或许会觉得不能理解。有个艺名叫"意如"的女歌手在夜总会表演时，唱了一首"妈妈让我快点嫁人"的歌。在唱到"我不会嫁给像你一样的傻瓜""我不会嫁给像你一样的癞蛤蟆"这两句歌词时，她开玩笑地指着观众席里一位姓蔡的年轻人。蔡先生恼羞成怒，拿起茶杯向歌手砸过去，弄伤了歌手的左腿。（《联合报》，1968年2月23日）

这一事件戏剧化地展示了人类学家所定义的"文化冲突"。在西方，演员在演出时对观众做出的亲昵举止一向是可以接受的，但中国人就没有这样的习惯。在这个案例里，蔡先生的怒气或许是因为某个细节触及了他的底线，但显然也与中国人一向把女艺人等同于水性杨花的女人有关。

这些心态上的差异似乎足以解释中国人和美国人在英雄崇拜中获得的不同满足。美国人向英雄致敬，偶尔是因为这些人给民众带来了福祉，譬如为乔纳森·温赖特将军（Jonathan Wainwright）①及其他二战英雄举办盛大宴会。但在多数情况下，美国人更倾向于为英雄人物的魅力所折服，哪怕他们只能间接地分享英雄们的无上荣光。

个人魅力在美国是道德中立的。美貌、性感、冒险精神、敢作敢为、挥金如土、桀骜不驯、反抗权威，甚至丑闻，都可以增加美

---

① 乔纳森·温赖特：二战期间美国著名将领，在被困菲律宾战场、弹尽粮绝的情形下，为了保存数万名美军将士的生命，选择投降日军，沦为日军囚徒。1945年9月2日，温赖特中将在密苏里号战舰上见证了日本投降，战后被奉为美国英雄。

国人的个人魅力。一些美国人很容易就会崇拜上南极探险客和举重冠军。此外，在美国史上最扑朔迷离的劫机案中获取20万美金并顺利跳伞逃逸的丹·库柏（D.B. Cooper）赢得了许多人的高声喝彩。爬上世贸大楼与纽约市长科赫（Koch）一起参与新闻发布会的青年，在假释期间违规接受新闻采访及出版合约、卡特总统行为不良的侄子威利·斯潘（Willie Spann），靠编造美国著名企业家霍华德·休斯（Howard Hughes）自传而骗取出版商巨额酬金的克利福德·欧文（Clifford Ivring），与俄亥俄州议员韦恩·海耶斯（Wayne Hayes）进行性交易、领取政府薪金后又将此事曝光的伊丽莎白·雷（Elizabeth Ray），都可以成为美国人眼中的英雄。

电影《火车大劫案》（*The Great Train Robbery*）的最后一幕戏剧性地诠释了美国人的这个特点。主席法官在严词谴责劫匪的恶行之后，问他为何要触犯法律。劫匪回答说："我需要钱！"在场的人哄堂大笑。当警察把戴着手铐的劫匪押出法庭时，人群一度陷入混乱，每一个人都伸出手想要触碰劫匪。一个年轻女孩还强吻了他。最后的镜头揭示劫匪神秘逃脱了警察的羁押，消失不见了。这时观众席中爆发出雷鸣般的掌声。

个人魅力的光环甚至给暗杀总统的刺客遗属营造了惬意的生活。刺杀肯尼迪总统的嫌犯李·哈维·奥斯瓦尔德（Lee Harvey Oswald）的遗孀收到同情人士捐赠的7万美金，又"把一些照片和私人经历高价卖给世界各地的刊物"，接着"起诉联邦政府索赔50万美元，声称这是奥斯瓦尔德被司法部门剥夺个人影响而带来的商业价值"。

奥斯瓦尔德的母亲向媒体提供了他的信件（根据字数，每封售价1000—5000美元）、海军陆战队服役期间的射击成绩单、小时候弹的风琴（据她自称）、身着制服的照片，每一件均要价几百至几千美元。她开价以250美元出售一个镇纸，上面刻着："我的儿子——李·哈维·奥斯瓦尔德，即便他死了，他也比任何活着的人为这个国家做出了更大贡献。"当一个购买者抱怨价格太贵时，奥斯瓦尔德夫人厉声答道："开什么玩笑！他可是李·哈维·奥斯瓦尔德！"[8]（《新闻周刊》，1967年12月4日）

这个事件里多少有些收藏动机存在，而且许多对奥斯瓦尔德着迷的美国人都被视为行为乖张的怪人。但令中国人大为吃惊的是，奥斯瓦尔德这样的人竟然形成了这么强大的个人影响力，以至于他的妻子和母亲可以也愿意利用公众的好奇心谋利。

中国人一旦理解美国文化的基本前提，就不会对此大惑不解了。情境中心的生活方式使中国人与他的社会关系网紧密相连，因此，中国人很难把奥斯瓦尔德与他的妻子、母亲截然分开。中国人认为罪犯的近亲也应该承担一部分罪责，无法想象他们竟然还能靠此谋利。而个人中心的生活方式，使得美国人首先且主要依据一个人扩大其个人成就的能力来评价其行为。这种观念表现在两个方面：一是有功独享，有过独当；二是，如果犯下了如奥斯瓦尔德那般可怕的罪行，它惊世骇俗的程度会模糊掉是非的标准——道德中立的个人魅力掌控了一切。奥斯瓦尔德从一无是处的浪子，摇身变成家喻户晓、让世界为之震撼的大人物。于是，奥斯瓦尔德的母亲刻在镇纸上的那段话几乎可算得上是事实（也有人斥之为歪理）。有多少美国人仅凭个人事迹就能赢得全世界对美国的关注和同情？如此成功的人难道还称不上是英雄吗？他至少要算是一个了不起的枭雄。

中国人通常因以下两个原因才会生出钦慕之情：英雄人物建立了难以企及的道德模范；或真或假地造福过民众。中国人崇拜祖先，是因为"父亲赐予我们血脉，母亲哺育我们成长"。皇帝及官员"掌管国家，使百姓安居乐业"，于是他们的命令必须得到遵从。三国时的大将关羽忠于结义兄弟，誓死反抗曹贼，成为受众人膜拜的武圣。中国各地都有供奉宋代名将岳飞的祠庙，人们借此纪念他对母亲的一片孝心及不畏牺牲的抗金精神。唐玄宗比其他中国皇帝更加喜爱在宫内排演戏剧，虽然不参与演出，仍被戏曲艺人奉为行业之神。大量历史故事描述老百姓成群结队赶来，为任期将要结束、清廉爱民的地方官员送行。这些故事不厌其烦地描述当地人对这些官员如何感恩戴德、依依不舍，按他的形象制成泥塑，放在寺庙里供奉。老百姓与官员的距离仍然存在，供奉官员的理由一般是"清廉"和"爱民如子"。

美国人一般难以理解中国人为什么会公然且卑微（今天依然如此）地宣告他们对伟人的服从。前文曾提到过，蒋介石及其母亲的生日一度是台湾省最隆重的庆典。不懂汉语的读者大概很难理解传媒报道中近乎讨好的煽情词句。

各大媒体不仅热衷于报道岛内的庆祝活动，还大量刊载各级官员和学者的诗歌、论文，为蒋介石的学识、军事思想及生活哲学大唱赞歌。1966年，蒋介石79岁寿辰期间，有个知名学者发表了一篇题为"正气与长寿"的文章，回应了另一位权威人士之前同一题目的文章，但从"科学"角度补充了更多"详尽"的事实。作者在分析了汉语中近30种所谓"气"的用法之后得出结论，蒋介石身上的"正气"乃是"革命之气"。这种"正气"使他得以健康长寿。（"中央日报"，1965年10月31日）

美国人一旦了解中国文化以情境为中心，这类行为就不会再令他们摸不着头脑。在中国这种文化背景下，行为的首要准则是是否与社会身份和社会情境相适应，个人偏好是次要的。因此，节庆活动与仪式典礼的日益隆重，是缘于社会的需求，而非个人心理的必要。

换句话说，中国人虽然表面上对偶像百般推崇，但他们这样做有可能更多为了满足社会期待，而不是表达真情实感。美国人的英雄崇拜，核心在于个人魅力而非形式。

中国人的英雄崇拜，如果我们可以这样形容的话，主要基于上级对下级、要人对平民、施恩者对受益者的社会关系。它与内心的心理活动关联不大。美国人的英雄崇拜，也许才是真正的英雄崇拜，以伟人与准伟人、艺术家与准艺术家、明星与准明星之间的情感纽带为基础。崇拜者在英雄身上找寻的不是后者是否为社会做出过贡献,而是前者尚未实现的自我及梦想。

这正是"杰出人物"——体育明星、电影明星及其他名流——在美国形成了如此强烈的广告效应的原因。卡尔森船长(Henrik Kurt Carlsen)提供了一个反面案例,由于他不愿接受众人瞩目,而使公众及试图利用其偶像效应谋利的人大失所望。卡尔森是一位货船船长,单枪匹马地在北大西洋的暴风雨里抢救出自己的货船,因而连续几天占据了美、英两国传媒的头条。据《本周杂志》报道(题为"英雄的地狱",1952年5月10日),在最艰难的时刻,卡尔森只能靠一台收音机与救援船联系,从这时起他开始收到"成千上百份邀请其代言各种各样物品(包括香烟、火花塞、毛衣)的协议"。卡尔森安全登陆之后,这一类的邀请、游行派对入场券、授予荣誉市民及各式团体荣誉会员的资格证书……更是如雪片一般飞来。他的崇拜者与其说是要表现对这位英雄的崇拜,不如说是有意分享光环之下的商机。但卡尔森船长是个生性谨慎理智的人,有能力分辨真诚的赞誉和只想借助他的事迹谋利的曲意逢迎。他感谢这些人的好意,在与家人商量之后,仍然决定不代言"啤酒、手表及其他任何商业产品,因为不想毁掉一个海员拯救船只的战斗"。卡尔森最后宣布自己希望尽快回到海上(他确实这样做了),这样,"人民会永远忘记英雄崇拜这回事。"

在过去,中国商人很少用"某知名人士曾经使用"的方式诱导公众购买某品牌的香烟、毛衣和护肤品。中国人崇拜英雄是因为他们的地位和成就可给普通人带来福利,对模仿偶像的生活细节不感兴趣。

中美两国偶像在社会生活中的不同分工还带来以下一系列有趣的对立:中国偶像可以持久地保持声望,而美国偶像受大众欢迎往往是昙花一现。中国英雄一旦失势,难以东山再起,而美国英雄在一时失意后仍可卷土重来。中国人的偶像不多，多半是历史人物，美国人的偶像则数不胜数，大多与崇拜者属于同一时代。人的情感起伏不定，因此新一代的美国人总在试图打造属于自己这个时代的英雄；社会纽带历久弥新，中国人世世代代崇敬的都是一些相同的历史人物。

中国偶像始终与民众保持距离，因此偶像的不幸遭遇很少会成为崇拜者的心理上的威胁，只有那些完全依靠偶像的存在而生存的人才会受到扰动。中国人虽然同情他人的不幸，但在情感上不会因为偶像从神坛跌落而被触动。

人们很少意识到，偶像—崇拜者的中国模式不仅对朝代更迭有一定影响，还可以部分地解释民国时期的军阀乱局。1911年清王朝覆灭，中国为军阀所割据，他们各自占据一块地盘，实力有强有弱。张作霖（1936年在西安事变中挟持蒋介石的"少帅"张学良之父）盘踞在中国东北，地盘比得克萨斯州大得多；阎锡山占据了紧邻黄河的山西省。大军阀人多势众，有时会主持、建立与其他军阀的同盟，也有一些军阀通过吞并弱小壮大自身实力。这些军阀在其辖区掌握绝对的生杀大权，彼此之间不断爆发战争。他们靠武力成为地方上名副其实的土皇帝，然而没有哪个军阀有能力统一全国，他们手中的权力也不被其他军阀及中国老百姓认可。

并非所有军阀都是残暴及粗俗的。事实上，基督将军冯玉祥[9]相当开明，而另一些军阀，如阎锡山等人，甚至一度着手发展当地的工业。大部分军阀的故乡都在其属地之内，因此这些人对当地民生相当了解。

中国的军阀没有真正愿意与之共患难的追随者。有些人在某个军阀被击垮后依然追随他，只是为了靠他谋取官位。失势的军阀想再度崛起，只能靠组建一支新军（在日本或欧洲某国帮助下），抑或密谋推翻他的对手。这些军阀缺乏群众基础。中国老百姓为税收和战乱的痛苦所困扰，根本不关心这些人的起起落落，他们上台时，没人为之欢呼喝彩；黯然离开时，也不会有人伤心落泪。

中国军阀从来没有赢得成规模的追随者，多少与他们给中国及民众带来的灾难远多于幸福有关。但是，我认为假如这些军阀是美国人，在美国近代史上发挥过类似作用，他们至少会获得某些美国人的崇拜。

将美国崇拜者和他的偶像连在一起的，是一种亲密的情感。偶像的成功就是他的成功，偶像的失败也等同于他的失败。美国人心理上的安全感有赖于偶像的成败，自然要千方百计地帮助偶像重建昔日荣光。这也就是为什么尽管"水门事件"揭露出尼克松总统与许多不端行为脱不掉干系，迫使其最终辞职，但他在美国仍然有大量拥趸。

一旦认识到这一层心理联系，我们就能够理解为什么美国人如此热衷于解读名人的内心世界，而中国人则对此根本漠不关心。精神分析学派创始人弗洛伊德与威廉·布利特（Willianm C. Bullitt，于1919年陪同威尔逊总统参与《凡尔赛和约》谈判）合著了《托马斯·伍德罗·威尔逊：心理分析》（Thomas Woodrow Wilson: A Psychological Study）一书，试图以与父亲相认同的心理分析理论来解释这位总统的性格和行为。1978年，多莉丝·费伯（Doris Faber）在她的《总统的母亲》（The President's Mothers）一书中宣称美国历史上有38位总统，包括约翰逊和罗斯福在内，都是"妈妈的乖儿子"。在中国出版的、与领导人相关的出版物与此毫无相似之处。中国人与偶像的关系是以情境为中心的，他们对领导人的内心世界没有多大兴趣。

美国学者经常不自觉地将美国式的英雄崇拜移植到中国舞台上，因此他们才对蒋介石的领导能力产生了巨大的误解。对于蒋介石的继任者蒋经国，美国人的认识也没有任何改善。在20世纪30年代，美国宗教界人士一度为蒋介石在政治巅峰时期接受洗礼而欣喜若狂。根据美国广告心理学，或许还有对于君士坦丁大帝

(Constantine)①的遥远记忆,蒋介石的受洗与其大多数追随者的基督教化应该只剩一步之遥。然而,这类期望并未成真。大约在30年代末期,西方人士惊讶地发现蒋介石正在推行一种融合基督教、儒教、基督教青年会、纳粹主义等许多元素的"新生活运动"。这一运动的成果是中国政府建立了更多的官僚机构,使得从未平衡过的国家财政更加举步维艰。当蒋介石以希特勒的"青年团"为模板设立"三民主义青年团"之后,原本期望过高的美国人更是大为恼火。蒋介石进一步模仿希特勒的《我的奋斗》出版了《中国之命运》,拉响了这些美国人心中的警铃。这一系列事件未如美国人预想的那样对中国社会产生重大影响,而对于蒋介石的政治地位也没有构成任何实质性的帮助。在蒋介石的权力即将终结时,大多数他曾经的支持者匆匆倒戈而去。值得一提的是,大规模的背叛就发生在日本投降、上海市为蒋介石举行盛大欢迎仪式之后不久。

由于不了解中国式的英雄—崇拜者的关系,美国人一直试图找出美国和蒋介石失败的根源,比如美国政府方面是否出现了出卖蒋介石的叛徒;采用另一套对华政策或许可以使美国不至"失去"中国;国民党政府才是导致美国对华政策失败的主因,蒋介石本人不必承担所有罪责,等等。一些美国人天真地以为有一天蒋介石将召集他的追随者,重新夺回政权。当然,他们最后彻底失望了。

注释:

1. 林德伯格(Lindbergh)独自飞越大西洋以及海军上将伯德(Byrd)南极探险,赢得了全美公众的认可,这或许可被视作当代美国最轰动的自我依赖之举。他们将各自的经历出版成书,书名贴切而富有象征意义,分别是《我们》(指林德伯格和由他驾驶的飞机)和《独自一人》。值得注意的是,人们认为两人的成功与交通技术或科学的发展毫无关系,而必须归因于英雄人物罕有匹敌的个人意志。林德伯格的《我们》一书得到了航海家威廉·威利斯(William Willis)的响

① 君士坦丁大帝(280—337):第一位皈依基督教的罗马皇帝,于公元313年颁布《米兰敕令》,自此基督教在罗马帝国境内成为一种合法的宗教。

应,可惜他因疝气发作未能完成预想中独立的横跨大西洋的航行。他说:"我把手轻轻地放在小船(3.35米长、0.15米宽)上",然后宣布:"我们一定会回来的。"(《生活》,1968年10月4日)

2. 1967年,威斯康星州红花岗岩镇组织的一场高中校友聚会受到了公众的广泛关注。该活动本来是为校友组织的,但规模被极大地扩张了,"曾经在那里居住或是知道这个小镇的人都收到了邀请。"(《芝加哥日报》,1967年7月29日)该活动原本计划接待4000位客人(另一报道则称是1000人),最终却有10000多人蜂拥而至。"他们来自全国各地,成百上千的人只是来凑凑热闹。"(《芝加哥论坛报》,1967年7月31日)我采访了一个正要返回伊利诺伊州埃文斯顿的男人。他在红花岗岩镇玩得很愉快,但没有打算再来一次,也不知道那些在这里度过青少年时代的人还会不会重返小镇。

3. 这一习俗不是因为特别重视明星的缘故,因为美国报纸同样也把罪犯的名字与其出生地相互关联。

4. "西城"是我给这几年中调查研究的一个半农村化的小镇所取的名字。我把这一研究写成了两本书:《祖荫下》和《宗教、科学与人类危机》。

5. 中国人认为住宅、坟地及稍具规模的村落都具有一些带来好运或不幸的因素,即该地的"风水"。人们会请风水先生测算一方土地风水的好坏。在第九章,我们将会再次涉及这个问题。

6. 这种现象在欧洲也较少见。

7. *Americans and Chinese: Two Ways of Life*, pp. 156–157.

8. 奥斯瓦尔德的家人并不都是如此唯利是图。他的哥哥兼好友罗伯特在得克萨斯州经营一家砖厂,拒绝利用他与奥斯瓦尔德的关系谋利。(《新闻周刊》,1967年11月4日)

9. James E. Sheridan, *Chinese Warlord: The Career of Feng Yu Xiang*.

第七章
对政府的不同态度

几个世纪以来，中国人一直流行玩"升官图"这种游戏。玩这个游戏只需要骰子和一张画着从书生至宰相的官阶表。游戏参与者在图表中的地位是上升还是下降，由掷骰子决定。官阶爬得越高，就可以从仍逗留在较低官阶的人手中赢更多的钱。知识分子和文盲都能玩这种游戏，但文盲玩的时候需要找一个能读懂图表的人帮忙。

政府权威

升官图的盛行可说是中国历史的真实写照。直到20世纪初，中国人若想名利双收，仍然只能通过做官这一途径；美国人如果想达到同一目的，则有许多种方法。在上一章探讨英雄崇拜时，本书提到的中国人大多是政府官员，美国人则来自政界、体育界及娱乐界等不同领域。这不是我的一时疏忽，而是有意为之。传统中国除了南方一年一度的龙舟竞赛，几乎没有什么公共体育活动，从戏曲到马戏等多种多样的娱乐活动倒是值得夸耀一番。美国读者如果在新中国成立前曾游览过北京，或许还记得"天桥"这个地方。它像是一个巨大的游乐场和集市，可以看到耍猴儿、儿童杂技、戏曲曲艺、西洋景、拳击角斗、相声、口技等各种室内及露天表演。

在接触西方国家之前，我对中国相声与滑稽剧不是很在意。虽然有些语句不宜付之报端，但北京天桥的相声演员身上同时融合了伦敦海德公园里的演说家及有好战精神的西方报纸社评人的特征。

回想起来，有些滑稽剧演员确实堪与美国最具票房号召力的脱口秀明星相媲美，只是他们生活在一个演员被公众歧视的社会里，绝不可能成为中国人眼中的英雄。

在上一章我们看到，两千年来，文化官僚一直牢牢占据着中国社会的最高等级。地位较低的军官和含着金汤匙出生的皇族，也只能靠读儒家经典来提高声望。[1]据我所知，在1949年之前的中国，没有一个演艺人员有资格进入大雅之堂。

在古代中国，皇族与官僚一直是最大的奢侈品消费人群，官员与普通百姓之间的贫富差距非常大。18世纪初，一位知县的年收入根据辖区大小在800元至1500元之间波动，而到了20世纪，物价水平相对当时已大幅上涨，北京有一批专门制作精美织毯（美国人拿来当作奢华的室内装饰品）的熟练工人，年收入仅有68元至102元。[2]换句话说，职位最低的官员与技术最娴熟的工人的收入比超过了10∶1。事实上，二者的差距比统计数据显示的更为惊人，因为工资是一个工人的全部收入，而知县往往有很多灰色收入。比知县职位高的官员大多可以拿到成倍增长的收入，但在官场之外，很少有人收入高过熟练技工。

经营盐业、丝绸业及钱庄的商人有可能发展成富甲一方的巨贾。只要有足够的可行性，这些商人及其子孙会迅速建立与官场的联系或干脆自谋官职。唐代诗人杜甫的不朽诗篇揭露出上流社会与底层百姓生活的巨大反差：

> 朱门酒肉臭，
> 路有冻死骨。

中国皇帝及宫廷生活的奢侈骄矜是难以想象的。给慈禧太后做过两年侍女的德龄公主在《清宫二年记》（*Two Years in the Forbidden City*）一书中向西方英语世界的读者揭示了贵族生活的一角。末代皇帝溥仪在退位之后仍和他的随从一起留在紫禁城里，过着极度奢华的生活。[3]

中华民国的建立没有改变统治者与被统治者的贫富差距。虽然找不到一份精密的数据足以说明官员们积累了多少财富，然而据称1929年仅在天津通商口岸一处，退休阁臣、政客及军阀[4]持有的资产就不少于3亿元。1931年6月，1100家注册的中资企业运营资金总额才不过5.56亿元。[5]中华民国的首都从北京迁至南京后，大批官员向上海这个大都会聚集，可惜找不到有关这些人财产规模的数据。在国民党政府的权力巅峰期，以蒋介石、宋子文、孔祥熙为首的政府要人在上海公共租界和法租界修建了大量豪宅，这些人时常乘坐专列在南京和度假别墅之间往返。少数现代企业家，如在上海设立7家大纺织厂的荣宗敬和在上海以北的重镇南通经营实业的张謇，确实过着富裕的生活，但这样的资本巨头难得一见。

美国各阶层的收入情况恰好是相反的，通常由工商业巨头及影视红星占据榜首。美国总统的收入远低于任何一位通用汽车公司副总裁。[6]白宫的魅力仅在于其象征意义，尤其是在把它与旧金山报业大王威廉·赫斯特（William Randolph Hearst）和《芝加哥论坛报》创始人麦柯马克上校（Colonel McCormack）的大型豪宅以及某些工业家、金融家的乡间别墅相比时。从内阁部长到地方治安官，很少有美国官员生活得比从事各行业的国民更加优越。事实上，一个美国工人的工资比政府基层人员的工资要高。我们还应注意到，一个美国人如果想为政府工作，必须家境殷实或另有收入来源，譬如在外交部门工作，仅大使官邸的租金一项就已超出大使本人的年收入。因此，中华民国的百万富翁相对少，且多是宋子文、孔祥熙等现任或往届政府要员，像荣宗敬这种靠实业致富的人少之又少，美国富豪在人数上则远远多过中华民国的富豪，铁路大亨范德比尔特、汽车界巨子福特、石油大王洛克菲勒等人均出身于工商业界。这些现象绝非偶然。

在传统中国，做官的经济回报极为巨大，确实可称得上最赚钱的事业。美国公务员的收入则远远低于其他行业，政府很难吸引到优秀人才。中国政府在社会、经济生活中的重要地位，与皇帝及官员掌握的权力密切相关。而美国政治领袖之所以受人尊敬，则全是凭借个人取得的成就。至于数以千计的一般行政官员，在政府工作这一事实，几乎不能给他们带来任何额外的好处。中国的文化传统不仅吸引胸怀大志的人抢夺在政府部门工作的机会，还进一步加重了群众在思想及事实上自发服从统治阶层的倾向，恰如中国一句俗谚所说：天下没有不收税的皇帝。

从公元前3世纪一直到20世纪初，中国一直实行帝制。皇权是至高无上的，不存在所谓民意及多数决原则。皇帝"拥有"整个国家，统治他的"子民"。皇帝被允许按照个人意志单方面修改任何一条法律，从朝廷大臣到乡野农夫，每个违背其意志的人都有可能被处死。

道光皇帝对力主禁烟的林则徐的处置，是最典型的例证之一。林则徐被派到广州阻止英国倾销鸦片。英国商人在官府勒令下交出大约20万箱鸦片，林则徐当众将这些鸦片付之一炬。林则徐要求这些商人签署一份不得再向中国售烟、违者处死的保证书，但遭到拒绝。为此，他一方面加强地方上的军事防御，另一方面下令禁止一切中英贸易。由于不能彻底突破林则徐的防御，英国海军沿海北上，在上海一带击败了中国守军。这就是史上著名的鸦片战争。战后清政府被迫签订《南京条约》(1842)，它是近代中国与西方列强签订的第一个不平等条约。林则徐以"挑起战争导致败局"而获罪，被流放到西北的沙漠地区。直到道光皇帝死后，继位的咸丰皇帝迫于形势，不得不重新启用林则徐以镇压叛军，他这才得以恢复官职。

中国帝位采取世袭制。传说在上古时期，王位继承曾经采用兄终弟及制，即君主死后将王位传给最年长的弟弟，以此类推直至年龄最小的弟弟。等到年龄最小的弟弟死后，王位再转由长兄的长子继承，由此开始下一轮循环。然而，约在公元前800年前后，王位继承的方式被改为父终子及制。尽管改朝换代在中国是常有的事，这种继承模式却延续了下来，直到清朝才又出现新的变化，由皇帝自己在子嗣中选择继承人。

在上一章中我们讲过中国的老百姓很少有机会见到皇帝，这种情况在蒋介石执政期间也没有出现本质变化。事实上，蒋介石就任后，全国报纸、杂志和各种公开出版物就接到命令，在提及蒋介石时不能直呼其名，要用职务指代，为表示效忠之意，蒋的称谓还要比文章正文高出一两格。这种高高在上、俯瞰万民的心态源自中国传统，直视皇帝或使用皇帝的名字在过去都是大逆不道的。不妨举个例子来说明，在我父亲那一代人里，如果有个普通人取名叫"兰亭"，而皇帝新生的继承人的名字恰好与之重叠，这个平民就必须更换名字，否则将被处死。英国人也有类似的风俗，如果哪个英国公民恰好与皇位继承人查尔斯王子同名，他会换个名字或调整字母拼写，将其改为"查"或"尔斯"。最高级别的官员在中国皇帝面前必须当众下跪，正如老百姓打官司时要向所有官员下跪一样。只有在古代中国这种社会氛围里，才会有老百姓为清正廉明的官员塑像和兴建祠堂，世世代代加以供奉。

回避皇帝名讳的做法进一步扩大到父母与上级身上。有一本顾维钧博士[7]的传记讲述了以下这段轶事：

> 顾博士年轻时在北洋政府里担任中级职务。有一次他有幸见到时任国务总理的唐绍仪[8]。在告辞时，唐绍仪问顾博士有无其他别号[9]。顾博士回答说他暂时还没有想到合适的。后来，唐绍仪对他的副手说，他不明白为什么像顾维钧这样年轻有为的人竟会没有别号。这个副手告知以事情原委。原来顾博士的别号是少川，恰巧和唐绍仪的别号一样。顾博士出于对上级的尊敬而回避了他的问题。唐绍仪因此非常赏识顾博士的品行，

后来把女儿嫁给了他。[10]

传记作者自称曾向顾维钧本人求证此事,对方未置可否。然而,无论此事是真是假,它的细节完全符合中国的国情。我认识一些才学不如顾维钧的人,他们也通过类似方法提高了自身的社会地位。

中国领袖与人民(或上级与下级)之间的距离感和威仪的树立对中国官僚的行为举止有重大的影响。例如,中国官员想得更多的是如何讨好上司,而不是如何让公众满意。既然做官另有目的,他们当然不在意纳税人对其所作所为有何感想。

数年前,一位国民党基层官员回顾了1935年至1937年他在南京国民政府担任市政公署理事时的工作。以下文字摘录自他的回忆录:

我是在蒋主席[11]宣布"新生活运动"的八大原则之后不久到南京走马上任的。八大原则中有四项关系到人民的衣食住行,样样都必须做到朴素、整洁、节俭和卫生。作为市政公署理事,我的责任是满足南京市民在住房和交通方面的需求。

蒋主席高度重视市政工作,简直可说是事无巨细。每天傍晚若有闲暇,他就在几个随员的陪同下,驱车到市区的某些地方视察。他的秘书一一记下他提出的改善建议。有些地方垃圾杂乱、建筑陈旧,严重影响了南京市容。路面开裂、违章建筑则是需要注意的典型城市病。蒋委员长全都看在眼里。每次视察之后,他都要下达一系列的整改命令,有时针对某个问题会连续两次下达命令。他对待工作认真勤勉,以身作则,使所有在市政府工作的同事备受鼓舞。

然而,有些事项不可能立即办好。在蒋委员长严厉督责和市政能力有限的两难中,我们终于找到了解决之道。市政公署设计并制作了许多精美的大型广告牌。我们把这些广告牌沿街道中最杂乱的区域摆放，邀请商家展出广告。如此一来，我们一夜之间就把肮脏的街区变成优美整洁的地方。这就像是在变魔术。我们收取的广告费要远远超出这些广告牌的制作费和安装费。此外，广告牌上的照明还使沿途的行人和车辆受益。

后来，蒋委员长的秘书长给予的评价是："工作完成得很出色！完全符合新、速、实、简的要求！"[12]

美国人民与政府（或阶级高低有别的人）建立了另一种关系。美国总统及幕僚在工作或闲暇时，无时无刻不在致力于获取民众支持。不懂得"平易近人"的美国政客几乎注定要一败涂地。领导人和政府官员经由选举产生，持续受到公众批评，此外，还要接受媒体、反对派、法院以及公众选票的影响和监督。[13]

两国官员所处的社会环境的差别还不仅仅是这些。美国总统与普通民众信仰的是同一个上帝，既不具备特殊的精神力，在上帝面前也与普通人没有什么差别。然而，中国皇帝被赋予超凡的神力，不仅可以施于他的子民，还可以施于亡者和天庭治下的所有神明。中国皇帝在祭天年度大典中代表他的子民，他本人被视作"天子"，地位等同于神。臣民接受圣旨要像接受神明旨意一样毕恭毕敬，皇帝仅凭个人喜好就有权力加封或贬黜神明。许多史料均有记载，中国皇帝在巡幸某一风景胜地时，可以任意为山神、河神颁赐封号。

政府高官作为中国皇帝的代表，同样可以行使类似职权。大约在公元8世纪中叶，唐朝大臣、著名文学家韩愈因为谏迎佛骨而惹恼宪宗，被贬至偏远的南方去当刺史。

韩愈上任后发现当地饱受鳄鱼之害。当地人向韩愈抱怨说，鳄鱼成群地爬出水面，侵入村庄，吞食村民和牲畜，苦于找不到对付这些鳄鱼的良策，村民们的生活已难以为继。韩愈很快找到了解决之道。他通告百姓称他本人将亲自治理鳄害。韩愈择日从官署出发前往海岸，一些当地百姓和衙役抬着大量祭品跟随在后。韩愈命人面向大海设下祭坛,将香炉、蜡烛和牺牲供奉一一摆好。当着数以百计的当地民众,他诵读了一篇《祭鳄鱼文》。该文被奉为中国文学史上的经典,我读书时还曾背诵过。在这里,谨做一段摘录:

> 刺史受天子命,守此土,治此民,而鳄鱼睅然不安溪潭,据处食民畜、熊、豕、鹿、獐,以肥其身,以种其子孙;与刺史亢拒,争为长雄;刺史虽驽弱,亦安肯为鳄鱼低首下心,伈伈睍睍,为民吏羞,以偷活于此邪!且承天子命以来为吏,固其势不得不与鳄鱼辨。
>
> 鳄鱼有知,其听刺史言:潮之州,大海在其南,鲸、鹏之大,虾、蟹之细,无不归容,以生以食,鳄鱼朝发而夕至也。今与鳄鱼约:尽三日,其率丑类南徙于海,以避天子之命吏;三日不能,至五日;五日不能,至七日;七日不能,是终不肯徙也。是不有刺史听从其言也;不然,则是鳄鱼冥顽不灵,刺史虽有言,不闻不知也。夫傲天子之命吏,不听其言,不徙以避之,与冥顽不灵而为民物害者,皆可杀。刺史则选材技吏民,操强弓毒矢,以与鳄鱼从事,必尽杀乃止。其无悔!

韩愈读完祭文,当众将它焚化,纸灰撒入大海。随后,他又拈香祝祷,在祭坛前跪拜行礼。仪式结束后,众人各自返回。据史料记载,这天晚上风雨大作,第二天一早,海面平静,潮水退去,鳄鱼从此再未出现。读者不必以科学的标准检验这个传说的真实性。因为不管韩愈是否有驱走鳄鱼的能力,当地百姓确实受到他作为中国官员的世俗权力与超自然力的感染,重拾了对生活的信心。

蒋介石及其政府高官恐怕不会认为自己具有超自然的神力。但是在20世纪30年代初及二战期间,国民党元老居正作为政府五大核心机构之一——司法院的首脑,曾代表全国民众主持求雨的祈福大会。在对抗旱灾、霍乱等灾难时,中国各地都组织过类似的祈福会,并且大多获得了地方政府的支持。大江南北的戏曲常常有这一类的剧目，即素以清廉著称的官员能进入仙界化解普通人的烦恼，甚至可以处决某些作恶的神明。

所以说，中国皇帝及各级官员绝非西方一般意义上的行政人员。中国皇帝是一国之主，而百姓是他的子民。美国总统则与普通人没什么两样，二者的地位是平等的。中国官员获得皇帝的授权而成为各个辖区的主人，治下百姓受其监护。中国官员要用他们认为合理的方式引导、处罚和保护这些群众，从社会、政治、经济乃至精神的层面，这些群众都被视作官员的子民。中国高级官员不但统治生者，同样享有对亡者的管辖权。这种执政理念在美国人看来无异于天方夜谭。

距离感及认同

至此，我们再次看到一个明显对立的现实。一方面，自有史以来，中国政府一直享有美国政府难以企及的权威和群众的无条件服从；另一方面，中国人也远远不像美国人那样对政府工作有兴趣，甚至不愿与政府官员有任何关联。

除了税收、军役和为治理黄河而推行的水利建设之外，中国老百姓与政府很少有什么密切接触。二者的心理纽带是非常脆弱的。由于关系不够紧密，一般情况下，人民对政府官员很少产生敬爱或厌恶的心理。中国官员的信仰、道德是他们自己的事，群众从不过问。反过来，管教孩子也是老百姓的家事，政府不能任意干涉。"天高皇帝远"是流传了千百年的中国俗谚，表达出中国人对这种超然状态的心满意足。看待中国人最为重要的政治生活——地方自治时，读者如果不能把它看成是摆脱政府控制的手段的话，就很难充分地加以理解。

城镇里最常见的地方组织是手工业者行会，它的重要职能之一即成为政府与劳动者之间的缓冲。这些行会为新任或即将离任的地方官举办欢迎及送别仪式。地方官上任之初必须首先会见当地行会的首脑。这些人代表行会会员的利益,会想方设法逃避政府的不当法令及赋税。

城镇行会的力量通常是有限的,但它偶尔也能形成强制力,如二战前夕北京淘粪工人的行会那样。数百年来,北京一直没有正规的排污系统。在20世纪30年代,大部分城市居民还是要靠淘粪工(被当时住在北京的美国士兵戏称为"蜂蜜车")解决每日的清理。这些赶着骡车或推独轮车的工人像美国的垃圾清洁工一样被有效地组织起来。区别在于,中国的淘粪工按月向每个家庭收费,而在大多数美国社区,垃圾工的工资由政府用税收支付。这些淘粪工深知他们的工作不可或缺,时常利用这一点谋利。每逢下雨天或任何一个传统节日,他们都向居民索要特别费。如果一个家庭要举行寿宴、婚宴等特殊庆典,他们为了要钱还会找出各种新名目。不堪其扰的居民虽然可以选择拒绝他们的服务,但几乎找不到愿意接替这份工作的人。这些行会的组织是如此严密,连纠察罢工都不需要。

1936年,一位不怕事的市长到北京就任。他认为改革势在必行,准备组织人员、车队以替代零散作业的淘粪工,相关费用改由政府税收承担。还没等他完成自己的计划,大批淘粪工人已经开始聚集在政府大楼前示威。示威者身背粪桶,手持长柄的粪勺、粪叉,吵着要见市长本人。市长当然不肯露面。这场示威持续了几天,直到感到恐慌的市民迫使市长中止了这场不幸的改革。这一事件虽然比较特殊,但是它确实展示了地方组织所具有的自我保护的力量。

从整体上看,乡村组织的日常活动和机构不像城市行会那样有特点,但依然在社区生活中发挥了相当的作用。每个地区的乡村组织在名称和形式上各不相同,若想有所了解,最好的办法就是针对某个村庄进行整体性的记录和描述。我将位于云南省昆明市周边的古城作为研究对象,1941年至1944年在那里生活了很长一段时间。

古城有200多户人,有两个地方组织同时运行。带有政府色彩的地方组织将古城人口分为两个大队,每个大队又再划为10个小队,小队长经由县长核准并对其负责。小队长的法定职责包括协助收取土地税等税收、监督办学、调解争端、招募公职人员、征用军事物资、配合警察追捕罪犯以及其他公共安全事务。

当地自发的地方组织将200户村民分为12个小组,小组长不必经由县长任命。这些人组成了一个据称是专门负责组织大型祭祀的村委会,一方面是为了慰藉已过世的祖先,同时也祈求神灵保佑全体村民免于流行病、歉收及火灾。

两套组织看似各行其是,实际上却通力合作。首先,就如企业管理者兼任董事会成员一样,许多人在不同时间内分别为两个组织工作,还有少数人在两边同时任职。其中一个组织发起的事项,常常由另一个组织协助完成。双方的工作人员都是当地村民,有共同的家族背景、社会关系和经济往来,因此,两个组织自然都有意愿保护村子免受政府的侵扰。

例如,如果政府想强征新税,两个组织的首脑就聚在一起商量村民可以负担的税务上限以及如何讨价还价。政府有时会派专员到村里重新测量、评估土地。一个村民当年还在按5亩地缴税,可能下一年就要缴7亩地的税;税收记录里的下等地,有可能会被调整为中等地、上等地,地主第二年便不得不缴纳更多的税。按民间惯例,这些调查员必须要被盛情款待、赠以厚礼。在这种情况下,村民除了要求两个组织的首脑共商对策,还会为此筹款,希望用这些善意之举减轻整个村子的税务负担。

在国民党统治时期,中国大部分地区都设置了双重的地方组织,仅在细节上偶有不同。新中国成立后,中央政府通过公开选举的方式将两套班子合为一体。于是,作为新的一种地方组织,执政党的地方机构走入了乡村生活。

新中国政府在大陆推行土地公有制。每个公社被分为若干生产大队,生产大队又再分为若干生产队。一般来说,每个生产队均由历史形成的自然村的村民组成。人民公社的规模约在 2000 户到 10000 户上下。随着新制度的建立,旧社会中由族长及老人组成的乡村自治日趋消亡,村长一度还负责人口登记和调解家庭纠纷[14],但很快人口登记被公社医院接管,各种纠纷改由人民公社下属的官员负责协调。公社是地方政府的基层单位,公社委员会管理所辖街道、生产大队和生产队,向两年一届的公社人民代表大会负责。这一组织与共产党总支部相平行,从最高一级直至生产队分别设有相应的党支部。[15]

在台湾省,有官方色彩的地方机构仍像 1949 年以前的旧中国那样,划分为县、乡、村、里。新的"选举法"授权村民自主选出村官、县长以及从"乡委会""县委会"直到"立法院"各级民意代表。[16]国民党的分支机构一直延续至乡一级,可对地方事务产生重要的影响。美国人类学家葛伯纳(Bernard Gallin)曾在台湾省蒲园乡(音译)进行乡村研究,提到"国民党办公室就在乡政府办公室的隔壁,设有几名全职人员,为地区争端、家庭矛盾提供非官方的调解……同时也义务帮助居民起草诉状或其他公文"。[17]

更有意义的是,国民党党员在各级政府机构中所占比例。在 1968 年的这届选举中,当选的"省议员"共有 71 人,其中 61 人是国民党党员;而在 20 名当选的地方长官里,17 人是国民党党员。("中央日报",1968 年 4 月 22 日)

毋庸置疑,中国大陆和台湾地区的政治都有集权化的趋势,传统社会中地方自治的影响正在弱化。

即使现代社会中央集权的趋势不可避免,我们还是应该留意社会中仍然存在不容忽视的、与之相抗衡的传统势力。西方人口中的乡绅(Gentry)就是其中最有影响力的一种。这里有必要简短地说明一下。西方学者常用"Gentry"指代中国的乡绅,其实包含着相当大的误解。"乡绅"一词指中国城镇里的地主、官僚或经由其他方式出人头地的人物。费正清和拉铁摩尔(Owen Lattimore)两位著名学者及许多专家坚称中国乡绅负责按照乡规和法律来处理耕地和征税等事务。费正清认为土地所有权是"一般来说……复杂且难以理清的",而乡绅"既是土地所有者,又是统治阶级的最低一级",必须维护他们的地位。[18]拉铁摩尔则强调由于"统计数据极度匮乏以及地契与土地权证的混乱",因此"没有地主的帮助简直无法征收土地税"。[19]

中国历史上确实缺乏足够的财政统计,而且对土地税的评估大多是不恰当的,但这不等于学者们的上述看法是正确的。数百年来,确实有不少肥沃的土地被划为下等地,而相对贫瘠的土地被划成高产的上等地。但是我从不认为中国有哪个地区的记录如此之"混乱"、土地所有权如此之"复杂",以至于政府只能靠"乡绅"干预才能征收土地税。

这些外国学者误解了中国乡绅的构成和作用。首先,他们倾向于把中国乡绅看成一个统一体;其次,又认定这些人专以鱼肉百姓为务。后一种偏见促使这些国外学者进一步去寻找中国乡绅的权力根源。然而,这两种认识都是错误的。

以古城为例,谁才是这里的乡绅呢?首先,住在村里的人不能称之为乡绅。村里有几个有大量土地的地主,但村民不认为他们中任何一人能算作乡绅。几个地主里最有钱的是李先生,然而,除非迫不得已,他甚至不敢走近当地县衙。倒是有几个人住在邻村或1公里以外的呈贡县城,他们常被县长请到府衙议事。县长有时甚至还亲自登门拜访。被请去议事的人在影响力上不如县长亲自拜访的人。这些人才是中国百姓眼中的"士绅"。西方学者笔下的"有良好组织、坏事做尽的乡绅"正是他们。

这些人是如何获得乡绅身份的呢?不是靠官阶晋升、经商或拥有土地,而主要是靠他们与外界的联系。例如,古城有一位乡绅过去曾是在省城驻军的团长,另一位乡绅曾是国民政府里的要员。这样的人,连同他们的父亲、兄弟和后辈,都会被视作当地的乡绅。

换句话说，乡绅就是在外出人头地或有强大政治、军事背景的当地人。

一个人在外地做官时，或许会像2000多年来相当一部分中国官僚那样搜刮聚敛，然而一旦回归故里，他所考虑的就是另外一些事情。与美国人不同的是，中国人与族人、乡邻的纽带是永远斩不断的。事实上，正如我们在上一章里所看到的，中国人功成名就之后，只有在故乡、在父母的家庭里，才能真正地感到心满意足，唯有置身在这些人当中，名利光环才有意义。

因此，中国乡绅不太可能会无情盘剥自己的父老乡亲，反而会想尽办法与其拉近关系，这一类的办法有很多。1941年，云南某地望族的族长去世[20]，葬礼持续了两个月之久。请僧人诵经超度及祭奠仪式在这里就不多述，值得一提的是镇上所有居民及邻近村落的村民在此期间将络绎不绝地赶来吊唁。已故族长的家人提前在四处张贴讣告，其中标明受邀各村村民参加吊唁的时间。方圆百里的男男女女不停涌入已故族长的宅院。只需送上一份慰问品，他们就可以大吃大喝一番，一些人还如愿获得了住宿的地方。这场葬礼的花费不低于100万元，按当时汇率可折算为5万美元。整个葬礼之慷慨奢华使族长及其家人的声望地位获得进一步的提升。这既是因为这家人以如此盛情款待了大家，也是因为人们亲眼目睹了葬礼的空前盛况和众多捧场者。

中国乡绅也可以用其他方式为地方乡亲做好事。1944年初，云南省扩大征兵，每个县都被指派了一定兵额。负责征兵的长官及其随从到某地后住进了一家民宅，给地方长官和当地政府下达了许多指示，要求提供食物及其他非必需品。这些征兵官员的要求还远不止于此。一看到被募来的新兵，他们就提出各种不满，不是身材太矮、体质太弱，就是瘦得没有半点力气。新兵如果向其行贿，他们倒是很干脆地就接受了。当地人和地方长官竭力满足这些人的心愿。可是，随着时间推移，这些征兵官员的胃口越来越大，地方财政几近枯竭，应征兵员却还没有满额。地方长官无奈之下称病住进了医院。同时，当地乡绅和地方组织首脑一起策划上演了一场宏大的酬神戏。

　　为了庆祝丰收或免于瘟疫而公开上演的酬神戏，一直以来都是中国各地的传统，但这次演出另有特殊意义。演出大体仍按常规进行，只是增设了向征兵官员及随员表达感谢的节目。征兵队里有身份的人被邀请坐进特别包厢，与有头有脸的当地乡绅坐在一起。在表演过程中，当地乡绅用尽好话奉承征兵团队，夸赞他们的高效、努力及随和近人，接着又表达了惋惜之情，因为征兵的官员们将要另赴他处，为另一批"有幸之人"操劳服务了。

　　这套把戏里含有两层意思。乡绅们先给征兵官员戴了个高帽，按照中国人的习俗，如果这些人还不知趣快走的话，就会被认为过于无礼。另一方面，即使这些征兵官员是天生的厚脸皮，一心赖着不走，他们还是会怕乡绅们到上面去告状，因为这些乡绅不仅在当地有影响力，与省城和中央的要人也有密切联系。征兵队的官员们，与其他官员一样，升迁之路操控在上级官员手上，因此决不敢得罪在上头有人的乡绅，更何况他们已经发了大笔横财。很快，征兵队就离开了当地。

　　地方乡绅的重要作用甚至包括制止对当地人的过分压迫。这并不是说乡绅和当地百姓一直保持着友好的关系，的确有一些村民在与我谈话时，把当地乡绅称为"恶人"。但是我们不应忘记，乡绅与普通人一样，为人处事不可能一成不变。地方百姓通常把乡绅分为两类：做好事的善绅和做坏事的劣绅。地方乡绅一般做过政府官员，从官场运作中得到过好处，不会关闭一切聚敛之门，但即便只是为了自身地位和当地利益，他们也必须在一定程度上加以收敛。于是，地方乡绅通常与一些传统力量如行会和乡村组织[21]相互配合并发挥影响。这与西方学者通常的观念恰好相反。

　　一般来说，1949年以前，中国乡村地方组织与政府组织是相互制约和平衡的，乡绅则根据具体情况，在二者之间扮演协调、仲裁、干涉、保护甚至盘剥的角色。1949年以后,共产党在大陆以及国民党在台湾皆强力介入农村事务。从表面上看,地方组织不复存在,乡绅阶层丧失了其特有的功能。但在现实中,至少在台湾省,许多过去的乡绅及乡村组织的活跃分子转而成为地方政府的官员。[22]乡村的变化在中国大陆表现得更加明显。在土地改革运动初期,乡绅阶层被大批消灭。中央政府的目标是打破长期以来乡村对国家政权的制衡。如今,地方组织越来越成为执行中央政策的工具。然而,正如我们将在第十五章里看到的,公社及其分支机构不是仅仅简单地执行上级命令,它们的反馈机制也有助于推动政府政策的调整。

从表面上看,美国联邦政府和州政府、地方政府之间的权力制衡,与传统中国的权力模式——君主及官员成为一套体系、地方组织另成一套体系,是颇为相似的。联邦的每一个州在诸多事务上享有完全自治权,有独立的立法院、财政系统和司法部门。较低级的行政机构复制了这一模式,只是程度略有减弱。不仅仅是每个州,每个城市、乡镇、村庄都精心守护着自己的权力,痛恨一切来自外部或上级的干涉。

但在本质上,美国各级官员与民众保持着顺畅的沟通,价值观相对一致,这显然不同于中国人与政府之间的关系。如果我们将中国人对政府的态度描述成"敬而远之"的话,美国人对待政府的态度则是经由平等和认同求取控制。两国人民与政府的关系,显然与我们在上一章讨论过的对待英雄的不同心态有密切关系。相互依赖的中国人,与家庭、族群和邻里保持着亲密联系,而这必然会弱化他与外部社会的联系。中国人没有必要从外界的人或事物中获得社交和情感上的满足。于是,当中国人因惹上官司或是想谋得一官半职而不得不与政府打交道时,他们会自然地套用与长辈相处时的互相依赖的模式。如果要获取经济上的好处,中国人将寄望于监管者的"慷慨";如果希望在官司中取胜,也把它当成是官员的一种"恩赐"。官员们享有对法律的解释权,中国普通百姓只有足够顺从才能获得收益。

至于自我依赖的美国人，他们必须不断脱离血缘关系以及成长过程中建立的大多数社会关系，持续不懈地追求个人成功。缺乏安全感的美国人在寻求社交上的满足时，或是要寻求家人邻里以外的某种社会关系，或是要与某个政治或其他领域的偶像达成认同。

美国人并不想与政府官员保持距离，反而对其持有积极的心态。他们领取政府津贴，好像从父母那里领零花钱一样；但正如厌恶父母的管教一样，他们也愤恨官员们干涉私人生活。美国人通过民意测验、反对党和法律手段来表达对政府的期望。这种积极的心态绝不仅仅是一种应对外界的技巧，它在很大程度上可被视作与政府的认同——难以抗拒的情感投入。中国人对官员们漠不关心，而美国人对他们的公众人物非爱即恨。他们用欢呼和尖叫、各种礼物以及写满溢美之词的信件来表达他们的爱戴，用公开谴责、侮辱信甚至恐吓信来宣泄憎恨。

在美国建国后的200多年里，已有4位总统遇刺身亡，而任何有可能被选为总统的人必须把这一类的伤害看成是从事这一工作的风险。民权领袖马丁·路德·金的遇害，一度使瑞典社会学家贡纳·米尔达（Gunnar Myrdal）[23]认为暗杀会成为美国人的生活方式。中国历史上的皇帝，除非是因为宫廷斗争，极少会被刺杀。中国皇帝深居简出，配备在身旁的卫兵最初也不是为了保障其人身安全，而是地位与权势的一种象征；美国总统身边的特工却是负责总统安全的专业人士。再则，在中国，用暴力对抗低阶官员的情况并不多见。这类事件通常由个人恩怨引发，与受害人是否做官没有关系，例如儿子要为父报仇以尽孝道、丈夫为维护男性尊严而杀掉妻子的情人，等等。美国人用暴力对抗政府官员则多是由于不满当事人的任职表现。大多数中国人不理解约翰·布斯（John Wilkes Booth）为什么把林肯总统看成暴君并刺杀他，更弄不懂西尔汉（Sirhan Sirhan）仅因总统候选人罗伯特·肯尼迪提议向以色列提供新式武器就将其枪杀的缘由。

约翰·肯尼迪总统遇刺后，中国人不太相信美国人的悲痛是由衷的，而肯尼迪总统的反对者表现出的冷眼旁观及幸灾乐祸，则更使他们大惑不解。

暗杀，这种被对某个官员及其事业的憎恨或是对其战败的对手及其失去的事业的热爱所强烈驱使的行为，集中体现了美国公民与政府官员的情感纽带。而中国人在2000多年里一直用消极方式应付政府，筑就了厚实的壁垒以便尽可能地与统治者相隔绝。

读到此处，读者或许不再觉得美国的政治分裂难以理解，一群美国人在其领袖领导下对抗另一群美国人及为其代言的官员（双方的分歧有可能因地理位置、收入水平、种族、宗教等造成）；而在传统中国的政治舞台上，只存在人民和官员之间的对抗。中国有句流传已久的俗谚"官官相护"，就是在谴责官员之间联合起来对付老百姓。美国的政治斗争则大多体现为某些官员及一部分群众结成联盟以对抗由另一些官员领导的同类联盟。

注释：

1. 事实上，直至20世纪80年代，中国台湾仍然存在这种情况。"中央日报"（1980年2月6日）介绍了一个女孩如何鼓励她的少尉军官恋人多读一些军事领域之外的著作，并且指出"中国历史上的著名将领个个文武双全"。1978年以前，毛泽东临写的诗词在中国机场、宾馆及公共礼堂，几乎随处可见。"四人帮"垮台之后，这些作品有不少被代以中国山水绘画。然而，在1980年10月我访问中国时，尽管在北京见得不多，但长沙、武汉、昆明等地的宾馆和办公大楼仍然到处悬挂毛泽东的书法和诗词。
2. 除非特别标注，本章所用的"元"是指中国通用货币，其价值随年代不同而略有变化。从1900年至1935年，中美两国货币的汇率大约为3:1，1935年这一数字降至5:1。1937年爆发的抗日战争触发中国国内通货膨胀，1942年中美货币的汇率大致降到20:1到100:1之间。1944年，该汇率已完全失控，无法确认。
3. 爱新觉罗·溥仪，《从皇帝到平民——爱新觉罗·溥仪自传》。
4. *Quarterly Journal of Economics* of the Chinese Economic Society, Shanghai, December 1932, p.71.
5. Investigations of the Ministry of industry, quoted in C. H. Lowe, *Facing Labor Issues in China*, p.13.

第七章　对政府的不同态度　181

6. 在1953年3月的《读者文摘》中，有一位母亲讲述了以下的故事：有一天，她13岁的儿子回到家里，称全班只有他自己在社会生活测试里拿到满分。在这位母亲问及考试内容时，儿子告诉她，唯一一道他不知道答案的问题是"美国首席大法官的收入是多少"。然而，这个孩子还是想出了办法。他知道著名棒球球员泰德·威廉姆斯（Ted Williams）在联赛中的年薪是10万美元，而且"认为首席大法官的收入应该在他1/4的左右"。于是，他填写了正确的答案：25000美元。现在，首席大法官及其他政府官员的年薪当然超过了25000美元，然而工业界、商界和娱乐界的收入增幅更高。
7. 1912年之后，顾维钧曾任北洋政府的外交总长及总理、中国驻美大使、海牙国际法庭法官等职。
8. 曾任清政府的中国驻美公使。
9. 即中国文人在社交场合使用的名字。
10. Yu-shou Kuo, "Events in the Life of Dr. Wellington Koo and the Secret of His Diplomacy" (*Central Daily News*, Taipei, August 30, 1964).
11. 蒋介石当时是国民政府军事委员会主席，这只是他兼任的许多职务之一。
12. From Hsi-shang Sung, "Chih The Hui Yi Ti Shih" (Events Worthy of Reflection), reprinted in *Central Daily News*, Taipei, October 26, 1968.
13. 若要了解民意对美国政府，特别是行政机构的影响，参见Charles S. Hyneman, *Bureaucracy in a Democracy*；了解利益集团对政府的影响，参见Edward Pendleton Herring, *Public Administration and the Public Interest*和David B. Truman, *The Government Process*。
14. Isabel and David Crook, *The First Years of Yangyi Commune*, p.30.
15. 同上，196页，以及Lau sui-Kai, " The People's Commune as a Communication Network in the Diffusion of Agritechnology", Godwin Chun and Francis L.K. Hsu, eds., *Moving a Mountain: Cultural Change in China*, pp.125-149.
16. Bernard Gallin, in *Hsin Hsing, Taiwan: A Chinese Village in Change*, p.21. 它提出县政府是农村居民"参政的最高政治单位"。这份调查报告大约完成于1957年至1958年之间，1968年4月以后，选举范围拓展到省一级，70年代以后省主席均由台湾省人士出任。
17. 同上，22页。
18. John King Fairbank, *The United States and China*, p.39.
19. Owen Lattimore, *Solution in Asia*, pp.106-107.
20. 有关当地生活的细节，参见Francis L.K.Hsu, *Under the Ancestors' Shadow*.
21. 我对乡绅作用的判断可在中国西南部某村庄的名流的人生经历中得到验证，参见Yung-the Chow, *Social Mobility in China*, 特别是其中的第二章，"The Statue Structure", pp.46-94.
22. 台湾学者近年来的著作并未过多提及"乡绅"，但本书所描述的权力特征是真实存在的，参见Chung-min Chen, *Upper Camp: A Study of a Chinese Mixed Cropping Village in Taiwan*.
23. 他在种族问题领域是美国家喻户晓的学者，参见*An American Dilemma*.

第八章
政府的弊端

中美两国人民在面对政府、官员时的不同心态，不足以解释他们所有的政治行为，因为正如人类社会生活中的某些行为一样，政治行为容易受到诸多因素的影响，不时偏离常态。但是当我们试图弄清一些社会现象（例如广受非议的腐败问题）时，这些根深蒂固的心理倾向可以为我们提供有益的范式和参照点。

腐败

国民党政府在大陆执政期间，甚至在它退守台湾之后，美国人收到了大量有关国民党腐败情况的官方及非官方报告。[1]进入50年代后，美国政府内部爆出大量这一类详尽无遗的腐败调查报告。我们是否可以根据这些表面上的相似，断言1949年前的国民党政府已腐败得无可救药，而美国政府也正步其后尘呢？

国民党政府的腐败，与历史上文化官僚及普通百姓之间巨大的生活水平差异有关。中国官员发现他们不得不靠灰色收入维持与地位相符的生活水准。他们的铺张浪费不单单是由于追求过分的奢华。许多人之所以极尽奢侈之能事，不是为了挤入官场，就是为了维持在其中的地位。要了解其中的奥秘，我们必须首先介绍一下中国的科举制度。

科举制度萌芽于公元初年，约与基督教同时，大概在公元6世纪最终确立。它面向社会中所有的男性成员，仅有极少数人被禁止参与。科举考试以儒家经典为基础，总体上相当公正，不存在营私舞弊的现象。

科举考试共分四级：三年二试的童试、每三年在省府举行的乡试、在京城举行的会试和在皇宫内举行的殿试。通过任何一级考试就会得到相应称号以及参加下一级考试的资格。每年通过童试的人大约在30000到40000人，通过乡试的人约在1000至3000人之间，通过会试的人约有300人，最终能在殿试获取三甲的人只有3人。[2]

考取资格虽然是做官的首要条件，但并不是所有有资格的人都做得了官。况且，在候补官位时，候选者的排名也不总是自动地按照资格高低排序。因此，一个人从考取资格到上任履职，从初入官场到逐级上升，这期间有许多因素在发挥作用。

在这方面，中国人与美国人有两个微小但十分有趣的相似点。第一个相似点是美国人常常说"交上好运气"（getting the breaks），中国人则爱讲"时来运转"，二者都是指使天才人物得以显露才华的某种因缘际会。第二个相似点可能更具深意。中国在历史上只提供一个机遇之地，即长安、洛阳、北京、南京或任何一个首都所在地。类似于美国人涌入好莱坞去寻找机会。

在好莱坞及其周边地区，成千上万怀有梦想的男女老少徘徊在公寓、酒店和酒吧，期盼与大人物偶遇或焦急地等候着制片人的电话。一旦机遇降临，这些人一夜之间就可同时收获名气与财富。类似的情形，直至20世纪30年代，仍再三在中国首都上演。不分老少、冀图跻身官场的中国人，在各省会馆或小客栈里苦苦等候被某个重要官员召见的机会或由信差带来的好消息。一些美国人在等待中死去、放弃，或者连一次试镜机会都没得到便离开了好莱坞；正如大量枯守在首都的中国人在黯然离开时，并没有谋求到哪怕最微不足道的头衔。极少数幸运者的励志神话打造出一夜成功的美梦，而它又把希望传递给满怀热情的大多数人。[3]

在古代社会，迫于竞争激烈，一些中国人为达到目的不得不想尽一切办法。然而，进入官场之后，想要保住官位或再向上爬，同样不是件容易的事。任何一个官员能否坐稳官位都要视乎上级对他的满意程度；很有可能因不称职以外的原因被随意撤换——譬如某个更有背景的人觊觎他的职位或是自己不小心得罪了上级。因此，中国官员不得不竭尽所能搜刮钱财，费尽心思讨好上级，在逢年过节、婚丧嫁娶，甚至被召见时给上级送上大礼。这些礼物不仅仅是为了表达敬意或忠诚，一般来说价值不菲。中国古典名著《金瓶梅》描述了南宋时期（该书所写的时段大约在公元1200年前后）的社会生活。读者可从这本书的第一章看到，地方官员西门庆到京城拜见他一直巴结的蔡太师的情形。书中有如下一段对话：

> 翟谦（蔡太师府的管家、西门庆之友）道：这个有何难哉？我们主人虽是朝廷大臣，却也极好奉承，今日见了这般盛礼，自然要升迁官爵，不惟拜做干子，定然允哩！

读者还可进一步读到西门庆与蔡太师会面时的对话：

> （西门庆）开言道："孩儿没恁孝顺爷爷。今日华诞，家里备的几件菲仪，聊表千里鹅毛之意。愿老爷寿比南山！"
>
> 蔡太师道："这怎的生受！"便请坐下，当值的挈了把椅子来，西门庆朝上作了个揖道："告坐了。"就西边坐地吃茶。翟管家慌跑出门来叫："把礼物都抬进来。"
>
> 二十来扛礼物，揭开了凉箱盖，呈上一个礼目：大红蟒袍一套、官绿龙袍一套、汉锦二十四、蜀锦二十四、火浣布二十四、西洋布二十四、其余花素尺头共四十四、狮蛮玉带一围、金镶奇南香带一围、玉杯犀杯各十对、赤金攒花爵杯八只、明珠十颗，又梯己黄金二百两，送上蔡太师做赞见的礼。
>
> 蔡太师看了礼目，又瞧了抬上二十来扛，心下十分欢喜，

连声称多谢不迭。[4]

　　小说中的西门庆是一位有心仕途的富商，送的礼物虽然昂贵，倒不会使他倾家荡产。但在现实生活中，大多数中国官员唯一合法的收入来源只有俸禄，自保的压力迫使他们不得不寻找腐败的机会。这种做法在古代中国已成惯例，通行于政府各级部门。金银财宝不断从低级官员手中流向高级官员，再由后者流向皇亲国戚及皇帝本人。拒绝这样做的官员就等于是在自毁前程。

　　慈禧太后执政时期的女官德龄的经历颇具启示意义。德龄是清朝一位外交大臣的千金，她的父亲19世纪末曾出使欧洲各国。德龄从欧洲回国后，有两年时间在慈禧太后身边担任女官。任期将满时，她对当时的宫廷生活有一番令人心醉神迷的描述。[5]（参见《清宫二年记》）书中有一段提到在中日甲午战争（1894—1895）接连失利的紧急关头，慈禧太后不顾朝中大臣劝告，如常举办她的六十大寿庆典。各级官员为她送上了数不胜数的寿礼。慈禧太后亲自清点礼单，如果礼物不合心意，便记下送礼人的名字。

　　有些西方学者把中国官场这种现象等同于美国政治家口中的"诚实贿赂"（honest graft），主张这种送礼方式不应被看成腐败。他们的看法有很大的错误。低级官员送给高级官员，最后又流向宫廷的每一分钱、每一份礼物，都取自民脂民膏。文人与官吏由于受到不安全感和你死我活的竞争驱使，在政治前途面前既无法选择，也不可能设置下限。

　　举例来说，1943年，云南省政府民政部的一位官员为老母亲操办了60岁（也许是70岁）的寿宴。下辖的每一位地方长官都送来一块约0.5公斤重的金锭以示祝贺。最初，送上如此厚礼的想法当然只出自某个或极少数官员。然而一旦有人这样做，其他人就不得不纷纷效仿。几千年来，中国官员为了应付如此沉重的经济负担，将正义、权力和特权出卖给出价最高的人。在中国，贪污现象如此严重，以至于清廉的官员很难让群众相信他们是多么清贫。[6]

在传统中国，政府的腐败是中国人互相依赖的基本模式的又一种体现。如同在家庭中父母与子女彼此依赖一样，在官场上，下级给上级送去奇珍异宝，而上级以官位或晋级机会回馈送礼者。上下级的相互依赖既无须遮掩，双方也不会为此羞愧。中国官场腐败不同于美国政治中的秘密交易的一大特点就在于，互相依赖是一种中国人公认的价值观。西门庆的礼物对蔡太师就意味着要提供官场中的好处作为回礼，这不是一件秘密交易，因为西门庆毫无顾忌地与他的朋友讨论此事。而一旦建立了与蔡太师的联系，各种方便之门就会为西门庆打开。

相互依赖的价值观是政府里裙带关系孳生的根源。中国人与血亲、家人和宗族的联系密不可分，彼此之间的协助自然不可避免。中国人愿意为最亲近的人谋取福利，同时期望对方以同样的方式回报他。

正因如此，由官员们解释法律而老百姓只能寄望官员为官清正的传统，从未没有受到群众的抵抗；官员们也不曾对抗皇帝加于他们身上的皇权，因为一旦获得皇帝宠信，就能大权在握。中国商人的利益在千百年来一直因"重农轻商"的政策而深受损害，但他们从未试图联合起来保护自己。相反，中国商人一旦变得富有，就会想方设法攀附高官。做官，继而获得文化官僚的声望和权力，才是中国人的终极目标。[7]

目前，我们的分析对于某些读者而言不过是印证了一个流行观念，即政府的整体腐败是中国或东方世界的特有现象。在日本投降后不久，《哈珀杂志》(Harper's)发表一篇文章，声称中国人的民族性中含有"结构性腐败"的因素。[8]自那时起，这种不负责任的新闻评论不时见诸报端。几年后，美国著名哲学家诺斯罗普（F.S.C. Northrop）为这种流行观念进一步提供了理论支持。他写道：

一位在泰国传教、非常睿智的基督教传教士告诉我，"只要亚洲人相信轮回之说,他们在仓促实施西式改革的同时就不可能消除腐败。"因为他们认为万法皆空,一切随缘,大千世界,皆为幻影,芸芸众生,都是过客。⁹

诺斯罗普的错误之一在于他没有认识到亚洲各国之间存在的明显差异。如果如他所说,广泛存在的腐败现象为东方生活方式所独有,那么他必须要先提供将整个日本社会与传统中国商人排除在外的理由。日本政府与中国商界从未沾染上中国官场的腐败习气。西方商人对中国商人的诚实正直素有好评。日本帝国在东亚大举扩张势力时,它的国内外官员手中握有莫大权柄,但没有出现普遍性的以权谋私。田中角荣首相因贿赂丑闻被迫辞职算是例外,不具有代表性。诺斯罗普没有认识到,腐败现象或许仅存在于某个民族的某一些生活区域,而且它可能只盛行于生活方式相似的东亚诸多民族中的一至两个民族。

诺斯罗普犯下的第二个也更严重的错误是,他似乎暗示腐败现象只与他所描述的东方生活方式有关联。事实上,他应该认识到在美国,腐败现象在过去和现在一样盛行。不管西方人如何看待历史与未来,显然,西方宗教信仰并未特别针对腐败问题设限。我们甚至还会进一步看到自我依赖的模式已经加剧了美国国内的腐败问题。

中国政府内部促成腐败的因素一般不适用于美国社会。首先,在传统中国,政府的腐败主要是由于国民生活各领域缺乏有利可图的经济机会;美国不存在这种问题。在前文中,我们比较过中国的首都与好莱坞,二者都是大批追梦者的圣地。然而,相似性不能替代本质。好莱坞的失意者尚有可能在生活中其他领域获得成功;在北京或南京无法立足的中国人却难以找到别的施展才华的方式。这些人最好的结局就是教书,这对于一心做官的人而言是最后可以从事的一份职业。换句话说,中国人在仕途上的失败对个人而言是一场可怕的灾难，是与美国人梦断好莱坞的经历不能比拟的。美国社会与经济的发展提供了如此之多的可能性，以至于大多数美国人并不像中国人那样，一心想进入政府部门。

在联邦政府部门任职的美国人将会发现，美国政府虽然称不上完美，但是它的效率要远远超过1949年之前的中国政府。首先，政府职能三权分立，互相制约。其次，大体上说，多数行政官员的雇用和解聘有客观的执行标准，工作的稳定程度是中国官员不敢想象的。除了少数在联邦政府、州政府及市政府里任职的官员，命运可能会因上级意志而受到影响，任职于公共服务部门的官员一般不会被任意遣散，不过上级的不满或立法者无根据的指责有可能阻碍他们的晋升。[10]进入近代以来，中国的改革派一直呼吁效法美国的行政体制，从而有效地根除中国政府内部的腐败现象。

如何赢得好感和影响官员

那么，自我依赖又是怎样导致美国政府内部的腐败呢？我们不妨先从两国政府的腐败现象中寻找一下线索。粗略地说，政府腐败有以下五种方式：（1）贪污；（2）有意或无意地挪用资金、物品；（3）额外征税；（4）裙带关系；（5）滥用职权、徇私舞弊。上述腐败现象显然可以共生。这五类问题在中国政府内部都可看到，而除了额外征税之外，其他四类问题在美国政府内部也极为常见。中国官员最常出现的劣迹是挪用公款、额外征税及裙带关系，而美国官员主要的不良行为是挪用政府资金、物品以及滥用职权。

严格的审计制度和一些辨别欺诈的机制有效扼制住了美国官员的贪污行为。美国民众大多具有人权和法律意识，政府官员很少有机会加征额外的赋税。社会舆论认为贪污即是公开的偷窃。根据相关法规，被控贪污小额公款的邮政官员可能比从政府那里获得数百万美元收益的行贿者获刑更长。所以，美国人时常说"公共部门等同于公众信任"。私人集团当然不受这一类的道德限制。挪用资金物品与滥用职权毕竟是不同的两码事。

两大政党阵营里都有许多美国人抱怨美国政府的铺张浪费（但也有一些美国人认为这是保持美国强大国力的必要开支）。实际上，不管是维持政府运转的日常开支，还是应对紧急状况的国防开支，都存在两种浪费现象：一种是人为过失，例如低效；另一种则近似于腐败，例如美国官僚中普遍的树立个人威权的现象。行政官员、军事官员都想通过不必要的开销或不断增加财政预算以增强个人权力，这不但会拉低效率，而且是滥用公共开支，为个人建立声望、地位。

铺张浪费的现象必须区别于社会福利、军备和对外援助等政府目标。就美国政府而言，世界上大多立场持中的评论家会毫不犹豫地直言在世界各国政府里很少看到如此明显的浪费。读者甚至可以毫不夸张地说美国人是世界上最浪费的一个民族。这些个人权势的建设者的浪费行为并不像某些人所声称的那样是大政府不可避免的属性。查尔斯·海纳曼（Charles S. Hyneman），这位专门研究官僚行为的严谨学者[11]曾告诉我，在华盛顿及其他地方，政府官员浪费行为背后的一个重要动机是他们不愿"被看成傻瓜"。任何一位部门主管、委员会主席、行政首脑都希望把工作做得最好、最亮眼，至于纳税人要为此付出的代价以及是否会干扰其他部门的工作则不在考虑范围。这些官员其实有自己的盘算：假如琼斯部长不为自己这套班子申请更高预算的话，约翰逊组长就会拿走原本属于琼斯的那份。这样一来，约翰逊组长的工作当然会比琼斯部长完成得更好，而这将衬托出琼斯部长的愚蠢和无能。另一方面，美国国会、高级行政官员及一般民众总是青睐那些表现亮眼、曝光率高的官员，从不计较他们有多大的花销；极少有美国官员会因为完成更多任务或采用更经济的手段而受到褒奖。事实上，在许多人眼里，杜鲁门政府里颇具经济头脑的国防部长路易斯·约翰逊（Louis A. Johnson）[①]

[①] 路易斯·约翰逊（1891—1966）：杜鲁门政府的第二任国防部长，主张削减国防开支，后因朝鲜战争中美国损失惨重，被迫引咎辞职。

的遭遇在相当长的时期里成为大多数官员的反面教材。

参议员威廉·普罗克斯迈尔（William Proxmire）在1979年将金羊毛奖①颁给美国国会，借以嘲讽它在"过去10年爆发式的开支"。在60年代，美国参众两院雇用了10700名职员，每年开支1.5亿美元，到了1979年，两个数字已分别增长到18400人与5.5亿美元。（《旧金山纪事报》，1979年8月30日）

担心被别人看成傻瓜，是美国人自我依赖的人生观渗透到生活各个领域的表现之一。例如，美国许多大学都成立了研究合作部门，这个部门经常在落实了某些可能的经费或合约后，要求其成员提出对该项目的设想。他们的格言是："只要有了钱，我们就能找出一些项目把它花掉。"

为什么不呢？美国高等院校经常向各院系传达内部通知，说明在上一年或近几年内各个研究机构在获得联邦政府拨款后的发展状况。假如类似机构比我们做得更好，难道我们不应该奋起直追吗？一个人只有承担越来越重要的工作，才能获得更辉煌的成功。向上攀登固然要付出汗水，失败却意味着更难以忍受的煎熬。

担心被别人看成傻瓜，与影响力——美国最重要的游戏规则之一——也有关系。运用影响力达成目的，不等于是处心积虑。事实上，几乎每个美国人都渴望掌握一些影响他人的技巧。成功学大师戴尔·卡耐基（Dale Carnegie）之所以在美国家喻户晓，就是因为他发现了美国人的这个特点，并开始向公众展示他的说服技巧。影响他人，不但是每一个美国销售员的基本技能，更是公共宣传机构和销售各种产品的广告机构的工作本质。任何一位企业家都清楚巨额利润不仅有赖于产品质量、公众需求以及整体经济状况，还在于营销人员和公共关系专家能在多大程度上影响潜在消费者的行为。在任何一家企业里，营销人员的薪水所占比重都要高于那些制造出产

---

① 金羊毛奖：由威斯康星州的参议员威廉·普罗克斯迈尔设立，通常颁发给那些政府开支和浪费行为中数额最大、最荒谬和最具有讽刺意义的实例。

品的工程师、药剂师等技术人员。

美国人不会忘记第30任总统柯立芝的名言："美国的事业就是商业。"假如美国的事业就是商业，而这又是大多数美国人所衷心拥护的，那么美国政府理应被当作一家企业来加以经营。事实上，对公务员任职资格最具杀伤力的批评之一就是本人缺少从商经历。林肯一度迫于类似的压力要为自己在当律师时的穷困潦倒作出解释，只好自我解嘲地说失败的人不是去做教师就是当了政客，而他刚好选择了后者。威尔逊在竞选新泽西州州长和美国总统时，因为不具备与处理政务相匹配的专业背景而饱受指摘。富兰克林·罗斯福的家人不敢放手由他自己处理财务问题，这成为反对派抨击他的最猛烈的借口。杜鲁门则常常因显而易见的商业失败而受到攻击。罗斯福和杜鲁门在质疑声中赢得了总统竞选，约翰·肯尼迪也从来没有从商经历，然而这类攻击的频繁出现毕竟反映出商业在美国的地位与重要性。如果政府被当作一家企业一样经营，人们又怎能期望将最基本的商务技巧——影响力排除出去呢？

美国人在面对如此两难的困境时，大多会把政府事务中的影响力分为两类：一类是道德上可以接受的；另一类是不能接受的。这等于没有设立明确的界限，因为每个人都将按照对自己最有利的方式来划界。当公务员与黑帮暗中勾结造成无法控制的骚乱时，美国公民当然会站出来要求中止混乱。但是，如果问题出在两个利益集团根据各自权利而提出不同诉求，那又当如何呢？如果在人造黄油制造商与奶品制造商、煤与天然气、陆军与空军、海军陆战队与海军之间出现冲突，美国人该怎么办呢？通过书信、谈话影响一位国会议员，与用个人魅力和慷慨大方的馈赠来征服他，二者之间是否存在真正的区别？实际上，影响力既是服务于利益集团的政治掮客常用的手段，也是企业公共关系专员和营销人员必备的工具。这里不妨举个例子，20世纪50年代初，肯塔基州的议员梅（May）被控受贿，原因是他与加森兄弟（Garsson brothers）常相来往并接受他们的馈赠。加森兄弟在梅议员的协助下得到了与政府的合约，从而将一家小企业迅速发展为坐拥千万资产的联合公司。那么，政治掮客向政府官员赠送礼品，以及大型企业的采购人员从潜在卖家那里获取名酒、宴饮和礼物，二者的区别又在哪里呢？[12]

在驼绒大衣丑闻曝光之后，当事人伯纳德·戈德法因（Bernard Goldfine）辩称自己分不清这种区别。今天的美国读者或许还记得作为波士顿工业家的戈德法因被媒体披露的、向艾森豪威尔总统的得力助手谢尔曼·亚当斯（Sherman Adams）馈赠的驼绒大衣等奢侈礼品。据报道，亚当斯曾为了戈德法因的利益而游说联邦贸易委员会和证券交易委员会。丑闻曝光后，亚当斯迫于压力辞去了白宫职务，渐被世人所遗忘。艾森豪威尔轻描淡写地批评了一下亚当斯"办事鲁莽"。戈德法因则因藐视国会和避税的罪名被判入狱，于1967年一无所有地悲惨死去。他坦率地为自己的行为做了如下一段辩护："我内心深处并不认为我所做的事是错的。如果我犯了错，如果我做了我本不该做的事情，我很抱歉，并将改正错误。也许我确实犯了错。"

报道上述言论的《新闻周刊》在解释戈德法因的处世哲学时称："回顾自己的发迹史时，戈德法因回想起这一切起源于1897年他第一次向在俄罗斯边境巡逻的哥萨克警卫行贿。那次交易使他得以顺利抵达美国。（戈德法因解释说：'你看吧，那时候就已经有了受贿，就像今天受贿仍无处不在一样。'）戈德法因从不隐瞒技巧性的馈赠是他常做的事。他感兴趣的不仅仅是'交易'，还设法结交新英格兰土地上的'政要'或'红人'。他把与政治家交往当成像集邮一样的爱好。'我有机会见到这个国家里你们见不到的人，'他有一次曾说，'我不知道该如何表达我的感激，'指的就是用金钱和礼物巴结政治人物。'只要我活着，就会一直给他们送。'"

戈德法因的自辩在相当一部分美国人看来是可以接受的。不然，我们又该如何解释在亚当斯事件曝光前杜鲁门总统时代哈里·沃恩少将（Harry Vaughn）的电冰箱案和约翰逊总统任期中参议院秘书长鲍比·贝克（Bobby Baker）的花天酒地？在更久以前，读者知道南北战争后一度出现了以冷血著称的"强盗资本家"。可以想见，未来美国仍会大量涌现这些孜孜不倦的影响力追逐者，继续长篇大论地为他们的行为辩护。这些人的辩词既不要求创意也不需要雄辩，因为他们身边已有了广泛的支持者。

密歇根州众议员查尔斯·迪格斯（Charles C. Diggs）曾被指控犯有邮政欺诈、克扣职员工资等29项罪名，却顺利连任当选。宾夕法尼亚州众议员丹尼尔·弗拉德（Daniel J. Flood）尽管被指控犯有受贿罪，但仍然是当地选民疯狂追捧的目标，最后退出竞选只是由于他的身体状况不佳以及有可能再次受到指控的威胁。乔治亚州参议员赫尔曼·塔尔梅奇（Herman Talmadge）在参议院的透支总额高达37125美元，并因此受到参议院道德委员会的弹劾，却始终坚称自己没有任何过错。韦恩·海耶斯将与其有性关系的伊丽莎白·雷列入政府雇员名单，为此丢掉众议院席位，同样也不觉得自己做错了什么，"我认为这里的群众应该懂得如果你把所有在干草堆里跌过一交的人都关在家里，那么就没有一个人能留在外面了。"（《芝加哥太阳报》，1978年6月5日）他很快就再度当选俄亥俄州议员。

只有在这种文化背景下，人们才能充分理解美国联邦调查局最近曝光的"阿伯斯坎"行动（Abscam）的意义。该行动历时两年，共有7名众议员和1名参议员涉案。FBI便衣特工假扮成试图行贿的商人和有钱的阿拉伯人。据事先安排的隐藏摄像机显示，他们在与官员的会面中前后行贿约70万美元。此案最终裁定的刑期可能不止几个月，而是高达数年。我们很难认同以下两位加州议员对此案的愤懑：众议员唐·爱德华兹（Don Edwards）表示，应该给联邦调查局系上缰绳，以免他们用"诱捕"手法抓获受贿者。参议员艾伦·克兰斯顿（Alan Cranston）则认为，联邦调查局引诱某些立法者的做

法是不妥当的，类似方法只能用于既成的犯罪事实而不是像当下这样滥用于公职人员。(《旧金山纪事报》，1980年2月17日）

在我看来，可以非常简单地答复这些深感被冒犯的立法者。难道"诱捕"不正是警察局和联邦机构抓获毒贩和其他违法人员的常用方法吗？

从商业角度看，营销人员向家庭主妇赠送一只平底锅，是因为想诱惑她购买一整套厨具，大企业家向总统助理赠送一件貂皮大衣[13]，是因为期望联邦政府高达数亿美元的财富轮盘能停在他自己的号码上，使他可以从中牟利，两者之间其实并无本质不同。假如政治腐败与影响他人的合法手段之间没有设定明确的界限，那么人们不会知道该在何处止步。

美国作家布莱尔·博尔斯（Blair Bolles）的《如何在华盛顿发财》（How to Get Rich in Washington），在许多方面都与披露美国政府内部腐败的里程碑之作《林肯·斯蒂芬斯自传》（The Autobiography of Lincoln Steffens）极为神似。近年来，讨论这类基本问题的著作还有沃尔特·古德曼（Walter Goodman）《所有尊贵的人：美国生活里的腐败与妥协》（All Honorable Men: Corruption and Compromise in American life）、詹姆斯·迪肯（James Deakin）《捐客》（Lobbyists）等。

著名记者林肯·斯蒂芬斯的作品将我们带入一个隐秘的世界：人们如果想从政府那里得到好处，就应该到市政厅或州立法机构去要求公用事业特许权以及由行政长官及立法者颁赐的其他恩惠。布莱尔·博尔斯则在书中描绘了一个大同小异的世界，在那里，每条道路或至少是主干道，无一例外地通往华盛顿以及那些能够提供国防工程合同、工商业及农业贷款和各种各样好处的官僚。这些作家希望揭露的是，行贿和受贿双方不停地在寻找可给个人带来好处的渠道。在任何一条超越现状的大路上，自我依赖的个体都将疾速飞奔。

目前，我们已经看到中国人及美国人左右政府的手段有很大的相似性，但二者之间的差异更加耐人寻味。中国人在结交有影响力的政府官员时，会认定这个官员并表现出长期仰仗其势力的愿望。如前文所示，这正是《金瓶梅》中西门庆的心态。中国官场的现实世界也是这样向人们揭示的，在古代中国，每个官员的座右铭不外乎是"要找个靠山"。两位官员在初次会面时，首先要做的就是弄清楚对方的背景。要记住的是，找后台的人与这个后台之间的纽带不是临时性的，而是永久性的；在二者的关系里，受贿者的地位比行贿者高。

美国人在累积政府影响力时有明确的目标，就是在影响捐赠人自身利益的领域里控制、左右政治"门徒"。二者之间的纽带是暂时性的，并不持久；行贿者的地位比受贿者更高。中国人影响政府主要通过赠送贵重物品和现金，而美国人影响政府的方式则五花八门，从愤怒的群众来信、地方组织请愿书、掮客塞在衣帽间里的恐吓信（中国人甚至不知道美国存在这样一种合法"施压"的手段），到每月缴纳的保护费、貂皮大衣和乘坐豪华私人飞机旅行（在美国会被视为"贪污"，但中国人多称之为"送礼"）。

其次，中国人结交权贵是为了加官晋爵，美国人这样做则是为了保护或提升他们在政府之外的私人利益，规模往往相当可观。权力寻租在美国还不仅限于以个人的名义到华盛顿去找门路。美国利益集团通常是高度组织化的，而且大多在华盛顿设有由有势力的律师和发言人组成的长驻机构。美国制造业总会对商务部，大农场对农业部，美国医药协会对卫生、教育及福利部，工会对劳工部，航空公司对民用航空局，等等，都通过上述方式为所属利益集团提供保护或争取更多利益。通常，美国掮客的目标极为广泛，不只限于特定的政府部门。例如，石油业、房地产及军工业的掮客一般会把整个国会当作游说对象。

最后，我想强调的是，在中国，权力寻租的现象受限于有效的政府职位数量以及为特殊目的而接触官员的人数。举例来说，在中国每个王朝的后半段，散官冗员的人数往往骤然倍增，为满足求官者的要求，税收和执法权力被滥用到极致。有权力的人横征暴敛，对象是普通百姓。然而这种情形不会持续很久，因为过度腐败将导致王朝的覆灭。新的权贵上台后将会重新整肃官场。此外，鉴于中国人的成功要先与家人及社群共享，并且以得到他们的赞赏为最高标准，新王朝建立后，中国人对权力的诉求在客观上也就得以收敛。

相形之下，权力寻租的游戏在美国似乎看不到终点。由于从政治影响力中获取的好处不仅限于政府职位及政府合约，随着美国工商业生产总值的持续增长，权力寻租的游戏还会进一步兴盛和高速扩张。美国自1946年起立法允许游说活动，至1965年为止，共有4962个个人和团体注册在案。[14] 就是说每年大约增加250个。据国会调查游说活动委员会的主席弗兰克·布坎南（Frank Buchannan）在1950年的估算，掮客的实际人数是注册人数的3倍以上。[15] 按照他的估算，我们发现在这一时期内共出现了15000名掮客，每年增长的数字达到750人。此外，根据一项80年代的统计，"每个国会议员身后至少跟着8到10位掮客。"[16] 这项统计将使每年增加的掮客人数激增到大约5000个。掮客人数随着任务的技术难度增加而增加，因此，这个数字在未来很可能会继续快速增长。无论现实生活中有多少掮客，我们可以放心地预言私人利益集团会愈来愈将美国政府看成一处有待开发的金矿，派出精心组织的游说团队和最具技巧性的沟通者来影响它。可是，这些游说团队在表达他们的任务之艰巨时，总强调花了"数百万美金投资教育或公众启蒙事业，但没有一分钱用于游说"。[17]

这一预言是很容易理解的，美国掮客并不像中国人想象中那样躲在幕后鬼鬼祟祟地活动，而是一些受到尊敬的公众人物。自1946年起，有20位前参议员和超过70位前众议员注册成为掮客。已注册的掮客还包括前密歇根州州长、住宅与城市发展部部长乔治·罗姆尼（George Romney），前美国国务院副国务卿、曾任美国驻联合国大使的乔治·鲍尔（George W. Ball），前美国酒吧协会主席查尔斯·赖恩（Charles S. Rhyne），等等。1979年，卡特总统的弟弟比利·卡特（Billy Carter）也登记成为利比亚政府的掮客。掮客代表的利益集团多种多样（从矿产协会到退伍军人协会），有时甚至还包括外国政府。例如，前国务卿迪恩·艾奇逊（Dean Acheson）一度成为委内瑞拉政府的代言人；前纽约州州长、两届共和党总统候选人托马斯·杜威（Thomas E. Dewey）为土耳其共和国而游说白宫；联邦就业委员会前主席小富兰克林·罗斯福（Franklin D. Roosevelt, Jr.）为多米尼加共和国摇旗呐喊，等等。[18]

做过掮客不影响美国人在政府里出任公职，曾为政府工作却是给掮客加分的资历。

许多年前，林肯·斯蒂芬斯曾向洛杉矶当地商人简要地指出腐败行为的本质。听众在听过他的演讲之后似乎意犹未尽。在场的一名教会人士追问说，"我们想知道是谁创建了这个体制……我指的不是在旧金山和洛杉矶，也不是仅仅这一两代人，而是追溯到……最早的开端？"斯蒂芬斯回答说：

> ……你知道的，大多数人认为这是亚当的罪过。但是你一定记得，亚当把它推给了夏娃……然后夏娃说不，不是我，是那条蛇。这正是一直令牧师们感到困惑的地方。你们一直责怪那条蛇，说它是撒旦。现在我来告诉你，所谓诱惑，过去是，现在仍是那个苹果。[19]

中国人的苹果挂在官场里，美国人的苹果则早已从政府的枝条上滑落到私人的腰包里。中国官场如同一棵大树，树上的苹果是有限的；而美国政府如果仍像从前那样在工商业、农业、劳工市场等领域主导私人利益集团的成败,它的果园还将结出更多的、充满诱惑的苹果。

反抗与分裂

1951年,联邦政府道德标准委员会在工作报告中引用了一首英国古诗:

> 法律告诫男和女,
> 小偷小摸进班房。
> 大盗谋权窃天下,
> 作威作福全由他。

以政治讽刺创作著称的美国漫画家赫尔伯特·布洛克（Herbert Block）认为这首诗揭示了向行政官员赠送礼品（例如伯纳德·戈德法因给谢尔曼·亚当斯送礼）与特定游说团体向国会施加影响（例如争取海床开采权的石油企业）的异同。布洛克接着说:

> 使我震惊的是,发生在行政部门的大多数不道德行为是如此廉价——是那种平庸之辈每天都可以犯下的政治丑闻……冰箱、大衣、提供宾馆的免费房间,这么廉价的交易使得任何人都有机会行贿,它们比那些需要很高数学水平、隐藏很深的惊天丑闻要容易得多。几十亿美元不是那么好操纵的,这样的事一般很难为人们所知。
> 如果一个人想要搞点不道德的行为,他难道不是应该干大一点,并且远离那些生活中常见的事物吗?[20]

中国人有一句成语与这首古诗有异曲同工之妙,即窃钩者诛,窃国者侯。[21]

中国成语与英国古诗大意相似，但两国现实中的腐败行为有很大不同。中国的腐败官僚和行贿者只能算是偷鸡摸狗之辈，很少成为窃国大盗，而唯有叛国者才有可能夺走民心。在中国历史上，"特定利益集团的诉求以及经过一定组织的影响力，一旦得以公开表达，就会被视作对国内和谐及稳定的威胁。"[22]因此，历史上中国民众的不满大多以公然反叛的形式爆发。叛军领袖如果成功推翻旧王朝，镇抚了竞争对手，就将成为一个新王朝的君主。

实际上，中美两国政府内部都存在某种力量，当政府不能正常运作时，这一力量将会推行改革和调整。

前文曾提到过，除了在朝代更迭时出现的短暂混乱之外，中国人在皇帝和官员面前表现出的顺从和恭敬，是美国人无法想象的。新中国建立之前的数十年里，中国内战频仍，这多多少少使人们忽略了，即使在异族统治的清王朝，皇帝身在京城，却可以下令将在远在千里之外驻守边疆的有过失的总督赐死。领兵在外的总督大多手握重兵，但依然不敢对皇帝赐死的圣旨有半句怨言。同样，地方政府及长官在其辖区内也鲜有人敢于质疑。这种社会观念在废除帝制之后没有大的改变。再者，我们曾指出中国人用两种途径进行自我保护：(1)尽量避免与政府打交道，自行解决内部纠纷，借助地方风俗和传统力量限制政府权力；(2)靠裙带关系和巴结逢迎升入精英阶层，至少要使自己免于苛捐杂税及其他不公正的待遇。

偶尔还是有中国人敢于公开抨击腐败。1819年，御史陶澍向嘉庆皇帝递交了一份着眼于治理贪腐、大胆敢言的节略。在1927年前后，冯玉祥将军发起了倡导节俭的运动。[23]他以身作则，生活俭朴，堪为典范。可是，这一类改革体制的努力往往收效甚微。因为人们期望的不是体制的改变，而仅是以清官取代赃官的人事变更，当然人选最好是他们自己或是其族人。

中国文学不曾出现与托马斯·莫尔《乌托邦》、爱德华·贝拉米

《回顾》等西方流行的乌托邦文学相类似的作品。西汉王充所著的《论衡》，是中国唯一一部探讨政府构成基本原理的著作，然而从未引起广泛的关注。另一方面，大量的小说是以清官或神明惩治贪污舞弊的赃官为发展主线的，最受喜爱的有《包公案》《济公传》。北宋名臣包拯为人正直，皇帝命他铲除世上不公，甚至授权他可以当场处决贪赃枉法的官员和皇亲国戚。包拯查案时经常深入民间，微服私访。济公则是一位下凡的神仙，行事疯癫，专门劫富济贫、济世救人。另一部中国古典小说《水浒传》是中国版的罗宾汉的故事，也宣扬用惩恶扶弱的手段处置违法的官员。

美国政府与人民的关系相对而言要活跃得多。它一般表现为或缓和或激烈的斗争，遍布于政党之间及政党内部、政府各级部门及机构之间，形成不同政策及执政风格之间的拉锯。不同的利益集团及它们与国会之间、行政首长与其助理之间的争吵几乎从未停止。仅有极少数的美国总统在竞选期间获得50%以上的民意支持，而即便顺利当选，美国总统执政期间的支持率还是会出现大幅的波动。联邦政府的行政部门不仅时刻受到国会的严格监管（即使大多数国会议员与总统同属一个党派，情况仍是如此），而且还要接受司法机构的制衡。

这一系列的广泛斗争及其成果当然应被看作民主制的特征。在行政机构和立法机构的斗争之外，主流民意同样至关重要。美国公众表达民意的方法包括谴责警察局长的报纸评论、寄往国会和白宫的如潮水般的信件、游行示威及暴动，等等。

抗议声浪如果长期持续，一定程度上是有助于推动政府进行改革的。罗斯福新政就是对全美上下呼吁社会改革的一种回应，对联邦政府与美国民众的关系产生了深刻的影响。

上述观察是我在20世纪50年代末做出的。近年来，美国国内一些显著的变化证实了我的判断。50年代开始兴起的、呼吁种族平等的民权运动，就是其中的一种。1954年，最高法院在"布朗诉教育委员会"(Brown v. Board of Education)①一案中裁定废除在学校内部实行种族隔离的法律基础。时至今日，虽然各大院校仍未实现彻底的种族融合，城市居住区体现出严重的种族隔离倾向，然而在最早那位最高法院黑人大法官之外，美国毕竟出现了更多的黑人法官、黑人市长、黑人内阁成员、黑人企业家和CEO以及知名大学黑人校长（例如密歇根州立大学、加利福利亚大学萨克拉马托分校、新泽西州立学院等校校长）。大众传媒发生了长足改变，黑人不再像50年代及60年代初期时那样只能在电视节目里扮演佣人或在《阿莫斯与安迪》(Amos and Andy)②等全黑人节目里出现。如果不是"餐台静坐事件"（lunch counter sit-ins）③、华盛顿大游行（the Poor People's March on Washington, D.C.）④以及众多的抗议活动，表达了民众要求在社会、经济、政治领域做出切实改革的心愿，美国政府就很难达成这些成果，或者至少实现得比当下晚得多。

另一个重大事件是反对越战的运动获得成功。回头再看，越南战争的确是美国人的一场灾难。正如曾获普利策新闻奖的著名记者大卫·哈伯斯塔姆（David Halberstam）在《最优秀的人与最聪明的人》(The Best and the Brightest)一书中所揭示的，最初，美国人和美国政治领袖并不想发起这场战争。但他们一步一步走入了泥潭，等意识到问题的严重性时，已经难以自拔。随后，约翰逊总统极其任性地扩大了事态，还以傲慢的姿态让国务卿迪恩·鲁斯克（Dean

---

① 布朗诉教育委员会案：它是美国史上具有指标意义的一个诉讼案。在此之前，美国一直是一个严守种族隔离政策的国家。而本案判决认为种族隔离政策因剥夺黑人学童的入学权利而违反了美国宪法第14条修正案中所保障的同等保护权，从而终止了美国社会中存在已久的、白人和黑人必须分别就读不同公立学校的种族隔离现象。
② 阿莫斯与安迪：该剧由哥伦比亚广播公司于1928年首播，最早是广播剧的形式，题材主要反映黑人生活方式，广受听众好评，在四五十年代又被改编成情景喜剧而登上荧屏。
③ "餐台静坐事件"：1960年2月1日，在北卡罗来纳州，4个黑人大学生在一家餐厅的餐台静坐，拒绝就餐，并一直逗留到餐厅打烊才离开。随后更多的当地大学生，甚至包括白人学生，加入了他们的行动，在社会上引起广泛反响。
④ 华盛顿大游行：1963年8月28日，超过25万名抗议者聚集在华盛顿特区游行示威，抗议暴力执法和种族歧视。在林肯纪念馆的台阶上，马丁·路德·金发表了"我有一个梦想"的著名演讲。

Rusk）和司法部长尼古拉斯·卡岑巴赫（Nicholas Katzenbach）通知国会，总统不需要国会的授权，因为《东京湾决议案》（Gulf of Tonkin Resolution）①"在功能上等同于"这种授权。参议员尤金·麦卡锡（Eugene McCarthy）得知总统的决定后，决心要把这个问题"交由人民来决定"。他参加了新罕布什尔州的民主党初选，高举反战旗帜，大获全胜。人们的反战情绪日益浓厚并扩散开来。[24]令人惊讶的是，试图把一切赌注都压在战场上的约翰逊总统竟然突然改变路线，决定与他的敌人越南共产党展开谈判。

尼克松总统因"水门事件"而黯然下台，是在这期间曝光的、更加令人震惊的一件大事。[25]个人动机、公众诉求，甚至"水门事件"之类的丑闻，随时有可能改变美国政府的工作流程和职能。

有些怀疑论者认为发生在50年代的参议员基福弗（Estes Kefauver）主持的犯罪调查、60年代的参议院贪污案件调查和70年代的"水门事件"听证会，唯一的意义就在于它们在电视转播中产生的娱乐价值。不用多久，公众和官员们就会忘掉这一切。这些人的指责不无道理，美国人已经习惯了调查—声讨—遗忘的模式。但是，这种现象不是美国独有的问题。

对于美国社会，游说集团的作用好坏参半。迄今为止，枪支协会的掮客成功地粉碎了枪支管控立法的任何一次尝试。一份1978年的全国调查显示，84%的受调查者（包括枪支持有人）支持"加强监管对新购枪支的注册"。（《芝加哥太阳报》，1978年6月4日）但枪支管控立法的可能性依然十分渺茫。1980年，在新罕布什尔州举行总统选举初选期间，8位候选人（有6位共和党人、1位民主党人及代表父亲发言的杰克·卡特）在面向该州枪支持有人演讲时，除了伊利诺伊州众议员约翰·安德森（John Anderson）之外，都选择

---

① 《东京湾决议案》：1964年8月5日美国国会通过的决议案，授权约翰逊总统可采取"一切必要措施"击退对美国武装力量的任何武力进攻。许多国会议员逐渐看清该决议案等于授权总统随意开战，遂于1970年将议案撤销。

向持枪一族低头。(《旧金山纪事报》，1980年2月19日）杰克·卡特在演讲中说，"我父亲一生都是运动爱好者，10岁时就打到了他人生中的第一只鹌鹑。"这就是看上去不那么起眼的游说集团的能量。不过，另一些游说集团，如共同事业（Common Cause）①及成立更早的美国民权同盟（American Civil Liberties Union），的确大力推动了社会改革。假如没有这些受到广泛支持的机构推动，有些改革恐怕永远不会发生。

传统中国不曾出现类似的政治进程，尽管它历史上也涌现出不少伟大的帝王和廉洁的官吏，但是让他们名垂青史的是别的一些因素。前文曾经指出，在中国，如果政府的压迫到了无法容忍的地步，人民最后只能选择揭竿起义。新的统治者或许会改换政府的形式和结构，但处理国家事务时仍然是照搬前人那一套。

英国君主为了体现王权神授，要在伦敦威斯敏斯特教堂举行加冕典礼。出于同样的目的，中国皇帝通常要隆重地宣布他们已"受命于天"，上天赋予的权力被称为"天命"。与英国不同的是，即便只是在理论上，中国皇帝或王朝也不能永享天命。在位的皇帝必须要在保持帝国繁荣稳定的前提下，才能延续天命。如果做不到这一点，他将面临失去它的危险。

许多种情况都会被理解为皇帝失去了天命，例如当洪水或饥荒肆虐时，皇帝未能迅速地组织救灾，以及由此引发了人民起义，而他又无法及时地加以扑灭。人民起义若已形成相当规模，尤其是当反叛领袖夺取了大部分疆土时，皇帝失去天命便是既成的事实。随后，天命将降临到恢复社会安定的新领袖身上，按现实主义者的说法，也可以称新领袖在巩固权力的过程中获得了天命。基于这种对政府的认识，只要帝王的统治中仁爱多于暴戾，中国人民就应该对他保持顺从。

---

① 共同事业：该组织创建于1968年，素有"人民说客"之称，旨在重建美国民主的核心价值观。

欧洲的国王、大公有时会被革命者赶下台，但流亡君主有权力重新收回他的领地。大批忠于他的臣民会随他一起流亡，或选择留在国内工作，设法促成他的归来。中国的情况却不是这样。除了极少数有所图谋的人，中国人很少关注退位的君主。中国皇帝一旦失去天命，就几乎没有机会失而复得。事实上，纵观中国历史，失去权力的帝王很难重登宝座，其子孙在角逐王位的过程中不会享有比其他继承人更好的机会。中国王位的传续并不总是一帆风顺的，在王位争夺中正统皇室只比别人多少有一点道义上的优势。

自长期王位争夺中脱颖而出的胜利者，在建立新王朝的伦理和法律基础时不会遇到任何麻烦。新统治者的出身同样无关紧要。汉高祖刘邦以地方政府的小吏起家，一跃成为西汉开国皇帝。15个世纪之后，朱元璋从一个不知名的寺庙的小沙弥开始打拼，最终亲手建立了大明朝。[26]朱元璋在击败所有对手之后，他的出身就不再成为问题，民间很快涌现出许多传说以解读这位帝王的"降世异象"。据其中一个传说称，朱母产子时，有一条象征皇权的巨龙盘旋在产房上方。在中国可以找出大量近似神话的传说，宣扬统治者降生时的奇异天象，朱元璋的版本并不算特别出奇。

中国政府权力的基础一直是事实问题而非法律问题。王位的继承权一旦失落，便不可复得。一个街头的流浪汉如果能铲灭所有强敌，也能名正言顺地登基称帝。在这样的情形之下，中国的新王朝一旦建立，很少会遭到连续不断的反抗。心怀贰志的士大夫并不罕见，少数赤胆忠心之士虽然会被奉为人中豪杰[27]，但是大多数改旗易帜的人也不会被贴上人格低劣的标签。

这些现象与中国人的心理特征有内在关联。我们在前一章中曾提到过，中国人觉得自己是安全的，而且随着年龄增长，在家庭中的地位会不断提升，没有必要去与更强大的联盟或组织进行认同。中国人对于阶级地位、成功、英雄以及中央政府的关注，取决于它们将在多大程度上影响中国人在原初社群的社会关系中的安全感，因为中国人只有在这种关系中才能发现个人成功和失败的终极意义。中国皇帝之所以可以随心所欲地行使权力，本质上是因为民众对于皇帝和官员们的活动缺少兴趣。中国政府是一种静态组织，不要求人民以积极的态度拥护统治者。只要统治者遵照传统习俗治理国家，人民就尊敬他、臣服于他；统治者一旦失去了威慑敌人的能力，或试图带领人民走一条过去没有走过的道路，人民就会毫不犹豫地与其划清界线。

美国人在原初社群的人际关系里几乎找不到任何依靠，于是试图通过更广泛的计划来提升个人价值。他以一种迫切而认真的心态投身于协会、阶层、成功标志、英雄或政府本身。美国人之所以有意识或无意识地这样做，是希望其中某一项可以带给他安全感和一定的社会地位，后者是获得社会生活中不可或缺的个人成就感的必要工具。所以，美国政府的权力源自美国民众能否对政府行动产生兴趣和归属感。美国政府及其民众由一条积极、稳固的情感纽带所联结。

美国人的政治行为天然地亲近欧洲政治生态，两地民众的心理特征也极其相似。美国公众人物如车轮大战一般更换，行政政策和政府构成经常出现剧烈的变更。然而，除了在战争紧急状态，美国人反对政府的趋势不大会变。政治人物在竞选期间会隐藏个人意见，以便与选民"保持一致"，而一旦当选，他们的个人倾向虽然会因客观因素限制而有所不同，但大多会试图改变往届政府的决策。

以此类推下去，持孤立主义观点的美国人有可能被迫修正思路，但绝不会放弃这种看法。美国人认为公开与过去政见及所属党派决裂的人是不负责任的，在道德问题上不过关。一度鼓吹孤立主义的参议员范登堡（Vandenberg）在表达了对民主党的外交政策的支持后，被共和党内许多大佬大加抨击；前民主党人温德尔·威尔基（Wendell Willkie）改投共和党后，一直未获老共和党人的信任。约翰·康纳利（John Connally）在1980年未能赢得共和党总统竞选提名，他过去是民主党人的事实无疑对此造成了重大影响。美国人在攻击新政派和罗斯福本人时,一直批评他们背叛了自身所属的富裕阶层。草根阶层对政治上的背叛同样非常不满,从大多数南方白人对某些鼓吹黑人运动的同类的极大愤慨中可见一斑。

直至今日,多数美国人仍然不信任那些曾经投入共产主义怀抱的人,不仅是因为他们曾投身于那场革命,还因为政治上一再转换体现出了道德上的瑕疵。就竞选活动而言,美国政治人物在成为大热门时确实会吸引大批新的支持者;而当风头渐弱时,他的阵营通常只会损失掉一些机会主义者。民主党总统格罗弗·克利夫兰(Grover Cleveland)1889年离开了白宫,4年之后仍能重登宝座;演说家威廉·布赖恩(William Jennings Bryan)入主白宫的目标一次次落空,支持率却始终未减;理查德·尼克松首次竞选总统失败,8年后又因"水门事件"不光彩地下台,但仍有可能卷土重来。

一届美国政府如果能长期平稳运行,政府和民众将必然在思想、行动上达到高度一致,但中国在接触西方世界前后可能都无法做到这一点。领导者与追随者的关系如果基于情感认同,追随者会与他们的偶像同呼吸共命运,偶像的成败就是他们的成败,他的战场就是他们的战场。但正因如此,美国政府内部也充斥着分裂的力量,其能量与分散程度远远超出辛亥革命前后的中国政府。

在周恩来总理逝世及"四人帮"倒台后,中国政府高层一度出现了两种不同的政治路线。政治变动在中国历史上并不罕见,可是,政治分裂与群众自发选择阵营混杂在一起,却是近来才有的现象。了解这一变化的唯一方法是观察它持续的时间和在较长一段时间内出现的频率。根据中国的历史,再参考我们已知的中国人看待人、神、万物的情境中心的方式,我认为任何意识形态都不足以使中国在短期内发展出西方社会那种持久而相对立的力量。当然,我不是说中国人永远都做不到这一点。

我们在前文曾说明古代中国的君主与官员享有至高无上的专制

权力。在1927年至1937年之间，蒋介石政府——外有日本帝国主义步步紧逼的侵略，内有中国共产党和各路军阀的抵制，再加上国内残破不堪的经济——依然可以轻而易举地推行新政。但美国总统及其支持者经历千辛万苦也难以确保新政的成功推行。一般来说，相互依赖的模式使中国人比较容易达成一致，自我依赖则使美国人陷入不断分裂之中。

在传统中国，民众受到一定压迫但没有遭受过分摧残，这恰是由于他们生活方式的缺点——人民与统治者之间缺乏情感认同（统治者有意制造与民众的距离）。这种疏离感允许统治者实施独裁，但绝不至达到极权的程度。极权主义不仅需要一个如救世主般大权在握的冷血君主，还需要成千上万个小希特勒在情感上给予强烈持久的支持。

美国政治之所以没有陷入混乱，是由于美国人不具备永久性的人际关系锚，他们不仅害怕反潮流，而且在许多情况下对它是深恶痛绝的。正是这种从众心理使得罗伯特·肯尼迪在1968年新罕布什尔州初选期间，在没有确认民意转向的明确标志之前，迟迟不愿做出参加总统竞选的承诺。这也正是第三党派从未在美国大选中胜出的原因。而且如果我的分析不错，第三党派成功的可能性在可预见的将来仍然微乎其微。美国人经常抱怨两大政党的候选人无一令人满意，但还是勉强把选票投给其中一位，因为这样做使他们看起来既理性又不失体面。

美国目前的两大政党是由过去成立的两个政党蜕变而来。那些脱离了现有政党的政治运动，命运往往不问可知。参与这些边缘运动的人一旦看到一些小问题得以解决，或是敌人从视线中消失，就立即收手不干。民主党主导南方的局面不太可能因为第三党派的出现而终止。乔治·华莱士①（George Wallace）及其支持者的尝试没有

---

① 乔治·华莱士（1919—1998）：美国律师、右翼政治家、民主党人，1968年作为第三党的强力候选人参选美国总统，没有成功，1972年遇刺受伤后，退出该年总统选举。他在60年代曾呼吁南方坚持种族隔离政策。

成功，而且我相信即使华莱士没有因遇刺致残，这个尝试也不可能取得成功。同样，在1980年大选中，共和党候选人约翰·安德森（John Anderson）在自由主义者和大量反对卡特执政的民众中呼声很高，但是在每个州的单独选举中都以失败告终。罗纳德·里根（Ronald Reagan）在大选中出乎意料地获得压倒性胜利，这意味着如华莱士和安德森那样的候选者若想取胜就必须赢得一部分处于摇摆中的选民。[28]事实上，艾森豪威尔在1952年和1956年的两次成功似乎早已预示了这种可能性。美国未来的民权运动仍将继续影响南方选举的格局。

注释：

1. 美国人也读过不少加拿大人或欧洲人写的新闻报道，这些报道称相比之下，共产党政府各级官员所犯的错误几乎都与腐败无缘。
2. 科举考试没有年龄限制，但是，要想通过考试至少要花七八年的时间学习。大多数人在18岁到25岁时参加初试。历史上确实有人不到30岁就在殿试中崭露头角，而一些不走运的人在七八十岁时还在不断尝试。
3. 进入20世纪30年代，特别是二战之后，随着美国政府比以往更强有力地影响着美国人的工作与生活，首府华盛顿也史无前例地成为大量社会活动的中心。在50年代，美国人类学协会、美国心理学协会以及许多其他学术组织在华盛顿建立了总部。但是，那些涌入首府的美国人与其说是为温饱所迫而一心想进入政府机构的求职者，倒不如说是收入丰厚、为各种利益集团说项的说客。
4. Edgerton, *The Golden Lotus*, p.18, pp.20-21.
5. 德龄公主后来嫁给一位驻中国的美国领事，老年与丈夫一起定居于美国洛杉矶。1944年，我在报纸上得知她因车祸去世的消息。
6. 在中国伟人及卸任高官逝世后的讣告中，最高的褒扬通常是"一生清廉，两袖清风，身后萧条"。
7. 中国商人未能发展为企业资本家的原因将在本书第十二章探讨。
8. C. Lester Walker, "The China Legend," *Harper's*, March 1946, p.239.
9. "The Mind of Asia," *the Life*, December 31, 1952, p.41. 该观点摘自于他的著作 *The Meeting of East and West*。
10. 这类事件在20世纪50年代参议员约瑟夫·麦卡锡（Joseph McCarthy）的任期内曾经发生。
11. 参见他的著作，*Bureaucracy in a Democracy*。
12. 一家知名的百货公司给初级行政人员的诫条中包括："无论是否有采购意愿，采购人员将会发现他的确有理由要公平对待所有卖家。采购人员应该表现亲和友善，但绝对不能与任何卖家过分亲密。接受回扣、礼物或任何形式的关照将是危险的。无法管控自己的采购者将会时时处于那些提供好处的人的压力之下。

为了个人利益和公司利益着想，聪明的采购人员会拒绝哪怕是最微不足道的好处。"（原文为意大利语）至于采购人员在多大程度上遵循了这些值得称道的告诫，就留给读者根据自己对美国商务运作的了解去作评判。
13. 这是发生在杜鲁门执政期间的行贿事件。理查德·尼克松因此在竞选时向公众宣布他的妻子帕特·尼克松平时只穿一件普通的布料外套。
14. 参见 *Congressional Quarterly*, as quoted by James Deakin, *The Lobbyists*, p.5。
15. Herbert Block, *The Herblock Book*, p.107.
16. Deakin, *The Lobbyists*, p.2. Deakin 与 *Congressional Quarterly* 在1965年及1966年统计得出的捐客人数有显著差异。前者声称，"注册成为捐客的个人和组织有1100多个（p.1）。"Deakin的著作出版于1966年，我猜测它提供的应该是1965年或1966年的数据。而根据 *Congressional Quarterly* 的报告，公开收支项目的"组织"数量在1965年是304个，1966年是296个（*Congressional Quarterly*, July 7, 1967, p.1161）。这个差异可能是由两个因素造成的。首先，Deakin的数据包含"个人和组织"，而 *Congressional Quarterly* 提供的只是"组织"的数量。其次，前者的数据是指经注册的所有捐客，而后者只是"公开收支项目"的捐客。两个因素都会使 *Congressional Quarterly* 的数据少很多。对文件的整理的确出了许多漏洞，"国会工作人员承认只对每份报告作了登记和编号，但是从未核查过内容。"（*Congressional Quarterly*, p.1161）
17. Block, *Herblock Book*, p.108.
18. Deakin, *The Lobbyists*, pp.3-5.
19. Lincoln Steffens, *The Autobiography of Lincoln Steffens*, p.574.
20. Block, *Herblock Book*, pp.213-215.
21. 所谓"钩"是指那些不值钱又极常见的财产。
22. Lucian Pye, *The Spirit of Chinese Politics*, p.18.
23. James E. Sheridan, *Chinese Warlord: The Career of Feng Yu Xiang*.
24. 在我看来，约翰逊总统漠视国会就越南战争的意见，导致国会就增收10%收入附加税一事与之长期纠缠。国会还否决了约翰逊总统对阿倍·福塔斯（Abe Fortas）的最高法院首席法官提名。国会用这种方法提醒总统，虽然他大权在握，但权力总是要受到限制。
25. 与"水门事件"有关的著作非常之多。其中最出色的是Carl Bernstein与Bob Woodward合著的 *All The President's Men*。若想在美国社会和政治发展的背景下分析"水门事件"，可参见Henry Steele Commager, "The Significance of Watergate," *Britannica Book of the Year*, 1974, pp. 709-710。
26. 需要指出的是，在中国，和尚一向受人轻视。一个和尚挨家挨户地化缘，其实与沿街乞讨的乞丐相差无几。中国哲学家、驻美大使胡适在自传中曾写到他家门口贴着"僧道勿入"的告示。胡氏一家这样做，不算是标新立异，当时在中国各地许多宅院门口都贴着同样的告示。
27. 宋代的文天祥宁死也不愿意在建立元朝、灭掉南宋的蒙古人手下做官。
28. Samuel Lubell, *Future of American Politics*, Chapter 4, "The Conservative Revolution"，得出了相同的结论，但是理由不同。

第九章
两种宗教

迄今为止，我们已经探讨了中美两国生活方式中几种最重要的人际关系，发现两者之间确实存在显著而持续的差异。中国人与他的原初社群联系紧密，未来一切人际关系都将以此为核心。只有在外部人际关系有助于提升他在家人、亲戚和同乡中的地位，或是能为他自身及这些群体提供保护时，中国人才会对它产生兴趣。美国人的人际关系有许多种形式，而且时时都在变。最缺乏个人色彩的关系，譬如个人与国家的关系，往往可能是对他来说最重要的关系。这些关系通常都不会太密切。

中国人把他与原初社群的关系看成是一切人际关系的固有核心，是由于相互依赖的价值观认为人际关系应该是多途径的和有累加性的。一种人际关系不应该或至少尽量不要与其他关系相冲突。婚姻不是意味着要剪断亲子之间的纽带，而是它的一种补充。美国人的人际关系倾向于变化和发展，根据自我依赖的价值观，人际关系应该是单一且排他性的，彼此之间会形成干扰。美国人处于一个人际关系瞬息万变的世界。为求自保，他们希望把关系数量降至最小，新的关系一旦建立，立即摒弃旧的关系。

中国人比较容易找到自己的定位，个人即使没有进步，相互依赖的关系仍然可使他获得满足。而美国人总是从一种短暂关系过渡到另一种短暂关系，任何时刻内心都存在不确定感。自我依赖驱使他在通往成功的道路上独自行动，承受只属他自己的荣辱得失。不安全感进而使他更加情绪化。美国人在任何事务上都只能依靠自己，因而爱、恨和焦虑都特别强烈。

这些认识可以帮助我们着手解读中国人与美国人的宗教观。在上一章，我们看到在中国，人民与政府、民众与官员的关系是消极的，最多可称之为中性。只要官员的行为尚未越过传统习俗的界限，民众就不会主动要求官员做事公正，而是选择与政府保持距离，被动地接受命运。于是，古代中国政府专制但还不算太过苛刻的统治才得以延续千年。如果官僚机构变得日益暴敛无度，中国民众就企盼有铲除贪官、清理积弊的好官出现。社会基层从未要求改变社会结构的框架。也正因为如此，从古至今，中国人才得以享受比西方人更长时间的政治和平。在中国，内战是各种势力之间的争夺，而非意识形态的争夺。由于不涉及社会结构的再调整，在一方获胜之后中国社会通常会迅速恢复平静。

中国人在宗教领域的行为，在本质上与世俗世界的行为如出一辙。他们供奉的佛祖或别的神要有能力迅速地向受困者施以援手，而不必拥有在过去、未来拯救一切人类苦难的神力。只要哪个被选中的神明愿意提供庇护，中国人会毫不犹豫地拜倒在其脚下。中国人向神明供奉祭品，对他们歌功颂德、顶礼膜拜，而且认为供品和崇敬是请求神明庇佑的代价，是合情合理的。靠天吃饭、听天由命，这些成语是中国人宗教观的典型体现。这与西方世界的俗谚构成了鲜明的对比，因为后者常说的是：天助自助者，信仰上帝也要做好准备。

西方世界的生活哲学折射出西方人的人际关系专注但时常变换的一面。自我依赖的美国人通过让他人钦佩自己而赢得社会地位，从而不依赖他人。中国人面对政府与面对宗教时的心态是一致的，美国人也是如此。美国人接受一神论，是因为这种信仰可以使他们的情感需要获得最大满足。美国人不会坐等上帝的拯救，在不安全感的驱使下，他们不但恪守教义，实施自救，还自发地传播上帝的精神。自我依赖的信徒从不怀疑每个人的要求都在体现神的意志。从这个角度看,古罗马的"民意即神意"不仅在政治领域,在宗教领域也是适用的。

中国人的宗教观

要理解宗教观念的差异如何深刻反映中美两国不同的生活方式,我们必须首先对中国人的宗教观作一番考察。在中国人眼中,神的世界与人的世界没有太大差别,皆由层级化的官僚统治底层大众。中国的神可以被归入三大领域:负责审判亡灵的地狱、西方极乐和天庭。地狱有10位掌管人间功过簿的阎王,日夜不停地审判亡灵。在人间作恶多端的人——荒淫无度或不守孝道——会受到各种惩罚,品行高洁、正直宽厚的人将得到适当的奖赏。

有些学者认为西方极乐世界是由佛祖掌管的,另一些学者则主张是王母娘娘的辖地。中国人从未试图厘清这一概念,我几乎想不起他们就此有过任何一次争论。佛教大约于公元1世纪,即佛祖释迦牟尼涅槃600多年后,传入中国。有学者认为西方极乐这一概念与中印两国的地理位置有关,因为作为佛教发源地的古印度恰好位于中国的西方。不管怎样,中国人似乎相信进入西方极乐世界是亡者最好的归宿。中国各地的送葬队伍必须有人举"幡",在或蓝或白的绸布上写有字句,表达盼望死者驾鹤羽化、早登极乐的心愿,举幡者多是雇来的人。在中国北方,在葬礼前一天要举行告别仪式,与会者一概面朝西方。僧人在祈福会上念诵的经文也时常提到西方极乐世界,用意是促请王母娘娘或佛祖保佑参会信徒。

管理天庭的玉皇大帝有掌管一切凡人和神明的权力,如前文所述,就连世俗的帝王也是奉天命进行统治的。然而,玉皇大帝并非万有和无处不在,就这一点而言,他与基督教的上帝有本质不同。为了统治人界和天界,玉皇大帝手下有大批官员,官衔与级别设定大体与世俗的官僚体制相似,包括大臣、元帅、地方神、土地、判官、天兵天将、在各家各户负责监视的灶神以及负责往来巡视的天神。神界官员统统要执行玉皇大帝的指令，按照他的意志奖惩凡界众生，对亡灵的处置则由地狱里的阎王负责。

中国人的宗教世界的结构与现实社会相差无几，人与神的关系同样是世俗君主与臣民的关系的一种反映。如同对待官府一样，中国人既敬畏神灵，又始终与之保持距离——二者既未浑然融为一体，也不存在情感上的依赖。最直观的证据就是中国人对非信徒、渎神者的视而不见。中国人认为渎神者早晚会受到神明的惩罚，但这只是他们自己的事。渎神者的子女可能需要弥补父母闯下的祸事，其他人则没有义务过问。

玉皇大帝及其幕僚被视为智慧、公正和决心的化身。与人间的皇帝和官员一样，天庭的神仙既有饥渴冷暖之欲，亦有喜怒哀乐之情。老百姓作为被管理者不但要向他们供奉祭品，还得设法使他们身心愉悦。中国底层民众在这种相处模式中发展出诸多技巧，因为神明也和官员一样，并不总是靠得住的。如果可以贿赂他们，中国人一定毫不犹豫。举例来说，中国人认为灶王爷和灶王婆婆在小年（腊月二十三日）这一天要升天向天帝汇报这户居民一年来的表现。所以，在小年这天晚上，大多数家庭会在自家祭坛上向这对夫妻供奉祭品。仪式结束后，女主人从祭品中挑出几块果脯抹在灶神夫妇的嘴上。灶神夫妻"收到"祭品后自然会很高兴，而给他们嘴上抹甜食可以确保他们不会在玉帝面前打小报告。

如果神的公正会因凡人的请求而有所偏倚的话，中国众神的耳朵恐怕早已被这类祝祷塞满。中国人认为瘟疫、旱灾和地震等是神明发怒或妖魔作怪的结果，无论是哪一种情况，只有玉帝和他手下的大将才能制止，因此当这些灾害来袭，人们只能请求他们伸手相助。[1]中国人求神与他们向皇帝及官员请愿的方式是一样的，用无节制的词语颂扬对方，同时将自己贬低到尘埃里，作出这种谦卑的姿态是为了安抚盛怒中的神明，祈求他们驱妖降魔。

人们讨好神仙的方法还包括隆重庆祝他们的生辰。这类庆典在中国非常普遍，佛祖、龙王、农神、财神、观音的寿诞都被划入此列。神仙寿诞大多是以寺庙为中心的盛大集会，持续三五天，有些庆典活动则相对低调。据我的统计，中国西南地区某地一年里有28天在举行宗教活动，而在北方村镇平均每年仅有18天用于类似的庆典。

1965年，中国人与神明的相处之道有了新的变化。在台湾省某社区，土地庙里土地婆的神像有一天突然消失了。当地人为了土地爷着想，决定为他"迎娶"一个漂亮的"妾"。婚礼一切按照传统的习俗——在黄道吉日举行，张灯结彩，吹吹打打。邻近寺庙里的观音、妈祖、关帝等神像，被一一搬到婚礼现场，担任这场婚礼的见证人、介绍人[2]和贵宾。"中央日报"的一位记者就此评论说：

这个事件再次体现了中国人一向受到褒扬的人情味……村民们为这桩喜事感到非常自豪。只有在一个繁荣社会里，人们才会对人或神的婚姻不幸表现出如此的同情和关切。

事实上，给土地爷娶妾与抹甜灶神的嘴一样是合乎人情的。中国的神仙都是"人性化"的。他们具有超自然的力量，但同时也有普通人的基本需求。西方人通过跪拜、祈祷、吟唱圣歌的方式来崇拜上帝，中国人则用酒肉和戏曲酬神——把他们当成尊贵而爱好玩乐的客人。在这方面，只有古希腊可与之相比。奥林匹斯山上的宙斯与诸神对情爱的追逐丝毫不亚于《红楼梦》里的人物。因此，与《圣经》相比，希腊神话故事读起来要有趣得多。[3]

中国人渴望获得神的眷顾，但不愿意与神太过接近。神像一般被供奉在寺庙或神祠里。在家摆放神龛是中国人与神最接近的一种形式，但也不过是空间上的接近而已。中国人每天定时在神龛前拜神，在起身离开的那一刻，神便被他抛在脑后。在世俗世界，皇帝为了凸显身份而与民众保持距离，而在宗教世界，同样的距离感也将神与信众远远隔开。中国人认为只有通灵者、濒死之人或古怪的人才能被神附体。

在我小时候生活过的中国东北的村庄里，有个村民自称神仙时常托梦给他，总期盼着梦境能化为现实。他每天早上都按照"神示"在自家和邻居的院落里转来转去，搬开石头，寻找神仙指示给他的藏起来的金银财宝。这个人坚信他与神的联系将使他发家致富，但村里人认为这不过是游手好闲之徒的空想。病人以及被狐狸精附身的女人也有可能与神交流。治愈这些失常迷乱的方法通常伴有肉体上的折磨。

个人与宗教世界的疏离产生了两个重要的后果：占卜算卦和多神崇拜。首先，由于不存在人与神的直接对话，中国人便寻求用外在的形式探知未来。据我所知，在传统中国社会，每个城市或村镇都有占卜师、风水先生、相面先生、相骨先生、通灵者和算命先生。只需收取一笔费用，这些人就可以预测一个人的寿数和事业前景，判定男女是否适宜结婚，以及新宅、墓地的风水是否得宜。他们还能安排人们与神或已逝祖先的对话和会面。这些人基本上知无不言，言无不尽，一切与神明有关的事务都有他们的参与。不夸张地说，传统中国的每一位要人都不止算过一次命，仅是算命的方式各有不同。明朝有位算命先生因为取悦了皇帝，一度还当上了朝廷大臣。

1911年辛亥革命并未对中国人的这种宗教观产生任何影响。军阀以及国民政府里的许多要人与大多数老百姓一样，不时请这样或那样的算命先生算命。有时事情的演变令人感到可笑。20世纪初，一位湖北籍王姓军阀认为自己将恢复帝制，登基称帝。为了验证预感，他决定去请一位有名的相骨先生算一算。王姓军阀打算乔装前往，以免被相骨先生吹捧欺瞒。但是他的副官不想令他失望，便提前将事情原委告知了相骨先生。当这个军阀装成一副穷困潦倒的样子来到相骨先生面前时，相骨先生粗略地摸了摸他的头，便马上屈膝跪下，称自己必须向中国未来的皇帝参拜。军阀大喜，当即给予重赏。结果自然是皆大欢喜，相骨先生得到丰厚的酬金，军阀相信自己注定要成为皇帝，而他的副官也因为满足了上级的心愿而沾沾自喜。

为了向人们显示他们"算得准"，算命先生要不遗余力地向公众介绍他们以往的成绩。他们经常在自家店铺的橱窗上展示中国要人的命运预测，以"证明"自己是有真本事的。在20世纪30年代，上海街头算命馆的窗户上贴满了各种各样有关蒋介石人生运程的预测。⁴

人与神相互疏离的另一个后果是多神崇拜。事实上，很难判断二者孰为因果。一方面，因为神仙太多，普通人很难与之建立过于亲密的关系；另一方面，亲密感的缺失反过来会进一步造成神的多元化。总而言之，如果神仙太多，信徒投注的精力必然被分散。一旦关注力被分散，强烈程度随之降低，信徒自然不可能对任何一位神仙产生全身心的依赖。

在中国任何一个村庄、城镇，我们都能看到供奉各路神仙的各式各样的庙宇。一般来说，村子里的庙宇供奉有求必应的观音、庇佑生意人的财神、施雨的龙王、阴阳两界的使者——土地。城市里的庙宇供奉的神明更多，有文圣人——孔子及七十二弟子、神农、药神、痘疹娘娘、眼光娘娘和负责其他身体器官和疾病的神、城隍与十大判官，以及各行各业的创立者和保护神。就连19世纪法国神父禄是遒（Henri Doré）①长达10卷的巨著《中国民间崇拜》（*Researches into Chinese Superstitions*）也未能穷尽中国所有神仙。没人知道中国到底有多少神，它们不仅在数量上多到无法计算，而且大多数神仙之间互无瓜葛。

---

① 禄是遒（1859—1931）：神父，生于法国，1884年来到中国。他在上海和江南一带传教达30多年之久。《中国民间崇拜》（法文本）是禄是遒神父花费毕生精力，结合文献研读和田野调查，撰写而成的关于中国民间宗教的煌煌巨著。

上述现象隐约暗示着在传统中国，神的世界与人的世界没有清晰的分界。中国人虽然深谙生死之别，经常讨论人与神的不同分工，然而以上分析说明，中国人认为一个世界的生物不仅经常会影响另一个世界的生物，而且它们还能在上天安排之下互换位置，这就难怪人、神之间的分界是如此模糊。中国人一向有一种观念，认为杰出人物（如伟大的将领、官员）是神仙转世下凡；又有一种观念认为品行高洁的人（偶尔也包括女性）死后会成仙。[5]前文曾经提到，颇具人望的地方官员在被调至他处时，虽然人还活着，原管辖地的百姓却往往会把其塑像供在祠堂里。人的神化在中国各地随处可见。举例来说，公元7世纪之后，历代政府提倡人们供奉与文圣孔子及七十二弟子相对应的武圣。武圣的头衔最初被颁予西周宰相吕尚（俗称姜子牙），到了14世纪之后，三国时期的大将关羽（俗称关公）取代了他的地位。读者至此应该可以明白中国人为什么要把看似无关的骨相学纳入宗教范畴，西方的骨相学与江湖医术一样是伪科学，是世俗性的，而中国的骨相学与西方不同，它不仅关注流年运程，而且触及神明世界的生死运数。

我们曾经强调，中国皇帝及官员奉天命管理众神与众生。神的世界也是一样。中国人的奖惩逻辑最能体现他们的宗教观。中国人相信一个人走运或倒霉都是神的旨意，因果循环，报应不爽。如果某个地区喜获丰收，那意味着当地百姓行为端正、遵纪守法，而旱灾、洪水、疫病和地震则暗示当地有人做了不该做的事。

就个体层面而言，神与人的界限更加模糊和难以区分。人死后的灵魂根据生前的行为得到奖赏、惩罚，抑或奖罚并举。十殿阎王按照生前做过的好事、坏事，逐一发落每个新逝的亡灵。中国人几乎人人都知道十大阎王与地狱酷刑。在那里，灵魂会被锯成两半，再重新合在一起，放入油锅煎炸，被碾压磨碎，在血河中慢慢溺亡，挖掉双眼，割掉舌头，凡此种种，令人作呕。[6]在这样的痛苦煎熬之后，亡灵还会被放逐到地狱的某一层接受更多酷刑。有些古书上称地狱共有18层，层层相接，另一些史料则认为地狱的层数远不止18层。

生前行善积德之人死后享受的待遇大为不同。他的亡灵在离开肉体的瞬间，在阴阳交界处会受到由十大阎王之一派来的使者的欢迎，尽情享用音乐和美食。亡灵将依次游览地府十阎王殿，在特设的客房暂住，接受奢华款待，并获得各种荣誉。之后，他将被任命为地方小神或派往天庭任职，生前若功勋卓著，也有进入西方极乐世界的可能。

好人生前哪怕只做了一件很小的坏事，他被记在功德簿上的善举也会被相应减去一笔，而恶人如果做了善事，罪行也会随之减轻。功过累加之后，这两种人都有可能投胎转世，来世的命运很大程度上取决于前世的功过。

根据前世累积的善行多少，好人在下一世将享受到不同程度的富贵安逸，也许注定要高中科举，在官场如鱼得水、名利双收，也许子女孝顺，遇事总有贵人相助。恶人根据以往造孽的程度在下一世受报应，或者遭遇种种灾难，横死街头，或者终生乞讨，病痛缠身，又或者投胎为禽兽，任人宰杀。[7]

这种宗教观从方方面面影响了中国人的生活方式。囚犯被判处死刑，商人在蛮族部落失踪，妾室被正妻凌辱，与书生晋身宰相、官员坐享万贯家财、老人多子多福一样，都是前世行为在今生的果报。

中国人崇尚相互依赖的生活，从不独自品尝人生的酸甜苦辣。有的人一生顺风顺水，不仅是因为自己前世就积德行善，更因为祖先和父辈为人清白，值得尊敬；一生穷困潦倒的人，则必然是在为自己在前世和祖先犯下的罪孽受报应。意识到这一点，读者就能理解为什么祖先崇拜是中国宗教信仰的基石。

祖先崇拜

中国人的祖先崇拜，不应与被西方主流社会轻视的西方祖先崇拜相混淆。有一些西方人过于重视血统，不惜一切代价地要把家谱追溯到某个早期的爱国英雄或贵族身上。这样的人通常会在名字里加入与知名祖先相一致的范德比尔特（Vanderbilt）、阿斯特（Astor）、杜邦（Du Pont）等中间名，以便使子女借此提高身价，又或者选择不用教名称呼他们的男性后人，而延续家族名字，将其称为施图维森特·皮博迪四世、约翰·拉特里奇三世，等等。有些持有相同观点的女性则选择加入"美国革命女儿会"①（Daughters of the American Revolution）或"联盟国之女"②（Daughters of Confederacy）等组织。这一类现象在英国、美国非常普遍，从表面上看，西方的祖先情结与中国人的祖先崇拜有些相似，但实际上人们这样做只是为了彰显社会地位，而不把它当作一种宗教信仰。

中国人的祖先崇拜与西方家族溯源的现象是全然不同的。据我所知，在中国除了少数基督徒或穆斯林之外，人人崇拜祖先。它既是中国人最普遍的信仰，也是人的世界与神的世界的核心联系。祖先崇拜不仅具备宗教的一切基本特征，对中国人而言，它还可以验证和加持其他宗教信仰。从家庭到政府，从地方贸易到国民经济，祖先崇拜在中国社会的各个领域都发挥了积极的作用。

中国人的祖先崇拜至少有以下三个基本假设。首先，活着的人运气好坏，根源在他的祖先身上。一个懒惰的人沦为乞丐，街坊邻里都知道他的缺点，然而他的祖先在世时如果积累了足够多的善行，就绝不会有这么一个懒惰的后人。一个德才兼备的官员身居要津，每个人都知道他经过多年努力才获得这番成就，不过这仍然足以成为其祖先高风亮节的表彰。中国人一直宣称当下的成功多亏祖先庇佑，反过来看，后代的成就也将使祖先更感荣耀。

其次，去世的祖先与神仙一样，有多种多样的基本生活需求。

---

① "美国革命女儿会"：该公益组织以曾为美国独立战争作出贡献的革命者后代为主要成员，致力于保护历史文物、推动教育发展及宣传爱国主义精神。
② "联盟国之女"：该公益组织于美国内战结束后成立，以南方联盟军退伍军人的女性后代为主要成员，致力于纪念联盟军在内战中的贡献、为伤残军人提供护理服务、安抚牺牲士兵的遗孀和亲属等。

为了不让祖先沦为居无定所的游魂，每个后代都有责任如奉养在世的父母那样尽心尽力地供奉已逝的先祖。根据经济实力的不同，男性后代必须为死者准备祭祀食品以及与实物一般大小的纸糊衣服、家具、轿马、驴、牛和仆人等物，以便死者在另一个世界里安家立业。20世纪30年代，我见过中国人在传统祭品之外新加入了纸糊黄包车和汽车。

这种现象可以解释，为什么中国夫妻如果生不出男丁，就会成为人们同情的对象。因为他们死后必定会变成孤魂野鬼，靠施舍周济度日。考虑到阴间有许多孤魂野鬼，中国人在中元节[8]祭祖时，一般要在十字路口另设一份祭品，以便祖先可以安然地享用自己那一份。

最后，如果后人懂得照拂逝去的先祖，那么这些祖先也会如同活着时一样帮助在世上的族人。换句话说，个人当下的运势有可能在祖先的帮助下获得改善，而后人在世上的行为也对先祖在另一个世界的苦乐有所影响。有大量通俗小说表现了中国人宗教信仰中这种跨越生死的社交纽带。

以下这则故事最经典地表现了祖先的鬼魂如何帮助后人：古时，有一位科举考试的主考官在书房评卷。他在复审时把考卷分为两份——一份是"再评卷"，另一份是"弃用卷"。当再次翻看"再评卷"时，他发现里面有一份明明已经标为弃用的考卷。他把这份卷子扔了出去，但过了一会儿，它居然又在"再评卷"里出现了。当气恼不已的主考官想再一次把它扔掉时，一个鬼魂显现在他面前。鬼魂请求主考官重新考虑这份由他的一个曾孙作答的考卷。考官最后听从鬼魂的劝告，录取了这名考生。这个故事的主旨不是要揭露主考官徇私让不合格的考生高中，而是再三强调鬼魂指出了这份考卷中被主考官忽视的某些优点。[9]

中国民间故事更大量描述了祖先亡灵因后人受惠的主题。其中最广为流传的一则是"目连救母"。目连的母亲对神不敬，时常有亵渎神灵、辱骂僧侣的行为[10]，还在斋戒日烹食鱼肉。她死后被十大阎王惩罚，在地狱日夜受苦，不能超生。此时目连已修行得道，得知母亲受苦，就闯入地狱去救她。他在阴间苦苦寻觅，终于找到母亲的亡魂，将其救出苦海。[11]

中国人相信生者与逝者能够沟通，这一点不仅体现在民间传说里。在我走访或调查过的村镇里，多见生者聘请和尚、道士和尼姑施法或举办诵经法会，以求改变逝者在阴间的境遇。许多人还借助灵媒或招魂术打听新近去世的亲属在阴间的状况和具体需求。这些行为不是出于单纯的好奇或与逝者沟通的愿望，而是希望了解逝者亡魂的境况，以便在其不如意时进行干预。

因此，在中国人看来，神的世界几乎就是人的世界的精确复制。从结构上看，神仙的层级关系与皇帝及百官构成的官僚体系相当接近，而活着的人与已逝祖先的关系，也遵循人们与家庭成员及亲戚相处的原则。从心理层面看，二者之间的相似就更加令人吃惊。中国人与已逝祖先维持积极、亲密的互动，如同与活着的亲人那般融洽相处；对待神仙，中国人恭敬多礼，但始终试图保持一定距离，折射出他们用来应对皇帝和官府的同一种心态。

当瘟疫、旱灾、地震等大灾难出现时，现实世界与超现实世界之间的投射表现得尤为明显。中国人会把某个神仙看成是灾难之源，从而选择向另一个法力更强的神仙奉献祭品，做法事，祈求它提供帮助。在这种情况下，中国人从不向祖先求助。相反，灾难降临时，中国人要请和尚、道士另行法事以保佑祖先，因为祖先或许也正因触怒神明而处境不佳。中国人认为，祖先的亡灵不会危害自己的后人，如有必要，甚至不必等到后人提出请求，随时都将出手相助。

中国人与宗教世界里一切神明的联系，是基于一系列责任与义务的相互依赖，而不是具有个人色彩的、强烈的情感投入。中国人对待祖先亡灵的态度，与对待其他神明的态度全然不同。中国另有两种传统习俗可以证明其中的不同。在中国农历春节期间到过美国或加拿大的唐人街的读者，脑海中或许会浮现出鞭炮齐鸣、舞龙舞狮、游行庆祝和各种宴请的画面。实际上，只有鞭炮和家宴才是中国农历春节必不可缺的成分，因为春节真正的意义在于团聚。所谓团聚，不仅是一家团圆，还意味着要与逝去的祖先一起团聚。在春节期间，中国人按固定的仪式恭请历代祖先亡灵回家，其他神仙则不在受邀之列。几日之后，他们再按同一套流程恭送这些亡灵离开。清明节，是另一个与祖先团聚的节日，大体上与西方的复活节相似。全家老小在这一天要一起去祭拜祖坟、清扫墓地、焚香烧纸、供奉食品，与逝去的祖先一起席地用餐。中国人在供奉其他神仙时，从没有过这种分享食物的行为。

中国人将划分现实世界的二分法，同样用于他们的宗教世界。祖先的亡灵与其他神被截然分开，正如中国人认为他的家人显然与统治者、英雄以及别的什么人是不同的。对中国人而言，人生最大的不幸莫过于生无所依、后继无人。生前与父母失散、没有子女和亲人的人，死后将成为孤魂野鬼。

不难想象，中国人与祖先亡灵及其他神的关系都是相互依赖的。中国人依靠他的祖先，祖先同样也依靠于他；中国人向神仙寻求保护以及各种形式的照顾，中国神仙也离不开信众的供奉和崇拜。有一些中国俗谚描述了没有什么法力应验的小神"香火冷落"的尴尬境遇。不过，中国人总是把祖先亡灵排进核心圈，与其他神仙遥遥相对。在现实生活中也是如此，中国人的父母子女位于核心圈内，官员和英雄处于相对遥远的外圈。

西方学者一般不太理解中国人的这些习俗。例如，澳大利亚学者柯林·麦克拉斯（Colin Mackerras）曾在新中国传教（1964—1966），这样评述中国人的祖先崇拜：

> 我在城市里看不到有人祭祖，但我听说它在农村依然普

遍。同时，共产党人也大力提倡尊重逝者。事实上，毛泽东于1944年写的广为传阅的《为人民服务》一文特别强调了这一点："今后我们的队伍里，不管死了谁，不管是炊事员，是战士，只要他是做过一些有益的工作的，我们都要给他送葬，开追悼会。这要成为一个制度。这个方法也要介绍到老百姓那里去。村上的人死了，开个追悼会。用这样的方法，寄托我们的哀思，使整个人民团结起来。"我的学生们非常敬仰死去的革命先烈。[12]

毛泽东提倡的不是中国传统意义上的祖先崇拜。一直以来，中国人尊敬、供奉所有的祖先，不管他们是好人还是恶徒。毛泽东的倡议是与传统对立的，更接近于西方社会对待公众人物的心态，只不过共产党人眼中的英雄是普通的战士、炊事员，而不是西方观念中的电影明星和商界巨头。麦克拉斯敏锐地意识到"共产党人并不想消灭家庭"[13]，但是，如同我们将在第十五章中谈到的那样，新中国政府试图对它进行一些重要的调整，如果他们能够成功，那将会产生极其深远的影响。

现实社会与宗教世界在结构上和心理上是如此神似，以至于中国人在面对二者相互叠加的现象时从不感到大惊小怪。缺少明确的分界而人神混杂的现象，在西方人看来是足以让人手足无措的，但这种"中间地带"却完全难不倒中国人，因为这两个世界在他们头脑里本来就是互相关联的。中国人与祖先的纽带不但涉及神的意志与个人、家庭和家族命运之间的关系，甚至还会渗透到个人与地方社群的关系之中。前文曾经提到，中国神仙有时只因为某个当地生者或死者的高洁品行就对整个地区法外施恩，改换所有当地人的命运。比如说，虽然祈福会能阻止瘟疫的传播，但有时疫病的消除只是因为村镇里恰好有一位德高望重的善人。此外，好风水既然可以襄助一个人的事业，那么一个人的功德善行也有助于提升该地域在神仙眼中的重要性。

多神教与一神教

宗教比较研究建立了许多种分类体系，以区别世界上的各种宗教，其中最基础、最有意义的是对一神教、多神教和泛神教的划分。基督教、犹太教和伊斯兰教是一神教；印度教和巴哈伊教（Baha'i）是泛神教；其他宗教则大多属于多神教。本书不打算讨论泛神教的特征[14]，而准备对一神教与多神教作一基本对比，以考察中美两国宗教观念差异的根源。

在一个人际关系倾向于独占而非包容的社会里，各个方面的生活都由"非黑即白"的心态所主导，它对应的世俗生活只能与一神论的教义相容。

基督教和犹太教是西方世界最有影响力的两个一神教。它们本质上是个人主义的宗教，强调唯一至高的神与个人灵魂的直接联系。它的信众越是狂热地相信个人的自我依赖，就越会坚信只存在一个无所不在、无所不能的神。[15]在这种文化背景下，其他的神自然都是幻象和邪恶的偶像，要不惜任何代价予以铲除。

然而，在一个人际关系的包容性多过独占性的社会里，人们喜欢分享胜过排斥他人，会认为多神教更符合他们的心意。多神教鼓励多神信仰，强调所有神明的和谐共存。道教、佛教和祖先崇拜在本质上都是多神教。尽管佛教中有些极端教义宣扬否定自我，但多神教的信徒大多希望与各种神灵之力和谐共处。随着个人的活动与意图的不断增加，人们要求助的神明会越来越多。中国人从不认为谁是真神是一个问题，因此不存在构成宗教冲突的基础。

可见，将中国人划分为佛教徒、道教徒、儒生或祖先崇拜者，是不够准确的，尽管许多社会学家、历史学家和传教士曾经而且现在依然在这样做。这就像把美国人分成犹太教徒、新教徒和天主教徒一样不合理。美国人一般会选择加入某个教堂，向其提供赞助资金，定期礼拜并进入相应的社交圈。教义的差别迫使他在长老教或浸信会等教派中做出选择。在选择加入浸信会之后，这个人还要进一步在浸信会或南方浸信会之间做出选择，甚至必须决定是要加入伊利诺伊州埃文斯顿第一浸信会教堂，还是要加入俄亥俄州琼斯维尔第三浸信会教堂。美国人的宗教观越来越趋向互相排斥，于是，不但只有"我的上帝"才是唯一至上的神，别人的"上帝"都是假的，而且每个人都不得不努力宣传"我的宗教观"，直至让其他人都愿意接受它。

中国人的宗教倾向恰好相反。中国人在佛寺里祝祷家族香火的传续，随后就到道观去求神仙治好他的疟疾。随便找一个中国人来问他的信仰，大多数人的答案都是没有特别的信仰，又或者说每种宗教都能给人带来好处，所以它们都是有用的。前文曾经提到，中国寺庙同时供奉着许多神仙，家庭里的神龛也很少只祭拜一位神仙。有些寺庙在兴建之初就说明要同时供奉孔子、佛祖和太上老君。二战期间，中国西南地区有几个村落曾举行祛除霍乱的祈福会，当时我看到祭坛上不仅供奉了中国各路神仙，而且还摆放着耶稣的神像。[16]中国人的宗教生活是极度包容的，你的神，我的神，他的神，一切的神，无论是否了解它们，中国人都给予同样的尊重，至少不会成为他们轻蔑敌视的对象。

这种心态上的差异——美国人独占，中国人包容——是本质的，对两国宗教观的种种特征都有影响。例如，中国人不重视祈祷，而最虔诚的美国教众把祈祷看成是宗教信仰的精髓。中国人即使做了祈祷，也只是向神明提出要求，美国人则认为祈祷的核心是内省，是向灵魂深处的探寻。[17]中国人信仰的是多神教，人们敬畏神，请求他们庇佑，但从不与神进行心灵沟通，更不会无保留地把自己交给神，因此频繁的个人祈祷既无必要，也无实现的可能。

在中国人的宗教观里，善与恶不是绝对的，美国人则认为二者泾渭分明。当然，宗教与伦理在许多国家而不仅仅是在中国，都是相互糅合的，各国的神都要负责主持正义，奖善惩恶。多神教的教众认为世界上存在某些恶神，但只有在正常秩序被扰乱之后，恶神才会引起他们的注意。霍乱是被瘟疫恶鬼散播到各家各户的。这时，中国人会请瘟神赶走这些恶鬼。其实，瘟疫恶鬼与瘟神本是神的一体两面。一种被称为"旱魃"的鬼会带来旱灾，但龙王可以赶走旱魃，降雨救灾。一旦危机解除，中国人便迅速地把这些恶神丢到脑后，直至下一次危机到来，从未打算发动一场针对他们的消灭战。这是因为，中国的神鬼只需多加安抚，就会为人们做好事；而一旦被触怒，也随时可能向人间降下灾祸。在一个生死世界没有太大差别且可以相互重叠的社会里，中国人自然而然会形成上述的心态。

一神论者认为只存在一个正义之神，由此推之，其他的神都是假神、邪恶之神。一神教信众不但拒绝与"邪恶之神"妥协，而且一定要揪出和消灭他们。坚持正义意味着与邪恶作战。当后者成为衡量前者的标尺时，正义与邪恶不仅不能共存，而且时刻处于对抗之中。[18]这种心态在扩展之后，就演化为生死世界截然分离的宗教观，一个完全不同于中国人的精神世界。

然而，所有人（包括一神论者）不得不用为凡夫俗子所熟悉的思想、体验解释宗教教义，世界各地的宗教在表述人与神乃至神明之间的关系时都会大量使用父母子女、婚姻、家庭等词语。多神信仰的中国人往往表现出一种极端，即过分强调生死世界的一致。正因如此，台湾省的村民在发现土地婆婆的神像不翼而飞之后，才会产生给土地爷"纳妾"的念头。而一神教在本质上决定了它与这一类思想、体验的绝缘，甚至倾向于另一个极端，即生死世界的截然不同。

中国人相信神仙有好有坏，美好的事物是善神给人间的馈赠，而疾病、灾难若不是善神的惩罚，就是恶神的肆虐作乱。他们这种讲求实际的信仰，即使没有文化的人也很容易理解，几乎不需要另加解释。

基督教的教徒则认为造物的上帝至善至美，是善良、正直和纯洁的源头，而一切邪恶、压迫和冲突都是由于人们不肯跟随他。耶稣虽为拯救人类而死，但世上的冲突和暴乱不会停止，还将继续摧残上帝的信徒。实际上，从现实的角度，人们很容易发现长久以来这些上帝信徒才是混乱的制造者，即使是受过良好教育的人，也很难理顺这么明显的自相矛盾。为了解决这一困境，美国人（及所有西方人）试图找到一种绝对简化同时又包罗万象的教义。于是，这里再一次显露出美国人与中国人在宗教观念上的差异。正义与邪恶在不停地较量，一神教教徒只能依赖万能的上帝与魔鬼作战；性爱被原罪的阴影笼罩；无罪成胎论及圣灵成孕不仅是突破一切生物限制的象征，同时也是最彻底的自我依赖。

中国人不用应付正义与邪恶的无休止斗争，因此他们的神话很少表现对立的力量。人所共知的阴阳概念更多强调的是统一，而不是对立。据一个古老的神话讲述，中国人是伏羲、女娲兄妹乱伦生下的后代。而道教始祖老子，传说是玉女怀胎80年所生，生下来时就是白眉白发白胡子，因此才被人们称为"老子"。

有些民俗学家曾推演出女娲其实就是西方宗教里的诺亚，老子为玉女所生的传说则与西方的原罪说同出一源。这里要强调的是，中国人千百年来一直认为万恶淫为首，贞洁对未嫁女子来说是性命攸关之事，而这两个神话在中国宗教里却一向没人重视。

中国人认为善与恶、贞与罪、生与死是相对的，而美国人倾向于把它们绝对化。中国人一般说"救出"亡灵，美国人及其他西方人则强调对灵魂的"救赎"。[19]中国人在原初社群中建立了牢固的心理及社会支撑，只有为了特定、现实的目的才向神仙求助。他们不打算将全部身心托付给任何的神，更没想过与之同生共死。中国人与神的关系短暂而不持久，由功利而非情感联结，只有在需要时才向神发出请求。神仙一般不涉足人的内心世界，中国人因而对违反法律（犯罪）与违背神的意志（罪孽）缺乏区分。神的惩罚与违法的后果是相似的，因为神仙与皇帝及官府看上去也差不太多。中国人认为下地狱或上天堂都不是永恒的。好人的灵魂如果犯了过错，就要遭受惩罚；而一个坏人，如果他的后人行为端正，他就可以少受些折磨。

一个永恒之神为美国人提供了支撑和安全感，于是，由于生活中缺少稳固的社会与心理寄托，而每个人又无法事事自我依赖所造成的两难，多少可以由这一途径得到调节。由于这个原因，美国人与他的上帝成为利益共同体。有了上帝，他便能够得救；反之，就会迷失自己。犯罪与罪孽指向不同的两种关切，前者围绕社群的法律、习俗，后者则属于个人道德的范畴。在西方人的信仰里，有罪的灵魂一定会下地狱，正如纯洁的灵魂将永驻天堂。[20]

至此，我们已从美国人与中国人身上看到救出亡灵与灵魂得救的区别；全身心地信仰唯一的上帝与广泛与各路神仙打交道的区别；信众与上帝结成利益共同体以及对神明之命运缺乏关注的区别，至此读者或许不难明白为什么西方的一神教教众热衷于传教活动，而中国的多神教教众却对此毫无兴趣。[21]

美国一般被认为是物质至上的社会，但在传教这一方面却引领着西方各国。二者并不存在什么矛盾，因为在美国人眼里，上帝的成功就是信众的成功，信众必须努力促成上帝的全面胜利，这不仅是为了确保他们自身的安全感，还能进一步提高其声誉。[22]中国就不一样了，神明的成功只与缓解病情、灾情等个别需要相联系，个人的安全感和地位不会因为其他人反对他崇拜的某些神仙而受到威胁。中国人很难理解西方传教士为何如此尽心尽力地致力于传教。西方传教士年复一年地牺牲个人幸福，远离故土，而且常常要生活在最恶劣的环境中，唯一的目的就是使非基督徒改变信仰。一些著名的传教士不仅将一生奉献给教会和世人，更为欧洲以外的各民族发展做出过巨大贡献。他们推动教学设施的改善，为当地提供更多医疗保健方法，清除社会恶习（如中国的缠足），甚至唤起人们对工业化进程的觉醒。就这些进步而言，多神论者从未表现出一神论者的传教士那种一往无前的决心和努力。

不幸的是，对待持有不同信仰的人，这些传教士同样只会采用基督教的相处方式。异教徒或持异议者，对传教士自身的安全感和社会地位意味着双重威胁。首先，他们使西方文化和传教使命的优越性冒着受争议的风险。一神教传教士不仅认为基督教教义不容置疑，而且这一生活方式的各个层面，从餐桌礼仪、举止着装到教育和婚礼筹备、商务安排，都具有不容挑战的优势。传教士不是单纯地希望看到异教徒模仿西方文化最表层的那一套：如果性是罪恶的，太平洋岛国居民应围上腰布；如果洁净的重要性仅次于对神的崇敬，真正的信徒就应该打扮得体面一些再前往教堂。

一些传教士对西方文化整体优越性的深信不疑，并非基督教徒所独有。在10世纪，一位伊斯兰教传教士伊本·法德赫兰（Ibn Fadhlan）在向波罗的海附近定居的斯堪的纳维亚商人传教布道时，称他们为"那些误入歧途的蠢驴"。[23] 他最无法接受的是这些人的肮脏、滥交和活人献祭仪式。即使是一些诚恳地向传教对象表达爱和欣赏的传教士，其实也很少能掩盖他们以上等人的所谓包容对待下等人的心态。如果这些"下等人"竟然还拒绝信仰他们的神及其生活方式的优越性的话——几乎没有哪个一神教教众能接受这种情况。

其次，如果异教徒不肯信仰一神教的神，传教士自身的安全感和地位将感受到威胁。传教士的心愿在本质上就是让其他人加入他的信仰，他心理上的安全感和社交锚都寄居于此——多神教教徒会在其他领域寻找锚。传教士的成功与信仰的散播密不可分，因此异教徒在拒绝接受他的上帝时，等于是在威胁传教士心灵安宁的基础。

然而，这种威胁不是真实的，因为多神教教徒无意将自己的信仰强加于他人，更不会用暴力回应强迫他们接受某种信仰的那些人。传教士与多神教教徒的分歧很少造成流血冲突，反而在不同的一神教教派之间时常爆发种族灭绝战争和长期的大规模迫害。[24]基督教与伊斯兰教、犹太教，伊斯兰教与犹太教以及天主教与新教的冲突已经造成无数杀戮和伤痛，而且至今仍在给全世界带来新的伤害。

假如有多个教派的传教士试图使群岛上的异教居民改变信仰，结果将会怎样呢？天主教与新教在夏威夷的冲突可以作为一个生动的案例。大约在1820年前后，新教徒率先来到这片群岛，天主教徒的抵达大概在5年后。在夏威夷国王尊奉新教后，在1827年至1850年之间，当地实施了一系列的反天主教政策，爆发诸多纷争。天主教教徒宣布这些举措受到了新教传教士的唆使，新教的传教士则辩解称主动权完全掌握在夏威夷土著居民手中，居民们的良知不容许他们背离现在的信仰而改信天主教。1930年1月30日，"三明治岛教团大会"（The General Meeting of the Sandwich Island Mission）的一项决议或许比上述这些争议更具说服力。新教教团在大会上宣布信奉天主教的耶稣会传教士是夏威夷执政政府的威胁，造成了动摇当地居民信仰的可怕影响，妨碍文明与文化发展，已成为高尚品德和耶稣基督之信仰的敌人。该决议接着指出：

> 当部族首领征求我们对此事的意见时，我们丝毫没有考虑过任何迫害，只是告诉他们我们认为耶稣会信徒作为一个群体将危及诸岛人文、道德以及宗教的繁荣。但是我们建议这些首领不要因为宗教的原因惩罚这些传教士及其追随者；只有在他们违反岛上的法律时，才应该为此受罚。[25]

作为一名新教传教士，西德尼·古利克（Sidney Gulick）在他的著作中记录了这一切。他宣称该决议有力地证明了新教传教士无须为1827年到1850年间的反天主教运动承担责任。但公正的读者在阅读相关文件后往往会得出全然相反的结论。在夏威夷群岛的部族首领向较早到达的新教传教士寻求宗教指引时，相关决议却向他们指出耶稣会传教士是一些恶毒的人，建议当地居民尽量远离这些危险人物。当地官员，无论是否接受西方文明和信仰基督教，在受其信任的顾问勾勒了如此一幅恐怖的画面后，都不可能选择坐以待毙。新教传教士给出的、部落首领应惩罚任何违法行为的建议表露出更多的倾向性，使人不禁想知道在教团提出这项建议之前，部族首领是如何处置违法者的。

读者不应简单地认为，多神信仰的中国人从不会引爆宗教冲突。历史上，中国人与穆斯林的争斗时有发生，而在公元700年到955年之间，中国曾掀起一场反佛教的狂潮。不过，如果仔细分析中国人与穆斯林的冲突，我们就会发现它多半是由双方的领土扩张引起的，在信仰不同的普通民众中，几乎没有任何关系紧张的迹象。中国各地的穆斯林与非穆斯林经常比邻而居，看不出有什么明显的矛盾。在一定的限制下，双方还可以通婚，非穆斯林女孩可以嫁入穆斯林家庭，但穆斯林女孩一般不会与非穆斯林结婚。这实际上是因为非穆斯林女孩比较容易适应穆斯林家庭的饮食习惯，而嫁入非穆斯林家庭的穆斯林女孩则很难坚持食用宗教规定的饮食。

唐代灭佛运动更加具有启示意义。首先，唐代僧侣不能结婚，却可以接触女性信徒。所以，佛教可能成为淫乱的诱因。第二，僧侣不劳动，只能靠其他人供养，给社会带来经济上的负担。第三，僧侣断绝一切家庭联系，也不祭拜祖先，所以他们祖先的亡灵将成为"孤魂野鬼"，给其他亡灵带去麻烦。这些反佛的理由显然不涉及佛教是否是一个真正宗教的判断。

在这个特定的时间里，灭佛运动引发了一些类似于宗教迫害的事件。但是，这些迫害不同于西方的宗教迫害。例如，唐宪宗因笃信佛教，想派遣使团前往古印度奉迎佛骨，但遭到包括韩愈在内的众多大臣反对。韩愈最终被贬。唐武宗当政后展开灭佛运动，引发了更多风波。唐武宗灭佛，是由于他认为当时叛军以佛教为掩护，还把佛寺当作庇难之所。

灭佛的具体举措是根据唐武宗对当时形势的判断做出的。首先，他要求所有僧尼都必须登记和接受管理，以确保他们都是虔诚的信徒。其次，他规定"首都长安、陪都洛阳的寺庙不得多于两座，每座寺庙中的僧侣不能超过30人。至于全国228个府，每个府只能保留1座寺庙、10位僧人"。[26]超出限额的寺庙一律要被拆毁，僧人、尼姑得强制还俗。在这一时期，成千上万的佛寺被毁，大约25万僧侣被迫离开寺庙。

与西方宗教迫害不同的是，唐朝政府并不想灭除佛教。它既不会处死佛教徒，更没有试图以审讯手段戒除佛教徒的信仰和修行。中国统治者不会把灭佛运动上升为反对佛教徒的暴力攻击，也不会大规模地推广其他宗教以收拾人心。最后一点，同时也最能说明中国人宗教观的事实是，被要求还俗的中国僧侣不抵制政府的命令，统治者不必动用坐牢、流放、处死等手段就可实现他的目的。这一点尤其体现了中国人与西方人在宗教观念上的差别——西方人常常要为比这轻微得多的事件而赔上性命。宗教高压与迫害长久以来是西方文化世界不变的构成，而在中国的历史长河里，灭佛运动仅仅先后出现过4次，看到这里，读者难道不会为此感到惊奇吗？

在近代，西方传教士与中国基督徒在1900年义和团运动中遭受重创，或许可以被视作某种形式的宗教迫害。但是，这一结论仍够不上充分。首先，义和团打击的目标不仅仅是宗教势力，而是所有外国人以及与其勾结的中国人。其次，义和团运动必须要与19世纪中叶的太平天国起义和20世纪初孙中山领导的国民革命相比较。义和团拳民意在协助清政府驱逐外国势力，太平天国起义和国民革命则以"驱逐鞑虏，恢复中华"为口号。中国人当时正处于经济、社会和政治的高压之下，这三个事件不过是其一系列反抗的一小部分而已。传教士在1900年的事件里当了替罪羊，而清政府才是另外两次革命的主要目标。义和团事件以比灭佛运动更短的时间就退出了历史，这是典型的中国特色。

一个人如果将中国的宗教迫害与西方一神教所施行的迫害相比较，他将会获得以下的印象：假如后者是一场古典主义悲剧，那么中国那些事件不过是短小的独幕剧而已。

之前我们曾经提到，一神教教众需要单一、简化却又包罗万象的宗教教义以平衡其信仰里种种明显的矛盾。不过，一切一神教喜欢争斗的本质或许能够更好地解释它们为什么必须发展一套复杂的神学理论，并且对其他信仰毫无宽容之心。一神教信众不但认为他们的宗教信仰是唯一正确的，而且必须要以这一真理战胜其他"邪恶"信仰和内部出现的异端邪说。一神教信众必须随时武装自己，以应付攻击或准备防守。多神教信众一般认为其信仰的对象及形式既未威胁他人，也未受到其他信仰的威胁，哪怕两个不同信仰的国家正处于敌对的状态。因此，他们大多觉得无须为神学领域的争执而备战。在审视犹太教、基督教以及伊斯兰教时，我们发现它们不但各自有《圣经》或《古兰经》，还有大量的拓展、解读和说明原典的文献著作，以及高级研讨会、神学院及其他机构持续在研讨这些文献。狂热的传道和思辨性论述是一神教信仰必不可少的组成部分。

多神教通常不以成体系的教义为特征。中国有着漫长的历史以及高度发达的文学，可是宗教论著却是零散、罕见的。中国没有西方式的神学院，宗教活动也不包含传道和讨论。儒学是唯一的例外，《论语》在过去2000年里不断被注释、讲授和再解读，但重要的是，研习儒学的学者从不认为孔夫子是神，儒学更不是一个宗教。没有文化的中国百姓像尊崇神明一样尊敬孔夫子，但对系统解读儒学经典则毫无兴趣。

即使某个多神教的创教者曾经写出一套系统的教义，随着时间的流逝，他的学说也会变得越来越零散和不受关注。佛教在中国就是如此。在公元6世纪到7世纪之间，大约3000名中国佛教徒为了获得释迦牟尼的全部佛典，步行前往古印度。他们一路上历尽艰难险阻，只有几百人活着抵达了目的地，其中又只有少数人最终将这些宝贵的经文携带回国。我们在第一章中提到的神魔小说《西游记》就以这次旅途为主题。但是，传至中国的佛经仅是少数高僧和信徒研读的对象，中国百姓虽然或多或少受到佛教影响，但经编撰过的佛典一直难以广泛流传。虔诚的佛教徒很少致力于将佛典传承下去，读书人以及不识字的普通百姓则没有深入了解佛典的愿望。

《圣经》在西方的处境则大不相同。宗教改革（Protestant Reformation）带来最重要的变化之一就是让所有教众都可以接触到《圣经》和各种宗教仪式。数百年来，《圣经》一直是而且至今依然是欧美世界的畅销书。《圣经》的版本数超过世界上的任何一本书。[27] 人们在西方大多数家庭甚至旅馆里，都可以找到一本《圣经》；中国人很少在家里摆放佛经，旅馆就更不用说了。

上述这些使多神教与一神教判若黑白的特征是相互关联的。多神信仰的中国人始终保持着与原初社群的关系，包括与区别于其他神仙的祖先亡灵的联系。中国人的祈祷不以自省为目的，善与恶、生与死、救出亡灵与灵魂得救是相对的概念。中国人对待其他信仰的心态是放任自然的，对神学和传道缺乏兴趣。

中国人不谈论宗教统一，因为看不出这有什么必要；他们也不强调所谓宽容，因为其宗教思想从来不涉及不宽容。中国人之所以抱着这种无所谓的态度，是因为他们对待神的心态与传统上对待英雄偶像和政府的心态基本一致：神既有好也有坏，造福一方或到处作恶，有些对人类友善，另一些极难应付。如果某位神仙专事破坏、不行好事，中国人就向其他的神仙求助。中国人看待神仙命运的起落就如同历史上的王朝兴衰一样。他们的哲学是：任何一位神仙都应该受到尊敬及供奉。有的神仙香火旺盛，那是他自己的荣耀，中国信徒绝不会试图与其分享。同样，有的神仙门庭冷落，那也只能说是他自己和那些不敬神的人的不幸。至于虔诚敬神的信徒，是不会因此而受损的。

一神信仰的美国人希望尽早摆脱父母实现独立，凡事只依靠自己。他们重视私人化且自省的祈祷，严格区分善恶生死。美国人认为对待宗教要虔诚，不能随意改换信仰，不以晦涩的教义为苦，布道时极富热情和感染力。

美国社会的一神信仰不仅对民众产生影响，而且还导致不可知论与无神论的问世。由于信徒全心全意地信奉上帝，而无神论者断然否认任何超自然力量的存在，二者没有共存的基础。但在多神信仰的国度里，那里的信徒从来不想谴责无神论者，而无神论者也不会断然否定一切鬼神的存在。

注释：

1. 读者不妨回想韩愈兼用请求与威胁治理鳄害的事。正如文中所指出的，韩愈的权威来自皇帝，皇帝的权威则来自上天。韩愈用这种迂回的方式替天行道。不过，参加祭鳄仪式的信徒与非信徒可能都没有意识到这一点。
2. 绝大多数中国人的婚礼都要有正式的介绍人，无论他是否真的曾经介绍新郎、新娘认识。
3. Fang Ts'un, "The Wedding of a God," *Central Daily News*, Taipei, February 23, 1965.
4. 据我所知，算命先生从未因这类展示而惹上官司。请读者不要把他们的行为与第六章中提到的美国广告心理学相混淆。算命先生把蒋介石当成一个活生生的例子，希望顾客因此信任他们的预测能力，但他们并没有暗示顾客在购买其服务之后就可以如蒋介石一样飞黄腾达。相比之下，美国漱口水及牙膏广告的设计倒的确是在暗示顾客一旦使用了这些产品，就会变得和广告主人公一样幸运。
5. 天主教颁赐德行高尚的人为圣徒的习俗与中国这种风俗相类似。但是天主教规定只有教皇才有颁赐圣徒的特权，而在中国这一风俗非常普及。任何地方的居民都可以自主决定祭拜某个德行高尚的平民或官员。另一个差异是新教早已废除了颁赐圣徒的习俗，而这个风俗在中国延续至今。现代人对这一风俗的质疑多来自西方社会。
6. 在美国芝加哥菲尔德自然历史博物馆的中国展区里，有纸胎制作的模型部分展示了地狱中的酷刑。
7. 有证据表明中国最早没有轮回转世的思想，它是从古印度的佛教引入中国的。不过，这无关紧要。这种思想在中国之所以根深蒂固，是因为它能够适应中国人的文化模式。与之相比，基督教自我救赎的思想与中国文化似乎毫无交集，在第十章我们将谈到这一点。
8. 中元节即中国农历七月十五日，性质与西方的万圣节相仿。
9. 过去，中国人认为如果考生没有这样通灵的祖先相助，只能怪他们自己运气不好。
10. 和尚、道士的社会地位虽然不高，但目连的母亲也做得太过分。

11. 读者会注意到在这里我用的是"救出"而不是"得救"。在中国人看来,目连只是将母亲从困境中"救"出来,就像人们伸手去救落水者一样。这不意味着他母亲的亡魂有所转变并因此获得拯救。目连的法力使得他母亲的亡魂获得了与其灵魂本身不相称的待遇。
12. Colin Mackerras and Neale Hunter, *China Observed*, pp. 18-19.
13. 同上, P.19.
14. 对此有兴趣的读者可以去看我的著作, *Clan, Caste and Club*。
15. 西方世界的宗教观念一般认为,人类觉得自己太脆弱以至于不能只依靠自己。我们现在应该看到,这一点越来越只表现为过去历史留下的精神印记,而且正如美国人的宗教生活所表现的那样,已成为无节制的个人主义的借口。
16. 当然,伊斯兰教其实是禁止偶像崇拜的。我曾在云南省看到过这种祈福会,30年后,在1975年的冬天,我在香港新界再一次看到了它。新界的祈福会持续了四天五夜,为在许多年前一度蔓延过的黑死病而设。当地人当时承诺如果神驱散这种可怕的流行病,他们就每10年举行一次大型祈福会,1975年正好是第10个年头。按照西方人的定义,这些大型仪式不算是祈福会,中国人习惯称之为"醮"。人们供奉冥钱食物,募捐善款,焚烧香烛,诵读经文,驱鬼游行,上述这些都由请来的和尚、道士进行。(见Hsu, *Religion, Science and Human Crises*)
17. 佛教里有一支禅宗是强调冥想和内省的。但是,禅宗的冥想和内省以达到涅槃这一最高境界为目的,人在涅槃之后就可不生不灭,超然物外。要说明的是,它强调的是对自我的否定,而非"再发现"。就佛教宗派而言,中国只有为数不多的颖悟有天资的信徒认真研究过禅宗,大多数佛教徒不懂禅宗为何物。中国禅宗和日本禅宗各自发展出不同的路径。(有关二者的具体区别,请参见我的著作: *Iemoto: The Heart of Japan*)
18. 人民圣殿教众在南美集体自杀后,该教律师马克·莱恩(Mark Lane)在旧金山举行的新闻发布会上谈到该教教主吉姆·琼斯,称:"他不能成为上帝,也不能回到原本的状态……对信众而言如果他成功了,他就将成为摩西;而他一旦失败,就会沦落为神经病杀人犯查尔斯·曼森(Charles Manson)那样的人。"(《新闻周刊》,"死亡的邪教",1978年12月4日)
19. 一些研究中国的西方学者不理解这一根本的差异。在Wolfram Eberhard, *Guilt and Sin in Traditional China* 中可以看到因未能理解这一点而造成的对中国人心理的误读。西方人的思维方式不太能分辨这一区别,尤其表现在《韦氏词典》中"rescue"和"save"被列为同义词。中国人在翻译《圣经》时不得不为基督教的"salvation"造出"拯救"这个新词。
20. "地狱"与天主教的"炼狱"的区别将在下一章解释。
21. 今天的犹太教接受改宗者,但已不再进行传教活动。然而,据芝加哥圣约锡安圣会的拉比亨利·费舍(Henry Fisher)称这不是它的初衷。
22. 每一所教堂的委员会或主席团在有关传教活动的报告中都会自然而然地强调两件事:(1)传教士的人数;(2)支出的经费,通常还会特别指出这两项均比上一年有所增加。
23. "The Vikings Abroad and at Home" in Carleton S. Coon, *A Reader in General Anthropology* (New York, 1948), p. 411.
24. 这些冲突当然不是宗教造成的。然而,重要的是,它们被大众定义为宗教性冲突,而许多战争、迫害以宗教为名而得以施行。在现代,美国人持续在美国与苏联的冷战中注入宗教色彩——因此在许多人看来,冷战就等同于上帝信徒与无神论者的战争。艾森豪威尔总统以二战经历而写成的那本书,之所以被命名为"欧洲十字军"(*Crusade in Europe*),并不是偶然的。
25. Sidney L. Gulick, *Mixing the Races in Hawaii*, p.140.
26. Hu Shih, "Ch'an (Zen) Buddhism in China: Its History and Method." *Philosophy East and West*, p. 17.
27. 自本书在20世纪50年代首次出版以来,天主教堂陆续地采用英语、西班牙语以及其他语言的祈祷书。1978年,令美国教徒受到鼓舞的新国际版《圣经》,由英国具有175年历史的圣经学会出版。它是二战后第8种英译版《圣经》。这一版本于9个月之内在美国销售了200万本。记者格雷戈里·詹森(Gregory Jensen)指出:"出版《圣经》总是有利可图的。它是任何一位出版商的梦想,其销售数字足以让莎士比亚、推理文学作家阿加莎·克里斯蒂(Agatha Christie)以及其他平装书畅销作家相形见绌。"(《檀香山广告人》,1979年8月18日)1979年,圣公会也出版了一本"现代化"的祈祷书。(《时代周刊》,1979年8月13日)天主教与圣公会的祈祷书的变化在其教派内部引发了很大的争议。

第十章
宗教信仰的基础

迄今为止，一个重要的问题依然悬而未决：我们如何能够确认中国人和美国人的宗教观不是因各自教义的特性使然，而是两国不同文化氛围的自然结果呢？换句话说，中国人宽容的宗教精神难道不是因为他们本身接受的就是多神信仰吗？美国人的不宽容难道不是因为他们信奉唯一的上帝吗？要回答上述问题，确认二者的因果关系，最好的方法就是观察中国人受到一神信仰影响和西方人对多神信仰产生兴趣之后的反应。

"愿意参加卫理公会？"

我们在上一章已经看到，中国人曾经短暂地抵制佛教，而且大多数中国佛教徒从未系统地研究、阐释佛教经典。传入的佛经只有极少数被翻译过，即使是这样微不足道的热情也只在两个世纪内便烟消云散。更有甚者，中国道士在做法事自然而然地借用佛教仪式。类似情况不仅限于佛教本身，某些一神信仰传入中国后在不同程度上都发生了与两三种或更多宗教信仰相融合的现象。

历史上曾有一小批犹太移民来到中国，其中多数定居在河南省北部。这批移民起源何处，有关记载语焉不详，只知道早在1163年之前他们就经由波斯和古印度进入中国。他们改起中国名字，接受了中国人的语言、服饰和风俗，熟读和精通儒家经典，以超乎寻常的比例通过科举考试并在政府里担任要职。这些犹太人与中国人互相通婚，一般是犹太男子娶中国女子为妻，犹太女性则全都缠了足（根据20世纪早期的照片）。生活在17世纪中叶的一位犹太男子娶了6位妻子，其中5位是中国人。专为犹太人传播基督福音的伦敦会向中国派遣的传教士发现，这些犹太人不但崇拜祖先，而且参与非犹太人的宗教仪式。当地犹太教堂在19世纪中叶时还存在，直至被一次黄河泛滥的洪水冲毁。这些犹太人或许因为穷困，或许压根就没有意愿重新修建它。基于这些事实，前河南省主教、在开封生活25年之久的威廉·查尔斯·怀特牧师（Reverend William Charles White）得出以下结论：

> 这个社群最让人感到失望的是，无法激发他们对自身历史和以色列人神圣遗产的兴趣；无论从宗教或社群的角度来看，他们都不再是犹太人了。[1]

中国的穆斯林包括最初来自中东的移民和后来改信穆斯林的中国人，人数要比犹太人多得多。他们大多数聚居在西北地区，也有少量散居在全国各地。中国的穆斯林保留了一些传统的宗教习俗，如行割礼、禁食猪肉、在清真寺做礼拜，等等，但是按照一位著名传教士兼学者拉图雷特（K.S. Latourette）所说，"他们没有对宗教的热情"[2]。许多穆斯林仪式被加以修改以适应中国人的习惯。在流行疫病或旱灾肆虐之际，各个社群中的穆斯林会加入非穆斯林举行的祭祀活动，此举往往被正统的穆斯林或基督会看成是对神的亵渎。中国的穆斯林在成为朝廷官员之后会参与祭天仪式。至于穆罕默德，在中国常被描述成儒家圣贤、一位合乎儒家道德伦理的神。

与犹太教、伊斯兰教相比，基督教在中国的传播更加引人关注。尽管有1000多年的传教史，20世纪还进一步得到军舰和治外法权的支持，而且许多中国人，尤其是具有影响力的大人物有强烈的模仿西方的愿望，基督教在中国却几乎从未获得成功。根据包括世界基督教会联合会所做报告在内的一些最乐观的估计,1949年中国共产党开始执政时,中国的基督徒在名义上还达不到中国全部人口的1%。

按照西方的标准,在这些为数极少的中国基督徒中,真正虔诚的信徒也不占多数。1947年,一位北平居民根据亲身经历写了一篇题为"如何摆脱贫穷"的文章向报社投稿。他在文章中详细描述了自己加入天主教的过程以及如何从教堂获得一家人的食物和住处。他写道:

> 我想跟大家分享我的经历。大约20年前,我的处境也同样艰难。那时候光景尚好[3]。我家里人口多,而我既没有一技之长,又干不了体力活。于是我的朋友介绍我去了某处的天主教堂,那里设有妇女辅育院。我把我的妻子和三个孩子送到妇女辅育院,让他们信奉天主教。我在其他地方干活,每周带着礼物去看望他们一次。他们在那里学认字,读《圣经》,信奉上帝。开始他们非常不开心,感到无聊乏味。但一段时间后他们感觉好多了。他们认识了教堂里的其他人,并习惯了那种生活节奏。孩子们和许多小朋友一起玩耍,不再吵着要回家。一日三餐,伙食虽然并不好,但是对于一直以来都生活贫困的人来说,那是完全可以忍受的。正哺乳的妇女通常会得到稍多一些的食物。教徒一般在入会三个月后受洗。院里没有男人,教师和工作人员都是修女。他们不接受6岁以上的男孩。入会的人无须自带被褥。
>
> 总之,这是在非常状况之下的出路之一。受洗之后,万事大吉。俗话说:"老天爷饿不死瞎家雀。"上帝不会任由我们忍饥挨饿,我们毕竟是人类,是万物之灵和上帝的孩子。
>
> 另一条出路是去市政府社会福利局的救援部门寻求帮助。
>
> 刘××
> 北平第五警区前羊坊68号[4]

这里不是要强调有些如刘先生一样的中国人成了"乞食"基督徒，因为不难看到不少积极与教会互动的美国人也有类似动机。重要的是，刘先生显然认为在加入教会时有这种功利心理是极其自然的，希望他人仿效他的经验，而且在公开信的末尾毫不尴尬地署上真实姓名及住址。事后，报社方面也没有听到对刘先生的任何谴责。

刘先生对教会的现实主义态度，在后来一位向美国西北大学奖学金评审委员会申请经济资助的中国学生身上再次体现出来。从学业成绩和经济条件来看，这个学生全部符合要求，但让评审会成员感到困惑的是在申请表中有关宗教信仰[5]一栏中，她填写的是："愿意加入卫理公会"。该大学是由卫理公会创办的高等院校，评审会的看法是这位同学对待宗教信仰的态度过于轻率，有可能是想成为一名"乞食"基督徒。但事实上，北京的刘先生和这个中国学生既不是行为轻率，更不会因为被西方人非议的功利心理而感到惭愧。他们的心态源自中国人的宗教观，类似的情况在中国人中比比皆是。大多数中国基督徒认为应该举行两场婚礼，其中一场按照教会仪程进行，另一场则要让父母和亲戚感到尽兴。一些中国基督教家庭还为了同样的理由为过世的人举办两场葬礼。

夏威夷当地的中国人具有类似的心理。在20世纪80年代，许多在夏威夷出生长大的中国人信奉了基督教，但是，家庭成员常常分属不同的教会组织。例如，父亲加入了卫理公会，儿子和女儿分别是天主教徒、圣公会教徒，妻子则到中国寺庙去拜神。信仰不同不会影响家庭和睦。儿子作为基督教徒，可以毫不犹豫地按照"异教"母亲的要求参加中国寺庙举办的宗教庆典。

1978年，我和妻子在檀香山参加了两场新年宴会。第一场宴会按广东人的传统进行，参与者大多是第二代、第三代华裔美国人，他们同时也是当地各教堂的会员。第二场宴会以基督教的祷告作为开场，其余环节参照中国传统新年庆典，参与者大多是新近从中国香港、台湾移民的中国人。祷告由中国台湾护理学院的院长主持。

按照中国人的习惯,两场宴会都有小孩子参加。

总体来说,中国人信奉一神教后仍会表现出多神信仰的倾向。西方一神信仰对宗教分裂分子和异教徒那种典型的仇视心理,很少为中国人所吸收。

西方人在接受佛教或其他多神教之后,通常会公开宣称自己是一个彻彻底底的佛教徒,认为释迦牟尼是唯一的真神,其他神则是偶像崇拜者造出的假神。他们还会急切地发起与佛教有关的宗教争论,其中一个长期争论不休的问题是两种版本的佛经中哪一种才是"真经"。

读者或许还记得,佛经在中国根本不曾触发论战,而且大多数中国人对这种神学问题表现得毫无兴趣。而西方的佛教徒不但将相同的经文加以系统化整理,还进行了详尽的阐发。欧洲人如果不能发掘出"原初"和"纯粹"的佛经,就无法心安理得。这里,我简要介绍一下他们至今仍在争论的问题的相关背景:释迦牟尼在世时,古印度人使用两种语言。梵文是精英阶层使用的书面语,巴利语则是平民用的口语。这种情况与查理曼帝国时期的法国很相似,受过教育的法国人说纯正的拉丁语,不纯正的拉丁语则演变成街头语言,后来进一步变化为法语。古印度的佛经传下两种版本:梵文版本被称作大乘经典,巴利语版本则被称作小乘经典。中国佛教徒认为两者皆是佛祖真传,为数不多的西方佛教徒却一心要辨明二者真伪。[6]

显然,中国人之所以对别的信仰如此漠不关心,不是因为受到佛教、道教的影响,而是因为他们的基本生活方式令他们更加青睐多神信仰。如果某个一神信仰被推荐给中国人,中国人在接受这种具有排他性的信仰的同时,仍会将其转化为西方人眼中的"多元化的一神信仰"。同样显而易见的是,西方人排斥其他信仰,不是因为他们接受了基督教或犹太教,而是因为一神信仰更符合西方人的基本生活方式。

上述观察揭示的原理不但适用于多神信仰与一神信仰的互换,

而且可用来预测宗教信仰在两国的未来。在过去的2000年里，中国人基本的宗教倾向几乎没有任何变化。他们或许增加了神仙的数量，祭神的节日和场合也有所增多，此外有几种极为不同的宗教侵入中国，但中国人的宗教观没有出现任何实质性变化。

我想这足以解释为什么为数不多的中国基督徒中大约有90%的人崇信天主教。与新教相比，天主教的众多圣徒、烦琐的礼仪以及层级化的教阶制度更接近于中国人传统的宗教观。按照天主教的炼狱观，死者所受惩罚可因活着的亲属的善行（包括对上帝的奉献）而减轻，这也与中国人相信的地狱颇为相似。中国人显然认为天主教的这些构成远比新教更符合逻辑，新教提倡的是仪式简单、不封圣徒、罪人永远沉沦其中的地狱以及直接与上帝对话。[7]按我的猜想，根据中国人对基督教的接受度，今后大多数教徒仍会皈依天主教而非新教，而新教教徒也更倾向于选择圣公会而非一神论派（Unitarian）。[8]除非心理与文化背景受到剧烈冲击，否则很难想象中国人会因宗教问题而自相残杀。

这与中国人人际关系的基本特征是一致的——2000年来它一直是累加性的、相互依赖的、崇尚权威和易于妥协的，目的是维持长远的安乐。无论作为群体抑或个体，中国人只有在寻求某种形式的保护时才会向神求助，因为个人的一切情感需求几乎都可在近至家人亲属、远至邻里乡亲的相互关系中获得满足。

西方宗教的一神性质，反映出西方人的人际关系具有单一性、排他性和多变性，每个人在主观和客观上都在追求彻底的独立。一神信仰之所以伴随着分裂、冲突和暴力，是由于宗教及相关的神对西方人的意义要远远大于对中国人的意义。我们在第九章讲过土地爷"娶亲"一事，它生动地展现了中国台湾的现代宗教观，但这种传统在中国大陆已没有多少存在空间。大陆基督徒及牧师接受新中国的政策，与中国历史上宗教团体对待政府管理的心态并无二致。唐朝皇帝在不爆发流血冲突的前提下，就可以规范教团活动、削减寺庙及僧侣数量。中国天主教派的牧师则可以心安理得地扮演"人民天主教"的角色，这往往令那些重返中国的西方天主教传教士大惑不解。

美国教会的发展方向

我们目前没有涉及欧洲宗教观与美国宗教观的区别，这样的分析显然是不完善、不充分的。因此，接下来我们要探究二者的区别。英国工党理论家哈罗德·拉斯基（Harold J. Laski）在《美国的民主》（American Democracy）一书中对比了美国宗教与欧洲宗教的特点。拉斯基认为在美国各地，宗教影响力一般与城市化程度成反比，因为技术进步使人们有更多的休闲和娱乐。美国南部和西部生活水平相对北部和东部要低，教会在那里的影响力更大一些；移民通常是教会的一大支柱；教会若想获得广泛影响，必须维持为大众认可和接受的传统；大多数教众把教会身份看成是他们永远不会打破的传统；基督教的两大分支——天主教与新教——尽管存在分歧，但它们对道德操守和个体受洗的强调都远远超出对社会变革的要求。

除了移民因素，上述特征同时存在于大西洋的两岸，而且在美国社会里发展到夸张的程度。拉斯基暗示美国教会促成的不是宗教而是狂热，但没有触及美国社会内部根本性的变化。事实上，他提供的是对一神教宗教观最恰当的阐述。

如果我们把宗教理解为对浩瀚无垠、扑朔迷离却又真实存在的宇宙的深刻认知，而宇宙又是如此广袤无垠，一旦某个难题得以解答，必然会带给人类更多难解的疑问，所以宗教将产生超越历史经验和人类思想的无比力量。有宗教信仰的人，能够超脱于眼前或未来的凡尘琐事，从信仰中获得宽慰，也了解应该不去关注人类尚不能了解的神秘事件，像斯宾诺莎（Spinoza）一样学着谦卑，因为参与宗教仪式并不能实现精神和心灵的升华，它们都是由所谓的历史创造的，禁不起批判分析，这种升华同样不可能由临时规定的教义达成，因为它们随时可能接受其他教派的挑战。宗教最核心的特征就是发自内心的激情与冲动，压抑私欲和任性，寻求与所有受苦受难、被悲惨现实所摧毁的人建立友爱的关系。在这个意义上，宗教不可能与世界妥协；要么毁灭世界，要么被世界毁灭，不管怎样它绝不放弃那种难以抑制的激情，这是宗教精神的最高体现。虔诚信徒不会为了名誉、知识或权力而放弃信仰，他们深信它是发自内心而不可抗拒的。

因此，这一宗教远在历史上其他宗教诞生之前就已存在，而且在那些宗教消亡之后它还将长期生存。它不需要机构、教规、仪式和牧师；它是一种精神，有些人拥有它，有些人则因现实经历而将其撞得粉碎。[9]

一神教的一切特征——强调个人内省的力量；以谦卑又好斗的矛盾心态抵制现实中被简单定义的"邪恶"；宣扬奉献、舍生求仁的决心以及超越机构、教规、仪式和牧师之上的意志——这些被拉斯基认为美国基督教已经丧失的特征，事实上在美国比在英国被发扬得更加完善。几乎没有哪个特征可以比超越机构、教规、仪式和牧师的意志更足以表现美国宗教观，读者只要比照一下仪式烦琐的英国教会与不重形式的美国一神教会，就会理解这一点。

美国基督教相对于欧洲基督教，不但没有任何本质性的偏离，而且更强调个人内省，敌视其他宗教，把宗教精神归诸于个人狂热。拉斯基没有认识到由于基督教与欧洲个人主义的结合，美国人不但接受了内省的某些核心特征，而且美国人的自我依赖还使其更为显著起来。

美国人的宗教观有三个特征。第一，正如"兴趣动机"的核心原则彻底改革了美国教育，人们现在都在谈论"把学生当作中心的学校"，美国宗教在向兴趣动机的方向发展时也逐渐地摆脱了专制，美国教堂正从以上帝为中心转向以信众的兴趣动机为中心。这个特征具有两面性。一方面，它使基督教及犹太教更大众化，更便于信众的理解和接纳。神父在布道时越来越重视每个人日常的烦恼，即是这一发展趋势的明证。

大众化是不可阻挡的趋势。在追求个人成功的驱动下（就牧师与其所属教堂而言），神职人员被迫利用大众的情感来扩展信众人数。而美苏之间时断时续的竞争、中美矛盾及越南战争都被贴上了宗教标签——上帝的十字军对无神论者作战。

基于对成功的渴求，兴趣动机倾向的另一面同样难以回避。美国教会不得不把高度发达的商业竞争和大众传媒作为宣传的手段。美国教会设有公共关系官，专门负责与报社、广播、电视等机构的接洽。在宗教活动前夕，教堂向所有成员邮寄活动日程表，向教区居民发放调查问卷，以确定牧师布道的内容。关于迎合教众以及一般大众的必要性，卫理公会教堂的拉尔夫·麦基大主教（Bishop J. Ralph Magee）曾如是说："我收到过批评神父着装或餐桌礼仪的教众来信。有时，如果当地的扶轮社（Rotary）[①]或基瓦尼俱乐部（Kiwanis）[②]喜欢一位神父，我会收到请求重新指派他的赞扬信——写信的人甚至不住在其教堂所辖的地区。"这位主教是在即将结束50年神职生涯之前做出的这番评论。他告诉采访者他正计划写一本书，主题是"说服力是牧师不可或缺的素质"。(《芝加哥日报》，1952年6月20日）

美国教堂为不同性别、年龄和兴趣的人群分别建立了难以计数的俱乐部、讨论小组和运动队，最新的做法还包括开设餐馆和停车

[①] 扶轮社：著名国际公益组织，提供慈善服务，鼓励崇高的职业道德，并致力于世界亲善及和平。
[②] 基瓦尼俱乐部：由美国工商业人士组成的一个俱乐部。

场，尽可能地使宗教生活变得便利。有些宗教电视节目看上去几乎与商业表演毫无分别。至少有一所神学院专门开设了电视传播课程。

美国人发明了一个人气爆棚的"卡车教堂"，据称1979年，它在6个月内就覆盖了5万公里路程（"比任何美国教区的覆盖面都大"），同时设立了不计其数的广播（电视）教堂及福音组织。（《芝加哥太阳报》，1979年2月27日）一篇题为"福音组织重获新生，在芝加哥创立中心"的报道提到，"大约250个国内电台以及一些海外电台在播放'回归上帝'节目，该节目是在芝加哥西部帕洛斯高地造价110万美元的新制作中心制作完成的。"该报道还提到著名的多美广告公司（Domain Advertising Agency）自称是"传播基督教精神的专家……拥有文案、播音员、工程师以及专为福音组织购买电台播放时段的账户管理专员。它最主要的客户包括'空中教堂'，该节目从芝加哥传送至国内250家电台"。

神父杰克·凡·伊派（Rev. Jack Van Impe）和奥拉·罗伯茨（Rev. Oral Roberts）的专题节目吸引了庞大的观众群。伊派神父令人印象最深刻的地方在于在节目里他的每一句话都要从《圣经》里引经据典。但我认为最让人赞叹的电视布道还要算神父杰瑞·法威尔（Reverend Jerry Falwell）的《我爱美国》和《福音时间》等节目，它们在美国、加拿大以及加勒比海地区的324个电视台里持续播出。作为"电子虚拟教堂"的超级明星之一，法威尔神父建立了一家拥有960名员工、年度预算高达5600万美元的公司。他的节目迎合美国人大国沙文主义的心态。法威尔神父说："上帝爱美国胜过世界上其他国家。上帝认为我们将拥有一位恺撒。"在与以华盛顿为总部的"新权利"政治组织合作时，法威尔神父建立了他的首个世俗化企业"道德多数派"，计划在18个月内进驻全美50个州。他认为这个新组织对"共同事业"等公共组织来说是一种必要的矫正。（《时代周刊》，1979年10月1日）1980年，共和党在大选中取得压倒性的胜利，原因可能是错综复杂的，但法威尔与"道德多数派"显然起了一定作用。法威尔神父及其追随者必须被视作宗教领域最新、最具战斗力的现象，据称该宗教群体有三分之一的人已获得"重生"。

美国宗教观的第二个显著特征是其不可调和的分裂性。它远远超出了美国文明之父爱默生的预想。爱默生认为，"自我依赖代表人类的完善和至高境界，也即全心全意地依靠上帝"，这个自我不是"本我或自私的自我，而是万能而神圣的自我"。[10]毋庸置疑，爱默生在谈及自我依赖时，是在谈论一种人们因为爱上帝而互助友爱的理想。然而，众所周知，美国社会最鲜明的特征之一便是人际关系的不稳定性。正如我们在前文中曾经提到的，这种不稳定性与共和精神及美国人格外重视平等有特别的关联。当人人都表现得同样优秀时，其中较为优秀的那部分人势必希望表现得比其他人更优秀。人际关系的不稳定性使得信仰上帝的人们不可能互助友爱。美国教会已将这种分裂状况暴露无遗，以至于我们在看到这番景象时不免会为美国人对思想伟人爱默生的辜负而深感遗憾。

我不是认为美国人没有活出爱默生理想中的自我依赖；事实上，美国人在这方面是做得太好了。然而，自我依赖的人会因上帝信仰而紧密团结的理论缺少依据，有待于进一步的验证。我们目前收集到的证据都是反证——越强调自我依赖，教会分裂的趋势就越显著，在其他领域同样如此。在任何一个以基督教为国教的国家，那里的人民都不会像美国人一样对宗教怀有如此浓厚的兴趣。《圣经》长期盘踞畅销书榜首，而每一本有宗教色彩的新书都有旺盛的销路，就连《在历史里追寻耶稣》(*In Search of the Historical Jesus*)这一类宗教题材的电影也大受欢迎。宗教团体的会员人数似乎每年都在快速增长。[11]更加值得注意的是，不但比利·格雷厄姆（Billy Graham）之流的宗教复兴主义者受到狂热追捧，而且，从籍籍无名的知识分子到大学者，一个人只要把信仰挂在口边就能得到大众的喜爱。[12]这些现象表明美国人的宗教热情没有衰减，而且对大多数美国人而言，它不是一条想切断就能切断的纽带。

就教会而言，欧洲大陆与美国真正的差异在于美国人使欧洲教会的分裂进一步扩散开来。爱默生的雄辩固然使人激情澎湃，但分裂的趋势确是自我依赖精神带来的结果。欧洲教会的分裂通常源于对教义的不同理解，美国教派的分歧则大多由个性差异导致。基于个性差异的宗教分裂在18世纪的欧洲露出苗头，英国的贵格会、卫理公会，俄国的杜科波尔派（Dukhobors）及法国的詹森教派（Jansenists）都有轻视教义的倾向，强调个性化的"心灵之光"、道德良知以及经历和情感。基督教传入新大陆之后，这种分裂的趋势变得越来越显著。传统的权威将欧洲个人主义牢牢限制于政治领域，而无法涉足社会及经济领域。整体而言，宗教分裂只能依靠神学，在教义、仪式以及对它们的诠释中获取力量。

美国社会长期践行以平等和自由为基石的自我依赖的价值观，宗教重心逐渐转向兴趣动机。在这里，人的道德意识作为与上帝相联结的通道，不会受到权威、传统以及《圣经》的种种限制。"孩子比教学内容更重要"的教育理念被轻而易举地移植到宗教领域，即信众比《圣经》的经义更重要。

美国人加剧了自欧洲发源的宗教分歧，使其进一步走向排斥、分裂。美国新教分化出200多个教派，数量远远超出欧洲教派，而且分离的趋势没有任何中止的迹象。

当然，我们不能完全忽视某些教派之间的融合。1961年，美国一神论协会与信普救说者教会合并为一神论与信普救说者协会（Unitarian Universalist Association）。同年，福音归正会（Evangelical and Reformed Church）与基督教公理会（Congregational Christian Churches）合并成立基督教联合教会。美国路德教会（Lutheran Church of America）是在1960年由三个教会合并而成的，1963年，它又合并了一个新的教派。不过，我们也看到一些合并失败的案例。坎伯兰长老会（Cumberland Presbyterian Church）在1906年曾试图与美国基督教长老会（Presbyterian Church in the United State）合并，但没有成功。公理会基督教会全国联合会（National Association of Congregational Christian Churches）成立于1955年，由一群不愿意加入基督教联合教会的公理会基督教会组织组建。[13] 总的来说，大多数的教派仍然是独立的。

一些被泛基督教主义运动浪潮所触动的人，或许认为美国教会的大联合只是迟早的问题。然而，这一预测有悖于历史事实和自我依赖的精神。新的教派，如宇宙生活教会（Universal Life Church）在加利福尼亚这种可以直接用信函方式任命牧师的地区，仍将不断滋长。与此同时，众多天主教教会反对用英语举行弥撒，一些东正教教会反对实行格列高利历法，对革新的种种抵制也会进一步增强分裂主义的势力。

可以预见，分离的倾向不仅在不同教派、同一教派的不同教堂之间导致分裂，甚至还在同一所教堂各自拥有一批教众支持的两位牧师之间造成分歧。我甚至相信，即使新教不是最先传入美国，也不是新大陆早期移民的信仰，美国人的宗教观念仍会更多地倾向于新教而非天主教。

1842年，查尔斯·狄更斯在《美国笔记》（American Notes）一书中报告他的跨海旅行时，就对美国人这种摒弃传统、持续分裂的典型特征做出如下评述：

> 我所不敢苟同于某些作家的是，他们认为美国社会长期存在各种异议分歧是因为这里没有一个成熟完善的教会。事实上，我认为依照美国人的脾气，就算他们接受了一个在他们当中成立的教会组织，他们也会很快抛弃它，原因就是那个教会已经趋于成熟完善。[14]

牧师追求的与跟随他的教众一样，都是成功。按照美国人的宗教观，成功标志着最闪耀的"心灵之光"或最具备准确诠释上帝教诲的能力。如今，这一类竞争有越来越把一位牧师的成功归诸于跟随他的会众人数的趋势。至于一般教徒，他们之于宗教的期待更加复杂，而且日益指向功利的现实。有些人加入教会只是因为从众，正如拉斯基所言，是"一种美国人从未想要打破的传统习惯"[15]。另外一些人这样做，是屈从于另一种从众心理，即担心受到社会指责。不过，越来越多的美国人愿意在宗教里寻求心理的安定，将它作为疏导亲密关系里情感问题的渠道。这种要求导致了两种看似全然不同的发展。一方面，在主流的基督教世界，以"你与宗教"为主题的福音书和报刊专栏多到铺天盖地；另一方面，一些源自远东地区的宗教，从禅宗到印度教克利须那派（Hare Krishna variety of Hinduism），正在美国社会里不断繁衍壮大。

神学博士诺曼·文森特·皮尔（Norman Vincent Peale）和医学博士斯迈利·布兰顿（Smiley Blanton）合著的畅销书《真正幸福的艺术》（The Art of Real Happiness），是前一种现象的代表。以下是书中一段文字的摘录：

> 吉尔伯特·多兹（Gilbert Dodds），我们这个时代最伟大的田径明星，正蹲伏在沃纳梅克越野赛的起跑线上。
>
> 这位快步如飞的牧师用了片刻时间默默祈祷，放松身体，为即将开始的艰苦比赛做好准备。他在心中祈祷，"主啊，我祈求您让我在这场盛大的赛事里正常发挥，让与我同场竞技的运动员也赛出水平。请与我们一同前行。阿门。"
>
> 他轻松自如，稳步向前，超越了所有的对手，轻而易举地摘得桂冠。
>
> 吉尔·多兹知道，面对上帝时身体放松、心态平和，就能在最需要的时候激发潜能。[16]

在兴趣动机与自我依赖精神的共同作用下，美国人对上帝的认知越来越接近美国人本身。鉴于美国人大多积极向上，上帝也是积极向上的；美国人大多持有特定的价值观，上帝当然推崇同样的价值。此外，美国人认为生活中最重要的就是事业成功，于是上帝的恩宠理应表现为经济回报。[17]下文摘自1952年6月20日美联社的一篇报道：

> 这个人白手起家，现在已经生活富裕，事业有成，是一名杰出的企业管理人员。
>
> 他站在麦克风前，坦言是"上帝的声音"使他拥有了今天的成就。没有上帝的指引，他就是一名不折不扣的失败者。
>
> 这一亲切的个人宣言来自某公司董事会主席。他在周五的广播访谈节目中与哥伦比亚广播公司通讯员德怀特·库克（Dwight Cooke）进行了对话。
>
> 这位61岁、来自明尼阿波利斯的商人说，每当面对一个重要且复杂的问题时，"我会告知上帝，然后静候佳音——来自上帝的声音。"
>
> 他在节目中说道，"通过亲身经历，我发现每当我追随上帝的指引，便能心想事成。而在没有聆听上帝声音的时候，我总是茫然不知所措，事事不顺。"

这样看来，耶稣的肖像已褪去过去的安详神色，代之以推销员式的笑容。艾克神父[①]（Frederic J. Eikerenkoeter II, Rev. Ike）教堂、联合教堂（the United Church）和位于纽约市的生命科学学院（Science of Living Institute）教堂，已耗资数百万美元于1000多个广电频道和总发行量达200多万册的福音杂志，充分展示了金钱的力量。了解到这一点，以下的现象就不那么令人奇怪了。（《芝加

---

① 艾克神父：美国牧师，20世纪70年代在美国教众中有极大的影响力。他的名言是"万恶之源不是金钱，而是贫穷"。

哥太阳报》，1978年6月30日）一所哈基姆教堂在牧师哈基姆·拉希德（Hakeem Abdul Rasheed）喊出"勇敢致富"的口号之后，承诺今后捐款的教众将会获得4倍回报。它在1977年12月到1979年1月之间总收入超过了1000万美元。(《旧金山观察报》，1980年2月6日）哈基姆牧师后因诈骗罪而锒铛入狱，但案发前众多的追随者人数已足以见证他的口号的流行。[18]

1978年人民圣殿教的惨剧导致约900人丧生，舆论对此的解释是无辜百姓被一个狂人误导而导致集体自杀。如果这就是事实，怎么会有如此多的美国人自愿地参与呢？惨剧后不久，《纽约客》刊发的一篇文章给出更加合理的解释。该文作者威廉·普法夫（William Pfaff）认定人民圣殿教是在"社会混乱或危机时刻"经常出现的以救世为幌子的邪教，它可能出现于"任何时间段内一无所有的民众或在社会里被边缘化、没有归属感的群体之中"。他认为与之类似的组织还有美国印第安人中的鬼舞邪教(Ghost-Dance Cult)，等等。[19]《时代》杂志就此访问的几位专家给出了相似的看法。(《时代》，1978年12月4日）

这些邪教追随者显然有共同的心理需求。生活安逸、人格健全的人不太会选择过于偏激的人生道路。然而，要强调的是，目前已知的邪教过去从未鼓动大规模的集体自杀，而且邪教教众（包括人民圣殿教教主吉姆·琼斯的追随者）并不全都是一无所有或边缘化的民众。

兴趣动机和个人宗教观的混合导致了上帝这一概念在美国的私有化。上帝成为每个信徒心目中的"英雄"，是他们笑与泪、成与败、爱与恨的源头。[20]人类渴望与他人建立情感联系。加入人民圣殿教（或其他宗教组织）是处于困境中的、个人中心的美国人的一种极端选择。这些人想要成为独一无二的人，但要实现这一愿望又不得不与有同样想法的人共同合作。

从这个角度，我们就能理解为什么禅宗、古印度教的克利须那教派及其他远东宗教近年来在美国大为流行。藏传佛教塔汤仁波切（Tarthang Tulku Rinpoche）[①]主持的雅久宁玛巴佛学院（Nyingma Institute）在加利福尼亚伯克利附近修建了一座名叫奥地安（Odiyan）的寺庙。出生于中国东北的宣化上人[②]在加利福尼亚达摩镇（Talmage）创立如来佛寺（Tathagata Monastery），并于1979年11月4日举行了法界佛教大学（Dharma Realm Buddhist University）的开学典礼。加入这些组织的美国教众大部分是中产阶级出身的白种人，其中不乏获得学士、硕士乃至博士学位的社会精英。

美国读者在高速路或飞机场不时会看到穿着克利须那教派服饰的美国人，但他们并不会因此而成为"亚洲人"。个人中心的美国人一定会找到某种方法将他的神塑造得更具独特性。在信仰亚洲多神教的某个神明时，美国教众往往把它看作唯一至上的神，以典型的非中国式的宗教热情来崇拜它。

这将引出美国人宗教观的第三个典型特征：各个教派下属教堂之间基于商业模式相互竞争。人数、规模和在某方面的新奇成就，越来越成为评价某个教堂是否成功的最重要的标准——它是否有庞大的预算，拥有更多会众、更好的唱诗班和俱乐部，以及是否有能力举办丰富多彩的宗教活动。有能力达成这些目标的牧师将会被委任以规模更大、更赚钱的任务，而落败的牧师可能要失去仅有的布道的社区。

总的来说，美国宗教观的三大特征是兴趣动机、不断分裂的趋势和用物质标准评判成败。《基督徒世纪》杂志（Christian Century）在12个"美国最有成就的杰出教堂"的评选中，充分地诠释了上述特征，共有10万位牧师参与了这次投票。获选教堂之一是好莱坞第一长老会教堂（First Presbyterian Church of Hollywood），

[①] 塔汤仁波切：将藏传佛教传至美国的第一人，一生致力于保护和传承西藏传统文化及艺术。
[②] 宣化上人（1918—1995）：黑龙江省双城人，禅宗沩仰宗第九代祖师。

它在另一本全国性杂志的评选中同样获得诸多荣誉。[21]该文作者特别强调这所教堂必然会在"激烈竞争中脱颖而出",而且大力渲染它座无虚席的主日学校、拥挤不堪的宗教仪式、庞大的预算、按照年轻人的爱好而组建的86个团体[22]、各种体育赛事、由教堂制作的广播电视节目、5个唱诗班以及由1500名志愿者组成的"蓝授带祈祷团"(当教众中有人因病就医或遭受其他不幸时,祈祷团可以立即进行持续的祈祷)。据这篇文章的结论,教区居民的"幸福感"离不开他们当下正在享受的社交及物质上的福利。人们不再提及教众的虔诚度,数不胜数的竞争性活动几乎已经成为它的等同物。这篇报道也不怎么关注牧师在布道时的感染力,即使是偶尔提起,也全是一副在商言商的口气。

好莱坞第一长老会教堂以宗教名义进行的商业运营,在规模及具体细节上都达到了令人瞠目结舌的程度,这正是美国教会发展的主流。不过,在50年代初进行了这次调查后,美国教会活动的潮流出现了一些新的变化。过去只为白人服务的教堂逐渐向黑人和其他少数族群敞开了大门;一些信徒开始深思如何让教会活动促进和平、消除贫困及种族歧视。圣弗朗西斯传播公司(St.Francis Productions Telespots)逐渐出现在一些电视节目里,用商业手段向大众推销"生活之爱"。在《基督徒世纪》杂志作调查的时代尚无苗头的、以威斯康星州密尔沃基的格洛比神父(Father Groppi)①为代表的反对派也出现了。

可是,在我看来,美国人面对上帝的"基本模式"(应与"主流模式"相区别),正如他们的社交模式一样,不但没有改变,而且也不可能轻易地改变。在几十年后重新调查美国教堂和牧师,我相信调查结果不会出现太大的偏差。这个结论不仅是建立在我个人的观察和经历(我的经历确实不少)上,同时还基于本书1953年

---

① 格洛比神父(1930—1985):天主教牧师、民权运动积极分子。

首次问世以来所收集的更加庞大和系统化的数据。我还参考了施耐德和多恩布什（Schneider & Dornbusch）合著的《大众宗教》（Popular Religion）一书。该书分析了1875—1955年间46本畅销宗教书，大部分由美国人所著，在美国流传广泛。

两位社会学家在选择图书进行分析时制定了四个标准。第一，作者必须"假定犹太—基督传统的普遍有效"；第二，"作者应该用获得救赎的希望激励读者"；第三，"作者必须为读者提供'方法'"；最后，"作者必须致力于解决'大众'面临的'日常问题'"。[23]根据这些标准，他们所挑选的46本书中包括汉娜·史密斯（Hannah W. Smith）《基督徒幸福生活的秘诀》（The Christian Secret of a Happy Life），1875年出版；富斯迪克（E. Fosdick）《人性的十二个考验》（Twelve Tests of Character），1923年出版；斯坦利·琼斯（Stanley Jones）《基督的每一条路》（The Christ of Every Road），1930年出版；艾尔顿·特鲁布拉德（Elton Trueblood）《现代人的困境》（The Predicament of Modern Man），1944年出版；诺曼·文森特·皮尔（Norman Vincent Peale）《积极思维的力量》（The Power of Positive Thinking），1952年出版；富尔顿·希恩（Fulton J. Sheen）《有意义的人生》（Life Is Worth Living），1953年出版；等等。

我不准备在此一一赘述他们的分析结果，有兴趣的读者不妨阅读一下原著。该书的结论再次证明了《美国人与中国人》1953年首版时对美国宗教发展现状及未来的判断，这在本书之前诸章已有详述。例如，在二战期间出现并在战后反共风潮中大行其道的一种观念，认为宗教将引领美国超越敌人并取得对敌的主导权。美国人倾向于认为宗教"将带来幸福、地位、权利以及人际关系的稳定"，"消除因决策而产生的痛苦"。他们还相信宗教对心理及精神的强调可以帮助一个人改变自己，特别是在其处境不佳的时候。美国人的宗教观强调今生比来世重要。富有即"美好"在美国占据主流，基督教初期将贫穷与美德画等号的观念已经渐被人们淡忘。另一个日益显著的趋势是美国人正在将宗教与健康画上等号。

施耐德和多恩布什指出"自30年代以来，人们渐渐地不再讨论基督之爱，除了少数天主教作家之外，宗教类书籍的作者们表现出日益世俗化的倾向"。地狱的概念在新教教徒眼中几乎不存在了。事实上，人们很少提到上帝是"最后的审判者"，这与比阿特丽丝·简·罗素（Beatrice Jane Russell）将上帝比喻成"洋娃娃"的说法并无二致。

两位社会学家在详尽分析了持久与变化两种趋势之后，得出如下结论：

> 如果说宗教情感的诚挚表达是件好事，那么这件好事在文学作品里不但不多见，而且常常受到阻挠。麦克唐纳（MacDonald）写道："看来文化界同样存在着货币流通领域里的格雷欣法则（Gresham's Law，即劣币驱逐良币），坏的作品易于阅读，又可以消遣时光，因此好的作品被市场赶了出去。使得市场上充斥着媚俗之作，且质量难以提高的原因正是这种阅读上的便利性。"（参见原书140—141页）

我唯一不认同的是，两位社会学家在回答"为什么文学作品中不再有宗教情感的诚挚表达"时给出的答案。他们认为最主要的原因是这些畅销作品所对应的一般读者本身文学程度不够。然而，我认为他们观点中的另一部分才更接近真实的答案，即"管理者受到某些压力而无法铸造高质量的钱币"，换句话说，在美国，宗教心灵类图书作者想要做的只是迎合读者的需要；而迄今为止，美国读者对于个人幸福、成功、财富、健康、地位和权力的需要远远超出对上帝的需要。

将上帝私有化的倾向（就教徒个人、教堂及教派的立场均是如此）即是美国宗教组织巨大财富的源头。据可靠估算，美国宗教组织的有形资产总值（即土地和房产）"约达795亿美元，几乎是美国五大工业集团资产总和的两倍"[24]，是"纽约市5个区不动产资产总值的1.5倍"。

上述数字是由已逝世的圣公会主教詹姆斯·派克（James Pike）提供的。他提议为了"教会自身的利益"而对教会的收入征税，强调教会"正面临着赢得世界却丢掉灵魂的危险"[25]，而且"现行的宗教性收入免征政策如果再延续100年，将给这个国家带来极大的灾难，到那时解决方法将只剩下强制性地没收教会财产"[26]。在此，我们要强调的不是宗教性收入是否应该免税，而是美国人在宗教领域的行为方式与他们在各个领域的行为本质上是一致的。这个结论同样适用于中国人。

一些读者或许会以为，本书提出的将上帝私有化的倾向，与近年来美国教会及宗教人士积极推动民权运动的现象是相矛盾的。我们将在第三部分，特别是在第十四章探讨中美两种生活方式面临的困境，届时读者将会明白，这些所谓"矛盾"只是一种表象。个人中心的美国人在与原初群体分离之后，必须向非血缘关系寻求依托，它既是美国人力量的源泉，又是中国人的弱点。中国人永远离不开他的过去，而美国人只有在寻求改变时才感到放松自如。中国人很少建立与家族或社群无关的组织，而美国人为推进正义（非正义）的事业构建了多种形式且体量庞大的志愿组织。现在，我们必须将目光转向人类活动的另一个领域，看一下中美这两个有着不同文化取向的民族在获取和享受物质财富时各自采用了怎样的方式。[27]

注释：

1. William Charles White, *Chinese Jews: A Compilation of matters Relating to the Jews of K'aifeng Fu*, 1:xiii.本书与中国犹太人有关的论据都引自该书，书中偶尔提及中国人对他们的歧视，但并未提供充分的证据。该书提出3项指控，其中两项来自同一位天主教教士。考虑到这一点，这些认为存在歧视的报告或许只是西方人的看法。根据开封犹太会堂遗址附近发现的碑文记载,该会堂始建于1163年,先后在1270年、1421年、1461年、1480年和1512年修缮扩建,最后一次重修是在17世纪中叶。其中1421年的改建费用据说是由明成祖特赐的。
2. K. S. Latourette, *The Chinese, Their History and Culture*, p.557.
3. 指的是日本发动侵华战争之前的一段时期。
4. F.L.K. Hsu, "China," in Ralph Linton, ed., *Most of the World*, pp.782-783.
5. 从20世纪50年代开始,包括西北大学在内的大多数美国高校从该表中删去了"宗教信仰"一栏。
6. 相比于西方人,日本人是信奉多神教的,但他们比起中国人来可说是更虔诚的佛教徒。因此,佛教虽然是从中国传入日本的,但佛教分支(如禅宗)在日本的发展却让中国望尘莫及。日本人与中国人在生活方式等方面的差异可参见Hsu, *Iemoto: The Heart of Japan*。
7. 天主教和新教在中国受欢迎的程度不同可以解释成是因为前者比后者先进入中国,但二者与中国人宗教观的契合度也是不应忽视的因素。此外,至1949年为止,中国至少有9所新教大学(还有许多基督教青年会和女青年会),而天主教设立的高等教育机构却只有两个。可是,回顾一下现代中国教育界、政界和商界领袖中的基督徒,我发现包括蒋介石及其夫人宋美龄在内的大多数人是信仰新教的。
8. 由于美国人宗教观的排他性,多年来基督教会一直不承认一神论派教会,甚至从未把它当作基督教机构看待。
9. Laski, *The American Democracy*, p.320.
10. Norman Foerster, ed., *American Poetry and Prose*, pt. 1, p. 544.
11. 尽管该增长率比不上人口的增长。
12. 符合自我依赖和自由事业的美国精神。但是派克主教(Bishop Pike)对这类现象的质疑和驳斥也受到一定重视。
13. 公理会基督教会全国联合会对教义没有限定性要求。
14. Charles Dickens, *American Notes for General Circulation*, p.544.
15. Laski, *The American Democracy*, p.305.
16. Norman Vincent Peale, *The Art of Real Happiness* (New York: Post-Hall Syndicate, 1951).《芝加哥每日新闻报》曾刊出该书摘要连载,本文所引部分即来自该连载。同类题材还有早期由Henry G. Link所著的《重返宗教》(*The Return to Religion*, New York, 1936)。该书在5年内连续发行了34版,并同时提供平装本。
17. 这显然不是美国本土生发的观念。它始于英国和欧洲大陆的宗教改革。见Richard H. Tawney, *Religion and the Rise of Capitalism*。
18. 参见Honolulu Advertiser, January 5, 1979,可获得更多介绍。
19. William Pfaff, "Reflections, The People's Temple," *New Yorker*, December 18, 1979.
20. 美国人对待上帝的这种心态要和中国人对待神明的心态区分开来。二者都有功利主义倾向,然而,美国信众更容易建立与上帝的认同,将上帝看成自身固有的一部分。中国宗教信徒则最多就是多供奉一些祭品或举行更宏大的仪式以巩固与神的关系,从来没想过要与神建立不可分割的联系。在美国人的认识体系中,上帝的价值和意义由信徒个体决定;而根据中国人的认识体系,神的价值和意义由传统决定。因此,美国信徒在与上帝有关的事务上表现得更敏感,对上帝的任何唐突、忽视都等于是对其自我的一种侮辱。相较而言,中国人根本不理会异教徒及渎神者的存在。中国人很少在神身上投注情感,因此其他人对神的怠慢、忽视对他们而言并不构成威胁。
21. Roger William Riis, "What Makes This Church Successful?" in *Reader's Digest*, February 1952.
22. 这家教堂更胜一筹的地方在于它不仅提供"父子活动",还提供"母女活动、父女活动和母子活动"。兴趣小组包括"勤劳的海狸""野马""大唱诗班""女子辅导机构",并且各有一套规章制度以及办公室。每个小组都有自办的刊物,会议以自由讨论为主,提供咖啡和蛋糕,以便让人们觉得"探讨神学问题就像聊一聊天气那样轻松自如"。
23. Louis Schneider and Sanford M. Dornbusch, *Popular Religion: Inspiration Books in America*, pp. 3-4.
24. Alfred Balk, "God Is Rich," *Harper's* (Octorber 1967), p.69.
25. Bishop James Pike, "Tax Organized Religion," *Playboy* 14, no. 4 (April 1967) : 93.
26. 同上,引用 Dr. Eugene C. Blake, Chief Executive of the World Council of Churches, *Christianity Today* magazine.
27. 1977年,有一篇新闻稿明确指出了美国人将宗教视为商业活动,尤其是一种扩张主义的商业行为的趋势。伊利诺伊州迪尔菲尔德三一福音神学院的教务主任肯尼斯·康哲(Kenneth Kantzer)博士就此评论道,"近年来,福音教义的盛行使得芝加哥作为福音活动的中心而获得日益显著的地位。在这一方面,洛杉矶……是芝加哥唯一有力的竞争者。"他还说道,"美国福音组织最重要的刊物《今日基督教》(*Christianity Today*)明年夏天将把它的编辑部从华盛顿迁至芝加哥西郊的卡罗尔湖,宗教在当地是发展速度最快的产业。"(《芝加哥太阳时报》,1977年2月27日)

第十一章
对经济生活的两种态度

本书第七章中介绍的中国传统游戏"升官图"一定让一些美国读者联想起"大富翁"游戏。它们都可以被归类为晋级游戏。两个游戏的不同目标真实地反映了在中美两国社会与经济生活中官场与商业活动的重要性。

大富翁游戏自20世纪50年代之后在美国不再流行，美国读者可能认为它已经过时，不过同系列的新款游戏正不断被开发出来。"模拟人生"就是其中之一，玩家将体验到以下一些成功或挫败：遇到未来的配偶，花500美元购买钻戒；喜得贵子，获得礼物；获得1000美元奖学金；在拉斯维加斯过周末，赢了5万美元；花500美元镶假牙；股市暴跌，损失7000美元；实验成功，获得2万美元；幸运日：继承一处房产，财产增加1万美元（可选择接受或以1.5万美元出售）。最坏的可能是玩家发现正身处于一家"贫穷的农场"。玩家还可以购买各种保险，参加豪华旅游团以及用种种方法把钱花掉。[1]

在第七章还提到，中国人一向认为仕途是获得个人财富及社会优遇的唯一途径。他们如此渴望进入仕途的根本原因之一，在于古代中国工商业极不发达，做官是全社会获利最多的一种职业。可是，古往今来中国不是生产出了商铜、汉玉、明瓷等世界上最精美的商品吗？时至今日，世界上任何一家有知名度的博物馆以及为数极广的私人收藏仍在为拥有这些中国藏品而感到荣耀。而且，持续3000年从未间断的中华文明在人类历史上可谓是独一无二的案例，相较于其他民族，这片土地得以享有更长久的稳定与和平。中国人为什么在经济上没有获得长足的发展呢？这一疑问引发了各种各样的猜想，大部分都与中国社会的基本现实脱节。如果参照本书前面各章的结论，我们将得出如下假设：恰恰是构成中国人社会生活、政府结构、宗教观念等领域特征的那些因素，限制了他们的经济生活的发展。

我们已经知道，相互依赖是中国人的基本特征。中国人在这种对他人尤其是对原初社群的根深蒂固的依赖中，获得社会地位与心理上的双重安全。有了这种情感锚，再加上由此而产生的宗教观念，中国人几乎很少产生以其他方式寻求物质或心理满足的冲动。而自我依赖的美国人竭力想消除生活中对他人的事实依赖与情感依赖。走向完全独立的无休止的奋斗导致美国人个人和社会心理的不安。亲子之间的紧密纽带在很早的时候就被切断；取而代之的婚姻通常不够稳定；英雄及偶像不停变换；所隶属的阶层要求不断向上攀爬的奋斗；对上帝的信仰，或许比上述这些关系更加持久，但始终要受到同一种分裂因素的影响。美国人自力更生的价值观及它的另一版本——"天助自助者"的观念，决定了美国人只能向人类世界及宗教以外的领域去寻找情感依托。

中国经济的特点

从任何角度看，古代中国的经济一直都非常稳定，而且从未表现出扩张或侵略特征。以制造业为例，除了商铜、汉玉和明瓷之外，中国织毯、漆器、刺绣、丝绸、瓷屏、景泰蓝、象牙雕品、家具、黄铜用品、金银饰、烟花及造船术，同样是蜚声中外的贸易品。这些价值不菲的货物一直吸引着西方探险家和商人冒着极大危险前往东方世界。值得注意的是，中国人很少做出类似举动，以便为他们的产品开拓西方市场。

上述这些产品以及许多尚未列出的工艺品都是家庭或小手工作

坊的产物。普通的中国工匠一般会从头至尾独立完成一件手工艺品，工作时间长，效率低下，从制成品中获得的回报微乎其微。

一家典型手工作坊里的人员通常包括店主、妻子、一个或多个孩子、一至两个雇工以及一至两个学徒。手工作坊一般仅有两间屋子，其中一间面向街道。后屋是店主及家人的起居之处。前屋在白天是工坊及售货的门面，店员兼任售货员；到了晚上，雇工和学徒就在这里睡觉。店主和雇工们一起就餐，妻子和孩子们在厨房里吃饭，学徒前后奔忙，为所有人服务。

手工业行会是典型的地方性组织，与其他社区的行会不建立联系。雇主和雇员都可以成为会员。行会的职能包括调控价格、工资和学徒年限，以及解决手工行业内部或与其他行业的纠纷，但正如我们在之前有关政府的各章节中提到过的那样，它最首要的任务是保护地方利益，使其免受官府的过分盘剥。此外，它还负责维持雇主与雇员、各个手工作坊间的关系，尽量避免竞争或冲突。

中国手工艺品凝结着巧夺天工的精湛技艺，历来令西方人惊叹不已，但直到20世纪80年代，中国手工艺人还在延用千百年来流传下来的工具和方法。中国当代工匠的产品与其先人的作品差别不大，风格的改变每隔几百年才偶尔出现一次。

这并不是说中国人在生产领域完全没有新想法。世界公认火药、印刷术和造纸术是中国人发明的，而且很少有人知道中国人有可能最早使用了流水线。早在16世纪，中国皇家御窑就已开始应用流水线的原理。有的工人专门负责制胎，有的专门负责上釉，有的只负责绘制图案，甚至还有一些人专门给瓷器边缘涂色。任何一个瓷壶、瓷杯或瓷盘都要经过一系列的专业流程才得以制成。不过，流水线没有出现在其他行业的生产中，采纳它的私窑也不多见。

中国手工业的种种情状，可以直接移植给中国商业。尽管西方人认为中国人很会做生意，但商业活动在中国从来就不特别重要，商人在社会上也不受尊重。地区间与地区内部的商业相当繁荣。家族企业主导着大多数贸易活动。

大体上，除了从手工作坊零售，在中国还可以看到另外三种销售渠道。第一种是村庄或小镇的集市，多在村庄、小镇内部或不远的某处举行，举办的周期少则三天多则一年，每次持续一天、数天或数星期。集市在西南地区最盛行，但其他地方也很常见。每逢大集，成百上千的男女老少手提肩担着水果、家具等货物，如潮水一般赶来。销售摊位有桌子、帐篷，有的人则干脆摆地摊，也有一些人赶集只是为了买东西。当日落西山时，卖水果的人可能用赚来的钱买一件家具带回去；两手空空、没带来任何货物的人通过倒卖商品也能获利不小。与世界各地的市场一样，有些人来到这里只是为了看看热闹、询价、会友，甚至打发时光。

云南大理曾办过中国规模最大的集市，它每年农历三月开集，往往要持续数周之久。我最后一次赶大集是在1942年，记得那时，集市上的买家、卖家多半来自周边村落，但也有不少自南方各省甚至从西藏赶来的。山地部落的成员赶着大篷车来参加，一路上风餐露宿。集市上除了专为交易而来的商人，还有玩杂耍的、走钢丝的、变戏法的、说书的和算命先生。乍看上去，中国集市与美国的工业博览会有几分相似，区别只在于中国人大多在现场交易以及货品展示者即为卖家本人。

第二种零售渠道是城市、村镇里的商号。从只有一间铺面、看上去像是手工作坊的小店面，到雇用三四十甚至上百名雇工的大商铺，都可以称为商号。有时，一家商号可能在同一地区或两三个城市里拥有多家分店。小商号在经营上类同家庭作坊，但规模更大的就要设立股东、管理人员、职员和学徒等分工。正规商号卖的商品概不讲价，买主只有在集市和路边小摊上才能讨价还价。西方人由于不了解情况，常常造成让买卖双方都感到尴尬的状况。大多数有年头的商号门前都挂着告示牌，上写："童叟无欺，概不还价。"

这样做绝不仅仅是为了自高于走街串巷的行商。与手工作坊一样,大多数商号最注重的是老主顾。经营者与重要的顾客是熟人。典型的交易过程是这样的:经理坐在门口长凳上,一旦顾客上门,立即起身接待。然后,两人坐下来,学徒上茶,二人一边喝茶一边聊聊天气、行情和当地新闻。最后,顾客提出想看看某种布料,经理便叫店员在柜台或附近某处把布料展示给他看。顾客翻看布料之后,如果觉得满意,双方就立即成交。顾客付现金或者记账,如果选择后者的话,店员就把对应的金额记到顾客的账户上。中国的商号一般不开具收据。交易之后,有些顾客还会留下来与经理及助理吃饭。

中国人这种做买卖的方式,又可说是先叙交情再谈生意。因此,大多数老主顾在每年端午、中秋和春节清账结算时会收到表示谢意的礼物。一些顾客虽然与经营者只是泛泛之交或素未谋面,上门时直接跟店员打交道,商号上下也必须待以上宾之礼,和气生财。如果哪个商号敢于私自哄抬行会的定价,它的生意就很难做下去。

第三种销售渠道是由商人独自将商品从某地贩运至另一地,再批发给当地零售商。这在中国并非易事,在铁路和保险业出现之前,尤其考验商人的应变能力和开拓精神。从选择商品到打包,直至将其从产地运往销售地,商人必须事事亲力亲为,在商品转运时指挥装货卸货,还得与沿途官员、警察甚至土匪打交道,以保证商品的顺利通行。

商人在得知某种商品短缺后,将组织一定数量的手工作坊或是家庭作坊生产这种商品,不仅向其提供原材料购买等各环节必需的资金,而且经常预支一部分工资。20世纪30年代以来,许多商人还向与之合作的工人提供半手工操作的机器。河北省的织袜业就是如此。南开大学的相关研究表明有一批商人与大量农户保持着这种合作。商人们提供纱线、半手工操作的机器,预付计件工资,然后汇集制成品销往城市。我们虽然不能确知这种生产模式的规模,但是它确实是通行于中国各地的一种做法。

中国商人——尤其是从事米、盐、茶等必需品交易的大批发商——往往日进斗金，富甲一方。早在公元前3世纪，巨贾吕不韦被视为那个时代最成功的政府官员之一。地方志中经常提及家财万贯[2]的本地商人。然而，中国商业与制造业的基本特征都是——缺乏扩张性。这从商会所扮演的角色便可窥知一二。与手工业行会相比，商会的架构或许更庞大、更为合理，但就功能而言，二者并无差别。商会的宗旨是确保地区利益的底线，尽量使商人们免于政府的苛捐杂税，从不鼓励商业扩张。与其他行会一样，商会按照地域和商品种类划分。同理，商号伙计一心想着如何满足顾客需求，用友谊和诚意笼络客户，努力程度远远超过了广告业中的美国同行。可是，他们没有动力去研究销售流程、精确预算，从而改善销售策略并更有效地推广新产品。

中国大多数制造商和零售商满足于美国人认为难以想象的微薄利润。我们不禁要问，是什么抑制了他们对更高利润的追求呢？人们经常采信的一种东西方对比的理论是：中国人注重精神生活，不像美国人那么热衷于盈利。这实在大错特错。任何一个与中国人做过生意的美国人会告诉我们，中国商人千方百计获取一切利润，在这方面根本谈不上什么精神。

放弃精神—物质的错误划分，从中国人与美国人大相径庭的人际关系模式入手，我们或许可以更准确地理解中国经济的保守性。其中的关键在于，中国商人和员工在任一时刻都比西方同行觉得更满足。商号经营复制了中国家庭内部的人际关系模式。店主夫妇发号施令，学徒言听计从，而雇工扮演处于两者之间的大哥或舅舅的角色。除了经营，店主夫妇的最大愿望就是买地建房，和同乡在一起快乐生活。学徒与雇工的愿望也大致相仿。

现在问题来了，如果店主夫妇通过拥有一家利润丰厚的店铺而获得社会和心理上的安全感，而且它不断带来额外收益，其他商人为什么不纷纷效仿，从而引发必要的竞争呢？难道这不会带来商业效益、运营规模和新市场拓展等全方位的提升吗？可是，答案偏偏就是：不。中国人相互依赖的文化传统从各方面限制竞争的形成。中国人向往伴随成功而来的名誉、财富和安逸生活，然而在努力向上爬的过程中，一旦与更成功的人建立了联系，无论是多么边缘化的关系，都会使他觉得心满意足。如果一个人在大户人家里当佣人，作为"大户人家"的仆役，他就享有了一定的社会地位。如果一个人当上了某个重要人物的秘书，他会认为自己比那些无法获得同样职位的人幸运得多，他的女儿们有可能因此嫁入豪门，而他本人将因为与这种大人物的关系而受到乡亲的尊重。连认一位成功人士做"干爹"或"干哥"[3]都可以被视为成功。

近年来出现了一种乍看上去有些道理的言论，它认为工业和商业不可能在一个大多数人口从事小农生产的社会里发展壮大。它符合中国过去的国情。中国一度有75%以上的人口生活在农村，大多数所谓的城里人也都来自农村或拥有大片土地。然而，这种言论最多不过是一种恰当的描述，因为它不能解释为什么中国的成功人士，包括那些通过从事工商业而获利的人，极度渴望返回家乡并大举投资土地。

在1959年，即新中国成立后的第11个年头，中国实现了土地国有化。租佃关系成为历史，土地管理由零散变为集中。这里，有必要简略描述一下中国在1949年以前持续了数百年的生活方式。因为，如果要审视中国经济在近来的新变化之前如何演进发展，我们必须以这些过往作为研究的基础。

中国农民的物质生活在美国人看来是极度贫困的。一方面，大多数农田面积非常小，采用古老的方法和工具耕种的话，仅有7%的土地适宜耕作。北方农田的面积比南方略大一些，有4/5的中国农民只能依靠不足30亩土地来维持生计。

另一方面，耕作方式依然原始——工具简陋，很少能获得牲畜或机器的辅助。农民在夏天一般每天要辛苦劳作12至14个小时；

冬天的劳动时间也不会太短，为了谋生他们不得不另外找一些工作来做。

在南北各地，女人如果不下地干活，就忙着养蚕、养猪、喂鸡、照料果园、菜地和纺织。她们把这些劳动成果卖掉或在集市上交换，以此贴补家用。

农田面积小、耕种方法落后直接导致了贫穷。过去，至少有1/3的中国农民每日只能摄入低于最低生存标准的卡路里。此外，一项全国性的调查显示，尽管在中国借贷利率高达每年32%，仍有1/3或更多的农民债务缠身，他们借钱不是为了扩大生产，而是用来购买必需的口粮和缴纳苛捐杂税。[4]这还只是小地主和佃农的状况，数量巨大的农场短工境遇比他们更惨。

按理说，这些特征似乎应该激励农业领域的竞争，迫使大批农业人口离开农村进入工商业，继而带来工商业的蓬勃发展，使整体经济更趋向均衡繁荣。另外，一个人们经常提及同时也被广泛接受的理论宣称人口过剩是军事侵略的社会根源。二战之后，许多德国人和日本人都将寻求生存空间当作对外军事侵略的借口，自称为环太平洋国家之一的美国和一向中立的瑞士也愿意对此表示同情。书店里到处充斥着支持这类观点的书籍，巴西地理学家约绪·德·卡斯特罗（Josui de Castro）的《饥饿地理》（The Geography of Hunger）就是其中之一。

但在中国，生存需要却不能成为创造或侵略的根源。她在千百年来一直饱受人口过剩、土地贫瘠、生产力低下等问题的困扰，中国百姓不得不忍饥挨饿，艰难度日，可是，这些窘况不但没有激起中国人的发明欲望或扩张精神，反而使人们更加眷恋故土，即使它意味着原本不高的生活水平还要进一步下降。

依恋故土体现在几个方面。最显著的证据是中国人对土地的依恋远远超越了个人经济利益的得失。土地不仅是一种投资，更意味着生活本身。可以说，为了避免出卖土地，中国人随时准备付出任何代价。在迫不得已时，中国人宁愿质押土地也尽量不卖掉它，即使他为此要付出远高于土地价格的抵押贷款利息。[5]

土地转让的双方表现出截然不同的心境，卖地的一家人像是家里出了丧事，痛苦得以泪洗面，买地的一方却喜笑颜开，好像娶了新人入门。中国人在打算卖地时，不但要征得已成年的儿子的同意，甚至分了家的兄弟也有发言权。通常而言，只有在本族人无意购买的情况下，卖地的人才能把土地卖给外族人。

中国南方和西南地区农村里有大量的剩余劳动力，也是中国人依恋故土的表现之一。经历了多年内战及抗日战争之后，中国军队的兵员极度匮乏，但农村和城市商业几乎从不缺少劳动力。流动的短工不全是无地者，其中也有不少来自因土地太少而无力供养过多人口的村庄。中国水稻亩产量比美国高出50%，小麦亩产量高出15%，然而一平摊下去，人均年产量反而比美国农民低了1/14。

一支如此庞大的劳动力大军为什么甘愿留在农村呢？这显然与家庭遗产的平均分配有关。中国皇位继承一般采用嫡长制或由先皇生前指定继承人。至于一般家庭的财产继承，原则上是由所有儿子平分。有时，长子由于要承担照管宗祠的责任，可能会获得稍大的份额，但也不会超过其兄弟的所得太多。各地风俗在具体细节上可能略有不同。

撰写本书1953年首版时，我忽视了平均分配遗产对中国社会发展的重要影响。当时我认为平均分配的原则对父母有一定家产的人是有影响的，而对于没有遗产可以继承的人而言则无关紧要。后来我在日本生活了一年（1964—1965），对这个问题的看法也发生了改变。日本与中国不同，它奉行单独继承制，而这与中日社会结构中一些本质区别是有直接关联的。根据单独继承制，非继承人将脱离父母的庇护，走入或组建新的群体。新的群体不根据血缘关系构建，有可能发展为地区性乃至全国性的组织。日本开国之初面临着西方的强大压力，地区性及全国性的群体组织作为有效的基层结构,在本质上促进了日本的现代化进程。

遗产平均分配原则使中国男性不必面对脱离父母家庭的社会压力。在传统社会,继承大笔遗产的子孙显然要比穷人家的孩子更愿意留在故乡。但没有遗产而继续留在村子里的人也不会被看成失败者,因为人们在家乡总会获得认可。这些人生计艰难,然而,只要没到要背井离乡的地步,就还谈不到挫败。在西方以武力打开中国和日本的国门时,中国人没有形成足够有力、广泛和长期存在的非血亲组织,以满足现代化的需要。

不过,独立继承制虽然能解释日本与中国的不同,却无法解释它与西方的差异。在缺乏平等意识的日本社会,非继承人离开家族后将参照家族的构成模式在一个更大的层级组织里寻找自己相应的位置,个体之间不可能基于自由、平等而建立起横向联系。日本人一旦加入某个组织,就一生不会离开。可以说,日本虽然实现了现代化、工业化的目标,但它所经历的社会发展是与西方全然不同的。[6]

与西方人相比,日本人也不倾向以个人身份永久移居国外,即使在日本帝国侵吞朝鲜、中国东北及中国台湾时也是如此。有一些日本人由于要为政府组织或半政府性质的财团工作而移居到殖民地,然而极少有日本人愿意以个人身份在海外投资土地或其他形式的财产。直至20世纪80年代,相比于设在日本的西方企业,大多数日本大学毕业生宁愿进入本土企业工作,即使前者支付的薪水通常比后者高得多。日本人对本土企业福利优厚、层级明确、有如大家族一般的工作氛围更为偏爱。

中国人由于遗产平均分配的风俗,与日本人相比更缺少离开家族的动力。几个世纪以来,只有极少数中国人移民到与中国毗邻的东南亚等地。事实证明,中国人在移民至南海诸岛以及其他地区后从未表现出殖民倾向。如今,确实有不少华裔生活在泰国、马来西亚和印度尼西亚,但这些人只是中国总人口的极少数。设想一下,假如中国人真如欧洲人那样热衷移民，恐怕中国人已经在世界上大多数国家里人满为患了。[7]

更为重要的是，有些人家产微薄，迫于生计不得不远赴他乡，然而即使在这类人群中，仍有不少人定期返乡，或在发家致富之后选择回故乡养老，另有一些人通过向宗祠、医院和学校捐款强化自己与故土的联系。

移民至南洋、欧洲和美国的中国人普遍遵循着这种模式。首先，大多数移民，如同闯关东和移居至西南地区的同乡一样，在维系与故土的联系之外，还有着落叶归根的心愿。其次，中国移民基本上来自沿海省份。欧洲华裔移民大多来自浙江；南洋华人主要是广东人和福建人；夏威夷90%以上的华人，祖辈都是来自广东某县的同乡，而定居美国大陆的90%以上的华人，全是广东毗邻四县移民的后人。这自然多少是由于沿海诸省更早接触西方的缘故。有一部分迁居美国或其他地方的欧洲移民，表现出与中国人相似的对故土的依恋，向家乡寄送礼物、捐资助学、参与各种慈善活动，等等。但是尽管西方对中国的影响不限于沿海诸省，广大内陆的穷苦百姓从未表露出任何移民倾向。

回顾中国历史，不难发现中国人太过眷恋家园，以致难以弃乡远去。相比之下，欧洲移民同样热爱家乡，但根据个人意愿移居美国的人数前后却高达数百万。在国力最鼎盛的时期，如西汉（前202—200）、唐朝（618—906）、元朝（1260—1368）、明朝（1368—1644），中国人本可以跟随其远征朝鲜、波斯乃至东欧的大军，在新天地里开疆辟土，成为主宰者，但事实上他们很少这样做。

如果说共同继承制确是中国人不愿轻离故土的决定因素，那么贫穷、饥荒、内乱，再加上北方和西北少数民族的不断侵扰，难道仍然不足以将中国人驱离家乡吗？

反过来说，假如共同继承制与中国人的不离故土没有直接的因果关系，那么我们仍可以清楚地看到，两者实际上是同一种生活模式——在原初社群内部相互依赖——的表现。这一模式是如此深植于每个中国人的内心，令他在社会上和心理上体验到双重安全，为了留在故土宁愿放弃在他处可能获得的利益或降低自身的生活水准。对于中国人而言，个人财富与在原初社群里获得一定地位相比，相对来说不是那么重要的。

中国政府与中国经济

我认为上述分析已经足以表明中国政府和中国经济的关系。正如我们所看到的那样，传统中国不但"重农轻商"，而且事实上经常"抑商"。传统帝国从不挑战土地私有制，却经常以特别税、征用或充公等手段掠夺商人财产。农耕文化在中国源远流长，权力机构囿于传统而对它格外尊重。生活在传统社会而感到安逸的中国人，一向缺乏变革的愿望。因此，中国很难发展出具扩张性、生机勃勃的工商经济。由于缺乏社会力量的牵制，传统权力机构经常以专制手段应付人们发展经济的努力，以确保农业经济不会受到任何威胁。

中国人把对人的控制看成财富之源，在父子之间、亲属之间、店主与学徒之间、朋友之间、上下级之间、政府和民众之间，我们处处可以清晰地发现这一贯穿于其中的原则。父母在养老问题上更多依仗子女的孝心，而不是对财产所有权的控制。衡量一个王朝的统治是否成功，同样不视乎它开发国家资源的能力，而取决于它是否有能力庇护臣民和保证他们的恭顺。权力平衡在任何时候都不由经济权利主导，而取决于受到种种限制的社会力量与政治关系。

从1929年到1937年，在蒋介石及南京国民政府统治期间，国民党政府的专制行为略有收敛。蒋介石个人的权力和威望在这期间达到顶峰。中国现代工商业经济的发展也达到了自被迫打开国门之后的最高峰。国民党政府与国内经济之间关系的改善是由以下三个因素决定的：

第一，中国工商业大部分资产都集中在设于外国租界的各银行和上海国际清算银行里。这些银行绝大多数由外资主导，再加上治外法权的限制，国民党政府没有能力加以干涉。

第二，国民党政府为了镇压残余的军阀以及正处于上升期的共产党，不得不大举向国外购买国内无法生产的武器。对外购买武器必须走正常的外贸流程，而这只有金融家和大商人才能办到。

第三，国民党政府要获得国际地位和援助，必须先赢得西方列强的信任。鉴于西方各国对工商业尤为重视，国民政府只有先对国内商人和工业家表示出一定尊重，才有可能获得它们的信任。国民政府得到的回报是它与工商业界的关系比以往历届政府更加密切。在20世纪30年代，日本帝国主义为了配合其侵略阴谋，多次发起宣传攻势，攻击国民政府与"江浙财团建立了颠覆性的联盟"。

在沿海诸省工商财团的根基被战火摧毁之后，国民党政府立即恢复了对国内经济的绝对主导。它的这一动作是向政府与经济的传统关系的回归，因此在国内并未引发大规模的抗议。

美国人的经济观念

在这里，我们的目的不是要彻底梳理美国商业与农业的每个层面，而是试图研究自我依赖的美国人对于经济活动有何看法。毕竟，自我依赖是不可能达成的理想状态。正如本书第三章所提出的，每个人都面临两种环境——外部环境和内部环境——只有内外平衡，个体才能获得安全感。安全感是指建立个人目标以及被他人需要。中国人从人际关系中获得安全感，终生维系与家人的联系，后天的人际关系只能作为这种原初关系的附属。美国人则认为所有人际关系都有可能被切断或根据个人需要而改变，因此他们必须在人际关系以外寻找安全感。美国人相信天助自助者，只能靠不断地占有物质或征服自然来获取安全感。而一旦目标达成，美国人就会意识到他真正在意的根本不是这个目标，而是征服过程本身。

美国经济表现出许多令中国人感到不可思议的特点。美国的政治分裂与宗教分裂还多少受到一些制约，而经济领域的分裂倾向，在自由传统这一借口之下，有如脱缰之马，一发而不可收。新的企业模式层出不穷。有些经济观察家认为企业集团（其产品系列化、多样化）并未如大众想象中那样大行其道[8]，即使联邦政府在行使反垄断法时一直格外谨慎，但事实上，产品多样化早已是美国经济的现实。生产流程和产品风格当然也要随之变化。此外，商家要不断推出新产品、新服务，为过去的产品设计新的外观，等等。激烈的竞争使得这样的变化必不可少。制造商及其上下游的零售商和服务商存在的意义，取决于企业扩张与创新的决心，只有朝这个方向努力，企业才能获得成功。当一位美国女性商业领袖被问及成功秘诀时，她的答案是"打破去年的纪录"。

要实现这一目的，工商企业必须雇佣广告公司或公共关系专家，以便使潜在客户认识到某些产品或服务（本不是那么重要）可有效提高人们的生活品质。这种所谓的重要性，顾客们在宣传活动开始之前当然一无所知。我曾听一位广告公司经理自信地宣布，"随便给我什么产品，我都能卖掉它。"公共关系公司客户的五花八门更是远远超出读者的想象。举例来说，世界上最大的公关公司之一——伟达公关公司在一篇报告中称该公司的业务包括"向美国公众引荐斯大林之女斯大林娜·阿莉卢耶娃；在巴哈马的赌博业因黑帮猖獗而走向衰退之后代言当地的旅游局；帮助雷明顿和温彻斯特公司（Remington and Winchester）击败枪支禁售的提案以及抵制大量吸烟有害的证据以保证烟草公司销售额"，等等。[9]由于企业竞相追逐更高的利润，主导定价权以及迫使对手退出市场的价格战，变得越来越不可避免。

美国企业家千方百计争取最大利润和尽可能多的物质享受，然而他们的终极目标却不在此。中国人往往不理解美国工商界富豪的执着，因为更多的金钱对他们而言已没有任何意义。在这里，我们不必列举显赫人物，只以通用汽车公司的副总裁为例。据报道，仅在1949年，该公司的每一位副总裁就得到了从22.75万到50万美元不等的分红。[10]在中国人看来，这些人从此可以衣食无忧了。资产雄厚的中国官员或富商多半会选择及早退休。所谓"急流勇退"，一语道出了中国人的典型心理。

我们不妨以孔祥熙、宋子文二人的经历作为参照。二人的亿万家财都得益于政治权力，在蒋介石败走台湾之后，他们不约而同地选择到美国作寓公。二人没有加入华美协进社一类的政治组织。

大多数中国官员会比孔、宋二人更早地功成身退。中国人认为金钱不但可以保证个人的安适生活，挥霍金钱更是保持、提升社群地位的手段之一。美国成功人士即使生活富足，仍在不停追逐金钱，则是因为财富既是个人地位最显著的标志，也是控制力的具体体现。

于是，美国人陷入两难的困境。他拥有比世界上其他人更强的控制力。可是，这种控制力如果不能带来亲密持久的关系，就无法使他获得情感上的满足。美国人自我依赖的价值观，迫使他设法抗拒这种对人际关系的需求，即使它是人类共有的需求，是人类生活的必然产物。

所有人在刚来到这个世界时都需要依赖别人。孩子的生活必须由父母协助。随着年龄增长，一个人从完全依赖他人变得日益独立，并走出其最初的社交圈。在性格塑成的岁月里，他学习如何待人接物，以适应更广阔的外部世界。从美国人、中国人至北极地区的因纽特人和南非的霍屯督人，任何种族的个体成员都要与他人为伴，从而满足对社交、安全感和社会地位的需要。征服物质世界不会产生任何意义，除非这种权力可转换到人类社会，促进个人与同伴的关系。

中国人与其自孩童时起就认识的人终生保持亲密关系，对人际关系的需要很容易获得满足。他在原初社群里找到相应的地位与人生目标，很少产生征服世界的冲动。中国人的地位取决于年龄及相应的尊重，人生目标则直接体现在亲属间相互的责任及义务上。美国人追寻安全感的道路要迂回曲折得多。美国人竭力切断与过去的联系，然而其征服外部世界的动力，无论是有意识的还是无意识的，仍然是与中国人并无二致的人性需要。美国人一旦功成名就，拥有了充裕的物质生活，就会陡然意识到人际关系的易变和虚幻。为了确保自己在社会中的地位，美国人会进一步加强向外的索取，以创造更高级的物质享受。

无论消费品多么新奇精巧，它毕竟是无生命的，不能带给人关爱和慰藉。这时，宠物，特别是宠物狗出现了。宠物狗可在各个层面满足个人中心的人的情感需要，它们几乎别无所求，全赖主人的施舍。

因此，美国人对待宠物狗（及宠物猫）的心态与中国人截然不同。事实上，这也是中美两种生活方式的一大差异。在美国，宠物食品工业比婴儿食品工业庞大得多。据20世纪80年代的统计，宠物食品销售的增长率（每年4%）在近几年一直高于国民生产总值增长率。美国宠物业是一个年产值高达30亿美元的产业，每年的配种繁殖更带来3.1亿美元的额外产值。狗粮、猫粮在超市里平均要占据长达64米的货架，所需空间远比其他食品更大。宠物主食的口味和成分多种多样，电视广告铺天盖地。(《华尔街日报》中由保罗·英格拉西亚及大卫·加里诺撰文的"猫狗食品市场迎来牛市"，1979年3月4日）除了美国宠物产业协会、美国慈善协会（约有750个附属机构）、美国防止虐待动物协会（有更多地方分支）等全国性组织之外，美国还有如"以宠物为骄傲"（Pet Pride）、"宠物猫慈善会"（Cat Charity）、"关爱猫咪"（Cat Care）、"好牧羊人基金"（Good Shepherd Foundation）、"宠物救援基金"（Pet Assistance Foundation）、"慈善联盟"（Mercy League），以及洛杉矶市"无声者的呼声"（Voice of Voiceless）、纽约市的"猫咪救助联盟"（Save-A-Cat League）、"动物之友"（Friends of Animals）、"美国猫科动物协会"（American Feline Society）、"人类与动物关系学会"（Institute of Human-Animal Relationship）等数不胜数的地方机构。宠物杂志有《秀狗》（Show Dog）和《贵宾犬秀》（The Poodle Show Case）等。纽约市每年还举办"国际宠物猫文化周"（Cat Week International）以及"动物王国球赛"（Animal Kingdom Ball）等特别活动。有位作家在一本宠物书中用"新的宗教"来命名其中的一个章节。[11]这样一看，宠物公墓、宠物餐厅和宠物旅店的出现还会令人们感到惊讶吗？我在近期还看到一篇新闻报道，称一位生活在中西部的美国女性设法更改了一条公墓守则，于是她可以与她的宠物猫葬在一起。

上述一切或许会令中国人觉得不可思议。按照中国人的观念，狗和猫的天职是看家和捕鼠。

注释：

1. 诸如此类的游戏还有"模拟商场"（Swap, the wheeler-dealer game），即低价买、低成本的掉期交易；"上流社会"，通过房地产数、财产总额、身份象征、流动资产总额、乡村俱乐部等资格和方式进入上流社会，以及数不胜数的战争策略和恋爱游戏。
2. 古中国的"钱"是中间开有方孔，可以用绳串起的一种金属圆币。自20世纪20年代起，中国人不再使用这种古代的流通工具，代之以西方形式的纸币。
3. 对这种伪亲属关系的更多介绍，请参见第五章注释5。
4. J. L. Buck, *Land Utilization in China*, p.439.
5. 我认为赛珍珠在小说《大地》中比任何作家都更准确地捕捉到了中国人对土地的眷恋。主人公王龙在发家致富之后，依然强烈反对他那些受过现代教育的儿子变卖房产、移居城市。美国读者从他们熟知的寡妇奈利·麦考尔（Widow Nellie McCall）和汤姆·墨瑟（Tom Moser）的故事里也可以窥到一些类似于中国农民对土地的感情。这两人是在为修建总价高达1.16亿美元的田纳西州泰利库大坝（Tellico Dam）而进行移民搬迁时坚持到最后的勇士。（《旧金山纪事报》，1979年11月14日）
6. 中国与日本的差异在我的著作 *Iemoto: the Heart of Japan* 中有详细论述。
7. Eileen Hsu-Balzer, Richard J. Balzer, and Francis L.K. Hsu, *China Day by Day*, pp. 175-177.
8. Thomas O'Hanlon, "Odd News about Conglomerates," *Fortune* (June 15, 1967), pp.175-177.
9. T.A. Wise, "Hill and Knowlton's World of Images," *Fortune* (September 1, 1967), p. 98.
10. 根据《商业周刊》1968年6月1日的报道，有133名公司高管获得了总额高达10万美金或更多的薪水和红利。Distillers Corporation Seagrams公司总裁拿到了1967年年度最高工资331470美元。如果按薪水与红利总和计算，前三名则分别是宝洁公司、国际电话电报公司及强生公司的总裁，每人的年收入都不少于50万美元。

11. Berkeley Rice, *The Other End of the Leash: The American Way with Pets*, p. 19. Also Iris Nowell, *The Dog Crisis*.

第十二章
工业失败与经济危机

如果以一句话最准确地描述1949年以前的中国经济，那就是尽管当时中国迫切地需要工业化，但它在与西方接触一个世纪之后，仍然未能如愿地加入席卷一切世界强国的工业化大潮。直至二次世界大战前夕，中国最大的工厂、最先进的机器和大多数产业工人仍主要集中于纺织业。迟至1930年，手工纺织对棉纱的消耗量高达整个市场的78.5%。据可靠估算，1933年，中国产业工人不足200万人，且只有不到1/10的工人受雇于10人或10人以上、利用机器生产的工厂。即使这些微不足道的产业工人还主要是受雇于外国资本。二战之前，中国现代工业投资总额约为13亿美元，民族资本只占其中1/4。

中国城市的状况同样清晰地反映了相对沉闷的中国经济。1937年，在中国26个省里，有21个省城是全省人口最多的城市。只有5个省城的规模比本省其他城市小或大致相当，比省城更繁华的城市包括北京、国民政府首府南京以及100多年前在西方列强枪炮下被迫开放的口岸城市——上海。相比之下，在1947年的美国，只有15个州府是州内最大城市，18个州府的人口规模在州内排不到前三，15个州府人口规模排不到前十。据1970年的人口普查，这一情况相较以前没有太大变化。这时美国有18个州府是州内最大城市，32个州府的人口规模小于州内一个或多个城市。由以上数据可知，中国城市是政治中心，而不是工商业中心，美国城市则恰恰相反。

一些中国城市正发展为大型商业集团汇聚之地,然而鉴于中国国土面积和人口总量如此庞大,这一点点成就简直无法与西方社会商业发达之地,特别是美国的大都会中心相提并论。

为什么中国没能实现工业化?

资本匮乏一直被视为中国未能快速实现工业化的原因之一。由于中国人不采用长子继承制,遗产不仅不增加,还会因多人共同参与分配而逐渐减少。不过,中国经济不活跃的原因远远不止这一点。历史表明中国巨富很少扩大企业规模或投资于全新领域,反而更喜欢炫富和购买土地。在近代史上,中国工业企业的建设资金大多来自国有资金或列强贷款,可惜这些尝试很快纷纷破产。这样看来,不采纳长子继承制只是中国经济不活跃的一个次要因素。

中国工业化的失败应更多地归咎于相互依赖的文化模式。由于重视相互间的依赖,中国人眷恋故土,少有开疆拓土一类的冒险。中国人一方面缺少资本来源,另一方面又不愿投资于商业风险,这实际上是中国人对物质世界缺乏进取心的表现。这种心态绝对不是什么"精神至上",而是出于对"人"的强调——重视人与人之间的相互依赖。中国父母从不告诉孩子要"自己闯荡",父母拥有的一切都属于儿子,而儿子以后将要得到的也不可能缺少父母那一份。中国人不把个人储蓄看成最重要的养老保障,而期望靠子孙照料晚年的幸福。

于是,两种不同的炫耀性消费行为随之产生。美国奢侈品大多是个人用品,一般不具有仪式性的用途。这种奢侈品是对个人的提升和包装,不仅时刻标示着一个人的社会地位,也是其地位上升的标尺。买给妻子的迪奥时装、女儿要的当季最热演出门票,还有富翁自己对文艺复兴时期艺术品的收藏,都是个人价值的体现。美国人清楚地知道哪些支出不会带来类似的作用,送礼时不会胡乱挥霍。

美国人炫富是为了自身需要,中国人炫富却是要满足他人,例如父母、亲戚、朋友及同乡。中国人不能自主控制消费开支,即便财产所剩无几,还是被迫要撑面子,这即是中国特有的人情世故。中国人的排场基本上是仪式性的,花费方式和额度由个人的社群地位决定。讲排场不一定能抬高自身地位,但任何值得尊重的中国人必须要尽到对他人的责任。为了活着的人,中国人要建造远远超出需要的大宅院,在生日、年节等庆祝场合大肆铺张;为了亡者和子孙后代,他们修盖富丽堂皇的祖坟、修缮宗祠、编修家谱,在操办父母葬礼时更是不遗余力。为了维护在族群及社群中的地位,中国人不得不付出这些代价。预算只是次要问题,在事关在原初社群中的地位时,中国人可以放弃一些不那么重要的东西。

美国富人如果认为有必要缩减开支,可以轻松地为他的精打细算找到借口。当听到邻居们散播的流言时——这家人今年冬天没去佛罗里达度假;只请了一个保姆,而不是两个;女儿的婚事办得不奢华不体面,等等,美国人只需作出如下解释——工作比享受重要;儿子上了大学,家里用不着两个保姆;妻子的神经容易紧张,医生建议婚礼尽量简单一些——便能击退流言。等到经济条件好转,他们再重新将旅行、更多佣人和下一场豪华婚礼提上日程。重点在于,炫耀性消费是扩大个人开支以实现自我炫耀的行为,花多花少由个人决定。

中国人就不是这样了。中国人的奢侈消费通常具有仪式性,不是仅仅牵涉个人、家庭的私事,而是关系到所有亲戚、朋友及邻居的大事。拿葬礼来说,美国人的丧礼与奢侈消费毫不相关。指定殡仪馆、棺材和墓碑的样式确实要增加一点费用,但不会有丧仪或其他多余的花费。中国的家族模式和祖先崇拜则要求亡者必须得到应有的尊重,风风光光地下葬。

中国葬礼的巨额开销令一般的美国人为之惊愕。有钱的人家要在家中停灵几天或几个星期,同时请僧人和道士诵经超度。灵堂里摆满实物大小的纸扎用品、牲畜和佣人,葬礼结束后,它们将被付之一炬，供亡者在阴间享用。丧主大摆筵席，吊唁的客人川流不息，席间还得请说书的来上一段表演。家境不那么宽裕的人，甚至穷人，也必然会竭力操持。所谓孝顺，就是一个人不论有钱没钱，都必须把父母的需求放在首位，活着的人理应竭尽全力确保亡者的舒适。为了满足他人期待，一场隆重的葬礼可说是不可缺少的。一个人假如没有为父母的葬礼尽心竭力，很快就会发现自己处处受到歧视。在中国这种社会环境，一个人有多少财产几乎尽人皆知，因此也就不能找借口逃避。传统习俗决定了奢侈消费的形式和程度，中国人若不履行责任，就要承受随之而来的社会压力。

在传统决定一切的社会里，同样会出现一些具有野心、想要超越别人的人。在中国，如果有人为了让父母风光大葬而甘愿破产，不但不会受到指责，反而会成为大众钦仰的孝心模范。

类似的奢侈消费还表现在寿宴、婚礼和节日馈赠等方面。中国人经常为了面子而节俭度日。前文曾经提到，农业调查显示大量农民借钱购买食物并支付寿宴、婚礼、葬礼等项费用。一场婚礼通常要花掉一个中国家庭近4个月的净收入，一场葬礼也要花掉约3个月的净收入[1]。美国人没有哪个节日要耗费如此浩大的开支。

有了这一背景，我们才能理解某些在美国人看来不理性的事情。下面要讲到一位丧偶的中国女教师的人生故事：她15年如一日抚养3个孩子长大成人。抗日战争期间，一家人失去房子、财产，逃难到重庆。直到1943年一个儿子被聘为工厂职员，母亲才得以退休，颐养天年。这个儿子订婚后，母亲决定举办一场盛大的婚礼。由于儿子的工资仅能勉强维持家用，一家人唯一的收入来源是母亲用多年积蓄置办的一份地产，但是，为了支付儿子婚礼的费用，她不惜卖掉了那份地产。

婚礼可说是非常成功。同在重庆避难的亲朋好友纷纷前来祝贺，主宾双方皆大欢喜。可是，两个月之后，儿子失业了，一家人就此失去生活保障。这一家人接二连三遭受打击，经历固然使人唏谎，然而这不是本书要关注的重点，重点在于：在一切难以确定的战争年代，为什么这位寡妇要为了一场婚礼变卖家中唯一稳定的经济来源？

美国人眼中不明智的行为，由中国人看来却是合情合理的。这位母亲独自一人把孩子们抚养成人，为长子举办一场喜庆的婚礼意味着她完成了作为母亲的职责。此外，在孩子年幼时亲朋好友大多对她有过帮助，这场婚礼也是向大家宣布她的儿子已成家立业，将从此成为她的依靠。

这些盛大的仪式和活动充分显示和加强了人与人之间的社会联系，使之更趋团结；相形之下，社会仪式的稀缺是个体独立的证明，暗示着人与人之间的纽带不够稳定。一个人如果从人际关系里获得足够的安全感，固然无损于他的勤奋进取，可是过于熟悉的环境毕竟无法激发冒险精神，唯有个人独立才能激发勇往直前的信心和渴望。由此可见，相互依赖的生活方式不仅多多少少削弱了资本积累，同时也抑制了中国人探索未知世界、尝试新事物的冒险精神。这才是中国在20世纪70年代以前无法实现大规模工业化的原因。

有些美国人认为中国人天性好赌，因此他们一定不缺少冒险精神。的确，在中国国内以及定居美国的华人之中，赌博蔚然成风。但根据这一点就认定中国人具有冒险精神，是错误的。况且，没有证据表明中国人比美国人更爱赌博；对生活在美国的华人而言，赌博更多的是一种排解思乡之情的消遣。自美国推出严苛的排华法案（已于1943年被废除）之后，唐人街华人的处境大略与在越南参战的美国士兵相同，但二者排遣寂寞的方式不一样。说到具体的赌博方式，中国人与美国人的差异就更明显了。从球赛到总统竞选，美国人可以用一切生活细节来打赌，中国人却只喜欢在熟悉、舒适的环境里赌博，例如玩麻将或天九。美国人的赌博一切由个人说了算，不论是否需要赌具，大多是在陌生人之间进行，规则十分明确。赌徒们彼此赌上一把，此后也许永不相见。中国人很少进行一次性的赌博。最受中国人欢迎的赌博无一例外地需要某种工具,相互熟识的玩家依次坐好,而且约定定期见面。

在美国,玩桥牌或加纳斯塔纸牌(canasta)[①]等游戏一般不被看成赌博。中国人赌博多半要凭借技巧,比如掷骰子;美国人则只在最终结果取决于概率或根本无法确定的游戏中对赌,比如预测体育赛事结果。中国人的赌博是一场比赛,而美国人的赌博本质上是一次冒险。美国人的赌博基本上是自己一个人的事,范围可从办公室里的棒球比赛竞猜到赌场里的轮盘赌,再到毫无人为因素、无竞技性、纯靠运气的老虎机。有一些美国人为了社交需要也在一起玩扑克牌、去赛马场,但这些人不是真正的赌徒,游戏中也不进行大额现金交易。反过来看,早在20世纪30年代,赛马、赛狗以及彩票就通过通商口岸被引入中国,但这类赌博活动在租界以外的地域从未流行过,也引不起大多数中国人的关注。古代中国人从来不打赌竞猜龙舟比赛的结果,现代中国人也很少就深受喜爱的摔跤、田径、足球、篮球和排球等赛事结果下注。中国人认为就体育比赛结果下注赌博是不道德的。总之,即使仅就赌博而言,中国人也不愿意离开熟悉的环境,对结果无法预料的冒险毫无兴趣。

中国人若不走仕途,很难靠农业致富,而且一般没有意愿去开发、控制自然资源。于是,近现代史上的有志青年开辟了两条新的发展之路。一些年轻人接受了传教士的指引,作为他们的学生或助理,学习英语和西方文化。学成之后,这些年轻人进入亚洲石油公司、标准石油公司、通用汽车公司等外资企业驻中国机构任职。另外一些人成为介于外国生产商、销售商与中国消费者之间的买办。在鸦片战争之后的100年里,中国买办积聚了大量财富,进而赢得一定的政治地位。两条新的路径没有背离中国人致富的基本路线:走关系,而不是靠对自然资源的开发和掌控。

[①] 加纳斯塔纸牌:一种使用两组纸牌的桥牌游戏。

现在我们知道中国为什么未能成功应对西方经济大潮的挑战。问题的核心不在于资本的匮乏，充裕的资金反而容易带来政府腐败。中国官员把公共资金视为私人收入的合法来源，因为他的收入要用来巴结上司。同样，面对中国官僚的颐指气使，企业家之所以表示顺从，不是因为软弱，而是因为中国的文化模式鼓励企业家依附权力，顺从比抗争更加有利可图。

马克斯·韦伯比其他西方学者更深刻地认识到，为什么中国无法发展西方社会的资本主义。他认为中国几乎具备一切有利于资本发展的条件，但限制的力量源自中国社会和政治基本结构中某些"非理性"因素，其中最重要的就是巫术性质的多神论和祖先崇拜。他进一步评论说，后者强化了家庭和睦，以"孝"的名义支撑着一切尊卑分明的人际关系。[2]

韦伯断言中国的人际关系阻碍了工商业发展，这一思路显然是正确的。但是，他未能指出祖先崇拜、家庭和睦和孝文化其实是阻碍中国经济发展的文化价值取向的几种不同的表现形式。它们彼此不是互为因果，而应被视作同一源头的不同发展。同理，新教伦理与资本主义精神也不构成必然的因果关系。[3]二者应被视为西方个人主义价值观的孪生产物，美国人的自我依赖精神则代表这一价值观的新发展。

非常不幸的是，大多西方学者偶尔会犯种族中心论的错误，韦伯也是如此。他将西方资本主义归诸于"理性"，而将中国人的经济行为视为"非理性的""巫术化的"和"泛神论的"。在中国人看来，美国人把黑人排斥在白人教堂和学校之外也是一种"不理性"的行为。这种行为显然受到了一些与黑人性行为有关的神话的影响，同时有保持种族纯净的目的。由此可知，每个社会都有自己的文化假设，这些假设的适应性并不均等。每个社会的成员都必须按照各自社会的文化假设而采取行动，因此，它不应被看作是合不合理的问题。

无论社会的文化假设具体表现如何，社会成员都必须在其所处的文化框架之内寻找安全感。美国人的安全感来自征服外部世界，营造只属于自己的家园，因为他接受的是自我依赖的文化假设。中国人在家人和原初社群中寻找安全感，与家人分享一切，这是因为他的文化假设基于相互依赖。中国人不能自发地建立资本主义体制，在面对西方压力时感到不能适应，原因恰在于此。经济利益既然不是中国人安全感的主要来源，自然不会受到特别重视。这一分析同样足以解释西方人尤其是美国人，为什么总是藐视权威和传统。通过强调绝对的自由平等，致富与征服物质世界成为美国人安全感的重要基石。

竞争：分与合的焦点

前文多次提到，中国人与美国人的竞争意识看似十分接近，但实际上，二者的效果截然不同。中国人的竞争不但不会带来分裂，反而会促进团结。中国人竞争的项目里包括谁更孝顺，地位接近的中国人经常比较谁能给予父母更多回报与关爱。最趋于极端的孝心竞赛参见第三章引述的事例：儿子为给父亲治病，本可以从手臂上割肉配药，却执意剖开腹部取出了部分肝脏。这是中国人的竞争意识的具体体现，在不损害第三方利益的同时加强亲子间的联系。

家庭的互相攀比表现在仪式和庆典中：场面更大的葬礼、婚礼和寿宴；更豪奢的宅院、宗祠和家谱。这一切表现的都是中国人对父母、亲属乃至整个社群的义务。主办者赢得面子，参与者分享荣耀。中国人的竞争法则决定了一个人的成功不必以他人的失败为代价。这个法则甚至适用于个人意义上的竞赛。例如科举，失败者虽然不计其数，然而他们总是可以再试一次。更重要的是，成功者所期盼的不过是有朝一日，家人、家族及整个社群能够因为他的成绩过上好日子。

商业竞争也不能脱离相互依赖的模式。作为农业大国，中国人的商业竞争大多围绕土地所有权展开。

　　西方人以及中国革命者、改革派震惊于中国人的贫穷程度及耕地面积之少，由此认为中国佃农一定对地主尤其是大地主深恶痛绝。然而，两个阶级在现实中的关系并非如此简单。的确，一些身在外地的地主将土地管理权交给了暴戾蛮横的代理人，也有不少在家乡拥有大片土地的官员和军阀向佃农收取高额地租。共产主义革命早期打击地主阶级就是为了制止这些暴行，共产党最早的宣传口号即为号召无地农民参加革命。在20世纪60年代，以揭露四川大邑县地主刘文彩为主题的大型实景模型"收租院"在中国各地展出，当时我正在广东，于是得以参观。这个模型生动表现了刘文彩如何伙同当地军阀敲诈勒索、贪污贿赂，无情地剥削佃农。在新中国成立后的最初几年里，许多地主和富农受到公开审判。[4]

　　然而，总体上说，中国地主与佃农的传统关系具有私人性质，大抵可说是友好的。多数地主住在自家田产周边，平时与佃户常相来往，节庆期间互赠礼品。本书第五章曾分析过抑制地方乡绅鱼肉百姓的一些因素。在这里我要强调的是，地主的行为受到同样的限制。在相互依赖的文化模式下，不难发现，中国地主多以善行义举为荣，佃户们也经常因主家的慷慨好义而觉得颜面有光。

　　共产主义在中国建立政权，知识分子始终是这一运动重要的支持者，该事实看似与上述分析无关，实际上却揭示了地主与佃农关系的本质。西方新闻界一度热衷于报道20世纪50年代中国知识分子在反右运动中受到了很大冲击，但尽管如此，多数知识分子仍然认同新的政权，并且对它的未来抱有热切期望。在混乱时期，他们针对实现共产主义的方法、手段、路线展开激烈论争，却从未质疑过该目标本身。我在中国香港以及其他一些地方遇到过不少"文化大革命"经历者及其亲属，有一些人是靠周恩来总理的干预才得以摆脱迫害，但他们对这一时期历史的看法仍大致如我所述。

多年以来，一些学者及新闻记者始终认为国民党政府之所以未能推行土地改革，是由于它的大多数官员自身就是地主。可是，他们似乎忘记了中国知识分子大抵来自同一个阶层。中国知识分子大多在中国或海外接受过现代教育，这种机会是穷人不可能有的；手头有了余钱，中国人一般就用来买地，所以说，中国知识分子的主体必然来自拥有土地的各阶层。可是，特权身份并未阻碍中国知识分子投身于共产主义事业。共产党在土地改革初期，除了坚持孙中山先生提出的"耕者有其田"，没有什么明确的计划。接手政权之后，为了进行土地分配，中共政府先是没收大块地产，随之又启动了全国性的土地调查。经过很长一段时间，在一场轰轰烈烈的全国大讨论之后，中共政府才最终确定了土地政策。知识分子阶层作为一个整体一直积极参与了整个过程。[5]

由此可见，经济利益的起落不足以影响中国知识分子对革命事业的支持。

至于美国人的竞争意识，尽管它受到竞技精神与骑士精神的诸多约束，却是以"各负其责"为基础的，只能造成人与人的分裂。一人获益，总是意味着他人一定程度的损失。例如，怀特先生有一天由车间主任晋升为工厂主管，这一定会让住在同一街区、时常往来的布朗先生感到不快。如果布朗先生恰好也是一位车间主任，他的感觉就更糟糕。由于美国人的个人目标是绝对的自我依赖，从理论上说，经济差异必然造成人的分裂。成功者需要让不太成功的人感到自卑，这样才能衬托出自身的成功；境遇不佳的人忌恨成功人士的特权，不管是否出于善意，都将厌弃对方提供的帮助。接受他人的帮助意味着承认自身无能，假如这一帮助以近乎施舍的方式出现，则几乎可被视为对一个人的侮辱。美国人的收获与成就都必须用自己的双手挣得。这就是美国工业界如此纷扰动荡最重要的原因之一，也是在可预见的将来，劳资双方不太可能实现和平共处的原因。美国在80年代高达两位数的通货膨胀率加剧了这种动荡，但它本身并不是导致动荡的根源。即使通货膨胀得到控制，工业界的动荡仍会持续下去。

中国工会的发展史乍看上去与美国劳工组织历史有相似之处，但这种相似带有欺骗性。中国首次建立美国形制的工会，大概是在20世纪的最初10年，包括铁路工人工会、邮政工人工会、纺织工人工会以及海员工会等。与行会不同，这些工会组织大多是全国性的，至少也算是非地方组织，会员人数从数千到数十万不等。它们聘有职员、律师，调查了解劳工状况，为提高工资、改善劳动条件而组织罢工。从30年代中期直至1949年，工会骨干一直以工人代表的身份参加国民政府举办的国民代表大会。

可是，中国国内存在着巨大的阻碍工会发展的力量。首先，由于中国工业刚刚起步，这些工会规模小，地位也无足轻重。在经济状况不稳定的情况下，大多数工人要么无心加入组织，要么不敢惹是生非。其次，国民党政权在手，时而以有共产党渗入工会为借口对其施加管制，逮捕工会领导，对其滥用刑罚。最后，外国商业集团，尤其是在华投下重资的英国和日本企业，在与工会组织对抗时，表现得比国民党政府更加傲慢。[6]在国民党政府决心要立法禁止雇佣童工、建立工作环境基本保障时，这些控制着中国工业最大份额、受租界与治外法权保护的外国投资者对新法规根本不予理睬。

经济压力、政府干预及国外资本阻挠对美国劳工领袖口中的"激进工会"形成了联合压制，这貌似足以说明为什么中国工人尽管受到残酷压迫，却依然回避工会运动。在西方社会，环境的恶劣与资本家的严酷压迫使工人们更加团结一致；而在国民党统治时期，共产党的救世主张和种种努力却全然无法触动中国城市工人。潜心研究中国共产党史的美国学者本杰明·史华慈（Benjamin Schwartz）说：它"用了长久的努力……试图推倒无产阶级冷漠的铁墙……最后却归于彻底的失败"。[7]1923年京汉铁路大罢工失败后，工会士气一落千丈，中国共产党的奠基人陈独秀为此发表了如下愤怒的评论：

> 中国无产阶级的数量及质量都不成熟，大部分工人长期受到封建宗法思想毒害，乡土观念浓厚。即便现在是产业工人，却仍保留以前手工艺人的积习，感觉不到有政治斗争的必要，非常迷信。[8]

陈独秀用马克思主义理论来解释中国工人阶级为何不愿投身于西方共产主义模式下的经济斗争，他的观点恰好与马克斯·韦伯就中国未能成功走上资本主义道路的观点互为呼应。韦伯强调中国人的"非理性"，陈独秀指斥中国工人阶级"不成熟"，而实际上，史华慈的解读——"冷漠"才更接近事实真相。

正如前文讨论中国商人、官员及农民时提到的，这种心态不足以说明中国人无视经济利益。西方人的世界观，即个人通过竞争实现对外部世界的控制，从而获得安全感，才是中国民众漠视和反对的对象。相互依赖的生活方式要求所有中国人——工人和商人，佃农与地主——通过对人的控制及尊卑之间的联盟来获取安全感和实现个人晋升。这意味着一旦发生冲突，中国人倾向于妥协而不是坚持各自的立场。

基于上述原因，中国工人阶级很难成为大规模劳工运动的支持者，也很少表现为西方人眼中为本阶级经济利益而战的优秀斗士。中国人不会为了提薪或更好的工作条件与企业家和管理者斗争，而是通过亲戚、友谊、同乡等纽带来影响他们，设法挤入他们的行列。在小工厂里，这种目标很容易实现，在1933年，中国有大约90%的产业工人受雇于这类工厂。在上海纺织厂等规模较大的工厂，工人和管理者是被隔离开的，但这不妨碍有些人在与车间主任或主管打交道时继续采取这套行之有效的老办法。中国工人运动在1949年之前，可说是无甚进展。新中国成立之后，从理论上说，工人运动伴随着资产阶级的消灭不再有存在的必要。国民党在内战中失败，退守台湾，同样未能推动当地工人运动的发展。

相比于其他国家，美国更充分地实现了各阶层对土地和财富的共享。以各国标准为参照，美国劳动者可说是享受着世界上最好的待遇，工资高，工作时间短，享有健康的生活方式及休闲娱乐，在患病、失业和年老体弱时能够获得更多的物质保障。美国也比其他规模接近的国家提供了更多的就业机会。"每年有60万个新公司涌现，不得不说美国梦是如此真实和激动人心。"[9]自我在本书1953年版中首次指出之后，美国在这些领域的优势仍在不断扩大，毫无衰减迹象。有人说这体现了资本主义经济的优越性；另一些人认为它们是过去几十年来工会斗争和联邦立法的结果。毫无疑问，两种说法都有道理。

令人费解的是，尽管美国工人享有如此优越的经济条件，但美国人试图实现的产业和谐迄今为止仍遥遥无期。自二战结束以来，劳资冲突的频率、持续时间、暴力程度以及对经济整体的伤害只增不减。劳工领袖亚布罗斯基[①]（Yablonsky）和霍法[②]（Hoffa）被刺事件则显示出工会内部的权力斗争日趋激烈。将这类问题归咎于工会数量增多和成员规模扩大无济于事，指责劳工领袖的"独裁"倾向、因"权力欲膨胀"而不愿妥协更是只触及了问题表面，以党派偏见替代客观分析。埃莉诺·罗斯福（Eleanor Roosevelt）在1952年的一次讲话中表达出大众对此种现象的忧虑。如今看来，这位曾经的第一夫人的讲话确有几分意味深长。

> 这几天在毫无警示的情况下，长岛铁路工人罢工，铁路停止运行，无疑给成千上万乘坐火车往返于长岛和曼哈顿之间的

---

① 亚布罗斯基：美国著名的工人运动领袖。
② 霍法：一位个性强烈、行事作风极具争议性的工会英雄。从20世纪30年代的经济大崩溃开始，他在工会及政坛经历了40年的奋斗，于1975年被人谋杀。

市民带来了诸多不便。

钢铁工人的罢工也正在进行,复工日期一拖再拖,据说一些工厂打算不再开工继续生产了。

这两件事都值得我们深思。

生活在这个国家的人们并没有深仇大恨,如果我们不能形成一套行之有效的解决争端的方法,而只能采取停止对大多数人来说至关重要的生产或服务的方式进行抗争,那么,我不得不承认我们处理人际关系的方式极其匮乏,可悲至极。

众所周知,能够找出解决困难的办法是对大家都有利的事情。

例如,以色列和阿拉伯国家如果能够化干戈为玉帛,建立正常外交,和平共处,两国人民都能过上更好的生活。它也同样适用于解决巴基斯坦和印度之间的问题,甚至可以用来解决美苏争端。

但是,如果连国内简单的劳工问题都解决不了,我们如何能够解决涉及世界上不同民族、不同信仰、不同风俗习惯间的诸多复杂问题呢?[10]

她的发言在政治上有相当的感染力,却与现实情况相冲突,我们不能据此否定各个社会群体之间的矛盾,断言它们是非理性的。美国劳工问题的症结在于自我依赖的生活方式。自我依赖使企业主、管理者和工人把对物的控制等同于个人安全感及幸福。管理者和员工,如同所有的美国人一样,希望掌控更多,二者之间的斗争自然会越来越频繁和激烈。再者,自我依赖使美国人的幸福具有相对性,它取决于与其他人的幸福相比较的结果,而不以特定的舒适程度为标准。因此,美国人对幸福的追求是无止境的,任何成功都只是昙花一现,某个人取得的成功将会激发失败者加倍努力超越他。

工厂应对劳资冲突的方法一般是:关门、停工、成立纠察队或破坏罢工，于是，蓄意破坏和暴力行为难以避免。这些办法容易受联邦政府的干预，因此，在基础工业的劳资冲突中，决定最终胜利的因素不在工厂门口或谈判桌上，而取决于国家立法及执法部门的政策。政府机构以法律和执法权为武器，决定了劳资双方在当前乃至未来的胜败。

劳资战争远在工厂矛盾爆发之前，就已转入政治舞台，转向政党会议和总统选举——没完没了的斗争给政府和工业生产带来新的不稳定因素。政治斗争中的胜利同样不能持久：议会选举每两年一次，反对党一旦上台，就要改写规则，打破工厂内部的力量平衡。这样一来，美国人的安全感和幸福感——由谁掌控以及掌控程度如何——越来越依赖于超出家庭和社群之外的力量与因素。

为了改善劳资关系，一些顶级的企业观察家推荐的方法不是涨工资，而是满足员工主导生产过程的愿望。许多企业采纳了这一建议，向员工分配原始股。在80年代，日本钢铁业、造船业、汽车工业及电子产业的骄人战绩，促使一些观察家与美国企业开始重新评定管理流程。"日本工人与美国工人不同。他们享有很大的自主权，可以独立制订计划、开展工作和解决问题，既不要管理人员帮助，也不受他们的干涉。日本工厂的管理模式不像我们这样是'自上而下'的，由管理者传达指令，而是'自下而上'，把重要的决策留给工人。"[11] 位于华盛顿市的美国工作环境质量中心（The American Center for the Quality of Work Life）虽然自身并未采取日本管理模式，但已在着手协助美国公司进行类似的改革。我的女婿理查德·鲍尔泽（Richard Balzer）长期与这家公司有联系。[12] 我认为，这种管理模式中的智慧是显而易见的。正如我们所见，自我依赖的美国人缺少归属感。美国工业产业领域的学者非常希望用管理方法和流程重新建立一种归属感，从而使员工感觉加入了"工厂大家庭"。美国人在响应加入某个大学、教会抑或政党的号召时，他们所渴求的正是这种融入家庭般的归属感。

中国人的生活方式要求人们与原初社群保持永久联系，因此把这一类的做法看成笑话。我在中国读书时，我的大学校长是从美国获得教育学博士学位归来的留学生。他把我们的大学描述成"大家庭"，期望以此提升师生的团队精神，结果遭到同事和学生的嘲笑。中国人极少用"家"这个词来定位社会组织，美国的"弃儿之家"（foundling home）在中国被叫作"儿童福利院"（foundling institute）。

让员工拥有更大的参与感，确实有助于缓解美国产业内部的矛盾，它加强了员工对企业的归属感。最大的绊脚石是员工获得的控制权还远远不够，无法令他们感到幸福。然而，美国人总是无法克制地想要"更多"，正如美国劳工运动领袖塞缪尔·冈珀斯（Samuel Gompers）所要求的那样。[13]而这恰恰是企业家和管理者不能容忍的，因为他们的安全感和幸福感同样依赖于这种控制，正如一句中国成语所说，人们切勿"与虎谋皮"。

注释：

1. See Buck, *Land Utilization in China*, pp. 466 and 468.
2. Max Weber, *The Religion of China*.（1915年首次在*Archiv fur Sozialwissenschaft und Sozialpolitik*以论文形式发表。1920年韦伯在去世之前重新修订出版此书。英文版译者为Hans H. Gerth.）
3. See R. H. Tawney's *Religion and the Rise of Capitalism*, 对英语世界的读者来说，这篇文章可以帮助他们更客观地理解韦伯书中与欧洲生活有关的论述。
4. 英语世界的读者可参见*Rent Collection Courtyard: Sculptures of Oppression and Revolt*（Peking, 1968）。
5. 罗伯特·诺斯（Robert C. North）对国民党及共产党领导人的详尽分析证实了上述结论。他的著作，同时亦是胡佛研究中心的项目之一，为*Kuomingtang and Chinese Communist Elites*（Stanford, 1952）。在"中国政党精英的社会特征"一章中，诺斯说："我们不得不承认两党精英中很大一部分都来自同一个社会阶层，在成长阶段接受了大致相似的西方影响及国内影响……两党领导人中的绝大多数出身于人数有限的上流阶层，多是地主、商人、学者或官员的儿子。同时，他们一般来自国内最早受到西方文化渗透并深受其影响的地区。这些人全部受过高等教育，大多数曾出国留学……共产主义运动虽然是平民运动，但相对来说只有极少数的无产者有机会进入精英层……共产党精英有一半来自中上层家庭，另有1/4是富农出身。"(pp.46-48)革命领导者大多出身于精英阶层，这并非是仅见于中国的现象。有一个被称为"M-19"的哥伦比亚游击队闯入多米尼加共和国大使馆，逮捕了15位大使（包括美国大使在内）。该游击队的领导人是"年轻的知识精英，其中许多人来自哥伦比亚最受尊敬和最富有的精英家庭"。(《旧金山纪事报》,1980年2月29日)该文作者将这种情况称为"代际抗争"。在中国，反右运动及红卫兵与"四人帮"的暴行抑制了中国知识分子的积极性，同时极大提高了一向"沉默无声"的底层大众的政治参与度。"四人帮"垮台之后，华国锋和邓小平再度强调专家的重要性，此举会带来何种影响尚有待观察。本书将在第十五章继续讨论这一问题。如欲了解截至"文化大革命"为止的中国社会状况可参见Tang Tsou, "Reintegration and Crisis in Communist China"(in *China in Crisis*, vol.1, ed, by Ping-ti Ho and Tang Tsou, pp. 308-315)。又见John W. Lewis, "Political Aspects of Mobility in China's Urban Development," *American Political Science Review* 60 (December 1966): 899-912.

6. 爆发于1925年的"五卅惨案"是列强为反对工会运动而制造的最为血腥的一个事件。后来，中国人将工人们与英国巡捕爆发冲突的那一天定为国耻纪念日。这场冲突始于上海英属纺织厂工人举行的一次罢工。其他一些工厂（包括日属工厂）的工人陆续起来响应和声援。距第一次罢工几个星期之后，数千名上海学生走上街头游行示威，支持工人罢工。英国巡捕见阻拦游行无效，就开枪伤人，造成数百名示威学生的伤亡。随后，中国各地接连爆发游行示威和抵制英货的运动。英国不得已放弃了对上海公共租界的部分管辖权。

7. Benjamin I. Schwartz, *Chinese Communism and the Rise of Mao* (Cambridge, Mass., 1951).

8. 同上，p.48。

9. Chris Barnett, "Owning Your Own Business," *TWA Ambassador*(为一航空杂志), June 24, 1952.

10. *Chicago Sun-Times*, June 24, 1952.

11. Jean Carper and John naisbitt, "Revolution in the Workplace," *San Francisco Sunday Examiner and Chronicle*, November 4, 1979. 作者的资料来源于一位工程师John Hird的论文，发表在*Assembly Engineering* magazine。

12. See Ted Mills, *Quality of Work Life: "What's in a Name?"*

13. 劳工领袖的名字可能是 John L. Lewis, Walter Reuther, George Meany, 或其他一些名字。各处记载有细微的差异。

第三篇
进退两难

引子

从第二篇我们得知，个体为满足自身社会需求而探寻的过程，将深刻地影响他对人际关系、宗教以及物质世界的看法。中国人自原初社群里获取安全感，对其他依附关系不感兴趣，而美国人的人际关系不够稳定，只能到别处寻找慰藉。基于两种不同的心理取向，中国人与美国人构造出殊为不同的社会、政治、宗教及经济体制。

这些差异还带来了更为深远的后果。当下，世界各国正面临着一系列共同的问题：如何维持内部秩序、抵御外部威胁、生产和分配生活物资、提高应对自然灾害的能力，等等。同时，我们发现每个国家都会为共性问题的某些特定侧面所困扰，抑或说每个社会都面临着自身特有的难题。有证据表明，这些难题的根源在于不同生活方式所固有的优势和弊端。

美国人最大的问题集中在人际关系领域，即个人的原子化及其积聚的爆炸性。中国人最棘手的难题多与外部环境有关，他们缺乏征服自然的愿望和改变现状的内在动力。因此，美国人的矛盾通常表现为个人或团体之间的斗争；中国人的问题则在于尽管改革迫在眉睫，自然环境灾难频仍，但他们没有持久探索和改造的意愿。总之，一个国家的劣势，往往成为另一个国家的优势。中国人的弱点通常是美国人所擅长的，反之亦是如此。

第十三章
美国的问题

合众国际社法国站发表了一篇报道，称"伯纳德·麦克费登（Bernard MacFadden）于本周五下午6时03分从飞机上高空跳伞，最终在蜿蜒的塞纳河左岸着陆……这位85岁高龄的体育工作者这次跳伞是为了'向大家证明我还年轻'"。英国人奇切斯特（Chichester）独自驾驶他的吉卜赛飞蛾号（Gypsy Moth）环游世界。70多岁的威廉·威利斯（William Willis）驾驶一艘长3.5米的"小不点儿"从新英格兰港口出发驶入大西洋，不幸在这次航行中遇难。《生活》杂志（1968年10月4日）为其刊发了一篇特写，题为"反抗衰老和海洋的老水手"。据说威利斯从不让妻子随他一起出海，至于航海的事务，更不允许他人插手。麦克费登和威利斯当然都是了不起的人，但实际上，他们的行为并未脱离美国老年人的行为模式。

老龄人口问题

一旦步入中年，美国人就开始寻找永葆青春的养生之道。男人参加锻炼以维持体能和活力；女人期待美容师和按摩师帮助她们芳容永驻。对美国人而言，步入老年意味着生命中一切有意义的事物将要终结；中国人则认为它带来的是地位提升和更受他人尊敬。

迈入老年后，自我依赖的美国人不得不面对许多中国人难以理解的困境。首当其冲的是失去经济独立，生活水平有可能随之降低。一个人到了65岁之后身心仍然健康，但求职大门基本上已向他关闭了，甚至在这之前，这个人如果不是长期从事一份工作或没有一技之长，雇主们也很少会给他机会。老人的储蓄、年金和社会保险如果足够丰厚，可以时不时地参加慈善、宗教以及社区活动。然而，自我依赖的美国人会感到这些替代品与他当年所从事的社交及商务活动相比，实在是索然无味。

除了经济问题之外，更加困扰美国老人的问题是孤独。无论成家与否，他的孩子都不会再与他住在一起，即使住得很近，孩子们的生活里也没有他的位置。他们会在特殊情况下向他伸出援手，时不时地欢迎他去做客，然而，一个美国老人如果长期与孩子住在一起，在大家眼里就会沦为容忍、同情的对象。长大成人的孩子有自己的朋友，大多不喜欢与父母做伴，老人也不大可能参与孩子们的活动。老人很难重新拾起在精力旺盛的日子里的那种权威，要逐渐被社会所遗忘了。他的建议通常不了了之，如果与年轻人的想法背道而驰的话，就更是无人搭理。

中国老人从不担心失业，在丧失劳动能力之前，就早早退休，靠儿女们供养了。中国老人在求职时，年龄不仅不会成为障碍，而且在能力同等的情况下，比年轻人还更有优势。有些学者将会辩称这一差异不是文化性的，而是由农业社会和工业社会的区别所造成，因此，我们必须提醒大家，美国近年来立法和社会发展的趋势都是推迟退休年龄，工商业界对退休人员的返聘相当常见。

中国老人在社会中的重要性远超出其经济上的安全状况。中国人无论男女都乐于陪伴家中长者，向其征求意见，而不是仅仅与同龄人交往。在打麻将等消遣活动中，老年人经常与年轻人玩在一起。更重要的是，老人在年轻人面前总是享有一定权威，这是西方人闻所未闻的。在几代同堂的情况下，通常由年长者独揽大权。如果儿子不与父母同住，老人的权威略有降低，但不会完全失掉，儿子遇到重大问题还是要征求老人的意见。

我曾收到一位朋友的来信，它使我更清楚地看到中国人与美国人对待衰老的不同态度。信中描述了我的朋友及其一家人与97岁高龄的祖母一起度假的情形：

> 她的思路相当清晰，跟她谈话非常有趣。让她感到最宽慰的是孩子们愿意和她待在一起，不害怕她。她这么慈祥可爱，孩子们怎么可能会怕她呢？我想，作为地道的美国人，她或许认为年纪大了会惹人生厌。

我读到这封信时大感吃惊。虽然早已熟悉美国人的生活方式，但我仍然没法想象一个老人，甚至还是有血缘关系的老人，会吓到孩子。但是，正如这封信所暗示的，在美国这是常见的现象。另一个朋友也跟我聊过一个故事：一个4岁男孩与父母及祖父母一起出外就餐。这时一对老夫妇走进餐馆，两人步履蹒跚，面庞上爬满皱纹。4岁的孩子目瞪口呆地看着这对老人，直到63岁的祖父出声阻止。这时，孩子问道：

"爷爷，他们怎么了？"

"没什么，他们就是老了而已。"

"我们住的地方没有老人，是吗？"

两则故事足以说明，按照美国人的传统，老年人与年轻人的生活没有交集。双方相遇时，年轻人对对方感到好奇，并且多少有些忧虑。美国人随着年齿日增，越来越不愿承认老去的事实——"衰老"是一种禁忌。男孩对祖父说的最后一句话印证了这种心态。最后，这两则故事暴露出美国老年人的心理障碍：他们在竭力适应新的现状时，在自我意识中经常会感到痛苦。

中国的情况不是这样。孩子从婴儿时期就被祖父母抱在怀里，略大一点儿就与老人同睡一床。中国老人面对一把年纪时不但不觉得悲哀，反而感到自豪。老人往往还要求儿孙在墓碑上为他们加添几岁年纪。在中国家庭里，作为父母的父母，祖父母享有极重要的地位。所谓"子不嫌母丑"，同样没有哪个孙辈会厌弃老态龙钟的祖父母。

中国老人与美国老人对于生活的期待全然不同。诚然，大多数美国老人有尊严地接受了衰老这个无法回避的事实，但在提及年龄时却很难不流露出失落、故作勇敢的神情。美国人拒绝承认自己正变得衰老。有些老人生活富裕，却仍然拒绝退休。另外一些老人已经不再工作，但坚持每天回到办公室，除此之外他们不知道自己还可以做些什么。[1]

即将步入老年人行列的美国人经常通过反向行为向人们证实自己依然年轻。在这一方面，前文提到的奇切斯特、麦克费登和威利斯有众多的同路人。一群80岁上下的老奶奶骑着摩托或开着老式汽车穿行于纽约与芝加哥之间的长途公路，这件事登上了美国报纸的新闻头条。有些一把年纪的老头靠开演唱会或徒手攀爬华盛顿纪念碑的内部阶梯而名声大噪。《生活》杂志的记者将热衷航海的威利斯打造为一名击败岁月的水手，实际上是为了满足公众的需要。美国记者在采访这些因为上了年纪才产生新闻价值的对象时，最核心的问题往往是人在衰老后如何保持年轻。一位100岁的长寿女士给出的经典答案是，"不允许自己变老。"

美国老龄人口问题的解决方案早已暴露出弊端。微薄的保障金——储蓄、养老金、股票、债券、私人保险及政府福利——正在被经济大鳄一点点地蚕食。随着通货膨胀率的不断攀升，生活保障系数渐趋于零。要依靠金钱而不是子女养老的美国人发现他们在这场赌博中输得一塌糊涂。反观中国，在国民政府执政后期，中国周期性的恶性通货膨胀率远超出美国人的想象，老年人的个人储蓄受到严重侵蚀。从鸦片战争到新中国成立近百年的时间里，中国发行了许多种经一段时间通货膨胀后就不再流通的货币，几乎将所有个人积蓄席卷一空。种种社会乱象给中国老人的生活造成极大困难，却绝非灭顶之灾，因为老人们另有保障之道。美国老人折中就业的方式是做杂工，雇主们觉得省了钱，老人们也可以维系永葆青春的幻象，然而无论看上去多么让人满意，这种办法还是存在两大问题：重焕青春的反向之举及再就业，都无法带来美国老人迫切需要的幸福与内心充实，而且到一定时限就不得不放弃。

如果美国老年医学事业的发展致力于从以下方面解决老龄人口问题：（1）提供更高的社会保障金或更多就业；（2）提供更全面的医疗看护及娱乐设施；（3）保持老年人的体能与活力，我们难以寄望这个难题会取得突破性的进展。美国老人的需求，同时也是世界上所有老人的共同需求，即作为正常的、不可或缺的社会成员，在同伴中享有一定社会地位，而这是上述权宜之计无法满足的。随着65岁及以上的老人人数逐年增加[2]，老人们发现自己越来越难以融入这个日益分化的社会。他们很难追赶现代社会日新月异的变化。而且，寿命的单纯延长不见得就好过短暂而富有意义的人生。目前老年医学事业的整个倾向是用外力帮助老年人过得充实幸福，但这对于那些自尊心很强、在自我依赖的价值观下度过一生的老年人而言却是颇为残酷的。

有些社会学家可能会对这里引用的中美对比数据提出异议。据他们特别强调的一组调查数据显示，自50年代以来，旁系亲属间的互助（包括对老人生理和心理的关怀）和社会活动（包括互访、休闲娱乐及节庆活动）变得频繁。[3]然而，这些社会学家既没有充分考虑、显然也未能理解的一个事实是，给予老年人的经济援助及社会援助完全依赖于施行者本人的"选择"。有一位社会学家甚至得出这样一个结论，即"美国老人远离家人的关爱、离群索居"是个荒唐的神话，这个神话是由"美国老人及其护工一手炮制的"[4]。

假如美国老人与家人疏远仅仅是个"神话"，社会工作者和老人们为什么要反复提起它呢？这位社会学家的回答是自认为被忽视的老人很可能没有儿女，而社会工作者只看到了那些有问题的案例。[5]我认为他的前半部分回答是不真实的，后半部分则显然误读了证据。

首先，就连社会学家用来攻击这些"神话"的实证心理研究都表明了有关各方对独立的强烈渴望。"当被问及是否应该接受父母资助时，年轻夫妻一致表示反对。""中年夫妇强调他们从不希望接受孩子们的帮助。"[6]"这些正在慢慢老去的人是'新教伦理'的信徒（或者受其影响的人）。他们为了维持自尊，必须独立。对许多人来说，与其成为他人负担还不如去死。"[7]

美国人的极简家庭模式可不仅仅是没有子女的老人及只看到负面案例的社会工作者想象中的画面。这两类人只是再清晰不过地表达出美国人的心理倾向。大量调查足以证实这一点。[8]

其次，个人与极简家庭的独立，对美国人来说不是遥不可及的梦想，正被积极地加以践行。社会工作者所收集的数据足以支持这一判断。马格丽特·克拉克(Margaret Clark)和芭芭拉·安德森(Barbara Anderson)在一项关于旧金山老龄人口的调查报告中总结道：

> 老年人是否能与子女们保持良好关系，很大程度上取决于他们的自尊和自立程度——简而言之，他们是否能够照顾好自己……老人必须保持坚强、独立。如果他们做不到这一点，那么矛盾就出现了。[9]

当老人们无法自理时，会发生什么？任何一次拜访老年护理中心的经历都足以验证美国著名人类学家朱尔斯·亨利(Jules Henry)"人种退化"的观点：

> 那些病人（由一家公立及两家私立护理中心照顾），在无尽的焦虑和沉默的回忆中一点点消耗掉最后的时光，向他人发

脾气，观看电视节目，会见来访亲人即是生活中最大的变化。这些人内心极不安宁，几乎没有什么社交。同时，这些病人试图与研究者沟通，在对话中总是喋喋不休。他们在交谈之后会产生愿望，但并没有能力加以实现。就这一点而言，我们也和他们一样。[10]

美国老人正演化为一个具有共同诉求和典型特征的少数族群。中国老人的情况并非如此。在本书1953年版中，我曾写道：

> 越来越多的美国老人选择进入老年之家而不是医疗机构，在那里他们与同龄人为伴，享有在外部世界难以获得的、相对平等的地位，找到些许的情感慰藉。此外，为了代表其利益的公众教育和立法行动，美国老人很难安享晚年，而被迫组成了一个独立于社会其他团体的组织。"少数族群"用来形容美国老人这一群体已经很久了。

我们必须强调有两种趋势正在变得更加显著。美国专栏作家埃伦·古德曼（Ellen Goodman）在"老年人的空虚指南"（Few Contented Guides for Old Age）一文中，提到在1980年总统大选期间，共和党候选人罗纳德·里根因年龄太大而受到对手及媒体的嘲笑（《檀香山广告人》，1980年1月11日），这显然并非偶发事件。上了年纪的美国老人大多会组织起来，加入老年人聚居区。加利福尼亚、佛罗里达和亚利桑那是美国最受退休人士青睐的3个州。聚居区的老人"自动"把自己与外界隔离开来，建立只面向社区内部成员的封闭俱乐部，与过去积极参与的组织断绝联系。他们自称更愿意与同龄人为伴，强调自动隔绝使他们比那些在社会上混居的老人赢得"更多与年轻人交往的机会"。他们资助了一大批以老年人为读者对象的杂志。[11] 自20世纪60年代初以来，老年人积极参加各种协会,"倡导和推动老年人的福利改革"[12]。这些协会中表现最突出的是致力于为老年人争取更多医疗保障的全国老龄人口委员会(National Council of Senior Citizens),它在80年代中期拥有超过200万名会员。

  它们不断为老年人争取在社会尊重、收入、住房和医疗待遇等方面的权利。在美国这种慈善社会,全国老龄人口委员会可以直接提出诉求。在这一过程中,委员会作为合伙人,以其会员的亲身经历为依据,提出美国应该做出相应调整把退休人员群体纳入主流文化。[13]

换句话说,老年人决定"把独立生活和满足个人需要统一起来,而不必在'为寻求帮助而接受对他人的依赖'与'为保持独立而拒绝他人帮助'两者之间做出选择"。[14]

美国老人在自我依赖的美国文化中无法获得受尊重的地位,于是选择主动与世隔绝,建立完善的组织并提出明确诉求。中国老人没有必要这样做,更不用形成任何组织,在互相依赖的中国文化框架下,自然而然就享有很高的社会地位。

当然,不是所有中国子女都孝顺父母,正如确有一些美国老人获得了悉心照料,在家中受到孩子们的尊敬。富有的美国老人有亲戚朋友的争相陪伴,慈善机构与私立机构负责人频频上门拜访;他们的名字会不时出现在报纸的社交专栏。有特殊才艺以及享有巨大知名度的美国老人,享有同样的幸运。然而,受到追捧的美国老人在社会里毕竟不多见,正如中国很少出现老无所养的老人一样。美国老年人聚居区被赋予"守旧农场""菜地""揩油者"等绰号[15],已足以说明整个社会对待老年人的固有心态。

中国人只需将世代相传的生活模式维持下去,老龄人口就不会成为整个社会的问题,因为在他们的传统里衰老将带来荣耀而非痛苦。况且，中国的古训一向在提醒人们，在个人权力达到巅峰时务必小心跌跟斗，正如俗语所说：

> 人无千日好，花无百日红。

代际问题

本书1953年首次出版时，美国报纸上经常出现一些惊悚的标题:《青少年供述西岸纵火案》《受害者之子因抢劫罪被拘留》《侵害4位妇女的男孩可能获刑2至24年》《两名男孩供认试图破坏铁路》《4名年轻女孩涉嫌参与性淫乱》《16岁男孩驾车杀害3位亲属》，等等。多数人不假思索地将它们归类为青少年犯罪。在20世纪60年代，美国校园频繁爆发大学生骚乱，著名的哥伦比亚大学和加利福尼亚大学也受到波及。当时，报纸用醒目字体突出以下这些标题:《黑人学生号召抵制运动》《纽约大学校方称学生可能爆发骚乱》《加州大学学生搭帐篷抗议住宿政策》《大学校园里的大麻聚会》《激进学生支持墨西哥暴动》《嬉皮士受害者隆重下葬》，等等。这些事件大多不能被归类为"青少年犯罪"，我们在本书中将其称之"代际问题"。

进入80年代之后，大学校园日趋平静，新闻媒体更多地聚焦于通货膨胀、石油价格飞涨、伊朗局势等热点，然而青少年犯罪依然是美国备感迫切的社会问题之一。

60年代的大规模学生抗议、嬉皮及雅皮运动、退学与离家出走的热潮，在今天是否有了新的发展？我认为60年代的社会热点以及当下持续增长的青少年犯罪率其实都是代际问题的具体表现。自我依赖只会使代际之间的分隔更显著。老龄人口问题暴露出美国人代际显著分隔的一个侧面，而青少年的躁动、不满及反抗则是它的另一个侧面。

导致青少年犯罪的因素有许多，如因体格增长而获得反抗父母约束的能力、荷尔蒙对青春期的影响、贫穷、辍学、缺乏法律意识、职业不确定性、价值观混乱,等等。有一段时期,一些作家、教育家、父母及社会工作者大力抨击漫画带来的"危害",到了80年代中期,电视上的暴力镜头也成了众矢之的。

这些说法听上去很有道理,但是我们不妨再多考虑一下,中国同样存在上述导致青少年犯罪的因素,有的还更严重,为什么中国历史上并不存在大量的所谓青少年犯罪问题呢?人类的生理成长规律是一致的,在某一时点孩子将具备对抗父母的力气。再则,在新中国成立之前,中国的学龄儿童少有机会走入学校,大多数人可能从没上过学。在20世纪前半叶,城市青年就业形势暗淡,大量青年长期失业在家或只能在看不到前途的商行当学徒,受尽剥削。自19世纪末之后,中国青年无论是否受过教育,都面临着各种思潮与价值观的冲击。受过教育的年轻人尤其如此。他们被迫与纷至沓来的"外国主义"做斗争,并且时常受困于学校新知与古老传统的矛盾而无法排解。

在中国,城市青少年可以接触到漫画书,可以买,也可以以每天不到一分钱的价格借阅。上海街巷深处有一排排书摊租售"小人书",大多涉及谋杀、抢劫、伤害、绑架等情节。中国本土的漫画书里少有科学探险的成分,但却不乏一些超自然的血腥画面。中国人创造出侠女"十三妹",足以与美国西部片的虚构主人公霍帕朗·卡西迪(Hopalong Cassidy)相呼应。两国漫画的共同点是书中人物不必为犯罪行为负责。

中美两国青少年尽管有这么多相似之处,表现出来的行为却大相径庭。美国父母及教育工作者认为青春期是一个为形形色色的行为问题乃至犯罪倾向所充斥的成长阶段;中国则根本没有明确定义所谓"青春期"的名词,很少为青少年犯罪现象所困扰。犯罪数据统计虽然不能揭示问题的根源,却具有指示性的意义。在国民党政府执政效率最高的1931年至1933年(因而犯罪记录比较准确),有数据表明,在51岁以下、每7年为1个阶段而划分的犯罪人当中,

13岁至20岁年龄组的男性犯罪率最低，而且很少恶性刑事案件。[16]

至于美国青少年犯罪，其中暴力犯罪相比于侵犯他人财物等罪行，似乎频率更为高发。美国国内的犯罪记录有待进一步完善，但现有数据已持续证明，在各类型的大案要案当中，18岁以下的青少年犯罪在数字上远超过其他年龄较长的分组。从1960年到1974年，被警察逮捕的、各年龄组的暴力犯罪嫌犯人数至少比过去翻了一番，而11岁到14岁及15岁到17岁这两个年龄组的嫌犯人数则增至过去的3倍。1960年，这两个年龄组的犯罪率分别是7.03‰和27.3‰。到了1974年二者相应增长到19.53‰和67.47‰。[17]

有关美国青少年的犯罪数据，还有三点值得一提。第一，自1968年至1977年，在谋杀、抢劫和严重伤害等大案要案中，18岁以下青少年被捕人数的增长率不但高于整体犯罪人数的增长率，也高于18岁及以上年龄段犯罪人数的增长率。[18]第二，除强奸罪之外，同一时期内18岁以下女性犯罪人数的增长率大大高于同年龄组的男性犯罪人数的增长率。第三，有证据表明，美国青少年犯罪问题同时也是城市郊区问题。从1976年至1977年，市中心区18岁以下青少年暴力犯罪率有所下降，但该数字在郊区却在飞速增长。[19]

吸毒的问题同样触目惊心。人们通常认为青少年吸毒是由于受到毒贩、外国走私者、危机时代不稳定性及贫穷等因素影响。事实上，青少年不会仅仅因为外部诱惑而染上毒瘾。一个世纪以来，中国饱受毒贩、外国走私者以及政治与经济双重危机之困，然而，20世纪30年代中期，受到列强保护及大力推动的、位于日本与朝鲜半岛的大型毒品窝点并未造成中国青少年吸毒的社会问题。

青少年犯罪现象与一个社会深远的文化背景关联紧密，仅凭短浅的解释是无法厘清的，要从一个民族的生活方式所造成的巨大影响去挖掘和探讨。

有两位学者从不同视角入手，最终达成了一致的结论，在与本书的观点相比较时，也只有些许的差别。美国社会学家及犯罪心理学家马文·沃尔夫冈（Marvin Wolfgang）强调"青少年犯罪的整体性增长在很大程度上可归因于14岁至18岁年龄段的人口增长"。他认为"一定数量的青少年犯罪不仅一直存在，仍将存在，而且很可能是理应存在的"。沃尔夫冈指出"青少年犯罪的特征与文艺复兴时期'理性的人'的藐视权威、挑战中世纪保守观念大同小异。理性的人勇敢而富于进取，重视现世更胜于宗教永生。与中世纪的先辈相比，他们少有迂腐之态度，多了一些创新之精神"。[20]

美国社会学家肯尼斯·凯尼斯顿（Kenneth Keniston）把年轻人的异化归咎于"技术导向的价值观及想象力的日益腐朽。假如我们希望建立一个不再日趋异化、持异见者可以畅所欲言而非压抑自己的社会，一个值得为之奉献并尽忠职守的社会，一个充满理想且信守承诺的社会，那么我们必须超越过时的技术导致繁荣的观念，寻找科技以外的新价值观"[21]。

以上两位学者试图在更广阔的社会文化背景中审视青少年问题，可惜未能进一步把握住代际问题的实质。沃尔夫冈不能解释为什么在提供了更好的学校、咨询服务、娱乐设施、防范手段以及在整个社会实现了前所未有的物质繁荣之后，青少年犯罪率仍然与人口增长率并驾齐驱（事实上前者的增长速度远超过后者）。凯尼斯顿则没有告诉人们应该如何"超越过时的技术导致繁荣的观念"，又该如何发展"科技之外的新价值观"。

在下一章讨论"中国人的弱点"时，我们还将进一步诠释代际问题。但在此，我必须再次强调本书第三章曾详细阐述过的观点，即两国儿童是在截然不同的社会氛围里成长的。中国孩子的世界没有脱离开父母的世界。从生命之初，他们就开始接触人的双面性，认识到遵守社会行为规范的重要，目睹长辈们的言行不一。进入青春期后，中国孩子已经大致懂得人情世故。

然而，除了一些来自社会底层的贫困家庭或南欧、东欧移民家庭的孩子，大多数美国孩子的生活空间与父母的世界没有任何交集。

美国家庭教育强调自我依赖，鼓励孩子模仿成人的行为，可是这种模仿对孩子进入成人世界却毫无帮助，因为它仅停留于表面且远离真实社会。青少年无法通过这种模仿认识人性的优缺点，形成对人情世故的正确认知。[22]

想要让美国孩子了解人情世故变得困难重重，甚至是天方夜谭，因为自我依赖的说教还带来一个更为严重的后果：随着孩子逐渐长大，他与父母之间的鸿沟也在不断加深。最初，父母忙着追逐自己的兴趣和应酬，把孩子交给保姆看护。孩子在父母的活动空间里没有位置，于是很快在玩伴中找到一个同样具有排外性、成人无法走入的小天地。一些教育工作者及美国父母曾期望，电视可以恢复被非家庭性质的商业娱乐损害的家庭凝聚力。但是，显而易见，家庭纽带的弱化不是由于美国人缺少适于一家人共同进行的娱乐方式，因此它也不太可能通过人为方法获得修复。[23]

不难想象，美国青少年是怀着对生活的憧憬进入青春期的。他们对真实世界的不完美毫无认识，很容易产生幻灭感，一旦在其偶像身上发现了人性的矛盾与脆弱，就会感到特别困惑、震惊。灌输在其头脑中的理想人生观在解决现实问题时没有任何指引作用。相比之下，处于同一阶段的中国青少年不会受到如此大的冲击。

其次，相互依赖方式下的中国父母欣然接受孩子长大成人；而自我依赖的模式迫使美国父母设置障碍，妨碍孩子的独立。代际冲突首先发生在孩子进入学龄期时。孩子进入青春期后，冲突变得愈加明显。这时，美国父母认为自己面临着彻底丧失权威的危险，自然倾向于设法拖延或阻碍子女的完全独立。在这种努力中，父母往往运用手边各种各样的资源，比如爱、金钱、说教、个人控制及法律。

这常常令美国青少年觉得难以忍受。他们从小受到自我依赖价值观的熏陶，因此厌憎一切阻碍其寻求自我发展的行为。而且，竞争激烈的美国社会促使每个有梦想的青少年期望着早日获得成功，法律都不能限制住他们追求成功的冲动。受到全社会艳羡的成功人士常常以能在法律界线内自如运作而自许，青少年则奉行只要不被发现便可"无所不为"的准则。我们在第六章讨论英雄崇拜时曾提到过，美国社会崇尚一切惊人之举，不论它是否合法。飞天大盗库柏（曾劫持飞机并在拿到20万美元赎金后成功逃脱）这一类人在美国从来不乏仰慕者。当幻想被现实击灭，对世界复杂性一无所知，同时迫切地想要一夜成名时，美国青少年发现自己正处于前所未有的困境之中。父母的关爱现在看起来更像是专制独裁，是实现个人自由的严重阻碍。由于自我依赖、形单影只，美国青少年更强烈地感受到面对现实的不安全感。如果不想失去自尊，他很难逃离这种两难境地。

这一定会导致情感上的焦虑。鉴于人与人的情绪、思维、所处环境有很大不同，情感的不稳定可表现为许多种形式，譬如拯救鲸鱼行动、对动物权益的保护、反污染与反核电站的静坐等有理想主义倾向的行为；郁郁寡欢、爱争吵、难以做出调整、敌视父母等温和反应；以及疯狂赛车、盗窃、抢劫、强奸、吸毒及无理由杀人等过激行为。

美国人如果继续将青少年犯罪看作是某些不良影响或成长环境不佳而导致的社会问题，就不可能揭示这一现象的真正根源。在本书1953年首版中，我曾写道：

> 除了青少年通常被归类为犯罪的那些胡作非为，还有一些人们很少指出的、更恶迹昭彰的现象。例如，1949年6月21日，由于公共游泳池向黑人开放，密苏里州圣路易斯市发生了暴乱。据《生活》杂志（1949年7月4日）报道，"暴徒中青少年占了很大的比例。"1951年伊利诺伊州西塞罗暴乱的起因是一个黑人家庭迁入一所全白人居住的公寓，所有芝加哥报纸都报道称，暴徒中以年轻人占绝大多数。

50年代初期，美国人看到的还只是一些小规模行动。随后，这类运动的声势日益浩大：校园内的暴动与静坐示威、街头的嬉皮与雅皮情侣、毒品泛滥、频繁的辍学和逃课、反征兵的学生权力运动（student power）、反越战示威、人权运动中的暴力冲突、芝加哥民主党大会中的流血事件①——都是由青少年主导的。

　　读者或许已经注意到，在描述这些由年轻人参与的骚乱时，我没有对它们做正误的区分。从抢劫到争取人权的示威活动，从目标崇高的行为到反人类社会的举动，从支持种族歧视到以呼唤正义为目标的行动，我将它们全部混同在一起。我是有意为之的。美国青年在追求独立的旅途上，面临林林总总的可能，它们看似与年轻人没有多大关系，但在某个特定时点却有可能成为他们的当务之急。问题的关键是，要采取一定行动使"自我的需求"更有意义。正如一位年轻人所说：

> 某一年我加入了"禁用核弹"运动，另一年争取"人权"又成为新的时尚，而今年这种呼声变成促成美军在越南停战。但是这一个个运动于我而言真正意义何在？为了虚幻的理想而奋斗太难了。受争取黑人权利运动的影响，我意识到我与社会的斗争必须是坚实的，有实际的个人目标。为了改善生活而非升华灵魂而战，信仰才会变得真诚。在我看来，眼前对我来说真正重要的就是抵制征兵。通过抵制眼前被征参战的可能性，我能够旗帜鲜明地表达我对越战的愤慨。缺乏对个人利益的考虑，没有孤注一掷的勇气，抗议将是空洞的，最终沦为对其本身的讽刺。[24]

---

① 芝加哥民主党大会流血事件：1968年8月，民主党全国大会在芝加哥举行。由于对总统候选人提名意见不一，加上公众反战情绪高涨，1万名抗议者聚集在芝加哥游行示威，遭到警察暴力镇压，发生流血冲突。

在自我依赖的生活方式下，美国青少年所面临寻求身份认同的压力，远比特定的目标、方法更重要。这种压力不是由单一因素（例如身份危机）引起的，而是环境中诸多因素共同作用的结果：一方面所有人际关系都具有短暂且不安全的性质；另一方面，美国青少年的父母由于感受到不完全的人际关系的威胁，对子女施加了越来越多的干涉（有些是真实的，也有些仅出于想象）；两股对立的力量在一个为了成功而成功的文化氛围下交织在一起。在这种情况下，美国青少年为了对抗人际关系的不稳定性，只能设法加入愿意接纳他的青年团体。为了满足对成功的渴求，美国青少年又必须要在这个团体中取得一定成就和地位。他不得不服从团体的指令，而不能按照既定的方向进行个人奋斗。

因此，即使美国大学已恢复平静，越战阴霾逐渐远去，但这些隐忧并未彻底消除，人们也难以寄希望于超越科技的新价值观的出现。只要以个人为中心的生活方式继续在普遍意义上主宰美国人的家庭及社会关系，令年轻人躁动不安的源头就会一直持续下去，形势将变得时好时坏。个人中心的生活方式不可能缔造出超越科技的新价值观。相反，我们将发现，为了防范反人类的社会行为并对其加以引导、规范，人们将不得不更广泛地采用外部限制。当越来越多的人际关系被具象化时，最终的演变将更加令人忧虑。[25]

中国青少年不检点的行为多与个人有关。这些年轻人很少听命于同龄人。唯一与之紧密关联且产生真正影响的团体是他们的血亲。年轻人一旦惹了麻烦，不仅要引起父母与家人的不快，在同龄人那里也得不到道义上的支持。如果有人敢于支持他们的胡作非为，整个社会必然会冠之以"狐朋狗友"的标签。[26]

美国青少年的举止失当，通常是为了加入某个同龄人团体而付出的代价。触犯法律只会伤害他一向有意忽略的父母，而有助于在"自己人"当中赢得稳固的地位。美国青少年真正害怕的是同龄人的反对。同龄人群向他发出或具体或抽象的指令。我们可以通过两起公众周知的凶杀案加以说明。1952年6月27日,两个来自纽约市的青年,分别是16岁和17岁,在接受一份"敢死状"之后,杀害了一位素未谋面的男子。他们在供词中称,之所以杀人只是为了证明他们不再是什么也干不了的"新手"。就在这一案件发生的前3天,一位29岁的退伍军人走进哥伦比亚大学美国物理协会,枪杀了当时唯一一位在场的年仅18岁的速记员。他这样做是为什么呢?原来,该协会曾多次拒绝刊发这位军人的论文。为了使个人观点得以曝光,他决定杀死"一批物理学家"。两名纽约青年没有任何前科,这位退伍军人有长期的精神病史,但这些年轻人的共同点在于渴望得到他人的认可。为了赢得他人的尊重,两名"健康"的青年杀害了一个陌生人;为了报复阻碍其获得成功及社会声誉的人,另一位"不健康"的青年犯下了相同的罪行。精神病专家当然有理据将两起案件区分开来,但这些美国青年显然都承受了一定的社会压力,只是程度有所不同而已。

种族危机

种族冲突在美国早就不新鲜了。二战以来,尤其是在60年代,种族冲突日益严重,以至于被人们视为美国国内最重大的社会问题之一。然而,美国人虽然对种族间暴力冲突极其关注,但对它的认识仍较为肤浅。1968年的《克纳报告》[27]指出城市内大规模的种族冲突大致由"美国白人对黑人的歧视及相关行为"引发。白人种族主义具体表现在:(1)对黑人的歧视与隔离;(2)黑人移进,白人外流;(3)黑人贫民窟的形成。该报告继而指出了造成这一混乱局面的三大要素:(1)理想受挫;(2)暴力合法化;(3)无力感。[28]《克纳报告》的结论是积极的,至少确认了种族问题在美国的真实存在。事实上,迟至1963年,著名社会学家西摩·李普塞特(Seymour M. Lipset)在一本旨在从"历史及比较的视角认识美国"的著作中,仍把种族问题看成美国南部的社会问题之一。虽然他强调美国南部地区"已成为美国政治冲突的一大根源",但书中关于当地种族关系的介绍却只是几笔略过。[29]

《克纳报告》可说是对少数走在时代前面的美国社会学家的一个回应。[30] 然而,美国学者直至80年代中期仍未能充分意识到,就业歧视、种族隔离以及遍及全美的种族主义其实正是作为美国文化根源的自我依赖的生活方式的外在体现。

代际关系紧张是老龄人口问题与青少年犯罪的共同基础。人与人的疏离是美国人际关系如此短暂易变的产物之一。由于人际关系不持久,美国人希望通过对物的控制来获取个人安全感及对环境的预见。可是,对物的控制再有力,美国人也不会感到满足,因为它创造不出人类最珍贵的财富——可信赖的人际关系。于是,宣称自我依赖的美国人,无论是否有钱,一生都在寻找某种他们可以依附其中、有意义的人际关系。一旦建立起这样的人际关系,无论它自身是多么的脆弱或虚幻,美国人就会立即产生对圈外人的敌视。专属社区、私人俱乐部、宗教教派或偶像崇拜组织,都是这种心态的体现。在一个人际关系不能持久的社会里,个人将不可避免地产生防范意识,不安全感越强烈,就越需要抵制外来者以保护自己。种族冲突最主要的根源是美国社会根深蒂固的防范意识。

美国社会学家及其他领域的学者在这种文化熏陶下成长,有意无意地把对物的控制看成个人安全感与幸福的重要来源,因此认为糟糕的居住条件、就业歧视及某些相关因素导致了黑人骚乱的频发。这些学者没有意识到,提高黑人的物质生活水平,只能解决一半的问题,达成的结果或许连他们自己都不能满意。从改善黑人的生活水平着手,或许是因为它易于操作,可以立即采取有力措施;又或许是研究种族问题的社会学家和政客们本来就不愿意提及经济之外的解决方案,以避免他们自己的圈子被外人入侵。[31] 美国政治学家和社会学家在种族冲突问题上异乎寻常地关注如何改变种族间经济上的不平等,而据本书的分析,他们显然找错了方向。

有些学者或许已经意识到经济不平等的不充分性，于是又搬出了种族歧视不可避免的借口。他们提出当生理及其他特征存在明显差异的多个种族共同生活在一个社会里时，种族歧视是难以避免的，尤其是在如美国这种其中一方人数较少或如南非共和国那种存在政治独裁的国家里。这个所谓的理论在美国甚至被当作被确认的事实反复出现在教科书里。[32]新闻报道与旅行者游记一直在重复高等种姓的印度人的肤色比低等种姓的印度人浅这一类的谣言。事实上，不同种族之间外貌特征及语言行为的差异，与经济收入差异一样，都不是导致种族冲突的根源。纳粹分子要求德国犹太人戴上特殊的臂章，恰恰是因为大多数德国犹太人在外貌特征、语言以及风俗习惯上与其他德国人并无不同。只有在歧视出现之后，人们才会在本无差异的地方人为地制造差异。

美国人在人际关系里几无安全感可言，因此仅限于隐晦表达的优越感是无法令他们感到满足的。白人必须不断地向少数族群展示其优越性。《克纳报告》中提及的白人种族主义三大表现，无一例外地是美国白人在向黑人展示优越感。他们用同样的方式向其他少数族群炫耀优势，只是程度略有缓和。[33]至于《克纳报告》只字未提的最为极端的方式，即美国白人针对黑人及其他少数族群的暴力行为，在美国社会里一向是真实存在的。[34]

我们当然无意否定一直在与种族歧视做斗争的、组织性的以及法律领域内外的各种努力。美国最高法院于1954年取消学校种族隔离的判决、人权运动合法化、美国司法部门的各种干预，从20世纪初一直持续到世纪末的游行、示威、罢工乃至暴动，这一切都在使事态朝着正确的方向发展，至少已经动摇了一部分美国白人的陈旧认知。

可是，人们不禁要问，劳工联合会主席所承诺的平等就业机会是否就能使所有美国工人愿意接受黑人，甚至与黑人居住在同一社区里呢？我们还必须追问，在将美国南部种族歧视视为践踏民主行径的北方白人学者中,有多少人已经准备好拥抱走入其生活的有色人种?在大力资助教育机构以消除其中种族歧视的社会活动家和政治领袖(更不用说那些反对这样做的人)之中,有多少人愿意让具备专业学识和必要资金的黑人进入他们的俱乐部呢?就连拉尔夫·本奇博士①(Dr. Ralph Bunche)——拥有多项名誉学位、因对美国及世界和平的贡献而受到新闻界及教会的热烈赞誉——在被委任为助理国务卿之后,都因无法在华盛顿找到一个体面的住处而不得不婉拒这份殊荣。

许多人说解决这类事情需要一点时间。诚然,社会改革不可能一蹴而就,政治革命在经历了最初的流血冲突后,仍需要经年累月的时间才能实现目标。然而,我们在此处提及阻碍社会变革的力量,不是为了强调前途漫漫,而是想借此说明中国人与美国人的行为之间让人充满好奇的对比。中国人不关注个体,但强调要把某一个具体的人的资历当作是否被社会接受的决定性因素;美国人强调个性,但在涉及某个具体的人时,无论这个人在多大程度上被美国化,仍会毫不犹豫地对其设置社会与职业上的各种障碍。

种族之间的障碍存在于许许多多的地方,我们既不能说由于少数族群人数足够多,在规模上接近于主流人群就会酿成紧张关系,更不能说白人孩子在看到体貌迥异的黑人时容易产生恐惧(这种恐惧据说正是不可根除的偏见源头),而种族之间的敌意就这样随即产生,我们甚至不应该说,种族问题仅仅限于"穷苦白人"的居住区(这些白人在种族暴力行为中释放了压力)。美国种族关系领域的社会学著作中充斥着压力理论、肤色不认同理论、挫折—攻击理论及其他近似的理论,尽管具有相互独立及理性的分析特征,但它们不过是试图解释白人种族主义的心态,所能做的最多是在种族压力已然存在的情况下,解释有哪种因素可能使之进一步加剧。它们

---

① 拉尔夫·本奇(1903—1971):美国著名教育家、政治家、外交家,首位获得诺贝尔和平奖的黑人。

对潜在的问题做出描述，但未能给出充分的解释。

《克纳报告》同样仅是试图解读白人种族主义，而未能触及问题的本源。它所列举的种族隔离、就业歧视等黑人暴力行为因素，也仅仅涉及事情的表面。它只是在解读黑人暴动，最多也就是在暴力的种子早已埋入土中时指出某些不满还有导致暴力的进一步加剧。

美国的种族冲突不是由某种压力、恐惧或挫折导致的暂时性的社会现象，而是由于人际关系不能持久而缺失安全感的后果。不安全感最极致的表现与其说是展示优越，不如说是对不如他人的恐惧。美国人一般不公开表现这种恐惧，而常常使其演变为一种隐晦无声但一直持续的潮流。在最荒诞的一段时期，存有偏见的美国人时时刻刻担心与未受过教育的无知黑人共同生活在一个世界里会被他们玷污。美国南部有许多百货商店一度不允许黑人试穿有购买意向的帽子或鞋。通常，这种恐惧心理还与势利眼相伴。愿意以平等之心对待黑人的白人被讥称为"黑鬼爱人"，常常为此遭到他人的怀疑和排斥。

这种恐惧还有可能以另一种形式出现——担心少数族群对主流族群的渗透，害怕他们在地位提升后向优势族群提出挑战。中美两国对待异族通婚的态度可以证明这一点。世界各国的父母都会干涉，至少也是试图干涉孩子的婚姻，而且就某个角度来说，中国人在这一点上比美国人更敏感。中国人不仅不喜欢与外国人通婚——与日本人、蒙古人、欧洲人、美国人都一样——有些中国人甚至不愿意与国内不同地区的人通婚。我认识的一些广东人与自己的孩子脱离关系，仅仅是因为他们与使用另一种方言的客家人通婚。

然而，只要自己的孩子不与异族通婚，中国人对这些人就没有更多的反对意见。这乍看上去有点矫情，但事实上并非如此。这说明中国人反对异族通婚的理由是纯个人性质的、实用主义的，根本不是为了所谓的"保持种族纯洁"。中国人的关注点在于异族通婚有可能在社交上带来不便。"想想看,"我的一位朋友曾对一位打算娶日本女子的人说,"她无法与到家里来的客人谈话,而且在职业往来中会拖你的后腿。"这番话基本反映了中国人为何要反对异族通婚。中国人亲密的、相互依靠的原初群体再一次在文化现象中展露出它无所不在的影响力。

我在问及第一代移民至美国的中国工人和商贩为何不娶白人女孩或美国出生的华裔女孩为妻时,他们的回答非常相似:"这些女孩都太独立了""她们过于娱乐至上""只要有任何的不满,她们就要离婚,要求赔偿"。考虑到这些现实的因素,许多美籍华人宁愿跨越整个太平洋回国去娶中国女孩,或者通过媒人、照片物色佳偶。[35]中国人对异族通婚的看法或许可由以下事实充分说明,即只要中国人的异国配偶或者混血子女会说中国话,行为举止也与国人相仿,那么他的亲朋好友就愿意接纳这些新成员。中国历史上,除了在清朝初期,从未颁布过禁止异族通婚的法律。清朝早年的一位皇后曾下令永久禁止汉族女子进入后宫。一旦被发现违反之事,汉族女子以及将她送入宫中的相关人等一并处斩。然而,中国人的世界观的影响如此深远,以至于这条禁令在几十年后便逐渐废弛。异族通婚在中国社会不会发展为公共问题。

美国有许多个州专门立法禁止异族通婚,这反映出社会内部的抵制。1967年,美国最高法院在"洛文诉弗吉尼亚州"一案①(Loving v. Virginia)中判决这类法律违宪。抵制异族通婚的社会力量通常表现为社交排斥、有组织的运动风潮以及个人信仰。最常见的、同时也让许多美国白人答不出的一个问题是,"那么你愿意让你的女儿嫁给黑人吗?"一个人稍加留心,就能看到这种散播广泛且根深蒂固的心态在美国社会生活中留下的印迹。就个人而言,我在不经意

---

① "洛文诉弗吉尼亚州"案:20世纪50年代,Richard Loving和Mildred Jeter相爱结婚,由于是异族通婚,弗吉尼亚州法院判定其婚姻非法。1967年,Loving夫妇上诉至联邦最高法院并获得受理。最高法院判决Loving夫妇胜诉,认定弗吉尼亚州该项法案违宪。

间已经多次遇到过这类事件。我曾经有两个与异族通婚的白人学生，他们都接受过传教士的训练，其中一位与日本女孩结婚，另一位娶了印度女孩。前者出身于一个古老的贵族家庭，当一切干预归于失败之后，他的母亲对日本新娘说，"要是你生下孩子，我永远都不原谅你。"至于那位娶了印度姑娘（肤色比丈夫深得多）的男学生，他与父母的沟通还算顺利。但两人手牵手走在芝加哥街头时，印度新娘多次发现有女性行人向她吐吐沫，并低声咒骂"你这狗娘养的"。

　　我在与别人闲聊并谈到某些同事的发展前景时，一些大学教授居然也会说出令人不快的评价。这些年来，至少有3次，当我们私下谈到非白种人的同事时，有位教授会发出类似如下的评论，"你知道，他很难找到一份稳定的工作，娶一位白人妻子，如此等等。"虽然每次措辞不同，但他的意思基本一样。

　　令我最难忘的一次经历发生在1949年冬天，当时我和妻子是在第一次从西海岸乘船前往夏威夷的途中。我们在甲板上偶遇一对气质非凡的老夫妇，那真是一对优雅且魅力难挡的妙人。一次在玩填格游戏时，那位年老的女士偶尔聊到异族婚姻的话题。她对我们谈到她有多么反感夏威夷当地的异族通婚，而且并未说明具体原因，同时表示看到我与妻子的同种族婚姻令她感到非常欣慰。她并非持有类似观点的唯一一个。在夏威夷停留的7个月里，我和妻子至少遇到了六七个私底下坚决反对异族通婚的白人。自那以后，我们曾多次去探访美丽的夏威夷，接触到越来越多的反对异族通婚的白人，可外界仍然错误地把它描述为种族和谐共处的天堂。除了前面提到的两位男学生的家长之外，其他人在个人生活中对异族通婚都没有什么直接体验，但这并不妨碍他们仍然把异族通婚视为一种罪恶。许多在夏威夷生活的白人经常说，他们担心纯粹的夏威夷血统即将消失。我认为他们真正担心的其实是白人血统的纯洁性。

　　担心血统的丧失，恐惧种族均势发生改变，因此每一个普通美国人都要把抵制某个不知名的劣等民族当成一生的事业，而中国人对异族的排斥从未达到如此激烈的地步。最值得重视的是,这种恐惧心理已被反映在美国社会生活的各个侧面。青少年害怕在同龄人群体中失去地位,为此不惜犯下参与种族暴动等错误,失去安全感的老年人为了类似的社会地位不得不无休止地进行斗争。这一需求是如此强烈,以至于人们不惜以金钱、践踏价值观、违反法律及宗教准则为代价来满足它。

美国种族冲突现象内在的因果链条正如如下所示:人际关系的短暂导致美国人害怕在群体内部被降等或失去地位;为了缓解这一恐惧,他们必须不断地主动展示其优越感。美国白人的行为总是在或明或暗地展示他们的优越地位。全国舆论及《克纳报告》所关注的法律、经济和社会层面不平等的日益加剧,其实都是该链条后半段的某种体现。

在60年代,美国爆发了种族危机,躁动的黑人与暴力行为成为舆论的焦点。《克纳报告》正确地看到黑人的躁动与暴力行径是对白人种族主义的回应。但是我在这里必须说明:黑人们的反应一直以来至少有三种可感知的并行趋势。第一种趋势是,一些黑人讨厌自己是个黑人,希望看起来像个白人。他们模仿白人的外表(比如说拉直头发)、白人的生活方式(美国确实存在一个与白人价值观相认同、在心理上像白人一样排斥其他黑人的黑人中产阶级),根据白人的标准定义成功(非裔名人、富商经常在由非裔美国人约翰·约翰逊创办的《乌木》杂志上曝光)。第二种趋势是,假如上一条路不能快速奏效,他们就积极地采取静坐(在大学校园或某处)、游行(包括1968年春季在华盛顿举行的大游行在内)和暴动等手段。此外,正如白人极端分子鼓吹黑人天生卑贱,所以理所应当要承受发生在他们身上的一切厄运[36],强调应镇压黑人运动或干脆把他们全部遣返非洲那样。最后一种趋势也即黑人运动极端分子的选择是高举种族分离主义的大旗,具体表现为"黑人最美"的口号、黑皮肤的圣诞老人、拒绝白人加入黑人运动以及号召发动一场彻底的

"心理革命",让"黑人孩子走在每一条大街上,像我们这些年所做的那样彻底无视白人的存在"[37],有人甚至主张建立一个由美国南部大多数州组成的黑人国家。主流黑人或许恰恰处于这三种趋势之外,既不想变成白人,也不拥抱黑人分离主义。大量黑人参与了最基础的人权运动,也有不少人对此漠不关心,正如世界各民族的情况一样。

许多美国白人震惊于黑人们提出的过分要求,这是可以预见的。白人们没有意识到自我依赖的文化正是这些过分乃至极端要求的温床。已过世的犹太裔美国著名社会心理学家库尔特·勒温(Kurt Lewin)很久以前曾谈到过,为了减少或避免那些身在欧洲及美国的犹太人的自我仇恨心理,有必要建立"成为犹太社群一分子的自豪感,并且应一直对此保持积极态度"。[38]美国犹太人遇到的只是歧视而非压迫,而且在具有凝聚力的文字传统的保护下,相较于黑人的处境,他们无须艰苦的斗争就能建立对族群的归属感。但是,作为生活在以个人为中心的社会里的少数族群,美国犹太人的基本需求与黑人是相同的。美国白人由于害怕地位降低,不可能在社会生活中推行其价值观所宣扬的博爱、平等。他们不由自主地排斥社会里的少数族群,正如少数族群必须团结起来以寻求法律保护、社会公平,尤其是心理安全一样。

美国当前推出的改善种族关系的各项计划,诸如公平就业法案,为黑人和其他少数族群提供大量就业和教育机会,废除社区和学校内部的种族隔离,人权立法等,在达成目标之前,还面临许多难以逾越的障碍。冀望或说有必要相信白人永恒优越的那些人,不会由于法律的介入、人类学知识的传播以及社会交往的增加而改变看法。法律法规及经济增长是很难消除那些深植于生活方式里的思想的。

我们可以很容易地找到支持这一观点的证据。例如,政府机构负责人及工商界领袖虽然赞同废除种族隔离和提供平等就业机会,可能也会积极地付诸行动,然而,他们面临的首要障碍将是负责人事的基层人员的暗中反对。在80年代中期，电视节目、漫画作者和电影制片人忙于大量塑造黑人的正面形象（甚至是英雄形象），但仍把中国人描绘成贼眉鼠眼、吸着大烟的白人奴仆，或操着奇怪口音的洗衣工、餐馆侍应生等边缘人。除了这两种最常见的归类，中国人或许还会被塑造成在国内受尽压迫，最后被畅销漫画书中的大冒险家斯蒂夫·坎伊（Steve Canyon）解救的形象。[39]如果中国人的形象仅仅限于仆佣身份，他们就仍然只是从《格列佛游记》(*Gulliver's Travels*)里走出来的虚构人物，根本无法反映中国的基本现实。在1967年的一部西部片里，一位爱尔兰英雄的中国妻子因为缠了足而无法自主行走。

不但文化节目的制作人、赞助商以及大多数观众觉得没有任何不妥，就连从事反歧视工作的美国人也意识不到丑化中国人、印度人与美国人一向竭力想要改变的歧视黑人的现象有什么关联。

只要促成普遍危机感的美国生活方式，仍不断在一代又一代美国人之中散播对于社会地位降低的心理恐惧，美国人就需要歧视以维持自尊。一个人如果不能继续向上，他就必须要找到一些人把他们推下去，从而造成自己向上的假象。所以说，种族冲突不过是美国社会内部冲突模式的一个侧面。白人对黑人的厌憎可以轻易地转向犹太人、天主教徒或其他少数族群。于是，社会上的犹太人敌视黑人，黑人讨厌闪米特人（Semitic）[①]，而信奉新教的美国白人对以上三种人都怀有刻骨偏见。如果我们继续将歧视黑人的现象看成且仅仅看成种族问题，认为反闪族人应被归类于宗教与民族问题，轻视反天主教的思潮并认为它只是宗教不宽容的外露，那么我们就失去了消除偏见、甚至仅仅是正确认识它们的可能。地下汩汩流出的泉水只有到了地表才会从各自不同的泉眼流出。美国生活方式催生的不安全感，就是埋藏在社会构造的地壳下的公共蓄水池，那里正

[①] 闪米特人：又称闪族人，是起源于阿拉伯半岛的古代游牧人民。生活在西亚、北非的大部分居民，都是阿拉伯化的古代闪米特人的后裔。此处指阿拉伯裔移民。

孕育着新的激流。假如不能消除美国人对社会地位降低的恐惧，不宽容、种族问题以及其他不安定的因素就会像周期暴发的洪水，随时威胁美国社会的安全。

性犯罪与暴力

害怕地位降低或不安全感，不但导致了各个族群间的冲突，也造成了个体之间或群体之间不可调和的差异。在个人中心的生活方式里，以暴力解决这些差异的可能性正在加速激增。

考虑到那些恐惧社会地位有所降低的美国人的抗争需要，维持个体或群体的差异性由此产生超越现实的意义。微小的让步也有可能被认定为全面投诚。在这种情况下，为个体或群体差异建筑起牢固的战壕，自然不难预见，即使有时客观地看这些防御实在微不足道。[40]接受妥协就等于放弃自我——这恰恰是个人中心的美国人最深恶痛绝的。一旦美国人陷入此种困境，他将不惜诉诸暴力以求自保。暴力即是不顾及对方的利益、感受，将个人（群体、国家）的意志强加于他人（群体、国家）的工具。

当然，我并不是说所有暴力来自同一种根源。在任何一种文化背景下，精神疾病都可能导致多种暴力倾向，历史上因私怨、世仇引发的暴力事件更比比皆是。战争、革命经常促成超出战事或政治需要的个人暴力。正如我们在前文所说，美国在20世纪中叶爆发的黑人怒潮与几个世纪以来白人对黑人的欺凌压迫是分不开的。

总之，在此我想要说明的是，美国人的生活方式特别容易诱发暴力，远非某个特定群体在任一时间、地点牵涉到的因素所能限定，因为这种生活方式激发人们对社会地位降低的恐惧，使妥协对个体的自我而言成为灾难性的打击。每个人对这种威胁的反应都不一样。对某些人来说，美貌、体育特长、股票交易技能、职场及商界成功足以抵御内心的不安全感，但对于另一些人而言，性征服才可以满足这种安全需要。于是，暴力和性犯罪的源头合二为一。当暴力被应用于两性关系时，一个人就会犯下强奸罪。

以暴力为手段的性犯罪在美国日益增多。[41]最令我感到惊讶的是，某个影响广泛的报纸专栏曾评论称："每年被猥亵或强奸的儿童人数简直骇人听闻。而且，施暴者通常不是陌生人，而是家人的朋友或亲戚。"[42]

延长施暴者的刑期、加强对先天性精神病患者（constitutional psychopathic inferior）的早期鉴定和监管（及加强社区监控）等一系列补救建议，都不可能根除其中的隐患。支持更严厉的立法的人们不妨回想一下禁酒令（Prohibition）①的窘境。这次不成功的实验证明再完备的警力也无法执行大多数人不愿遵守的法律。至于那些强调要及早发现和处理"精神异常行为"的人，他们认为防范凶杀案的方法应采取同样的做法，从而忽略了只有一小部分性犯罪是由精神疾病引起的。芝加哥市法院精神病研究所的爱德华·凯莱勒博士（Dr. Edward Kelleher）对此曾评论说：

> 我们的研究表明性侵犯的嫌疑人有可能是任何人或任何类型的人。所有性侵犯案件中只有0.5%的施暴者有精神病。性侵犯作为一个群体，和社会其他群体一样，在智商和稳定性方面个体差别非常大。[43]

有鉴于此，阿尔弗雷德·金赛（Alfred C. Kinsey）②提出了他自认为是最彻底的补救办法：废除与性相关的法律，因为"造成性侵行为最重要的原因就是反性侵法的存在"。（《芝加哥太阳时报》，1952年5月24日）1973年，大名鼎鼎的美国布道家葛培理（Billy

---

① 禁酒令：1920年1月16日，美国宪法第18次修正案颁布禁酒令，规定所有酒精类饮品的生产、运输、进出口和销售都是受限的或非法的。但到了1933年12月6日，第21次宪法修正案宣布废止这一禁酒令。
② 阿尔弗雷德·金赛（1894—1956）：美国生物学家及性学家，被认为是20世纪最具影响力的人物之一。

Graham）在回答记者提问时提出了更为激进的建议，阉割强奸犯以防止性侵。他说："这是阻止他施暴最有效的手段。"[44]这位布道家的办法让我们联想起国王和族长为惩罚盗窃者而砍掉其双手的那个时代。金赛博士的建议显然并不符合已知的现实。禁酒令虽然会使酗酒问题更加恶化，但它的废止依然不能使这个问题获得解决。

不存在警察无事可做、监狱空无一人的太平盛世。我们必须意识到无论法律与执法部门多么周密高效，它们都无法应付超出某个既定基数的违法行为。既有及潜在的罪犯将找到更多的漏洞，寻找更新的逃脱手段，以对抗法律与执法者的努力。正如工资—物价的螺旋上升，法律法规与违法行为也将逐级上升到新的高度。最终的结果就是犯罪的破坏性不断加大，立法与执法成本随之暴增。遗憾的是，由政府高官、著名专家组成的有关执法与司法问题的总统委员会（President's Commission on Law Enforcement and Administration of Justice），虽然发表了包括《自由社会的犯罪问题》在内的许多报告，却也并未提出任何建设性的主张。[45]

既然完备的法律和更高效的执法不能阻止犯罪率进一步增长，那么通过教育和临床医学，是否能够提高个人的理性与修养，以达到这一目的呢？我对此深表怀疑。在该领域具有一定影响力的心理学家布鲁诺·贝托汉（Bruno Bettelheim），就此提出的观点与金赛博士及葛培理的荒谬建议全然不同：

> 我们关闭了红灯区，规定卖淫为非法行为。我完全赞同这种进步，主要是因为这样做能给予女孩们更多保护。但是，对于那些没钱打发应召女郎的人而言，我们也封锁了一条本可以让他们轻而易举发泄性欲和暴力的渠道。更糟糕的是，由于强调性行为只能限制在婚姻之内，而且社会上不应存在任何的暴力，我们迫使每一个人压抑自己的暴力倾向，直至这种压抑因不断积累而失去控制，从而在孤立的暴力行为中爆

发出来。[46]

他的观点包含一些错误。首先，大多数情况下，性饥渴的男性通过廉价娼妓、婚前性行为与婚外情可以获得满足，而不必诉诸暴力攻击。红灯区的废止不等于彻底根除卖淫或其他婚外性行为。

其次，美国人自认为是和平爱好者且具有理性人格，但历史上他们经常依靠武力达成个人或群体的最终目标。布兰迪斯大学暴力研究伦贝格中心（Lemberg Center for the Study of Violence at Brandeis University）的负责人约翰·斯皮格尔博士（John P. Spiegel）就是这样认为的，并且提示大众注意在许多暴力案件中暴力的白人最后通常能达到其目标。斯皮格尔认为暴力是"美国人的传统"。[47]

事实上，美国人从不认为暴力在美国社会应该无处藏身，更不会迫使"每个人压抑自己的暴力倾向……"[48]美国的父亲们必须教会孩子如何自卫。"精彩的打斗"在美国人心中是值得赞赏的。美国孩子经常模仿空手道高手过招，就像他们时不时在游戏中装扮成西部牛仔那样。美国人在电视上看到越战造成的种种灾难，却对此不以为意，因为这都是为了"国家利益"。美国人有成千上万种活动可以转移攻击性，譬如拳击及各种体育项目、狩猎、钓鱼、电影和电视节目，外如一系列合法与非法的营利活动。

强调加大立法和执法力度，或者试图从某些简单的挫折心理学里寻求答案，是以个人为中心的生活方式陷入困境的一种表现。美国社会人际关系是如此脆弱和短暂，且深受一种导致个体分离的文化价值观影响，于是它孕育了被视为美国传统的解决之道——更大程度对"物"的控制，更趋于心灵的精神探索，就连最杰出的人也无法挑战或超越这一传统。无怪乎美国女性越来越倾向于采用可自卫的个人工具。其中最新的装备被称为"雷炮"（Rapel）。它是一个大约3厘米长的圆筒，内装有臭鼬气味的气体，可夹在连衣裙、

内衣或睡衣里，以作防身之用。(《时代》，1980年3月10日）

至此为止，我们一直没有明确区分性犯罪与其他类型的犯罪。任何犯罪行为都有潜在的暴力倾向，正如种族冲突问题要从多个角度去拆解一样，性犯罪也并非如我们从外在看去那么简单。它与各种各样的暴力犯罪有着共同的特征。一个女孩被嫉妒的孪生姐姐谋杀；某位女性被变态的情人百般折磨；父亲被处于暴怒中的儿子勒死；一个女孩因冒犯"亡命之徒摩托车俱乐部"（Outlaws Motorcycle Club）的成员而被人把双手钉在一棵橡树上；一名15岁女孩在一家性俱乐部里由于采取了既不迎合又不回避的态度而被两男一女乱棍打死；得克萨斯大学工程系的学生查尔斯·惠特曼（Charles Whitman）在校园的行政大楼顶楼用枪疯狂扫射了90多分钟。他造成包括其妻子及母亲在内的14人遇难、31人受伤；某棒球明星被从未谋面的女孩枪杀，因为她决定自己得不到的，"也绝不让其他人得到"；1977年至1978年在洛杉矶出现的"山脚怪人"连环杀人案及20世纪60年代末70年代初在纽约市出现的"山姆之子"连环杀人案，此外，还应再加上约翰·肯尼迪总统、罗伯特·肯尼迪参议员、马丁·路德·金等政治要人被刺案件，这些暴力案件的共通之处是都发生在不安全感失控的时候。[49]

我们从中可以看到清晰的关联。不安全感压倒了其他一切因素。陷入狂热爱恋的人对于失去爱人总怀有一种深刻且持续的恐惧。一旦爱人离他而去，他的爱情立刻会被更加炽烈的仇恨取代。这些内心缺乏安全感的人被社会地位即将降低的恐惧所驱使，只能先考虑满足自己。而他们对抗地位降低的威胁或社会现实的方法就是，无视他人的意愿甚至生命，立即采取行动，以满足自身需求。因怨恨而向对方施暴、强奸和由性引发的谋杀，都是基于这种心态。暴力案件中最核心的因素是情感。凶手唯一想到的就是，不惜任何代价把他们自己的情感需求强加于他人。

根据我们的分析，性犯罪可能还存在另一个诱因，即美国男性特有的对社会地位降低的恐惧。强奸或许是为了对抗这种恐惧而展示他的男性力量。"'男人'在美国不是确定不变的名词，要靠每天的表现不断加以证实。证明这一点的必要条件之一就是男性必须在任何一种两性同时参与的竞赛和工作中击败女性。"[50]

所以，即使重新使卖淫合法化，再度开放红灯区，我们在这个问题上也不能取得任何实质性的进展。廉价的性交易不会令一心渴望展示男子气概的美国男性获得满足。他必须要从内心深处相信他靠自己的努力征服了一切。美国男性要靠自己的本事捕鱼、打猎，而不喜欢走进超市购买鱼肉和鸡肉。这种心态最极致地表现在海明威的小说《老人与海》中的"老人"身上。

这或许正是为什么"控枪"会在美国成为棘手且备受关注的问题。1969年，在迈阿密市热带公园，11位男性赛马手联合抵制一位名叫芭芭拉·乔·鲁宾（Barbara Jo Rubin）的女性骑手，因为不愿让她"成为参加赛马比赛的第一位女性骑手"。[51]理由同样如上所述。当然，军火商在阻止控枪立法方面起到了不小的作用，但是从以上两个案例不难看出，美国男性感到男性尊严受到威胁，同样是不可忽视的阻碍因素。

一旦看到这一点，美国人不时谈论的"黑人问题"（Negro problem）就容易理解了。与白人家庭相比较,黑人家庭中"女性作主"的现象要更广泛。作为丈夫和儿子，非裔男性自然有不满足的感觉，这进一步加剧了发动暴乱的需要。[52]根据我们的分析，"黑人问题"只是美国人普遍的、恐惧地位下降的一种心理。黑人们在美国已经生活了数百年，主流白人感受到的压力不可能对他们没有触动。黑人们不但面临着许多正困扰着白人的问题，此外，还要面对属于自己的特定问题。

各式各样的不安全感散落在美国社会生活的每个角落，对于自我依赖的个人而言，不安全感将与他相伴终生。美国著名精神分析学家埃里克·弗洛姆（Erich Fromm）曾描述在中世纪欧洲分崩离析之后，人类感到了"无助、孤立与不安全感"：

> ……在保卫权力与财富的生死较量中，一切人际关系都被毒化了。人与人之间、至少是与同一阶层成员之间的亲密关系已被一种愤世嫉俗的疏离态度所取代；他人被看作是可资利用和操控的"物品"，为了满足个人私欲，可以毫不留情地加以毁灭。个体被强烈的自我中心意识所蛊惑，爱势贪财，毫无节制。这一切的结果是，成功人士与自我的关系，他的安全感和自信心也全都被毒化了。他的自我被物欲操控的程度一点不亚于他对他人的控制。我们有理由怀疑文艺复兴时期的资本主义是否真如世人描述的那样充满幸福和满足。新的自由似乎送给人们两样礼物：力量的日益增长以及与之同等增长的孤独、困惑和由此产生的焦虑。[53]

弗洛姆指出"爱他人""劳动"等自发性活动对于正处在这种处境中的人们是有帮助的。显然，由于存在个体差异，焦虑状态对于某些人的影响会比对其他人更严重，自发性活动可以帮助这些人提升安全感，至少可以使他们暂时忘掉危机或将注意力从这上面转移掉。然而，生活在美国这样一种文化环境中，没有人能逃脱地位下降的恐惧。自发性活动最多只能算是对互相依赖的生活模式的勉强模仿。我在这里必须再次强调，不安全感并不仅限于某些需要心理治疗的个人，它对大多数美国人都产生了影响，因为它的根源在于美国文化背景下人际关系的短暂性。而且，弗洛姆未能对20世纪美国人的不安全感以及后工业革命时代欧洲人的不安全感加以区分。欧洲人虽然崇尚个人主义，但仍然维系着过去时代的许多人与人之间的联系；美国人则竭力摆脱所有桎梏，牺牲了更多情感上的安定以换取自由。[54]

人们在缺乏安全感的时候，恐惧就随之而来。美国人并不畏惧上帝与外部世界，他们认为自己是与上帝之间永恒的联结，可以征服整个宇宙。美国人恐惧的是他的同类，自我依赖的人群不受任何传统或长久纽带所束缚，因此不可能达成永久的和谐，最多只能期待一系列为了双方便利而签订的休战协议。而休战协议对任何一方而言都是不值得信任的。双方都在期待或设法达成协议的解除，然后继续像着了魔似地寻找下一段令情感获得满足的人际关系。这成为一个死循环，不安全感如影相随，每个人都无法抑制对他人的恐惧，尽管它会以多种多样的方式表现出来。

从新英格兰地区早期大肆搜捕女巫[①]到美国社会在每次危机期间的标志性事件，都是在表现这种恐惧感。当这种威胁被拟人化之后，个人、社群都有可能成为敌对目标——在一战期间，德国人被丑化诋毁；一战结束后，传言中留着大胡子、到处投掷炸弹的布尔什维克人成为新的目标；在大萧条时期，共和党总统赫伯特·胡佛（Herbert Hoover）与"华尔街"被描述成让人闻之色变的食人魔；二战爆发之后，日本人取代了德国人在一战中的形象，受尽"迫害"；在二战结束后的数十年里，红色中国被美国一次又一次地当作借口，于是，它才得以在中西部布置反弹道导弹体系，发动越南战争。不应否认，历史上总会有些人出于对敌人的同情或误判犯下错误，譬如1929年在股市中的不当交易或低估苏联人的政治目标。然而，叛国与无知毕竟不可相互等同，正如依据证据判定某人有罪与谩骂攻击对立群体之间隔着一道不可跨越的深渊。

不可以说美国人这种歇斯底里全然是由竞选中的政客与过度亢奋的宣传人所诱发的。美国政客及宣传人推行的口号，如"赤色工会""法西斯大富豪""噬血商人"迎合了民众的恐惧，特别是对他人的恐惧，即使人们并不清楚恐惧来自何方。对于国内批评、美国

[①] 新英格兰搜捕女巫：1692年，新英格兰的塞伦镇上有两名少女出现痉挛、抽搐的症状，医师诊断后找不出任何病因。受害人指控3名邻居妇女为女巫。一连串的巫师搜捕行动就此展开，持续了两年之久，大约160人被指控为巫师，其中至少25人死亡。

人生活中的"非美国因素"、火星人或太空人等，美国社会的回应就是设置一个又一个的壁垒。出版商变得更加小心翼翼，移民法和签证条例的宽松化的倾向在四五十年代麦卡锡议员（Joseph McCarthy）掀起反共浪潮的时期一度限制重重，它们同时伴随着西方各国遏制共产主义的超级战争，以及在空中搜寻飞碟的雷达和直升机。

然而，外在的防御工事不可能平息源自内心的恐惧。深刻的不安全感导致恐惧的蔓延，而自我保护的意识将必然转化为激进行为。在个体或社群的对抗中，双方的状态一旦超出临界值，就会陡然上升为人们常见的突发性袭击（谋杀）、种族争端和其他形式的暴动。

简而言之，不安全感与恐惧的产物是暴力和盲从。种族、宗教和政治上的少数派用公开斗争或渗透的方式对主流大众造成了威胁，因此成为美国社会的矛头所指。另一种易受攻击的目标是被称为"建制派"的当权者及行政机构，年轻人和底层民众痛恨它们的高高在上。白人暴力招致黑人的暴力反击。年轻人和底层民众的暴力在成人世界里引起了深刻的不安，以至于在芝加哥民主党集会期间，执法人员要用"暴乱"的手段镇压示威者。[55]漫画、畅销书、电影、电视……虚构作品中的暴力及性描写不再只是故事的插曲，而成为故事的全部，换句话说，"媒介即是信息。"在小说世界里传播暴力最成功的作者要算是米奇·斯皮兰（Mickey Spillane），他在其创作的6本小说里共处死了48个人，而且手段十分残忍。截至1953年，他的小说的总销量已高达1300万本。弗雷德里克·福赛斯（Frederick Forsyth）、罗伯特·勒德拉姆（Robert Ludlum）、肯·福莱特（Ken Follett）等国际犯罪小说作者，虽然尚未超越斯皮兰，但至少可与之相"媲美"。了解斯皮兰早年生活的人认为"他身上一直有暴力倾向，而且由于压抑而愈演愈烈"，怀疑他"对人性怀有深刻质疑"，还说"据斯皮兰的一位老友说，'斯皮兰一生都为抓住安全感而奔跑'"。[56]米奇·斯皮兰可谓是生逢其时。

注释：

1. 在延迟退休的热潮显现之前，许多机构已开始尝试雇佣老人。在20世纪50年代，伊利诺伊州西北大学埃文斯顿分校聘请一位退休的数学教授担任校园邮递员。后来，该校又聘请了一些老人作为顾问或兼职教授。1952年，位于埃文斯顿的华盛顿国家保险公司聘请了5位前任经理作为职员。他们退休前的工资是退休后的3倍之多。(《艺加哥每日新闻》，1952年6月12日)
2. 1900年，美国只有4.1%的人为65岁及以上的老人。1940年，该数字上升到6.8%，1970年升至10%。(数据源自美国商业部，*Social Indicators*, 1976, p. 22)
3. 我认为最好地概括了这些研究结果的是 Marvin B. Sussan, "Relationships of Adult Children with Their Parents," in *Social Structure and the Family: Generational Relations*, ed. By Ethel Shanas and Gordon F. Streib, pp.68-70.
4. Ethel Shanas, "The Unmarried Old Person in the United States: Living Arrangements and Care in Illness, Myth and Fact," paper prepared for the International Social Science Research Seminar in Gerontology, Markaryd, Sweden, August, 1963. Quoted in Margaret Blenker, "Social Work and Family Relationships in Labor Life with Some Thoughts on Filial Maturity," Chapter 3, in *Social Structure and the Family: Generational Relations*, p. 50.
5. Shanas and Streib, *Social Structure and the Family*, p. 49.
6. Sussman, "Relationships of Adult Children with Their Parents," p. 79.
7. Margaret Clark and Barbara Gallatin Anderson, *Culture and Aging: An Anthropological Study of Older Americans*.
8. Helen Codere, "A Genealogical Study of Kinship," *Psychiatry* 18, No.1 (February, 1955) : 65-79; and David Schneider, *American Kinship: A Cultural Account*.
9. Clark and Anderson, *Culture and Aging*, p. 275.
10. Jules Henry, *Culture Against Man*, p. 474.
11. 举例来说，*Modern Maturity*, *Senior Citizen*, *Dynamic Maturity*, and *Harvest Years*。
12. Jennie-Keith Hill, *The Culture of Retirement*, (Ph.D. dissertation, Northwestern University, 1968), p.194.
13. 同上。
14. 同上。
15. 其他绰号还有, the "elephant farm", "old people's Russian roulette," "foyers to the tomb," "waiting rooms for death," "public housing for well-to-do," "geriatric ghettos," "geriatric capitals," and "sunset skyscraprs." 同上，见附录。
16. 根据14个省会城市的警局记录。(*Ministry of the Interior Year Book*, 1936, Shanghai.)
17. U.S Department of Commerce, *Social Indicators* 1976, p. 250.
18. FBI, *Uniform Crime Reports*, p. 174.
19. 同上，p. 187-196. 例如，从1976年到1977年，市中心区18岁以下青少年因谋杀和强奸而犯罪的人数有所减少，但是该数字在城郊居住区却大幅上升。

20. Marvin E. Wolfgang, "The Culture of Youth," Office of Juvenile Delinquency Welfare Administration, U.S. Department of Health, Education, and Welfare, 1967. Reproduced in *Task Force Report: Juvenile Delinquency and Youth Crime*, President's Commission on Law Enforcement and Administration of Justice, p.152.
21. Kenneth Keniston, *The Uncommitted, Alienated Youth in American Society*, p. 429.
22. 一些学者认为这是农业社会（或"原始社会"）与工业社会（或"现代社会"）之间的差别。但事实上，在夏威夷，中国移民的第二代或第三代的亲子关系依然十分接近本书所描述的中国模式。
23. 越南战争没有造成代际问题。强迫年轻人为殖民战争献身与帮助弱者的观念间的矛盾只是加剧了业已存在的代沟。因此，越南战争的结束也不会使代际问题弱化甚至消失。
24. Richard Lorber and Ernest Fladell, "The Generation Gap," *Life* magazine, May 17, 1968.
25. For an analysis of the significance of externalization of human relations see Francis L. K. Hsu, "Individual Fulfillment, Social Stability and Cultural Progress" in *We, the People: American Character and Social Change*, ed. By Gordon J. Direnzo, pp. 95–114.
26. 有些读者认为1966年至1969年爆发的"红卫兵"运动与本书这一结论是相矛盾的。我们将在第十五章看到，作为新型的政治运动，"红卫兵"运动在客观上有使年轻人脱离父母控制的效果。
27. *The Kerner Report*, Report of the National Advisory Commission on Civil Disorder.
28. 同上，pp.203-206。一份较早的报告，*Toward an Understanding of Mass Violence* (Contributions from the Behavioral Sciences) by Gordon Globus, Peter Knapp, Jr., and Donald Oken, prepared by the staff of the NIMH, August 1967, p. 58, 得出同样的结论，"黑人暴动的主要原因是黑人权益被剥夺。"
29. Lipset, *The First New Nation*, pp. 214–215.
30. See for example, Harry C. Brademeier and Jackson Toby, *Social Programs in America*, pp. 39–46, 47–53, 180–182.
31. 我认为两者都不是有意进行种族问题研究。
32. See for example, Kimball Young and Raymond Mack, *Sociology and Social Life*, pp. 190 and 204.
33. 美国著名媒体人及历史学家大卫·哈伯斯塔姆（David Halberstam）描述约翰·肯尼迪在成为总统之后向国防部长罗伯特·洛维特（Robert A. Lovett）征求意见时，这样写道："当洛维特告诉肯尼迪没有投票支持他时，肯尼迪只是咧嘴一笑，虽然微笑的原因可能和洛维特的想法不太一样。洛维特对老肯尼迪是有成见的。当然，在某种程度上，这会更显示出洛维特的魅力，因为肯尼迪家族的动力本来就来自爱尔兰人迫使这些曾冷落过老肯尼迪的贵族们向其儿子低头的渴望；这次会面也是这场较量的一部分。（约翰·肯尼迪的母亲罗斯·肯尼迪一次在驾车送一位1939年与其儿子同在贵族学院读书的同学从海यां尼斯港（Hyannisport）前往波士顿时，问他对约翰·肯尼迪的看法，'告诉我，波士顿人什么时候才愿意接受我们这些爱尔兰人？'" *The Best and the Brightest*, pp. 8–9.）罗斯·肯尼迪的问题可能就是暗指阶级或种族问题。显而易见，即使巨大的财富及影响

34. 这种疏漏或许是无意识的，因为当时美国正面临过于频繁的黑人暴力行为，而且克纳（Kerner）委员会只是负责调查与黑人有关的暴力行为。不过，这些理由并不能当作这一疏漏的借口。
35. 第一代中国男性移民不愿意娶美国出生的华裔女孩为妻，然而后者对前者的看法也是如此。这些女孩针对前者最常见的负面评价是"他不性感"。
36. See for example, Carleton Putnam's books, *Race and Reason: A Yankee View*, and *Race and Reason: A Search for Solutions*. Also his regular Putman Letters.
37. From a speech by Claude Brown at a Northwestern University Symposium, and quoted in the *Daily Northwestern*, January 9, 1969.
38. Kurt Lewin, *Resolving Social Conflict*, pp. 198-199. 勒温的眼界和其他人一样被限制在西方世界，他没能认识到在中国的犹太人和其他少数民族不需要像生活在西方的犹太人那样的自我防卫。
39. 1968年，一部由朱莉·安德鲁斯（Julie Andrews）主演的电影《摩登米莉》（*Thoroughly Modern Millie*），对中国人竭尽诋毁之能事。这部影片里的大量中国角色都被设计成阴暗诡异的形象，吸大烟，留长辫，像木偶人一样走路，为白人做仆人。更离谱的是，他们不断受到一个黑社会身份的白人女性欺凌，但始终表现得唯唯诺诺。
40. 例如，我们在基督教徒中间看到了许多所谓的宗教差异。
41. 像其他国家一样，美国对犯罪案件数量的统计仍有许多无法解决的问题。无论如何，可以确定的是，总体犯罪率的上升远远超过了人口增长率。从1958年到1964年，财产侵害案件增加了50%，和人身伤害的案件增长的速度一样快。强奸案从1958年每十万人中有7.6个人的比例上升到1964年的10.7个人，增加了40%。见 Ronald H. Battle and John P. Kenney, "Aggressive Crime," *The Annals of the American Academy of Political and Social Science*, special issue on "Patterns of Violence," pp. 73-85. Also *Task Force Report: Crime and Its Impact—An Assessment* (Task Force on Assessment, The President's Commission on Law Enforcement and Administration of Justice), pp. 19-21. 两项研究使用了相同的数据，Battle和Kenney的结论是"近年来侵害性犯罪没有实质性增加"（p. 84）。然而，这个结论在事实面前很难自圆其说。他们认为"没有实质性增加"的错误可能是由于他们对"实质性"的错误理解造成的，因为他们也把抢劫和强奸案的增加描述为"适度的"（p.84），而事实上前者的增长率在1957年至1964年间接近50%，后者的增长率为40%。如果我们继续追溯更早一些的数据，强奸案在1933年到1965年间增加了3倍（*The Challenge of Crime in a Free Society*, a report by the President's Commission on Law Enforcement and Administration of Justice, p.23）。从那以后情况没有发生变化。1968年到1977年间，强奸案增长率上升到57.2%（FBI, *Uniform Crime Reports*, P.174）。
42. *Chicago Sun-Times*, January 11, 1969.
43. *Chicago Tribune*, April 9, 1950.
44. See Francis L. K. Hsu, "Kinship is the Key" in the *The Center Magazine*, p.5.
45. *Challenge of Crime in a Free Society*, pp. 279-291.
46. Bruno Bettelheim, "Violence : A Neglected Note of Behavior" in *The Annals of the American Academy of Political and Social Science*, special issue on "Patterns of Violence," p. 53.

47. 例如，美国结束独立战争后不久，1786年一些负债累累的老兵就发起了沙伊起义（Shay's Rebellion）对抗马萨诸塞州的法庭，类似的案例还有19世纪四五十年代反天主教暴乱、1863年内战征兵引发的暴乱、19世纪70年代加州反华工的暴乱与1919年和1920年以及之后反黑人的暴乱，等等。（*Chicago Daily News*, October 31, 1968）
48. 同上。
49. 在这些罪犯中，有些人可能是精神病患者。不过，不管怎样，罪犯的律师总是要以精神不正常为由为其辩护。
50. Margaret Mead, *Male and Female*, p.318.
51. As reported in the *Chicago Sun-Times*, January 17, 1969.
52. See Lloyd Shearer, "Negro Problem: Women Rule the Roost," *Parade* magazine, August 20, 1967. 该论文提供了若干数据，同时评述了《莫尼汉报告》（*Moynihan report*, 1965）及其他一些学术发现。
53. Erich Fromm, *Escape from Freedom*, pp. 260-261.
54. 以美国为主题的著作包括 *The Temporary Society*（Warren G. Bennis and Philip E. Slater）and *The Pursuit of Loneliness: American Culture at the Breaking Point*（Philip E. Slater）.
55. 参见《克纳报告》。
56. Richard W. Johnston, "Death's Fair-haired Boy," *Life*, June 23, 1952.

第十四章
中国人的弱点

伦理学家认为，过度宣扬美德将导致严重的后果。我们虽不致如此断言，但可以确定一个民族的基本观念在某些方面足以成为它力量的源泉，却也时常带来特定的问题和弱点。中美两个民族都是如此。自我依赖的生活方式以及与之有关的一系列观念，导致了一些美国社会独有的难题，使各个领域的问题更趋复杂。中国人互相依赖的生活方式同样也是利弊共存的。

传统的束缚

维系家族稳固以顺从为代价，普通的中国人习惯了随遇而安。由于在初始社群中感到很安全，中国人一向缺少改革的动力。中国人在西方文化大举入侵前的那一段漫长的历史中，从未因祖先崇拜而试图安定整个世界。他们对改造社会、提高同伴的生活水平及在被他们击败和征服的民族内部改革其统治方式，统统缺乏兴趣。

美国俄勒冈州波特兰市在20世纪80年代曾爆出一件引发公众谴责的幼儿吸食雪茄事件，这类事件在中国是不可能受到关注的。这个波特兰小孩从2岁起就开始吸烟。在报纸刊发了这个孩子吸烟的照片之后，她和她的父母即刻成为舆论焦点。在一群愤怒的市民监督下，这家人被送上青少年问题法庭。不但孩子本人在法官面前承诺戒烟，为了给孩子做个榜样，她的父亲也表示要努力戒烟。

波特兰小孩抽雪茄只是一个特例，然而它在当地社会引发的市民反响却不罕见。塞缪尔·亚当斯①（Samuel Adams）和北美殖民地的影子政府"联络委员会"（Committees of Correspondence）所发出的慷慨陈词、威廉·加里森②（William Lloyd Garrison）的鞭辟入里的社论和美国反奴隶制协会（American Anti-Slavery Society）的工作、嘉莉·奈森③（Carrie Nation）手中挥舞的斧头和反沙龙联盟④（Anti-Saloon League）的不懈努力、杰拉德·史密斯⑤（Gerald L. K. Smith）和基督教阵线⑥（Christian Front）所打造的各种宣传手册——代表着同样的精神，尽管时间、对象不尽相同。至于防止虐待动物协会与妇女选民联盟（League of Women Voters），它们竭力呼吁公众对相关事件的关注。市政改革组织给美国人的生活带来了许多实质性的进步，各个宗教协会致力于为普通百姓谋取福利。如果再放眼至全世界，美国红十字会、援外合作署（CARE）、援和部队（Peace Corps），以及其他一些项目，都是由美国人创建，以个人或政府方式赞助和组织的。它们在异国他乡拯救了成千上万条生命。

　　与难以计数的种种活动一样，这些组织固然在许多方面都存在不同，然而，它们的支持者与波特兰市民有一个共同点：满腔热血且坚定地想要达成一个社会目标。不管这个目标是暂时的还是久远的，活动中心在美国国内还是在海外，也不管它应归属于道德、宗教、经济抑或政治领域，美国人可以为了共同的事业而被凝聚在一起。

　　中国人的社会道德缺少这种为事业献身的精神。中国人没有追求变化的情感需要，自然不容易产生变革精神。他们的善举或公益

---

① 塞缪尔·亚当斯（1722—1803）：美国独立运动中著名的宣传家和政治活动家，"波士顿倾茶"事件的组织者之一。1772年，他提议创建"联络委员会"以保证各殖民地对局势发展有同步的了解。该组织后来成为各殖民地反抗英国的有力武器。
② 威廉·加里森（1805—1879）：美国19世纪中叶著名的废奴主义者和社会改革家、美国反奴隶制协会的创办人。
③ 嘉莉·奈森（1846—1911）：美国历史上著名的禁酒主义者，曾手持斧头打砸酒吧。
④ 反沙龙联盟：美国著名禁酒组织，成立于1895年。该组织有力促成了禁酒令的颁布。
⑤ 杰拉德·史密斯（1898—1976）：美国政治家、演说家、作家，在20世纪30年代至70年代一直领导传统基督教右翼组织的部分狂热势力。
⑥ 基督阵线：美国第一个天主教徒反犹太人组织，成立于1938年。

行动一般是为了解救眼前的急难。在有必要时，名门望族愿意出资建桥修路、为穷苦老人购买棺木，在荒年、疫年向有需要的人提供免费食物和药品。可是，中国人无论富裕与否，从未设想过组织一场运动以建立某项事业，譬如说改善交通系统、设立永久性的赈灾机构，等等。偶有个别胸怀理想的中国人试图发起这类运动，但他们的想法却往往中途就会夭折。

蒋介石倡导的旨在激发社会活力的"新生活运动"最终不了了之。社会上的陋习只要不发生在自己家里，中国人就没有兴趣抨击和过问。他们有一句俗语，"各人自扫门前雪，哪管他人瓦上霜。"出资建桥也是清扫自家门前雪的一种表现。出资的人，包括他的乡邻，都知道他这样做是在为自己和家人行善积德，保来世平安。中国人绝不会扮演别人的救世主，将自己的意志强加于人。假如有人把女儿卖进妓院，这是他的家务事。狱警虐待囚犯？聪明人就应该避免被投入监狱。

鉴于这种不干涉主义的立场，中国在封建时代一直没有彻底废除奴隶制，监狱之内黑幕重重，几与历史上臭名昭著的加尔各答黑洞①（Black Hole of Calcutta）不相上下。一些社会陋习，如杀婴、吸鸦片、剥削和虐待矿工与商号学徒，也从未遭到社会舆论谴责。戒毒扫毒的工作，直至辛亥革命之后才出现比较显著的成效。

事实上，在新中国成立之前，中国人不论是否加入组织，都具有以下的特质，即中国人或中国社群一般不会干涉他人行为或劝其改宗，社会各阶层都没有意愿去触动现有的体制及惯例。在整个社会不作为、全凭个人洁身自好的氛围里，不公、贫穷和腐败在迅速蔓延。

这也正是缠足可以在中国存在如此之久的原因。缠足大约始于

---

① 加尔各答黑洞：1756年，法国在孟加拉仓促建立、用来监禁英国俘虏的场所，是一间环境极为恶劣的小土牢。同年6月20日，被监禁于此的英国人与印度佣兵共120余人均因窒息身亡。

南唐末年，后主李煜（公元961—975年在位）的爱妃用白缎裹足，以便使舞姿更加优美。[1]随后在近1000年里，名门闺秀如杨柳般轻柔的步态、脚上暗香飘动的绣花鞋令无数达官显贵和文人雅士为之倾倒。更加荒唐的是，有人竟然将杯盏放入"弓形"鞋内，用其饮酒，以此为乐；文人骚客对此更是不乏溢美之词。林语堂一语道破真相，缠足其实是压迫女性的一种方法。林语堂认为缠足"自始至终是为了性的目的……男性喜欢它，是缘于男性对女子小脚和绣鞋的恋物癖，以及因之养成的女性的娇柔的步态；而女性之所以喜欢缠足，则纯粹是为了迎合男性的喜好而已"。[2]他进而评论称，中国的缠足相当于英国维多利亚时期的女性束身衣和欧洲芭蕾演员所穿的木质鞋头舞鞋。这里我们或者可以补充一点，那就是在历史上，欧洲和美国的绅士们也有用女伴便鞋饮酒的癖好。

然而，我们对于中国女性缠足现象的理解有必要超越性和时尚的角度。西方女性同样渴望获得男性垂青，紧跟时尚脚步。为什么中国缠足的风俗可以如此堂而皇之地摧残女性身体？西方人对女性纤足和蔓妙步态的玩赏从未超出酒精作用下的游乐范畴，为什么在中国这种现象竟持续得如此之久？

以人体为最极致的美的西方审美观发挥了重要的影响。西方人以此为理由，反对过度改造自然的人体。中国人在审美上不关注人体，它的存在几乎是被忽略的，因而他们改造起人体来同样不是很在意。不过，缠足风俗的流传另有更深刻的原因，那就是中国人不愿意发起和参与任何与社会传统有关的斗争。确有一些中国人曾批判过缠足这种现象，据林语堂称18世纪和19世纪至少有三位中国学者提出过异议。然而，要注意的是，这些反对声在缠足陋习实行千年之后才首次发出，而且单薄无力，根本无法唤起在初始社群里感到安逸、全心全意沉浸在自己的小天地里的中国人。他们既无意干涉他人的生活和行为，也不打算为自己的将来谋求一条新路。

不难想见，在中国倡导反缠足运动的人要么是西方传教士，其成长的社会赋予他们推行此类工作所必需的坚韧品质；要么是受到西方影响的中国青年，这些青年将反对缠足的呼声带回家乡以及他们以医生、教师等身份工作的地方。反对缠足的动力最早来自西方，我们甚至可以断言，假如没有西方文化对中国人生活的持续渗透，中国人的惰性无法战胜缠足这一陋习。

总之，个体对原初社群的依附固然使中国人不必面对美国人因个人独立而产生的问题，但它也导致中国人在处理亟待推行变革的国家事务和个人事务时显得特别无能。美国人不稳定的人际关系是导致青少年犯罪、种族冲突、暴力事件以及许多社会问题的主要因素。但是读者不应忘记，令美国成年人大感困扰的代际问题也有其积极意义：美国人不像中国人，从小生活在反传统的气氛当中，有更充分的准备挑战他所面对的世界。如果加以正确引导，独立的美国人——自我依赖且相信进步——有能力以中国人想象不到的决心抗击社会中的罪恶。

追求变革的内心压力，正是美式生活力量的秘诀。中国人的生活方式一直到19世纪西方文化传入时，仍缺乏类似的动力，这是他们最基本的弱点。大饥荒与横征暴敛时常在中国激起农民起义和地区性暴动，却从未引发过学生运动。中国青年，无论是否受过教育，都延续着上一代人的生活方式，循规蹈矩，言辞谨慎，善于妥协。[3]一些美国父母认为，他们的子女之所以反对现行体制，是因为他们从小含着金钥匙长大，没经历过大萧条时期的艰难。然而，在中国，出身于名门望族的年轻人更加不愿挑战传统。中美两国代际问题的差异源于两国文化模式的不同，而与经济因素无关。

理想主义几乎总是导致将父母排斥在外的、个人中心的生活方式。不会随年龄增长而逝去的、充满青春活力的理想主义，是孕育社会改革的温床。老人不总是最聪明的人，老方法也未必就是最好的方法，作为持续千年的老人社会，近代中国痛苦地见证了这一点。假如没有以堂吉诃德般的勇气一往无前的理想主义者挑战传统，抱持着功利主义与现实主义的中国人恐怕很难享受到美国社会中的种种福利。有些中国人将功利主义与现实主义抬升至人生智慧的高度，这等于是为中国改革掘下坟墓。美国怀疑论者认为昨天的激进派早晚会变成今天的保守派。现实或许是这样的，然而，幸运的是，美国社会当下的保守派已经履行了他在昨天许诺承担的激进使命。反观中国，几个世纪以来，保守派不断地为未来培养更多的保守派，造成一个停滞不前的中国。

没有变革的革命

中国人缺乏推动变革的素质和动机，这意味着他们难以推行社会改革与政治改革。西方革命——不论是多么昙花一现——它的目标往往是彻底推翻现行秩序，代之以全新的生活。卢梭、罗伯斯庇尔、杰弗逊、佩恩、列宁、托洛茨基……这些理论学者与政治领袖并不是从革命的阵痛中看到新世界的唯一人群。西方革命也是在它遇到阻碍时挺身而出的普通大众的希望。假如大众不是如思想家所呼吁的那样想要把旧社会连根拔起，假如他们不是像革命者所宣传的那样坚信革命迟早会成功，这些普通的人就绝不会站到革命的最前线。他们对先知的预言和鼓动者的口号做出回应，是因为这些话语早已在大众心里激发出深刻的回响。

在中国人眼中，变革没有如此深刻的意义。在历史上，中国人曾多次掀翻帝王的宝座。他们推翻暴君，然后让一个几乎一模一样的新王朝控制政府。直至20世纪初，在王孙贵族与平民百姓，文人学士与凡夫走卒之中，只有零星的中国人试图破除传统社会的陈规陋习，建立民主的政府。大多数人只是想推翻暴政，以便早日回归常态，在新的封建统治者手下做个顺民，直到有一天新的王朝再度变得让人不堪忍受。

人们一般认为中国历代王朝的死循环是由儒家思想导致的。中国君主尊崇儒家思想，确实是因为它是使百姓安定顺服的最有效的工具。自民国初年以来,中国近现代的革命者一直强烈打压儒家思想,认为它是社会改革的最大障碍。在一定程度上,他们的观点是正确的,儒家思想的核心确与中国王朝统治有明显的关联。

儒家认为理想社会应是一个各安其位的社会,并由此推崇修身齐家治国平天下的理念。为了实现这一目标,个人必须恪守君臣、父子、夫妻、兄弟、朋友这五种伦理关系中的职责。儒家又强调君子治国,把成为臣民的道德标准视为统治者的首要任务。假如统治者昏庸无度,人民可以起来造反,但造反不是为了要改变现行制度,而是要把权力交给另一位有德者居之。这显然不是革命哲学,甚至连改革哲学都称不上。儒家是维持现状的哲学,有助于维护社会与制度稳定。因此,儒家口中的变革并非毁灭的武器,而是重建的工具,它是用来建立社会平衡的杠杆,目的不是颠覆社会。

然而,正如文明之父爱默生不能决定美国人的生活方式一样,孔子也不必为中国人的生活方式全面负责。亚当·斯密(Adam Smith)的《国富论》缔造不出贸易自由主义,《论语》同样不能确立中国政府的执政模式。我们最多可以说,中国人的生活方式经过儒家的提炼以更简洁明朗的方式呈现出来。历史上的哲人及后世学者,无论采取支持抑或反对的立场,大多倾向于夸大思想体系的影响力。这是可以谅解的过失,人们总是容易铭记符合自身需要和渴望的规诫,并很快忘掉与己无关的说辞。

暴君可以强迫民众在有限的时间内向专制独裁屈服,接受毫无社会根基的改革。然而,他们不能让民众满怀喜悦地接纳一种违背其意愿的生活方式。明朝开国帝王朱元璋在孟子著作中读到人民有权利起义以及"民为贵、君为轻"等思想之后,立即要求删除这些"不合圣意"的段落。但没过多久,被删的文字又被编回书中。

儒家经义如果与塑造社会的真实力量相冲突,统治者对儒家的推崇也就只是空喊几声口号。袁世凯在辛亥革命之后不久复古改制,做起了复辟称帝的美梦,结果被轰下台。当时国内要求西化的呼声大涨，复古思想难以获得足够的支持。

然而，儒家思想几千年来早已深刻融入中国社会的肌理，它既不会丧失活力，也不会轻易消亡。本书第二章曾经提到，新中国成立之后，儒家伦理思想中的许多因素仍然在各个领域有所体现，它们与中国人的日常生活须臾难分，很难在短时期内根除。

儒家思想在中国传统社会里占据主导地位，不仅是由于统治阶层对它的推崇，更由于它与中国人源远流长的生活方式高度一致。儒家思想不是在没有对手的情况下取得主导地位的，与它大约在同一时期兴起的还有许多思想流派，在争夺主体思想方面是儒家思想有力的竞争者。

譬如，法家主张严格立法以治理国家。这一学说认为人性本恶，必须通过后天教育加以改善，同时要用一整套严格明确的法律来约束人民。法律本身要根据现实状况修改，而贵族与国家的超然地位应保持不变。

道家也是其中一大流派。道家思想的核心是"道"或"大道"。"道"是世间万物的根本，是遍布宇宙的自然法则。在"道"中，万物平等，不分你我。以"道"为立身之本，人就能从世俗的苦恼中获得解脱。若要修"道"，首先要做到不争、不贪、不嗔、不爱。就个人而言，这一哲学如果被广泛接受，容易导致普遍的不作为甚至整个社会的无政府状态。不过，从政治经济学的视角来审视道家思想，它的核心在于不干涉原则，倒是与西方经济自由主义趣味相投。[4]

墨家，是儒家的第三大竞争对手。它提倡人们要全然遵照上帝（即天帝）的意旨。信仰，外加理性的运用，足以使整个社会日趋美好。墨家相信人性本善以及神鬼之说，主张兼爱，人与人之间应该像天神爱人那样相爱，这样即使不具备仪式及其他外在条件，世间也能长久保持和平、繁荣。墨家思想的本质接近于基督教的某些教派。

儒家与道家相比，更加积极入世；与法家相比，不太强调严刑峻法；而与墨家相比，由于儒家否定神在世间的作用，从而对世俗生活的理解显得比较狭隘。

儒家最终取得对另外几家思想流派的胜利是有原因的。儒家思想不关心最高实体，相互依赖的方式使中国人认定宇宙秩序从人的秩序中演化而生；儒家也不关心人死后的生活。一个宗教生活以祖先崇拜为核心的民族倾向于认为神、鬼与人在本质上是相似的，没必要在它们身上投入过多精力；儒家不认为国家、贵族是绝对化的概念。相互依赖的观念使中国人懂得将统治权威与履行责任联系在一起，统治者一旦德行有亏，很快就会失去人民的敬意。

简而言之，在中国人眼里，与儒家相竞争的几个哲学派别都太极端，唯有孔子的中庸之道与中国人的生活方式相互吻合。前文曾经提到，中国没有乌托邦式的文学，这也是中国人喜欢中庸、排斥极端，缺乏通过变革或革命改变现状的决心的一种体现。很难想象天才的柏拉图，甚至是圣西门（Saint-Simon）能在中国成就辉煌，名垂千古。我认为，与其将这一类人物看成人类思想的创造者，倒不如说他们才是人类社会生活的产物。大多数中国人还是会选择适合自己胃口的食物，而不会像道家和其他几大流派那样偏离中道。柏拉图所追求的绝对主义的理想国，在这位哲人死后2000多年里一直滋养着西方思想界；而告诫人们凡事务求中道的《论语》，在几乎同样漫长的时间跨度里也被中国社会奉为圭臬。

上述背景有助于我们理解为什么基于人权的法律体系没有在中国生根发芽。依照中国人的哲学观，对法的解释应本着人情与具体情况，而不该设定绝对标准。发生争端时，中国人不去找律师根据法律程序和相关法规进行庭辩，而要求助调解人、中间人。[5]以人治法，自然谈不到绝对的对错。因为每个案件各有不同，对与错永远是相对的。父亲可以做的事儿子不一定能做，在一种情境里合法的事情，换到另一情境中可能就要施以惩处。中国人的相对主义还远不止于此。所谓的调解人从不明确支持其中一方，反对另一方，或者裁判谁对谁错。他的任务是抚平情绪，劝导双方各让一步，不在乎是否违背了原则。

在法律事务上，如同在社会生活的各个领域，中国人缺乏足够的情感冲动去追求某个目标、坚持某一原则，或与某个敌人缠斗到底。这并不是说中国没有殉道士。中国历史上有无数仁人志士抛头颅、洒热血，为之献身的事业与其个人、家族一般没有直接的利益关系。

1519年，明武宗想要离开首都北京，到中国南部御驾巡游。可是，在当时，非有外敌入侵、叛乱等紧急军情，皇帝不宜离开京城。大臣们接二连三上书劝谏，这让明武宗觉得没有面子，于是他下令严惩率先进言的两位大臣。此举未能遏制反对的声浪。更多大臣站出来反对这次巡幸，许多人先后被判处流放、刑责、监禁，甚至死刑。最后，明武宗还是以平定叛乱为借口进行了南巡。

类似情况并非个案。历朝历代都有一些官员因违抗圣意而遭到厄运。这些官员或是为了劝阻皇帝肆意封赏官爵，或是为了太子的废立而谏诤。有人则因为弹劾宠臣、太监滥用职权而丢掉性命。这类事件有一个共同点：殉难者抗争的对象大多违背了祖先创立的规矩，而这正是他们要誓死坚守的。

中国皇帝为了消除对皇权有威胁的反叛者，可谓无所不用其极。中国文化认为个人是整个家族的一分子，于是许多皇帝就用诛灭九族的方式惩治叛逆者。不过，中国人很少自己主动为理想殉难，中国皇帝也不会仅仅因为某个人持有非正统的观念就将其治罪。因此，以道教为幌子的割据行为会被无情镇压，道教思想和仪轨却仍在各地流传。事实上，"它们作为民众的发泄出口是得到认可的……中央政府无意消灭这些'旁门左道'的信仰。"[6]

中国人无法像西方人那样列出连篇累牍的殉难者名单。西方人愿意为了宗教信仰、政治主张、科学信念等原因受难和献出生命。然而，我从不知道有哪个西方人会为了不破坏先哲、先帝或传统风俗的训诫而坦然喝下毒鸩。美国历史上有多次为维护宪法而发生的战争，但确切地说，这些捍卫传统的斗士不是为了传统而战，而是为了自由和子孙后代的福祉而战。换句话说，中国人经常按照静止的过去解读现状，而美国人在表达对过去及现在的看法时却常常参照与未来有关的想象。

读者或许经常听到因为美国人反对特立独行而使平庸之辈大肆横行的说法。美国社会的某些思想和现实领域，确实对不合常规极其敏感。然而，在任何社会，特立独行的人都很难融入组织性团体。在这一点上，美国社会与中国社会存在两大差别。首先，由于个人中心的个体在观念上趋向极端，这些特立独行者不太可能受到忽视。他们处处被人讨厌，是大家攻击的目标。感受到威胁的特立独行者会试图防护自己或以进攻替代防卫。这就形成了针锋相对的态势，双方都期望获得全胜。同性恋解放运动与反同性恋运动就是一个很好的案例。

其次，在个人中心大行其道的社会，循规蹈矩的人可能乐于接受特立独行者的援助，甚至愿意以后者为核心结成同盟。非常规的观念会像滚雪球般迅速增长。所以，关键在于一个社会允许个性化在多大程度上偏离世俗观念而不加以严厉制裁，或者说，允许这些人沿着被其突破的方向走出多远。

美国社会为特殊个体提供了更多实现潜能的机会，这在美国以外的各国是不可想象的，我认为它不但是我们这个世界最伟大的进步之一，也是刚踏上这片土地的人们亲眼看到的事实。在自然科学和应用科学领域、工商业、艺术界、娱乐界……美国鼓励一切有才华的人施展其个性化的才能。

在接触西方文化之前，中国孩子无论具备哪种天赋，都没有施展的机会。他们唯一的目标就是通过科举，进而获得官位。这么单一的成功模式是如此持久且深入人心，以至于它必定使许许多多有潜力的"科学家""企业家""艺术家"未能发挥天赋。在中国，有多少演艺人员能成为全能大明星鲍比·霍布斯（Bob Hopes）、电影明星盖里·库珀（Gary Coopers）、性感尤物梅·韦斯特（Mae Wests）、囊括无数奖项的芭芭拉·史翠珊（Barbra Streisands）？我们永远也不会知道。那是因为中国社会和文化从未给过他们一次机会。难怪中国人在参观1967年蒙特利尔博览会时，在展厅中央看到曾主演《乱世佳人》的好莱坞男星克拉克·盖博（Clark Gable）的海报会大为惊讶。迄今为止，不管在哪一届政府执政期间，我还从未在中国展览里见过中国著名影星的海报。我们也无法得知中国到底有多少庸庸碌碌的官员、郁郁不得志的学者以及受传统束缚的老师。如果可以按其心愿成为木工、科学家、小说作者或演员，他们或许能将中国建设得更好，同时获得更幸福的人生。

美国社会有意鼓励个人差异，虽然一些结果让人们越来越觉得沮丧。中国社会恰恰相反，它从不鼓励差异，结果造成文化与政治在2000年里一直停滞不前。

不发达的科学与音乐

中国社会相对静止的状态，特别是中国人不能推进对新发现的继续研究——看不到潜在的多种可能性——的特点，在中国科技史上清晰可见。民间传说黄帝早在四五千年前就发明了指南针。黄帝之后，伏羲又发明了八卦，为中国数学发展之源。

神话传说固然不足为凭，不过，这些发明确实最早在中国出现。英国科学史专家李约瑟（Joseph Needham）与王玲、鲁桂珍合著的杰出成果，使我们比以前更清楚地看到中国历史上博大深邃的科技发展。[7]早在公元前1751年，中国人就算出一年有365.25天，掌握了用铜和锡合炼青铜的技术。公元前1111年，中国人推算出了较为精确的圆周率（π=3），并且知道（X^p-X）可以被指数P除尽。[8]公元3世纪中叶，中国人已经发现了勾股定理，能计算地球绕日运行的距离和轨道，将奇数、偶数及正数、负数作了区分，掌握了包括简易分解法在内的分数运算，会求平方根与立方根，运算线性方程和简单的二次方程。大约在同一时期，中国人还测定了多种金属的密度，其中一些数据相当准确。

5世纪，中国学者重新估算了圆周率，认定准确数值应该在3.1415926到3.1415927之间。值得注意的是，希腊人完全不知道圆周率的准确值（3.14159265），欧洲人直至1585年才确定了这一数值。同样，到了16世纪，欧洲人才懂得分数与分数相除，即颠倒除数后相乘的法则。[9]

13世纪下半叶，中国人总结出一套代数原理，其中包括西方人称之为霍纳法则的简化多项式的法则。

古代中国还缔造了许多世界公认的发明创造。除了火药之外，闻名于世的还有地震仪、浑天仪、印刷术、农历、水钟、激素、麻醉术和航空动力原理。在物理学领域，中国人发现了磁偏角、极性和磁场，比欧洲人早了大约6个世纪。早在欧洲人发现极性之前，中国人已经开始论述有关磁偏角的理论。[10]

然而，中国人的特点是对与实际应用无关的科学原理没有太大兴趣。据李约瑟说，"直到17世纪中叶，中国和欧洲就科学理论发展而言仍实力相当，只是在那之后，欧洲的科学发展才开始快速超越。"[11] 为什么在西方发展如此迅速的同时，拥有诸多发明创造、领先西方的中国却停滞不前了呢？

美国哲学家诺斯罗普认为东方世界科学思想的匮乏是由于东方人对于生活抱有一种美学上的含糊态度：

> ……对人类知识持实证主义的态度，将其完全限制在直观理解的范围内，否认任何通过类比归纳得出的结论，排斥所有假设、间接证明及一切可以由数学和逻辑方法准确推导出的理论。[12]

这一解释已经足够清楚了。对理论毫无兴趣的人当然不可能成为科学家。中国人对抽象的未知世界漠不关心是有目共睹的，他们的文学史及艺术史也体现了这一特征。中国人缺少对内心世界的探查和深刻的想象力，只关注男性与外部世界以及男性之间的关系。中国人的宗教从内容到形式都只是凡俗世界里人际关系的延伸。中国人欣然接受与人类相似的神明，他们或贪婪或慷慨，或善良或邪恶，或喜怒无常或值得信赖，或腐化堕落或刚正不阿。在中国人眼里，唯一且全无瑕疵的上帝，与世界上一切人类全然不同的上帝，是不可想象的。

面向宗教世界时的务实心态使得中国人不可能用原子、重力、抛物线和地层等概念来理解外部世界，这一切对于仅凭感官和经验来认识世界的中国人来说是太遥远了。中国人认为，更合理的解释是大自然所给予的赐福与灾难要视乎民众对儒家伦常准则是否有足够的认识和尊崇。

问题还不仅仅在于中国人对抽象或想象的世界毫无兴趣。中国人最根本的问题在于他们即使已经走在正确的方向上，仍然不会执着探究心中的疑问。在这一点上，诺斯罗普不但错误地将中国与印度混为一谈[13]，对东方及西方社会基本特征的定义显然也有偏差。虽然他正确地指出西方人强调抽象和理论，而中国与东方社会更重视具象和实证，却不应该将中国哲学归为审美式的或感性的。

在前几章节我们已谈论过中国人很少流露个人情绪，而美国人和欧洲人却对此毫无顾忌。所以说，诺斯罗普用乔治亚·欧姬芙（Georgia O'Keefe）①的画作"3号抽象"（Abstraction No.3）[14]来代表东方人的生活方式，简直是大错特错。在中国人的生活方式里，人们绝对找不出欧姬芙女士试图传达给观众的那种自由的情感。

诺斯罗普错误地宣称："……由于西方科学、哲学、宗教的逻

---

① 乔治亚·欧姬芙（1887—1986）：美国女艺术家，以半抽象半写实的手法闻名，主题多为花朵微观、海螺、动物骨头、荒凉的美国内陆景观等。她的绘画作品被视为20世纪20年代美国艺术的经典代表。

辑验证所依据的都是抽象且看不见的因素"，可是人们无法确定它们绝对就是正确的，因此，"……西方人对于根据抽象及推理因素得出的伦理、宗教及社会理想也不应过于自信。"[15]但正如我们看到的那样，让西方人尤为自信的正是"那部分"被称为"未知的伦理、宗教和社会理想"——西方人为此不惜放逐、囚禁和献祭。西方人对科学领域的未知现象曾表现出过度的自信，对法国微生物学家巴斯德（Pasteur）所发现的细菌以及弗洛伊德提出的精神分析学说嗤之以鼻。这种对抽象及逻辑的确信无疑，无论表现在对自然世界与上帝的认知上还是在解读宇宙的地心说或日心说的争论上，我认为都是强烈的情感投入所造成的。这种大胆的确定是西方社会精神—文化基石的自然表达，而正是这一基石促成了西方科学的发展和繁荣。

李约瑟不认为中国人弱于假设和猜想。他认为："如果前苏格拉底时期各个希腊学派的思想可以被称为原始科学理论，那么中国人的阴阳五行理论显然并不逊色。"

> 中国科学发展的问题在于它最终未能更充分地利用理论推动应用科学的发展，特别是没有将数学运用到自然现象的种种规律上。这就是说没有一场文艺复兴运动把酣睡在"实证主义"里的中国人唤醒。[16]

可是，中国人既然精通数学，对自然现象也不乏探索的兴趣，为什么一直没能通过一场文艺复兴将二者结合起来呢？李约瑟相信答案要从"社会制度与经济制度的独特特征"里去寻找，并且立即谈论到中国人在生活习惯、基本法制观念和宗教观念等领域的共性。游牧民族要学会如何驱赶和控制家畜，而农耕民族只需遵循作物的自然生长规律。儒家思想中的"礼"[17]仅适用于人类社会，西方的自然法则却具有适用于人和物的普遍性。最终，"为了确信自然世界具有理性，西方思想不得不假设（或为了便利而假设）存在一个理性的造物主，安排并掌控着这一切。"另一方面，李约瑟还认为：

> 中国人的世界观形成的思路恰好相反。人与人之间和谐共处不是源于外在的、至高无上的力量，而是因为每一个人不但是层级分明的宇宙整体构成中的一分子，而且也在遵从自身天性的指示。[18]

在一定程度上，本书的分析与李约瑟的思路不谋而合。各个民族在科学与技术领域的行为模式当然不可能凭空产生。同一种行为模式将会一次次地流露在民族文化的各个领域。本书在前面各章中曾重点分析过，个体从最早与父母相处的关系开始一直到建立与同伴的关系，这个过程将主导他如何对待神明和万物。如果中国人建立了神与人都"是层级分明的宇宙整体构成中的一分子"的世界观，是由于他们种植的作物不能被驱赶和操控，那么在发展出农耕文化之前，只能靠采摘野菜或四处游牧为生时，中国人的观念又是怎样的呢？（除非我们接受一种可能性极低的假设，即中国人从最初起就是农业生产者。）

另一方面，本书在第十一章和第十二章谈到，个人中心、自我依赖的美国人不仅有决心控制和积聚物质，而且一步步地按照自己的形象在理论上塑造他们至高至上的上帝。因此，我不能认同李约瑟认为中国人在上古时期曾有过"（本土）上帝的观念……但它很快失去了个性和创造力"。[19]中国人确实一直相信天帝的存在，然而没有证据表明中国人曾经赋予这个神灵那些后来又被丢弃的"个性和创造力"。一直以来，中国人的天帝观念也同个体的人一样是等级分明的宇宙整体构成的一部分。随着时间的推移，中国人进一步强调了这种关系，以至于天帝甚至不再是最初那个开天辟地的神明。

犹太教与基督教认为，上帝创造了人类与万物且超然于它的造物之上。鉴于美国社会的个人中心倾向,人们很容易接受以下这一观念,即上帝按照它的意志在一场大洪水中将少数选民以外的一切造物全部毁灭。中国的天帝没有这般本事。如果他竟敢于这样做,他很可能像一位现实中的君王那样从宝座上跌落。在中国神话里,蛮荒时代的洪水既不是由神明为惩治人类而兴,也不能由于神灵的干预而平息(参见本书"后记")。相互依赖的文化模式从人的世界延伸到神的世界,因此不可能迈出这样毁灭性的一步。随着时间的流逝,西方的个人主义逐渐强化为自我依赖的文化,在强化通过"物"的控制来控制"人"的过程中,西方人时常倾向于祛除上帝身上的某些特质。

观念上的区别是造成中国科技发展虽有良好开端却被西方迎头赶上的根本原因。中国特色不是诺斯罗普眼中"与情感等同"的审美观念,而是人际间的相互依赖使得人们认为强烈的情感投注不合时宜,且无心探索未知的事物。诺斯罗普认为西方人应该控制自满情绪,但西方人通常并未这样做。西方人过于相信自己的宗教信仰与意识形态,以至于不但大规模地改宗,而且不惜用武力强迫他人改宗。中国人反而恰恰做了诺斯罗普认为不应该做的事。中国有一句成语"破釜沉舟",但麻烦的是,大多数中国人从不觉得自己置身于毫无退路的处境之中。

中国人和美国人一样渴望成功。可是,如果一个男人无法获得世俗功名,他的妻子——尤其是孩子——还有亲戚朋友仍会接纳他。中国男人的社会地位是不可剥夺的。同样,中国人会攻击他们的敌人,然而即便在复仇情绪的驱使下,仍小心翼翼地不把对方逼至墙角。中国有不少这方面的俗语,如"切勿得寸进尺""得饶人处且饶人""穷寇莫追"。西方历险小说《格利佛游记》的主角孑然一身,浪迹天涯,而中国同类小说《镜花缘》在第一章就提到,它的主人公由朋友和姐夫陪伴。中国人永远不会孤单一人,哪怕是在想象之中!

中国人的这种心态使得他们在处理法律纠纷时更愿意由中间人来扮演关键的调解角色，而摒弃了西方社会里由律师和法律判定谁对谁错的方式。中国人不愿意追根究底，加之以顺其自然的心态对待宗教，这些特质共同阻碍了科学的发展。一个不走极端、偏好中庸的民族，一个科学家不相信科学理论中蕴藏着终极真理，一旦与感官经验不符就立即更改的民族，它又能成就怎样的科学呢？投身科学的必要条件之一就是具有深刻且时常近似于荒诞的想象力。没有这样一种矢志不移的探索精神，无法抵御他人的嘲笑与社会的抨击，科学就无法真正走向成功。

中国人缺乏深刻的想象力以及全身心投入的情感驱动，还可以解释为什么按照西方的标准，中国音乐竟是如此原始粗陋。[20]中国音乐与更趋成熟的西方音乐相比有两大特点：缺少和声和过于注重标题曲目。无论有多少器乐同时合奏，每种乐器都是同声同调。中国音乐理论不够精密，乐器从未实现标准化，音阶变化不多，就中国的体量和历史而言，乐曲曲目少得可怜。

中国音乐在几千年的历史上并非一向如此。正如科技的发展一样，古代中国的音乐成就（在乐器及理论领域）也曾长期领先于西方。许多年来，一些中国历史学者在谈及中国音乐时，总有一种"失乐园"的感慨。据他们强调，古代中国曾拥有比现代中国多得多的乐器，宫廷里时常上演大型的管弦合奏，有时一起演奏的乐师超过100人，中国音乐理论也发展到一定高度。音乐是古代的六艺[21]之一，孔子把它视为一种陶冶个人性情的重要手段。在中国，有许多广为人知的、与音乐有关的故事，如春秋时期，俞伯牙坐在幽谷内弹琴，闻声而来的樵夫钟子期感受到他演奏乐曲时的心境，高山流水，得遇知音；再如汉朝时，司马相如到卓王孙家作客，夜弹琵琶，打动了寡居在家的卓文君，两人私奔，成就一段姻缘佳话。

得益于李约瑟及其合作者的艰苦工作，读者在今天可以更全面地了解中国古代音乐思想与技艺。[22]中国古人曾用木头、芦苇、金属和石头制造出极为精美的乐器。据史料记载，早在周朝（大约在公元前1100年）时，每年的3次大祭就已经离不开音乐了，冬至时用3种音阶、6种旋律的音乐，夏至时用4种音阶、8种旋律的音乐，祭祖时用3种音阶、9种旋律的音乐。

中国古人采用五音程，但对半音和七音程也有了解，大约在公元前4世纪，就已经掌握了近似于毕达哥拉斯音阶（Pythagorean scale）的十二音全音程。他们能够处理"半音程的移位变化以及在同一音阶中用变调的方式产生的精妙变化"[23]。要做到这一点，必须精确掌握音符的振频及音符间的准确间隔。为了解决变调的问题，明朝皇子朱载堉在1584年左右发明了固定音程的十二平均律，将八度的音程按频率等比例地分成12等份。[24]迄今为止，这种方式仍然是西方音乐定音的基础，但人们通常都认为它是由17世纪德国音乐理论家安德烈亚斯·威克麦斯特（Andreas Werkmeister）发明的。李约瑟在分析了全部证据之后，指出欧洲独立发明平均律几乎是不可能的。他认为这一发明是由荷兰数学家西蒙·斯蒂文（Simon Stevin）从中国传入欧洲的。他在书中写道：

> 我们必须公平地说，欧洲近300年来的现代音乐可能深受中国数学成就的影响，虽然我们至今还弄不清楚具体的传播路线。发明者的名字不像这项发明本身那么重要。朱载堉很可能愿意率先指出是谁做出了这一发明，而不太愿意抢夺其中的功劳。但是，率先利用数学原理平均调整音程的这份殊荣，理应由中国来享有。[25]

然而，在经历了发展的高峰期后，中国音乐走上了与中国科学一样的道路。朱载堉发明的十二平均律，对于西方音乐的发展至关重要，但"在他自己的国家却被束之高阁"，与他所处的社会文化环境格格不入。清朝末年，中国音乐只剩下了西方人口中的"标题音乐"，即重在表现故事情节，与视觉形象紧密结合。音乐基本上只服务于舞台表演，戏剧乐章与表演者的动作步调完全一致。至于说书人运用的音乐，它不过是叙述的陪衬，不考虑绝对音准和音质，连调子都是相对的。

况且，中国音乐虽然一度领先于世界，却一直没有和弦方面的发展，我甚至怀疑中国音乐是否真的曾经企及一定高度，从而允许中国艺术家可以像西方同行那样拥有广阔的艺术发展空间。众所周知，日本保留着许多古代中国的文化。日本的古筝，大概就是中国现已失传的古琴，在演奏上确实需要精湛的技艺，韵律格外动人。但是其他失传的古代中国乐器是否如此，我就不敢多言了。

1968年，国际人类学与民族科学联合大会（International Congress of Anthropological and Ethnological Science）在东京举行。在开幕式上，日本政府在国家剧院安排了一场古乐演奏。据解说词介绍，日本古乐源自印度支那半岛、中国、朝鲜等多种文化。演奏乐器包括笙、木笛、七孔长笛、六孔韩国笛、三面鼓和小锣。大约15位演奏者穿着传统服装，一边演奏一边列队缓步行走。它听起来像是一连串延绵不断、无变化的音符；就我个人而言，并未听出旋律具有玄妙、独特和多变的趣味。

中国音乐的缓慢发展，与手工艺和绘画上的造诣构成了鲜明对比，后二者就产品本身和形式而言都对全世界有深远的影响。一些评论家认为这是由于中国画家社会地位高，而乐师大多被归为劳动阶层。然而，中国手工业者同样处于社会底层，但他们却创造了无数精美绝伦的瓷器、玉器和象牙制品。况且，西方的作曲家和演奏家也并不特别受人尊敬。意大利小提琴演奏家帕格尼尼和肖邦曾被当作卖艺人，与佣人同吃同住，而莫扎特和贝多芬在宫廷里的地位比小丑好不了多少。

这一差异的真正根源要从事物的本质中去寻找。手工艺和绘画是视觉的、静止的；音乐则是听觉的、虚幻的。视觉感受通常比听觉刺激更持久。所以说，中国有句古语"百闻不如一见"。西方作曲家也不得不强调反复重复主旋律的必要性。中国人由于采取以情境为中心的生活方式，再加上一向忽视内心与情感，很难将稍纵即逝的听觉感受推至更深的层次。只有熟悉的事物和直接的感官体验才能打动中国人。他们对高度抽象的事物很少表现出兴趣。

于是，中国音乐总是离不开人的活动——舞台、说书人和戏曲演唱，人的因素在中国人的意识里早已先入为主，并进一步导致了传统对音乐的限制。中国古代音乐十分丰富精妙，但同样离不开从节气祭祀到祖先祭祀的一系列宗教仪式和社会活动。中国人不曾产生探求内心或外部世界的欲望。在这样一种氛围里，音乐与科学上的想象力被完全地扼杀掉，而对绘画和手工艺的审美在本质上也是常规的、静止的。绘画和手工艺的灵感来自具体实在的事物——亲切的自然环境，它们的表现形式也是可见的物体，因而它们与音乐艺术相比获得了更长足的发展。

西方的作曲家，与画家、雕塑家一样，受到个人中心的生活方式的影响，总是向内心去寻求个人的意义，以及自然世界与熟悉事物的意义。因此，西方艺术在现代涌现出许多故意扭曲的形式，扬弃一般公认的创作标准。在西方的科学界与艺术界，这种致力于超越即时性、探索未知、发现真谛以及创造独特性的努力是非常普遍的。在更早的时期，艺术家一般很难从文化传统、时代压力中获得完全解放。正是艺术家和科学家这种解放自我的持续努力，塑造了丰富多样的西方艺术和科学思想。

世界各国推崇古代中国手工艺及绘画艺术，但很少有外国人真正欣赏中国音乐，这还有另外一个原因。它是由听觉刺激和视觉刺激的差异引起的，而与上述艺术的精致程度无关。如果中国艺术家采用的素材是视觉上的而不是听觉上的，对日常感官体验的再创造是容易被异国文化所接受的。以传世名画《清明上河图》为例，画家在长达5米多的画卷上，描绘了数百个正从事不同活动的人物。[26]

这幅彩色巨制记录了北宋时期都城汴京的繁华景象。画家所要做的只是忠实地描绘出他所看到的一切，他从未尝试将众多元素融合在一起，构成一个主题突出、和谐统一的整体。假如有人把街市上的听觉元素以同样实事求是的手法采集下来，恐怕很难在西方艺术界引起同等关注，因为他们只会听到人欢马叫、锣鼓齐鸣，一通杂乱无章、喧闹刺耳的合奏。

缺乏家族之外的志愿组织

本书第十一章介绍了中国人对待经济活动的态度，并且提到中国人不喜欢背井离乡。他们一心依附原初族群所赋予的安全感，即使在中国帝王实行对外政治、军事扩张的时期，也很少远离故土。中国社会里没有为扩张势力作先遣军的群众基础。中国历史上的确有几位远赴西域的著名"探险家"，比如汉代（前206—220年）的张骞和班超。但是，这些人只是凤毛麟角，一是不能激励后来者群起效仿，二是很少会像三国及其他时期的英雄人物那样，被奉为神灵（这是中国人常见的做法，参见第九章）。中国人有厨神、戏曲之神、泥瓦匠之神，唯独没有旅行之神。唐代远赴印度取经的高僧玄奘、法显以及数千名没有留下记载的僧人，跋山涉水，不辞辛劳，不是为了中国的扩张，而是为了将佛祖真经引入中国。

这些事例反映了中国人及中国文明的一个典型特征：缺少家族之外的志愿组织。经过本书前面各个章节的分析，现在指出这一点应该不会令读者感到吃惊。就这一特征而言，中国社会和美国社会（以及其他西方社会）再一次呈现出本质性的差异。

中美两个社会在微观上都存在由父母子女构成的家庭和村庄、城镇等地域性组织，宏观上则由中央政府主导全国事务。在中国，两级组织之间几乎空无一物，美国的情况却是二者中间存在着数量巨大、种类繁多的非家族志愿组织。所谓非家族志愿组织，是指人们为了促进或削弱某种共同利益而跨越地域、社区、家族联系自发创建的团体。这类组织包括三K党、白人公民委员会（White Citizens Council）、美国有色人种协进会（NAACP）、救世军、美国民权同盟、薯片制造商协会、美国劳工联合会、共同事业（Common Cause），以及一些教会组织。防止虐待动物协会、飞碟观察者协会（UFO Watchers）、身心灵作家与集邮者组织，实质上也属于同类团体。相形之下，中国社会在数千年里从未发展出类似的组织。

下面的图表说明了两种不同的社会环境：

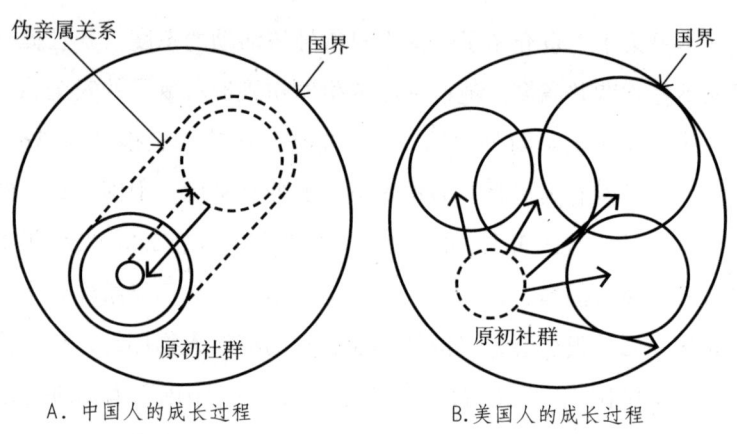

A. 中国人的成长过程　　B. 美国人的成长过程

某些特殊的原因会使中国人离开他的亲人和家族，但他们总是试图回归，要不然就设法在他们新进入的非家族社群中建立伪亲属关系。因此，中国人的家族越来越大，而非家族社群不但体量小，而且无足轻重。这种血缘上的至关重要的联系，阻碍了中国人全身心地投入非家族组织或国家事务。至于美国人，他们时刻准备要脱离父母、家族的保护；只有非家族组织才能满足他们的社会需求。在美国，非家族组织数量不断增长，而家族组织一直人丁稀少，联系松散。从家族至上的教条中解脱出来的美国人，可以全心全意地投入非家族组织以及国家层面的事务。

惜字会、施材会和戒酒会是传统中国少数几个志愿性的非家族组织。惜字会花钱请专人背着篓子，手拿尖头的棍子，到街上四处收捡带字的废弃纸片。每天的工作结束后，这些人将收集到的纸片拿到当地孔庙一个指定的大缸里焚毁。中国人认为文字是神圣的，不能随意玷污。施材会负责照顾鳏寡孤独和穷得揭不开锅的穷人。戒酒会将酗酒者聚集在一起，讨论远离酒精的益处。

这些组织只是地方性的，一般隶属于某个村庄或地区，从未形成全国或全省性的组织。重要的是，类似的中国组织丝毫没有表现出扩张或集中化管理的倾向。比如说，施材会从来不会推动公众教育、扩展会员，主持每年例会并讨论如何向人们提供更多帮助。事实上，这些地方性组织相当松散，最后往往沦落为当地一些学者、富户的爱心工程。

行会、社群协会和秘密团体也是非家族组织。屠夫行会、丝绸商行会，还有其他一些由雇主和雇员共同构成的行会，大多是半志愿性的。这些组织的地域色彩极为强烈，一个小镇按不同区域可能有两个或更多屠夫行会。

中国的社群协会，俗称"会馆"，一般拥有众多会员。截至1949年，北京城里还有许多地区性会馆，如浙江会馆、广东会馆等。从浙江、广东到北京的旅人在各省会馆可以获得诸如短暂住宿、接洽联系等多方面的帮助。上海设有宁波会馆、无锡会馆……专为同乡人提供服务。换用美国人的思维来理解，纽约市内的芝加哥商人俱乐部其实等同于"芝加哥会馆"。中国各地有数百个会馆，但是没有一家具有全国性的规模，会馆的兴衰一般取决于同乡人出外旅行的需要的多寡。

秘密社团是唯一接近全国规模的志愿性非家族组织（例如在长江沿岸活动的青帮），表现出一定的扩张倾向。秘密社团有时会参与政治，它们在1900年义和团运动中打出"扶清灭洋"的口号，后来也参与过孙中山反清的一系列革命活动。但是它们的组织原则是家族式的，而且大多从事烧杀抢掠的活动，不能被列为社会体系的常规构成。

这些事实再次印证了本书的基本结论：以情境为中心的中国人过于依赖家族和地方组织，以至于对传统以外的目标和更广泛的同盟全无兴趣。只有少数人才能摆脱安稳、近乎静止的状态——他们要么是亡命之徒，要么有其他理由不得不远离中国社会。

我们可以从朱载堉的生平里找到一些支持这一结论的证据。前文提到，李约瑟认为朱载堉是"第一位运用数学理论发明平均律"的音乐家。那么，贵为皇子的朱载堉为什么会对这样一个课题感兴趣呢？

> 1536年，在中国诞生了一位最杰出的数学家和音乐理论家，他就是朱厚烷之子朱载堉、明仁宗朱高炽的六世孙。朱载堉因父亲无辜被皇帝治罪，深感愤懑，于是在土屋独处19年，潜心钻研数学、音乐和历法，获得不少成果，最后结集出版。[27]

朱载堉的与世隔绝与帮会成员的活动显然是不同的，但是两者之间也有共性。我们不禁要想象假如中国摆脱掉这一束缚，它会献给世界多少伟大的发明，但是，这种推想显然毫无意义。朱载堉的构想"在中国几乎无人问津"，这同样是具有典型性的。如中国历朝历代涌现出的许许多多探险家、征服者、发明家、天文学者和思想家一样[28]，这位皇孙没有获得民众的支持。

中国人对于共同事业缺乏热情，也是因为缺少家族之外的志愿组织。中共政府希望借助一些激进措施而努力改变这种现象，但往往引起西方媒体的大肆报道和误读。我们在下一章还将继续讨论这一问题。同时，我必须指出，孙中山抱怨中国人好比"一盘散沙"，他正是要指出中国人的这种性格缺陷。读者在阅读本书之后，将会认识到中国人并非总是"一盘散沙"。在涉及家族和地方社群的利益时，他们表现得十分团结，有如牢不可破的磐石。只有在不涉及其原初社群时，"散沙"特性才会展示出来。

1964年，一些社会学家在对台湾省台北市古亭区的调查中再一次得出了符合上述论述的结论。古亭区总人口为139107人，本地人和外省人各占一半，[29]其中90%的人口具备读写能力（15%大学学历、32%高中学历、45%小学学历）。研究者认为该社区的人口大多属于"中产阶层"（22%"上流阶层"、50%"中产阶层"、28%"下等阶层"）[30]。该地区有涉及农业发展、劳工、就业信息、女性及老年人问题、专业学术等公共组织。然而，抽样调查结果显示：（1）至少有一半居民根本不知道这些组织的存在；（2）另一半居民虽然知道它们的存在，但从不参与或利用它们；（3）只有1%的居民与大部分公共组织打过交道。教会、寺庙、历史悠久的地方性组织和图书馆的情况要稍好一些。大约有10%的居民曾经加入或利用过这些传统性组织。[31]

知足的代价

中国人对以共同事业为目标的组织缺乏热情，不能掀起挑战权威的公民运动，而且对于构建新思想、发现新理论、征服新领域的天才人物更是一向缺乏支持，为此，中国社会已经付出高昂的代价。对个人的过多保护不但延滞了整个社会的发展，而且使它在回应西方挑战时显得十分迟钝和不合时宜。此外，大量个案证明中国人的安全感并不总是那么可靠，有时只是虚幻的镜花水月，而且经常成为个人苦难的直接根源。在我妻子家乡发生的一件事，有力地证明了这一观点。

一位寡妇辛苦地将独子抚养成人，期待儿子早日成家立业，她就可以安享晚年。不幸的是，当地突然爆发霍乱疫情，她的儿子不幸丧命。在儿子离世后的几个月里，这位寡妇声称每晚都听到窗外有铁链铿锵的声响。悲痛欲绝的她认定是怨鬼掳走了她的儿子，邻居们纷纷认可她的说法。[32]怨鬼只有抓住她的儿子，才能投胎转世。铁链的声响说明她的儿子正试图摆脱恶鬼，回到她的身边。

这个故事里存在两个相互关联的惨剧：其一，寡妇在突然之间失去一切安全感；其二，她由于缺乏现实手段来面对这一灾难而不得不承受更大的心理痛苦。这位寡妇没有其他人可以依靠，而微薄的家产不足以保障生活，与那些陷入同样境遇却没有类似指望的美国老人相比，她的痛苦显得更加强烈，更具有冲击性。中国人通过把人间苦难的根源转嫁给宗教世界，又为自己不去纠正、改善自然环境与社会环境中的问题找到了新的借口。

在这种人际关系模式下，中国人在人与人之间寻找救赎，只关心眼前的具体事务。这种观念虽然营造了社会和谐，但也必然伴随着不思进取与机会主义。中国人之所以不思进取，是因为通常情况下他们能够获得令人满意的安全感。中国人与原初社群的关系是牢不可破的，倾向于用相对的眼光去判定正误、真假、是非，同时他们又表现出机会主义的一面。中国人唯一确定的是特定个体所需要承担的责任。不思进取的人不会想要建立应对危机的机制。根据个人情况来区分对错、是非观念模糊不清的人没有理由抗争社会的不公。中国家庭内部又是另一番景象，双方互惠的责任不但是明确且经久不变的，而且构成了伦理道德基础。

显而易见，当人们认为整个世界非黑即白时，冲突是难以避免的。然而，如果你把世界统一地看成灰色，那么，你要么学会妥协，要么选择循规蹈矩。冲突不是仅仅酿成人间悲剧，有时也会带来人类的进步。屈从和妥协于社会规范，的确可使人类远离狂热、迫害和战争，但同时也会造成个人及社会的短视和停滞不前。它束缚了所有的自发冲动，不管它们是高贵的，还是卑劣的。这种静止的心态使西方人对中国人产生了"神秘莫测"的第一印象，中国人则把西方人的主动性看成是"难以揣度"的性格特征。

中国人对人过于信任，因而也容易受人牵连。而且，大自然随时准备着抹去人类的劳动成果。如果将人的行为和自然现象都解释为神的意志，我们显然就不可能避免这些悲剧。人类只有在建立了中国人在历史上从未了解的、更绝对的抽象观念之后，才有能力回避或抗击天灾人祸；只有在超越了眼前的具体事务之后，才有能力掌控自然，为人类带来更多福祉。如果中国人不改变彻底的相互依赖的心态，他们就无法向富饶的大自然索取经济利益，难以改善中国社会的普遍贫穷；如果中国人继续漠视抽象观念，就无法遏制到处横行的社会暴行；中国人将继续缺乏创新动力；中国的艺术、科学、经济和政治——仍将如19世纪那样停滞不前。

注释：

1. Howard S. Levy, *Chinese Footbinding*, p. 39. 这本书从中国文化等角度详细介绍了缠足这一风俗。
2. Lin Yutang, *My Country and My People*, p. 165.
3. 中国在辛亥革命以前鲜有学生运动，但孙中山在推行革命时，他的支持者中确有一些人是学生。
4. 经济学家Milton Friedman现在依然四处进行类似的布道。他的理论显然已被英国首相撒切尔夫人付诸实践。一场巨大的政治风暴即将袭来，因为自那以后英国经济问题日益恶化（See *San Francisco Chronicle*, March 7, 1980）。
5. 直至100多年前，中国才第一次出现了代理客户出庭的律师。在这之前，中国只有讼师，在英国相当于为客户准备诉讼材料、但不出庭辩护的人。
6. Albert Feuerwerker, "Comments" on "Nineteenth-Century China: The Disintegration of the Old Order and the Impact of the West" by Kwang-ching Lin in Ping-ti Ho and Tang Tsou, eds., *China in Crisis*, p. 188.
7. Joseph Needham (with the collaboration of Wang Ling), *Science and Civilization in China*.
8. 例如，$(2^5-2) = 32-2 = 30$；结果可以被5整除。
9. 难以通读李约瑟的巨著的读者可以读一下另一本简明扼要、但内容同样准确详实的中国科技史的著作，A.L. Kroeber, *Configurations of Culture Growth*, pp. 183–199.
10. Needham, *Science and Civilization in China*, vol. 4, pt.1, p.333.
11. 同上。vol.2, p. 303。
12. Northrop, *The Meeting of East and West*, p. 338.
13. Francis L. K. Hsu, *Clan, Caste and Club*, p. 1. There are also large psycho-cultural differences between China and Japan. See Francis L. K. Hsu, *Iemoto: The Heart of Japan*, pp. vii-x.
14. Northrop, *Meeting of East and West*, pl. XI, Captioned by the author "the Aesthetic Component— The Differentiated Aesthetic Continuum."
15. 同上，p. 297。
16. Needham, *Science and Civilization in China*, vol.2, p. 579.

17. 不过，后世儒家学者所说的"理"，其实本质近似于道家的"道"，"两者都不包含法家学说的内容。"（同上，p. 579.）
18. 同上，pp. 576-579, 582。
19. 同上，pp. 582。
20. 古印度音乐都比古中国音乐更先进，不过它的发展路径与西方音乐全然不同。关于这一点，本书不作进一步讨论。
21. 其他五艺为礼、射、御、书、数。
22. 同上，vol. 4, pt. 1, pp. 126-228, Section H "Sound (Acoustics)"。
23. 同上，pp. 168-169。
24. 同上，p. 216。
25. 同上，p. 228。
26. 这幅作品是由纽约大都会艺术博物馆以高价购买收藏的，一向被视为馆藏珍品。该作品被部分复制以便向公众展示。这幅画有许多个版本，无人能确认哪一幅才是真品（包括大都会博物馆收藏的这一幅）。这些版本大同小异，分别被藏于日本、中国大陆以及台湾地区。众多的版本再一次证明中国人不愿意改变既有和已被大众接受的事物。西方画家对原作的摹仿仅限于合法的临摹练习，或以剽窃为目的的仿制，但是他们总是试图超越原作，创造出自己的独特之处。中国画家则倾向于追随传统，临摹得惟妙惟肖、难分真假，是对中国画家最高的评价。在这里，传统的束缚显易见。
27. 同上，p. 220。
28. 有关另一位中国学者的科技成果被众人遗忘的故事，参见 E-Tu Zen Sun, "Wu Chi's-chun: Profile of a Chinese Scholar-Technologist," in *Technology and Culture 6*, no. 3, (1965):394-406。
29. "本地人"的用法近似于"美洲土著"，是指那些祖先在数百年前就已移居台湾省的中国人。"外省人"指的是二战后才移居台湾省的中国人。
30. Lung Kuan-hai (director and editor of project),《台古亭区社会调查报告》, pp. 45 and 80。
31. Chu Ch'en-lou, "Civic Organizations," 同上，pp. 115-128。
32. 衰老引起的自然死亡不会在中国人中引发这样的猜想，只有突然死亡会被认为是恶鬼缠身。

第十五章
共产主义在中国

人们对二战后的国际形势有许多种解读，其中一种思潮是所谓的地理人种学，换句话说，即是东方与西方的对抗。1949年中国共产党建立政权之后，这一理论赢得了更多支持者；而在那之前，有许多人一度认为俄国在本质上是亚洲化的。我曾经听到一些受过良好教育的欧洲人和美国人议论说，斯大林长着一副东方化的面孔，类似的观念似乎为当代国际事务的演变埋下了一条导火索。有些美国读者会认为最后一条论断子无虚有，但它与一些当代思潮，特别是接近种族主义的思潮，是相吻合的。美国白人基督徒多年来一直设法阻止犹太人移民美国，只因为他们没有白皮肤；美国移民法在20世纪60年代还流露出种族主义的迹象；知名专栏作家公开或隐晦地表示美国在苏联与中国之间应该选择与前者结盟，因为苏联人也是白色人种。还有，如前文所示，"白人优越论"在美国国内依旧盛行不衰。对种族主义者而言，人种可以解释从智力到品行的一切，而人们将这一思路应用到国际关系中，自然也就成了意料之中的事。

另外一种思潮属于社会—哲学范畴。持这种观点的人，通常根据他们自身的侧重点不同，把东西方的斗争强调为自由企业与国有计划之间的经济斗争、基督教与无神论之间的宗教斗争或自由与专制之间的政治斗争。它所面临的最主要问题在于许多发达的经济体正日益表现出自由经济与国有计划相结合的趋势；基督教内部（譬如宗教裁判所以及今天的北爱尔兰）、犹太教徒与穆斯林之间爆发的暴力冲突，远比基督教信徒与异教徒之间的矛盾更激烈、更旷日持久；美国仍然试图与世界各国的独裁者为友，即使他们侵占美国的投资、扣押渔船并挟持外交官为人质。

第三种思潮从强权政治的理论中寻找根源，认为苏联和中国在与美国竞争对世界的霸权。因此，为了防止苏联在欧洲以及中国对南亚地区的扩张，美国必须寻求在全球建立政治同盟，设置导弹基地，并且应在忽视其领袖的人格、能力以及合法性等问题的前提下，为一系列的非独立地方武装提供军事顾问，由此建立对苏联和中国的包围圈。

自1945年以来，世界形势与国际事务的发展错综复杂。为了避免被它们的复杂性所蒙蔽，我们必须牢记两个基本的心理趋向：一是民族主义的兴起。在反抗殖民统治及压迫时，任何一个民族，无论它的人口多么稀少，都要求获得独立和平等。这一愿望不仅表现为在亚洲、非洲和太平洋地区不断涌现的小国独立，还表现在这些小国都要求与美国和苏联互换大使。即使是图瓦卢（Tuvalu）和巴巴多斯（Barbados）这样的小国，它们也会因只向其派驻公使而深感不满。

二是渴望实现西方式的工业化。唯有如此，各个民族在面对西方强权时，才有足够底气要求独立、平等。许多不发达国家宁愿牺牲人民当下的物质生活和幸福，而决心在武器装备、钢铁厂与粮食、纺织厂中选择前者。中国研制核武器只不过是许许多多类似案例之一。一旦我们了解这些心理趋向，中国政府的优选项就显得很容易理解。即使在美国，联邦政府也将1/3的年度预算投入军备，而仅在教育领域投入极小比例的资金。美国政府在20世纪70年代仍允许10%以上的美国公民挣扎在贫困线之下。[1]

尽管民族主义和工业化是在20世纪激发世界变革的最基本的动因，但它们正日益沦落为笼统模糊的语义表达。我们必须不断强调二者与普通人生活的关系，才能使它们继续有益于社会发展。大多数普通人,无论是否受过教育,都不用抽象的方式思考和行动。人们在观察世界以及认识自身时,一般习惯把过去、现在看成静态的。他们希望知道世界上发生的大事将如何影响人们的日常生活。我们要从这一角度出发,来探讨共产主义为何在中国兴起以及美国对此作出的反应。

动荡的中国

中国走上共产主义道路之后,美国各个党派之间一度展开激烈的论争,在热火朝天的唇枪舌剑之中,沉溺于个人中心主义的美国人似乎没有认识到,或者说一直拒绝承认,应该要关注在接受共产主义之前中国人的生活状况。美国人为1949年以来中国政治上翻天覆地的变化感到震惊,同时也为之困惑不已。许多美国人由衷地想问:"对家庭、亲属、故土如此依恋的中国人,怎么竟会接受共产主义呢?"

我的答案包含以下几个部分:首先,共产主义作为一种意识形态和政治体制,是不可能在中国人以情境为中心的生活方式里孕育产生的。共产主义是源自西方的意识形态,显然是从西方传入中国的。其次,中国人不情愿接受任何西方的意识形态。许多人都知道中国人在相当长一段时间里成功地抵制了基督教的传播。再次,截至20世纪40年代末,中国人除了接受共产主义,几乎别无选择。最后一点是,中国人更多是把共产主义当作一种政治体制,而非生活方式来看待。个人中心的美国人必须在事业和宗教中寻找情感寄托;而以情境为中心的中国人生活在由亲属构成的人际网络里,人生理想也因此被涂抹上相应的色彩。

为什么在二战结束后中国人只能选择共产主义?这首先是由于中国社会的痼疾。痼疾之一即为贫穷。[2]受到互相依赖的价值观影响,中国人认为生存之道在于人际关系而不是对物质的掌控。因此,中国经济、科技的发展都是相对滞后的。

第二种社会痼疾是压迫。压迫老百姓不是国民党官僚特有的行为，在某种程度上，它多少由以在人际关系网中找到恰当位置为追求的传统中国生活方式所决定。建立人际关系网被视作解决个人问题的主要渠道，这使得权力和剥削不断滋长，个人几乎无法从中脱身。

这些社会痼疾彼此关联、相互激化，然而也会为某种传统观念所调和。宿命论认为人生境遇和社会变迁都是提早注定的。根据东方人的观念，宿命论与转世轮回、因果报应紧密相关。这一世的穷困潦倒是由于上一辈子做了坏事，而当下所受的苦难会使来世的生活变得比较好。但是，当生活太过艰辛、难以为继时，中国人也经常起来反抗。前文曾经提到，当横征暴敛达到一定程度时，当政府精英过于奢侈腐败时，当社会上下退化到公义全无而唯有专制独裁长存时，中国人将揭竿而起，让新的政治集团上台执掌权力。在冷兵器时代，统治者的军队即便训练有素，也无法镇压被生活所迫、不得不造反的起义军。据历史记载，秦始皇几乎收缴了一切民间的金属器具，但他的王朝仍被一批手持木棍的起义大军所推翻。

西方文化的冲击打破了传统中国里自我存续的王朝更迭。在探讨共产主义之所以能在中国成功时，这是我们应该铭记在心的第三个也是最具杀伤力的一个因素。中国不能再延续她过去的传统，旧的方法无法解决她的现实问题，因为古代社会痼疾已经从根上烂掉，而西方文化的渗透又给她增添了新的负担。

自1840年起，英、法、美率先在军事、政治、经济和文化等领域发起了全方位的对华侵略。其他西方列强陆续加入，直至日本也成为其中一员。外部侵略使中国社会内部发生了巨变。

一旦国门被打开，中国立即沦为贸易不平衡的受害者。因为工业发展滞后，中国的出口贸易远远落后于与发达国家进行的进口贸易。这意味着中国官员从百姓手中搜刮的大量财富通过通商口岸和租界流出了中国。在20世纪六七十年代，美国与邻国之间偶尔出现的几个百分点的贸易逆差都会引起美国人的极大关注，而中国在近一个世纪里一直被迫忍受极高的贸易逆差，进出口贸易差额常常高达70%。

不但经济上举步维艰，政治压迫也不断升级。西方各国和日本的使节在地位上丝毫不逊于中国的王孙贵胄，甚至更加气势凌人；由于受境外豁免权以及洋枪洋炮的保护，一般的外国人比中国警察和大多数官员还要高出一等。现代武器的诞生使一支铁血的精干军队在枪、炮、飞机的帮助下，就足以镇压中国传统的各式起义。大小军阀纷纷占地为王，背后大多有西方列强或日本的支持。军阀之间的混战使得百业凋敝，城市村庄皆被夷为平地，商路严重受阻，苛捐杂税榨干了百姓血汗。与此同时，腐败的官员和横行的军阀却凭借特权在租界里逍遥自在。

1842年以前，作奸犯科的中国人如果想要逃避惩罚，只能通过中国体制内部的运作或设法跨越边境逃往邻国和海外。现在，那些惹祸上身的官员、高估了自己实力的军阀，只需带着家眷财产躲入位于天津、上海等地的租界。不仅家人、财物可以逃避中国法律的管制，这些人及其同伙还可以安心地谋划如何东山再起。中国官员和军阀大多在租界里设一处私宅，以保证家中女性和孩子的安全。20世纪30年代，我多次与朋友在天津英租界、上海法租界和公共租界的街头闲逛，以猜测那些宅邸的归属者为乐。[3]

正是在这样的情况下，末代皇帝溥仪保住了绝大部分皇室财产，用来赞助一些军阀和国外骗子，期望恢复清王朝统治。溥仪先后在美国驻中国公使馆和天津日租界避难，后来又在日本人的胁迫下，成了"伪满洲国"的傀儡皇帝。[4]然而，欲壑难填的日本并不就此满足，于1937年发动全面侵华战争，决意要征服整个中国。这场大战终结了传统中国社会的最后一线生机。古老的修复机制不能再应对新时代的危机，一定程度上西方文化的渗透引起或进一步加重了这些危机。

在生存面前，社会与个人是一样的，必须应对外部的突发事件。这就像是再谨慎小心的司机也逃不过后车追尾、一生工作其中的公司也有可能突然破产那样。当突发事件的后果超出了人为控制的范畴时，个体所能做的只是在事件发生之后选择如何应对，而这恰恰最能体现他的性格。

一个社会有可能被另一个国家的军队征服，为它所毁灭或沦为附庸。征服者与被征服者的差异越大，随之出现的问题就会越尖锐、突出。当西班牙人与英国人在征服南北美洲的印第安人时，当亚历山大大帝的大军在中东各国横行时，当元朝与清朝的统治者在中原大地上建立帝国时，被征服者全然无力左右局势的演变。但这些受害的社会在危机面前同样可以选择如何应对。它们的反应是这个社会生活方式的精确表现。

面对西方的挑战，由于无力阻止列强的入侵，中国人开始审视他们特有的生活方式。这个过程是极其漫长的。中国享有如此辉煌的历史，以至于改变令它痛苦不堪。中国人受缚于家庭、族人和家乡共同营造的安全感，很难组织或投身于脱离了这些传统因素的共同事业。根据以往的历史，一些人相信假以时日，中国社会一定能融合、同化侵略者；另一些人则自信于中国文化遗产足以应付新的挑战，提出"中学为体，西学为用"的主张。

中国人的这些作为（或无作为）显然无法应对新时代的要求。门户开放后，商品、军舰和传教士以及随之而来的新事物、新思想接踵而至，源源不断流入中国。它们是西方世界经济优越性的最初体现。相比于牛津大学的访问学者，行驶在长江上的英国军舰显然是更具说服力的使节。西方教师、传教士和书籍常常无意识地传播反贫困、反压迫的思想，而中国内部的贫困、压迫正是在与西方接触后才变得日益深重，中国人内心深处那些不满的情绪渐渐找到了聚焦点。此外，海外留学归来的中国学生不仅深受西方思想与生活方式的熏染，而且也学会了西方人弃旧立新的那一套。宿命论受到质疑，许多年轻学者站出来呼吁抵制官场的腐败。

尽管大多数人认同应该进行"变革"，但往哪儿变、怎么变却各持己见。中国的局势已经够复杂了，再加上西方社会也处于一个在各方面进行大反思的时期、一个思想激荡和社会躁动的时期，这无疑使中国国内的混乱进一步升级。从西方引入中国社会的文化思潮不仅多种多样，有时甚至是相互对立的。分别写出《国富论》与《资本论》两部皇皇巨著的亚当·斯密（Adam Smith）和卡尔·马克思（Karl Marx）被视为同时代的人而走进中国人的视线，相偕而来的还有美国信仰之父约翰·加尔文（John Calvin）、进化论的提出者达尔文（Charles Darwin）、英国大哲学家约翰·洛克（John Locke）、德国古典哲学创始人康德（Immanuel Kant）、古希腊思想家柏拉图（Plato）和俄国无政府主义者克鲁泡特金（Peter Alexeivich Kropotkin）。从无政府主义到统合国家主义，西方各种文化思潮有如洪水一般涌入中国人的精神世界。知识界热烈讨论着最保守与最激进的西方思想，再以种种形式将其传播给社会大众。

一个世纪以来，通过中国发生的几次重大的以及多次规模较小的革命，读者可以看到西方思想大杂烩对中国造成的具体影响。1851年，太平军征服了中国近1/3的国土，迅速在南京建立了政权，该政权一直持续到1864年。西方列强一度考虑要将太平天国视为中国的合法政权。这场农民起义由基督教的信徒洪秀全发起。他自称是耶稣之弟，由上帝派来摧毁清政府的黑暗统治。太平天国恢复了汉人蓄发的传统（清政府要求汉人剃发），而且允许女性参加中国传统的科举考试，以此推行对女性的解放。

义和团运动爆发于1900年。拳民包括武师、秘密社团与街头帮派成员，这些人自称拥有将外国人逐出中国的法力。拳民领袖支持清政府的统治，由于拳民中有不少女性，这一运动也提倡男女平等。

1911年，中国人推翻了清政府，在孙中山的领导下建立了中华民国。孙中山倡导的三民主义包含一定的民族主义成分，但总体上继承了西方民主主义和社会主义的思想。1912年，孙中山宣誓就职中华民国临时大总统时声称中国人民"将延续法国和美国人民建立共和政体的历史奋斗"[5]，随后他选择了国共合作。这个共和政权先后遭到保皇派复辟和袁世凯称帝的阻挠。袁世凯短命而死之后，政权又落入各系军阀手中。蒋介石发动了"清党"运动，在1927年北伐成功之后，实现了中国政治、军事的统一。由他倡导的"新生活运动"包含儒家、基督教、基督教青年会及社会主义等多种文化因子。

为什么人数不到中国人口1%的基督教徒愿意投身于太平天国运动？为什么鄙夷武师、认为帮派成员宜于尽快斩首的中国人会支持义和团？为什么对美式民主和阶级斗争毫无所知的中国人又会听从孙中山的主张？蒋介石的特务机关监禁、杀害了不计其数的异见人士，为什么中国人仍然愿意支持这个人？

这些问题只有一个答案。在西方思潮冲击之下，中国民众被迫面对日渐恶化的贫困和压迫，上述运动向他们提供了即时有效的发泄渠道和貌似可行的行动方案。曾任美国驻华大使的赫尔利（Patrick J. Hurley）在演讲中对美国记者俱乐部（National Press Club）的听众指出，"中国共产党和俄克拉荷马州共和党的唯一区别在于后者没有武装。"这是美国人的典型思维。在美国人看来，民主党如果表现不佳，就应该换共和党上台掌权。但麻烦的是，中国人没有两个健全的政党可供选择，只能对着过多的、不能对等的选项而束手无策。在中国近现代史上，革命运动的目标无须一致，方法不必相同，领袖也不必为民众所熟知，持续的时间或长或短，唯一的共同点就是承诺要立即行动，以减轻人民的苦难。

在20世纪上半叶，中国的前景及老百姓的生活，是让人困惑且备感沮丧的。西方列强和日本咄咄逼人，自由、平等、富强的梦想似乎一天比一天距中国人更加遥远。新的希望与它的散播只能使中国人更清醒地意识到个人的痛苦与祖国的沉沦。

在被迫与西方进行角力时，中国人的生活方式陷入了尴尬的境地。无论古代中国曾经如何辉煌和令人自豪，如今这个文明的延续只能依靠全面的革新。换一种说法来表达，即中国人的生活方式要想生存下去，就只能接受那些最终将把中国人珍视的一切逐步毁掉的行为方式和思想。了解到这一点，中国共产党的成功其实应被视作中国人为了应对自1840年第一次鸦片战争以来愈演愈烈的生存危机而展开的一系列革命运动的顶峰。

中国国内外的危机日益深重，然而由于日本发动了全面侵华战争，中国危机应对的能力却被无限制地削弱了。且不说日本对中国民众犯下的累累罪行，堪与纳粹毁灭犹太人的暴行相提并论，这场旷日持久的战争蹂躏了中国大半国土，使国内经济一片凋敝，据保守估计至少有7000万名中国人沦为难民。二战结束之后，日本宣告投降，然而中国国内已是满目疮痍，通胀居高不下。饱经苦难的国人热切期盼建立一个强大统一的中国，以四大强国[6]的姿态屹立于世界之林——但没人知道该如何实现。这就是共产党执政前夕中国国内的状况。

中国共产党力量的早期源泉

许多人认为共产党在中国的崛起是依靠它的土地政策。鉴于刀耕火种的生产方式再加上人口庞大造成的土地短缺，解决中国的贫困问题确实离不开土地。而且，中国国内确有一些大地主占据着难以计数的土地。早在毛泽东强调佃农问题[7]之前，孙中山曾提出"耕者有其田"的口号，获得了众多学者和新闻媒体的一致认可。然而，正如我们在第十二章曾提到的，地主与佃户之间真实的关系并非如一般人想象得那样紧张。佃农占总人口的百分比在全国各地差异很大，一般来说，在南方偏高，在北方则偏低。[8]陕西作为共产党长期经营的根据地，该省的佃农人口比例只有18%。

大量生活悲惨的农民除了出卖劳动力，别无其他谋生之法。他们没有土地，或者太穷，或者没有地主愿意接纳他们为佃农。一些人幸运地获得佃农的身份，可以为同一位雇主工作好几年，运气不好的人只能在各个村子里闲晃，一次打个几天零工。大量农民为了谋生涌入城市。

我们难以确切得知1949年之前短期雇工占总人口的比例。但这个数字在中国农村通常不会少于成年人口的1/4，这显然会进一步扩大无产阶级的人数。

同时，即便在共产党的领导下，土地问题也不能轻松地得以解决。红军在长征结束进入陕西之后，共产党以全国政治战略的需要为由对苏联的土地政策进行了重大修正。[9]1950年，共产党解放了（包括海南岛在内的）国内大部分地区，但仍然忙于修订重新分配土地的纲领。在共产党执政3年后，恰值本书首版问世，中国才刚刚完成土改的初步准备。

根据二战之后的中国局势，我认为共产党与国民党相比至少展现了三大优势：第一，发动劳苦大众参与对生活条件的改善；第二，保证政府的清正廉洁；第三，在面对西方时毫不退让。

在传统社会遇到挑战时，宿命论只会加剧人民的不满。而共产党向人们展示了如何将不满情绪化为具体而有意义的行动。[10]共产党一上台，就监禁和处决了一批素有恶名的地主和官僚。普通百姓可以指认罪犯并参与审判。新政府立即着手组建自治公社，开展各项活动，努力顺应社会结构现实，而不是对它百般抵制。人民自主选举地方官员，决策公共事务。新政府还通过种种方法废除了传统官场里通行的苛捐杂税。这些举措是中国共产党获得支持的第二大源头。

官场腐败在中国由来已久，但是到了19世纪，就腐败的范围和影响而言，它已经愈来愈成为国民经济健康发展的障碍。高通胀率进一步加剧了腐败现象，因为官员们要更努力地攒取财富。[11]

相形之下，中共官员在辖属地则表现得更符合他们的身份，他们的生活起居就和普通人一样，而这与中国传统是不同的。大量证据从四面八方飞来，有的来自中国，也有的来自外国，而不管是赞成或反感共产党的人士纷纷给予证实。中国共产党禁止党员、群众和士兵铺张浪费，而铺张浪费正是国民党政府和军队的象征之一。消费平等不但削减了政府支出，而且消除了腐败的诱因，从而极大地减轻了农民和城市居民的负担。

中国共产党力行减税和治理贪腐，这与国统区赋税奇多、贪腐横行的局面形成了鲜明的对比。因此，中国共产党得以建立广泛的群众基础。在这片收税人的造访可能决定一家人能否顺利挨过冬天的国土上，这些改变无疑会成为人们衡量统治者是否能体察民意的重要标准。

中国共产党获得支持的第三大源头是他们对待西方的强硬态度。100多年来，中国百姓在国内官员和外国人面前，只能扮演卑躬屈膝的角色。显然，在这些"人上人"中，中国官员也是低人一等的。任何中国人都对此心知肚明。外国人也从不加以掩饰。1925年，上海公共租界和法租界的公园门口都挂着"华人与狗不得入内"的牌子。[12]

西方人和日本人经常直闯中国警局或地方官员的官邸，要求立即纠正侵犯其利益的行动。而中国人在动用各方关系、苦苦等待数月之后，最终若能获得听证的机会就算是很幸运了。中国高层官员的做法如出一辙。在国民党政权呼声最高的时期，任何一位美国官员及公民都可轻易获得蒋介石及其夫人的接见。但正如前文所述，中国人假若没有与政治核心圈子的关系，不管出于任何目的，都不可能获得此类接见。

近代中国的任何一届政府，包括国民政府，在面对西方压力时往往不得不受制于人。迟至1925年，为了报复中国百姓的示威和抵制英货，英国派出军舰沿长江从上海深入内陆，直至1500公里之外的四川万县，相当于沿密西西比河从新奥尔良航行到迪比克

（Dubuque），对这座未设防的城市狂轰滥炸。1928年，日本远征军被派往山东省，以阻挠蒋介石统一中国的军事行动。未能得逞的日本接下来又发动了一系列的军事行动，1931年占领东北，1932年侵略上海，1937年发动了妄图征服整个中国的全面侵华战争。

中国人很难不把上海公园的告示，与中国政府对外国人的卑躬屈膝以及列强一连串的暴行联系在一起。不管是知识分子还是普通百姓，有钱人还是无产者，不管有着怎样不同的立场和理想，中国人对外国人在中国大地上的颐指气使都是看不惯的。[13]因此，尽管中国人非常痛恨日本人，在二战期间，他们一旦看到日本人用各种方式羞辱那些傲慢的欧洲人时，还是会为之拍手称快。当欧洲人在日本士兵搜查武器时被要求脱掉衣服，被殴打，在集中营里被施以非人虐待时，中国人尽管鄙夷这种暴行，但多多少少还是会因为中国百年来所遭受的欺凌和屈辱而感到一丝报复的快感。

二战进入尾声时，国民党政府竟然比以往任何时刻都更依赖西方，尤其是美国。它沦落到要完全依赖西方军事和经济援助为生，简直成了列强在华利益的代言人。在战后的三年里，中国各大政治阵营的报纸一致封杀了批评西方人的言论，这在近代史上是前所未见的。

与此同时，中国共产党不但接连发动反对西方势力的宣传，而且很快付诸实际行动。1949年，中国共产党的威望骤然提升，因为他们做了一件历届政府都未能做到的大事——将英国军舰赶出长江。在中国共产党彻底驱逐了近一个世纪以来一直驻扎在上海的外国军队之后，新政权的声誉更是如日中天。美国人认为中国共产党不顾外交惯例，对美国总领事安格斯·沃德（Angus Ward）①及其他人员的处置绝对不能接受。而按英国人的立场来看，鉴于英国政府

---

① 安格斯·沃德：在国民党政府统治末期任美国驻沈阳总领事。中国共产党解放东北后，在沈阳成立了军管会，与原美国驻沈阳领事馆沟通不畅，将沃德及其他领事滞留在沈阳长达一年之久，后又因斗殴事件将其逮捕，最终将其驱逐出境。安格斯·沃德案是新中国成立后中美在外交上的首次冲突。

迅速承认了中国共产党政府的合法性，中国共产党方面却对首位英国驻华大使表现得极为冷淡和抱有敌意，实在是近乎疯狂之举。

中国共产党政府清楚地知道在舞台上时——面对的是国内民众，而不是外国舆论——他们应扮演何种角色，而且扮演得极为成功。这些举措使共产党的执政地位坚若磐石。中国共产党在朝鲜战争中的表现起到了同样的作用，虽然有证据表明中国人根本不想进行这场军事冒险。[14]

这种反西方的心态与中苏之间延续到20世纪50年代的合作并不抵触。两个红色政权随后的矛盾同样也很容易了解。中苏合作不像某些美国评论家所认为的那样，是因为俄罗斯人是"亚洲化的"。除了略有一点地理政治学的色彩之外，这种观点纯粹是无稽之谈。无论就种族和文化来说，俄罗斯都是西方化的。斯大林的政治体制大体基于马克思主义这一西方理论，而且，就其自身来看，也是西方文化趋向与特征的一种必然结果。有关这一点我将在下一章论述。

新中国对马克思主义的接受，以及早期与苏联的密切关系，不足以使俄罗斯人免于中国国内反西方的洪流。19世纪下半叶，沙俄在中国享有与西方列强同等的特权，俄罗斯人一样被中国人又恨又怕地称为"洋鬼子"。爆发于1917年的二月革命使中俄关系出现了两个层面的变化。

首先，苏联正式宣告将放弃它在中国的一切特权。20世纪30年代，国民党政府在试图废除与西方列强及日本签订的不平等条约时受到百般刁难，唯有苏联单方面提出弃权。促使中国人改变对俄罗斯人印象的第二个因素是中国人看到了涌入中国的白俄难民。这些可怜的人不分贵贱，统统被撤了职，财产也一律被没收。一幅大受欢迎的中国漫画描绘出了这些难民的形象：满脸络腮胡子、肩头扛着行李卷的大鼻子小商贩。这一形象与西方人一贯骄纵傲慢的派头相去甚远，唤起中国人对他们的同情而非憎恨，尽管国民党政府在政治上对共产主义采取的是无情镇压的政策。

20世纪30年代初,我正在上海大学读书。我的一次经历足以说明中国人对待苏联与其他西方国家不太一样。我当时是校内辩论队的成员,在准备一个"红色帝国比白色帝国更邪恶"的辩题。我所在的队抽到正方。正、反两支辩论队都为这场比赛准备了近3个月。我们队在比赛中表现得非常出色,我自认为要比反方好,但是我们却输掉了这场比赛。事后,教授和同学纷纷来为我们的出色表现道贺,并安慰我们说,要不是现实情况"明显"与我方观点对立,我们一定能获胜。他们试图说服我们输掉比赛只是因为我们站在了辩论中不利的那一方。

失败的人需要安慰,所以我欣然接受了这套说辞,然而这不是我要表达的重点。一个世纪以来,"帝国主义"这个词曾被加上"大英""美国""西方""红色""白色"等修饰语。人们非常清楚它们的意义。这不是共产主义的发明创造,这些名词的出现基于中国百姓亲眼看到的西方列强及日本对华的大规模侵略。

接下来的分析将会进一步说明,中国人重视与原初社群的关系,奉行与世无争的生活态度,为什么他们会接受一种完全陌生的意识形态,并建立一个深受其影响的政治、经济及社会新模式?

共产党领导下的变革

接受红色政权并不等于在思想上彻底接受共产主义。[15]以情境为中心的中国人,倾向于把未包含在传统经典之内的思想、行为看成手段而非目的。基督教在中国从未真正被接受。一些中国人的确成了虔诚教徒,越来越多的人皈依教会,但也有不少人只是为了享受教会及青年会、学校、孤儿院等附属机构提供的便利。在与宗教有关的第九章、第十章我们曾经提到过,中国人这样做时内心毫无愧疚感。教会及其附属机构在中国人看来只是假借的手段,不可能对中国人与亲属的密切联系以及人生产生重要影响。

中国人对统治者的态度是顺从且敬而远之的,不存在相互控制与认同的关系。中国君主只要能维持社会安定,就可以安然坐在王位上,但是效忠于某位君主、某个王朝,尤其是某种外来思想,这不属于中国人的生活方式。

鉴于个人只是持久的社会网络的构成之一,中国人一向缺少支持共同事业与发展家族外志愿组织的动力。人际关系网可以满足个人的一切社会需要。中国人在社会中被固定于某个适当位置,接受与其相关的种种责任、义务和权利。这成为全国上下一致接受民主主义或共产主义思想的绊脚石,以至于孙中山感叹,中国人有如"一盘散沙"。我们必须认识到1949年之后新中国绝大多数重要措施都与要跨越这一障碍有关。

以"大跃进"为例。从经济角度来看,这无疑是一次失败的尝试。用家庭熔炉生产出来的钢铁怎么可能被有效利用,产生经济价值?此外,由于劳动力转向非农生产,农业生产受到巨大破坏。

个人中心且强调物质控制的美国人,特别关心这一运动的经济效益。但他们没有意识到"大跃进"其实也是推动社会—心理层面的革命的一个机制。在漫长的历史里,中国老百姓第一次感受到个人行为与国家目标之间存在如此积极的联动。

人民公社可作为另一个案例。新中国的事物很少会受到像人民公社那样脱离事实的极度误解。西方媒体最初报道称,孩子们被带离父母身边,丈夫很难见到妻子,甚至有一些美国沟通杂志酸溜溜地描述中国夫妻只能设法在周六晚上秘密见上两小时。

然而,任何一位读者,只要读过本书第五章所介绍的中国婚恋模式,就会意识到美国人的婚恋方式即使在20世纪三四十年代那些所谓"现代派"的中国人看来也是难以接受的。对大多数没有机会读书或干脆就是文盲的中国人而言,夫妻分居两地是很常见的。打点生意的人往往要在远离家乡的地点待满"三载一节"(即三年零四个月)。一个周期结束之后,他们会回家待上两三个月,然后再次离家去工作。农村里的雇工经常一次性离开家人长达数年,有时为了养家糊口，只要有合适的工作就长年漂泊异乡。在这样一种背景下，读者应该就能理解为何在美国和欧洲的唐人街里会聚集成千上万的中国人，他们除了赌博之外没有更大的恶行——这为美国娱乐工业创作《傅满洲》（Fu Manchu）①及其他有种族歧视色彩的电影提供了素材。唐人街里的中国人大多是祖籍广东的无地农民。虽然美国人认为他们的生活方式很怪异，但这正是在中国延续了千百年的生意人和农村雇工的生活。因此，尽管美国媒体对人民公社里已婚夫妇分居两地的现象大事渲染，但这些报道在中国社会里根本不会引起美国式的恐慌。

与人民公社同时进行的，还有1952年的"五反运动"以及1955年至1956年间的公私合营，目的是参照农村人民公社的形式，使工商业主与雇员一起合作经营。与之相关的城市组织被称为"街道革命委员会"，受上一级革委会统一管辖。

农村公社

农村公社日益成为中国社会里极为坚固的基层组织。以上海西郊的梅陇公社为例。在1972年，该公社共有6034户，总人口约24000人，可耕种土地面积为1415公顷。它下设13个生产大队、156个生产小组，拥有5家工厂，共雇佣800名员工，分别生产轻型农用设备、农药、服装、家具以及玻璃纤维。它还设有一家广播站、一个农技站和一家配有全职医生的医院。每个生产大队配有一个由"赤脚医生"主持的诊所，每个生产小组配有一名保健员。公社下辖两所中学、13所小学以及一座饲养场，饲养鱼、猪、奶牛、安哥拉兔子，还提供孵化鸡崽的温箱。公社辖区里有两个小镇，其中7个生产大队开设了自己的商店。

---

① 傅满洲：英国推理小说作家萨克斯·罗默系列小说的主人公，是一个又高又瘦、留着两撮胡子、身穿清朝官服的邪恶博士。在美国19世纪末以来的黄祸恐慌（Yellow Peril）中，傅满洲是最出名的中国虚构人物之一。

最耐人寻味的一点是，生产大队和生产小组是按照村庄和亲戚关系划分的。陇南生产大队第四小组的情况很能说明问题。1972年，该大队有350户，下设的7个生产组分别由同姓聚居的一个自然村的村民构成。这些村庄的名字分别是：（1）高家塘；（2）徐家塘；（3）张家宅；（4）刘家墙；（5）陆家甃；（6）潘家甃；（7）庄家塘。

第四小组刘家墙[16]共有212名社员，计52户，其中只有3户姓许、10户姓卢、4户姓单，其他的都姓刘。

我们在某天下午拜访了该生产组的会计刘林兴的家。他和妻子都是28岁，高中毕业。家里的两个儿子，分别是6个月大和3岁大。他们的住所有两个相当大的房间，其中一间是卧室，另一间是厨房兼起居室。卧室里有两张大床。刘林兴和3岁的儿子睡一张床，他的妻子与6个月的婴儿睡另一张床。

当得知刘林兴的家在整幢大宅里只占了不到1/3时，我感到非常吃惊。他的家被一条宽敞的走廊隔在大宅主体之外。走廊那边住着他的父母（分别是50岁和46岁）、他的弟弟（25岁）和弟媳（26岁）以及两个孩子，还有3个未成家的弟弟（分别是22岁、19岁和16岁）。这幢大宅是5年前修建的，建成两年后刘林兴和他已婚的弟弟决定要分家。

他们为什么决定分家呢？"哦，我们兴趣不同，口味也不同……如果奶奶带着一个孙子睡觉，其他孙子的妈妈会心生嫉妒……所以奶奶建议分家……减少矛盾。"（注意在这里，刘林兴用了一个带有革命色彩的新词"矛盾"。）

在人民革命之前，情况会有什么不同吗？"没什么不一样的"，刘林兴回答说，"儿子们陆续成家后，一般都会主张分家。这样比较自由，有的人希望比别人吃得好一些……如果一家人相处得特别和睦，通常会等到最小的兄弟成家之后再分家……不然的话，就会早早分家。"

陪同我们访问的向导黄同志分享了他的观点，认为在他的家乡湖北省分家的现象不是很普遍。我的妻子作为湖北人，以及我这个东北人,都不太同意他的看法。

那么,分家之后,谁来照顾父母呢?"如果父母能自己做饭,孩子们会贴补他们一些生活费。如果他们老得做不了饭了,家境好一些的儿子要轮流照顾他们(每5天、10天或一个月轮换一次)。如果父母走得动,他们就自己去儿子家里吃饭。如果走不动,儿媳妇就把饭送过去。"

我们在北京近郊、番禺、武汉、沈阳、天津等地的调查结果大同小异。所以,在人民革命之后,正如我们在第五章中强调过的,家族中分家的现象依然非常活跃。传统的血缘及乡亲关系仍然是新时代社会基层组织的基础,最大的变化是土地不再是私有的。分家之后,公社将男人们联结在一起,而国家再将各个公社联合在一起。最重要的新变化是:新的交流方式与工分制。不过,在详细讨论这些问题之前,我们还是先简单了解一下城市公社。

城市公社

1972年,我和家人曾调查过上海市杨浦区,其中四平街道革委会就是典型的城市公社。据我所知,它有9个下属的新村,分别是闸电新村、玉田新村、同济新村、公交新村以及第三至第七鞍山新村。

这些"新村"其实并不全是新建的。坐落在同济大学核心地带的同济新村,早在1949年以前就在当地存在了很长一段时间。1972年,那里有科学楼、学生寝室和教工宿舍等100多幢楼。闸电新村,位于闸北电力公司的厂区之内,也是新中国成立之际就已落成多年的聚居地。在1972年,它有电厂、宿舍和家属宿舍等46幢楼。公交新村也是一样,坐落在一个民国时期开设的公共汽车公司院内,在1972年时,村内共有48幢楼。另一方面,5个鞍山新村是在1953年之后陆续建成的,那里过去是沼泽地、坟地或者只散居着三四十户人家的农田。

四平街道革委会所辖土地超过2平方公里,独立建筑1072幢,人口接近 50 万。它把过去主要由知识分子构成的社会组织，与新近成立的、主要为工人阶级服务的各种组织结合在一起。

在这个巨大的"街道组织"内部，设有 7 所高中，共 7000 名在校生；13 所小学，共 12000 名在校生；8 个托儿所和幼儿园，托管着 1000 多名幼儿。它还设有 1 个购物中心及 5 个分支机构、8 家工厂，员工人数约为 2000 人、1 个邮政局、1 家银行、1 家医院和 9 个卫生站、1 个文化中心、1 家工人俱乐部和 1 座和平公园，园内有虎山、狮园及一个供人们划舟的小人工湖。

在某种程度上，街道组织与农村公社有一些特征是相似的。该组织由半民选的革命委员会负责。革委会可以动员居民参加特殊的公共活动（例如，1971 年 3 月 12 日上海大雪之后动员居民清扫街道）。革委会下设里弄革委会，里弄革委会则下设居民小组，相当于农村公社被划分成生产大队和生产小组。街道组织也像农村公社那样，享有一定的地方自治，居民可以就是否该开一家理发店之类的地方事务进行投票和决策。

不过，街道组织在某些方面又与农村公社大为不同，它算不上是一个合营经济体。街道组织下属的生产单位多是独立经营的实体，只对自己的主管上级负责。例如，同济大学对高等教育部负责；各大工厂分属于不同部委；电厂与公交公司的所属建筑直接由各公司自行管理。

工分制与家族

工分制是将公社与更高一级的社会、经济及政治体制相联系的最重要因素之一。它是这样运作的：每个社员根据预先商定的标准在一天工作后获得一定工分，工分记录在公社的记录簿上。成年男性、成年女性和未成年人每天劳动所得的工分不等。公社社员基本不领取日薪，每天的工分暂时计入总账，按期结算。一般来说，每期总收入的 40% 分给公社（用于集体福利和设备更新），60% 分给个人。各地每期时间与公私分配比例不尽相同，但大体都遵照上述原则。

毋庸置疑，工分制对人际关系产生了重大影响。女人们宁愿出去挣工分，而不愿多生孩子，因为孩子即使有托儿所帮忙照看也会束缚她们的手脚。此外，工分制使女人们可以用妻子、母亲、媳妇之外的标准来认识自己，她们对家庭的贡献被经济化了，变得更为客观、更可预测。因此，工分制可被视为中国女性独立与解放的重要手段之一。它解开家庭的束缚，提高了人们参与家族外公共组织的意识。

有趣的是，一封美国妻子写给热门专栏的读者信，竟也不谋而合地流露出同样的心理。这个女性在信中提到，多年的婚姻生活让她"感到自己除了是个'家庭主妇'之外，什么都不是"。她的丈夫令她觉得她必须要为自己的衣来伸手、饭来张口而感恩于他。但是，一家州立学院的家庭经济系新近出版了一个小册子，其中有一张"按劳动市场标准折算的家庭主妇周薪表"。她看到之后觉得很开心，因为按照这张表中最保守的工资收入标准（例如做饭的时薪为2美元、看孩子的时薪为0.5美元等），她每年的收入可达到7800美元。于是这个女性在信里说：

> 信不信由你，这张表让我更加自信。我不再感到自己像个寄生虫。今晚那位好心先生回到家，我要像一个一年赚8000美元左右的女人一样迎接他的到来，因为我就是那样的人。[17]

这位美国女性的烦恼和她的调整方式很形象地说明了人民公社工分制可能产生的重要影响。问题的关键在于，个人从家族的附属品转变为在一个更大的参照系里独立且有价值的生产单元。个人中心的美国人习惯于从控制物质世界的过程中获取安全感，于是利益计算充斥在个人生活的方方面面。婚姻似乎已是美国人最后的情感避难所,然而前文提到的这位女性解决问题的方式似乎暗示着纯粹的感情在婚姻里也不再是安全的。至于以情境为中心的中国人,他们将人际关系中的责任、义务、权力视为安全感的来源。这使得中国人形成了浓郁的人情文化,事务与人情交织在一起,客观的法律总是难以执行。中国人必须淡化人情观念,同时亟须在经济领域和客观思考方面加强现代化意识,以便建立个人与公共事务的紧密联系。[18]

然而,以情境为中心的观念在中国人的生活中是如此根深蒂固,可以预见家庭的力量绝不会轻易消失。

读者一定还记得第三章里王华买父尽孝的故事。1979年8月25日,《人民日报》刊登了一则真人版的"王华尽孝"。主人公张桂芝和丈夫陈凤鸣在黑龙江省靖安县过着"三代同堂"的日子。她37岁,是当地电力公司的收费员,陈凤鸣则是一家科学研究院的技术员。他们有4个孩子。张桂芝的公婆一直瘫痪在床,在去世前的8年多里,一直由张桂芝负责照顾。1974年秋天,张桂芝在工作时偶遇一对分别姓王、姓姜的老夫妇。这对夫妇过去是手工艺人,膝下无子,现在年老体衰,无力做工赚钱。老头还患有心脏病,不久前才发作过。张桂芝与丈夫经过商议,决定收留这对老夫妇,把他们当成自己的父母。

这家人还有更令人感叹的事迹。1978年11月的一个周末,张桂芝家里传来一阵阵欢声笑语,一派吉祥喜庆。亲朋好友纷纷前来,送上祝福。为什么呢?原来,这一天是张桂芝领养的弟弟结婚的大喜之日。大约在10年前,一个寒冷的冬夜,张桂芝在街角发现一个饥寒交迫的少年正在静静地流泪。经了解,张桂芝得知这个孩子姓高,是个孤儿。她决定把他当成自己的弟弟。孩子后来找到了亲戚,但仍然选择留在张桂芝家里,成为张家一员。

如今,这个姓高的孩子已经参加工作,可以自食其力了。可张桂芝还是忙里忙外,帮他物色未婚妻,购置家具,安排新房。因此,张桂芝虽然并未广发喜帖,还是有许多人"想要为这位善良而充满爱心的长姐送上祝福"。

该报道还接着介绍,王姓老人康复后一心要做4个孙子的"存钱罐",靠养猪补贴家用;他的妻子姜老太太在附近一家小学的商店里卖货,同时负责监管孩子们写作业;张桂芝的丈夫陈凤鸣一有机会就托朋友给"父亲"王姓老人带回他最喜欢的一种北方茶叶;张桂芝和她的"婆婆"互敬互爱,抢着分担家务。

记者最后得出结论:"这一家人正在为实现四个现代化而忘我地工作和学习。"

1980年10月21日,为了回应几天前刊发的一封读者来信,《工人日报》刊发了两封读者回信。在几天前刊发的是一个女孩的来信。女孩的烦恼是她想违背父母意愿嫁给一个男人,但受到了父母的百般阻挠。两封读者回信中的第一封完全站在女孩一方,还引用梁山伯与祝英台的悲惨结局来谴责女孩顽固守旧的父母。信中写道:

> 30年前,法律就已宣布婚姻自主……一般来说,恋爱时征求父母的意见是完全必要的(斜体字是我的个人意见),意见不一也很正常。但是,如果子女与父母的意见有分歧,父母也无权干涉。
>
> 在这种情况下,一意孤行、酿成悲剧的父母,要受到法律的惩处。
>
> 父母操控儿女婚事是封建思想作祟。许多父母认为孩子是他们生的,因此可以任由他们处置。有的父母甚至说,"让他们去死吧,大不了就当我们从没生过他们!"……有些固执的父亲比祝英台的父亲更加可恶,他们会剃掉女儿的头发、脱掉她们的外衣,踢打她们。实在是可怕极了……

信末的署名是"北京化肥制造厂职员郭宝华"。

第二封读者回信来自湖南的龚明,她给那个苦恼的女孩的建议是尽量争取与父母和解。她在信中写道:

亲爱的方同志,你的信让我回想起了我自己的经历。

5年前,我和我的丈夫朱培相恋。我是医院护士,他是煤矿工人。我们的恋情遭到了众人的反对。他们说,"在医院工作的女孩就像一朵鲜花,有钱有地位,很容易在英俊多才的年轻人中挑选如意伴侣,何必委身于一个矿工——真是没出息。"

但是朱培的爱给了我勇气,对这种冷言恶语我充耳不闻。可是我的父母受到了这些压力的影响。他们禁止我再与朱培来往。他们试图跟我讲道理,希望我能认识到自己的错误;他们告诫我不要被感情冲昏头脑,毁了自己的未来!我的父母说,"你是干部的女儿,不能嫁给一个普通矿工!"看到我不听劝告,他们又说我俩八字相克,命中无缘。

我还是毫不动摇。于是我的父母采取了几大对策:托人替我物色新的对象;把朱培给我的信藏了起来;他们甚至到医院领走我的工资,断绝我的经济来源;当我抗议时,他们用棍棒对我一顿痛打。那一刻我确实想到了自杀,但是另外一个想法阻止了我:"这样死去没有任何意义!"于是我悬崖勒马,决定勇敢面对现实。我忍受他们的打骂,不但不生怨气,反而耐心地跟他们讲理,给他们讲述我听到的因父母干涉而酿成的婚恋悲剧。此外,我比以往更加关心我的父母。我父亲患有肝炎,我就亲自给他取药送药;我还主动做了许多家务,以减轻母亲的负担。就这样,我的父母渐渐改变了他们的想法,最终同意了我们的婚事。

这段经历告诉我:我们必须正确对待父母的固执。大多数父母之所以干涉子女的婚姻,是因为他们认为这是为了孩子的幸福着想。世上少有父母不顾子女的幸福而一味固执己见。所以，如果我们能让父母明白什么才是真正的父母之爱，我相信绝大多数父母都会改变他们的看法。

如前所述，中共政府显然有意削弱家族在中国社会的影响力。取缔祖坟、推行火葬、力行节俭的婚丧仪式、改宗祠为仓库、简化在家中祭祖的仪式等，都在推动这一进程。人民公社的工分制是其中最核心的因素，长期来看必定会侵蚀家族的重要地位。但是，我认为不应过高估计新中国下的家族影响力的变迁。共产主义革命的确加速了某些变化，但是它在另一些方面却显得无能为力。再者，新中国成立后发生的一些显著变化，不能完全脱离长久以来西方物质文明和文化思想对中国潜移默化的影响。

干部、新的对话体系与社会转型

在分析这些材料时，另一个事实正变得更为明显：尽管阶级差异仍有一定残留，但就整个社会而言，由财富和收入造成的不平等已经微乎其微。事实上，在新中国，某些工人的工资要高于一些管理干部和刚入职的大学教师。

在工农兵当家做主的新社会，护士龚明恋爱期间时感受到的传统偏见，可能并不仅仅体现在她父母身上。但是，1972年，我和家人到访中国，发现从东北到广东到处可见颂扬无产阶级革命、呼吁全世界无产者站起来的标语。展览馆、艺术馆和体育馆的人口一律挂着红色横幅，上写"为工农兵服务"。"四人帮"倒台之后，1980年我们再次访问中国，发现标语数量大为减少，但内容并未改变。

传统社会遗留的阶级间的显著差别不但在护士龚明下嫁煤矿工人这类事件上表现出来，在国内外学者和专业人士身上也看得出来。1980年我们到访中国时的一件小事生动地说明了这一点。当时，我们用一天时间重游了云南昆明南郊的古城村，二战期间我和妻子曾在那里生活了一年。当天晚上，我们邀请了两位村民，请他们第二天到我们所在的宾馆叙旧并共进晚餐。覃姓村民带来他11岁大的孙女，冯姓村民则由他的一个女儿（一位24岁的农场工人）陪同。

在晚餐之前，我从未意识到我们这群人有什么不同寻常。我自入住这家宾馆以来一直在餐厅大堂用餐，不少美国白人和海外华侨也在这里吃饭。偶有一些穿着中山装的出差干部出现，他们在用可移动屏风隔出的某一角落里用餐。然而这一天，我们一行人刚走进大厅，立即成为大家关注的焦点，白人特别是穿着制服的服务员都向我们投来好奇的目光。两位老乡一身乡土打扮，冯姓村民的蓝色头巾与云南耕田的村妇所戴的一模一样，直接说明了她的身份。

我们选了一个单独的小厅，小厅里的另一桌坐着几个穿中山装的干部。女服务员没有像平常那样一道道上菜，而是在我们落座之前把菜全上齐了。我妻子不由得猜想在不远处的一张边桌上的两个大饭盆是给我们准备的，其中一个盆里盛满米饭，另一个则堆满馒头。女服务员对我们不理不睬，我只好自己出去把她们找来。当她们来服务时，我感到她们的态度由原来的亲切几乎变得有些盛气凌人，提供的服务大不如前，每当我们这一桌有所需要时，她们只是点点头就离开。

我们的做法大概有些不合时宜。我们的村民朋友从未走进这种豪华宾馆，宾馆工作人员也不习惯为他们服务。

那么，这次经历是特别的吗？我并不这样想。1980年10月21日，《人民日报》刊发了一封有趣的读者来信，从另一角度表达了同样的社会现象。这封信来自辽宁省沈阳市民政局，是对全国人大会议期间人大代表崔德志讲话的回应。之前，崔德志向媒体表达了他的看法，指出"中国在这些年来（指"文化大革命"期间）一直对知识分子抱有偏见"。崔德志在谈话中举了一个实例，沈阳市火葬场拒绝为辽宁大学赖副教授提供火葬服务，理由是他的工资"只有79元,远低于能享受火葬的月收入147元的最低标准"。民政局投给《人民日报》的信修正了某些细节，但未否认基本事实。

信的开头写道："赖同志于1980年6月10日去世。"

> 他的遗体被放入棺材并在火葬场火化。6月18日，辽宁大学管理部门在会龙岗革命公墓礼堂为其召开了追悼会。根据市革委会第24号（1979年）文件规定，只有六级及六级以上大学教职工的骨灰才能永久存放在公墓礼堂。赖同志的工资只有79元，最近才晋升为副教授，没有资格享受这一待遇。辽宁大学党委请我们给予特殊照顾。他们解释说赖同志曾任中国文艺理论协会会长，为该领域的发展作出了重要贡献，还创办了一些专业刊物。鉴于他的特殊情况，我局同意了他们的请求，于6月16日将他的骨灰安放在公墓礼堂。

如果在新中国成立之前，昆明宾馆这段插曲是绝不会让我惊讶的。在过去，城里人尤其是一些知识分子、政府官员，甚至包括一些商人，往往把乡下人和农民看成无知的蠢人。20世纪30年代末，晏阳初（James Yen）等改革家大力推动农村复兴运动，我们这些大学生也曾怀着好奇心，到乡下去参观那些泥屋和猪圈。我们作为学生看到这一切时心中的优越感，并不亚于以拯救灵魂名义前来的西方传教士面对中国人的心态。正如我们在第五章看到的，这种现象在一个被划分为士大夫阶层与非士大夫阶层的社会里，并不罕见。可是，新中国成立之后，中共官员一度与老百姓同吃同住，从那时到现在又发生了什么呢？

我们不妨先看一看1949年前后对话模式的改变。

在1911年清朝覆灭后，中央政府与地方机构的对话依然大体上是单向的。中央政府向每个地区派出地方长官。他们是代表中央意志的最低一级行政与司法官员，负责执行上级命令，并不时向上反映下面的民情。而正如第七章所讲，地方民众尽量避免中央政府的干涉，自行解决争端，并努力将政府影响减至最轻。二者关系表现为老百姓对政府敬而远之，而不是相互认同。

中国共产党政府经由人民公社和党组织，建立了一个更严密的全国性行政体制。它设立了工作组，由省政府定期向基层派遣，以开展调查和调解工作。各个工厂、公社、军队、生产队下设类似的小组，定期开会学习毛泽东思想以及如何在实际生活中将它活学活用。

中国共产党政府不但将京剧和标语等传统对话方式应用于新用途，还建立了报纸、广播、流动剧场、电视等新的沟通渠道。报纸在新中国成立之际已存在了许多年，但现在它的读者更多了。广播是在20世纪20年代被引入中国的，然而现在连边远农村都响起了震耳欲聋的喇叭声。"文化大革命"期间贴满天安门广场及全国各地到处可见的大字报，其实也并不是新鲜事物。太平天国运动（1850—1864）前后在中国旅居的一位法国牧师，曾在湖北汉川看到人们用一种标语牌来"批评政府官员，要求他们遵纪守法……这些标语牌简洁生动，极为辛辣，满是犀利睿智的俏皮话"[19]。

大字报在1978年被取缔之后，一种新的大众传播方式悄然兴起——大量读者来信飞入报刊编辑部。读者来信在以往当然也不少，但在"四人帮"垮台之后，读者来信从数量、种类到观点的大胆直白都出现了一次飞跃。

虽然无法详叙我看过的那些信件，但它们大致表达的是如下需求。1979年8月25日《人民日报》刊发的几封读者来信希望增设地方旅馆、公共澡堂和理发店；还有一封信抱怨北京图书馆阅览室不够用，读者每天在门口排成长龙。读者表达的意见还包括：粮食增产后只对干部有利（《人民日报》，1980年10月24日）；有些领导干部认为应该给工人精神奖励（如爱国主义），而非物质奖励，因而竟不让加班工人拿加班工资（上海《解放日报》，1979年8月16日）；因上级管理部门的僵化导致某些公社中药过度积压，另一些公社则出现了药品短缺（《人民日报》，1980年10月20日）；行政命令干预人工造林,造成人力财力的极度浪费(《人民日报》,1979年9月8日)。

中国正在推进一场声势浩大的革命。她的成就是不容忽视的。在30年里,她不但清除了中国大地上的鼠害、娼妓、乞丐和黑帮,更摆脱了疫病、饥荒和军事孤立。尽管金额有限,但中国已从接受援助转向援助他国。她从不向强权低头,坚持独立自主的外交原则。

在50年代中苏交恶之后,苏联从中国撤走专家,中国工业不但没有崩溃,而且一点点还清了苏联的所有经济援助(甚至包括朝鲜战争期间的援助)。中国在重庆、武汉和南京架起横跨长江的大桥,并成功研制出原子弹。有一些难民涌入中国香港,但在任何一篇报道中,他们都不是面黄肌瘦、衣不蔽体的样子。而在1949年以前,人人知道中国城市街头挣扎着许多病弱的、奄奄一息的流浪者。那时的中国被西方媒体描述为"饥荒之地"[20]。

从澳大利亚、加拿大等地大量进口小麦,被西方媒体看作中国共产党政权下民不聊生的证据。但是,三年困难时期(1959—1961)并没有造成1949年之前常见的买卖儿童、街头暴乱、粮食价格飞涨、公开处死奸商等现象。定量配给制保证了有钱的人(总有一些人比别人更富裕)也不能获得比穷人更多的食物。供给的确是匮乏的,中国内地许多家庭收到亲朋好友从西方国家(尤其是美国)通过中国香港寄来的衣物食品。有些家庭收到了国外汇款,根据汇款金额得到相应的购物券,在特定商店购买一定数量海鲜、肉类或人参。[21]

鉴于这些事实,向国外购买粮食难道不能理解为中国共产党政府关心人民的温饱吗?难道不足以说明中国有在其他领域创造外汇的能力吗?难道中共官员不是在努力减轻农村地区的负担,解放更多劳动力参与工厂生产、修建大坝吗?更重要的是,自从与西方社会接触以来,还有哪个中国执政政府能像中国共产党政府这样主动地承担责任，采取相应措施并努力解决民生问题呢？

当然，李克曼①（Simon Leys）一流的批评者会觉得1949年以后中国取得的巨大的物质进步是给民众"洗脑"的代价。[22]中国人在以情境为中心的生活里，一直没有意识到要谴责从众行为和崇扬个人自由。我们在前文（尤其在第四章）曾经论述过，这些观念是个人中心的生活方式的典型特征。因此，我不赞成李克曼的观点。

中国社会与经济结构的革命性转变尚远未完成，甚至还不能实现自我驱动。这一转变要求的不仅是外部结构的变化，还有个体价值的重新定位，以便使个体的社会需求与国家的长远目标相符合。中国社会的转变能否成功尚无法预测；因为中国共产党政府在取得惊人成功的同时，也伴随着一些惨痛的失败。

不过，任何一个对中国共产党政府的成功及失败有深刻印象的美国读者应该深切地反思美国国内尚未远去的历史。

1861—1865年的美国内战使奴隶制得以废除。在奴隶制废除后将近100年之后，美国最高法院才终于宣布校内种族隔离为非法。没有在社会、法律、经济和宗教等领域的诸多努力，没有大规模的游行示威与流血冲突，美国人就绝对无法享有获得法律保护的理想社会。目前有关美国未来的看法，几乎完全视乎于一个人的态度是乐观抑或悲观，有人认为种族问题将逐渐消解，也有人认为它必然导致美国分化为两个国家。

古老博大的社会要完成心理和文化上的转变，将是一个痛苦、漫长的过程。在发生巨变时，这种转变有可能加速，但整个过程注定是迂回和曲折的。

注释：

1. U.S Department of Commerce, *Social Indicators* 1976, p.467. 根据美国人口

---

① 李克曼（1935—2014）：著名的汉学家、作家和文学评论家。他出生于比利时布鲁塞尔，1970年定居澳大利亚，澳大利亚前总理陆克文曾经是他的学生。

统计局1977年的第一份报告，美国贫困人口为2472万，占人口总数的11.6%，与1976年的数字（11.8%）相比变化不大，但是比起1959年的数字来（24.4%）已有大幅降低。(《芝加哥太阳报》，1978年8月12日）
2. 读者可通过以下两本小说了解当时中国的贫困状况：一本是赛珍珠的《大地》，以20世纪20年代的中国社会为背景；另一本是老舍的《骆驼祥子》，细致地描绘了二三十年代中国社会的风土人情。30年代，已算是国民党政府执政时期国民经济表现最亮眼的年代，中国人的年人均收入仅为27美元。而美国在1930—1935年的年人均收入分别为624美元、529美元、401美元、375美元、423美元、472美元（"Personal income by states," U.S. Dept. of Commerce, Government Printing Office, Washington, D.C., 1956)。
3. 在那个年代，许多普通的中国百姓和中国企业也被迫躲入外国租界，以逃避内战的劫掠。有些西方人认为这说明了租界对中国人是有好处的，这种观点无异于是在申明黑帮也给美国人和美国商业带来了"好处"。
4. 被迫退位的末代皇帝溥仪在其自传中向读者讲述了他传奇的一生。Ausin-Gioro Pu Yi, *From Emperor to Citizen: the Autobiography of Aisin-Gioro Pu Yi.*
5. Herlee G. Creel, *Chinese Thought from Confucius to Mao Tse-tung*, p. 241.
6. 在二战期间及战后很短的一段时间内，中国与英国、美国、苏联并称"四大强国"。
7. 参见*Report from Red China*, by Harrison Forman。
8. Buck, *Land Utilization in China.*
9. Edgar Snow, *Red Star Over China*, p.216.
10. Jan Myrdal, *Report from a Chinese Village*, and William Hinton, *Fan Shen: A Documentary of Revolution in a Chinese Village*。
11. 我担心如果通胀在80年代继续恶化，美国各级政府的腐败现象也会随之升级。
12. 有几个曾报道过新中国的西方记者质疑这一记录的真实性。这些记者若不是孤陋寡闻，就是在说谎。
13. 在这一背景下，穿着英国制服的锡克教印度警察往往被中国人戏称为"英国走狗"。
14. 这种心态可以解释为何中国在1976年唐山大地震后拒绝接受美国和其他国家的援助。
15. John K. Fairbank 从另一角度讨论了这一问题。见"The People's Middle Kingdom," *Foreign Affairs*, July 1966, pp. 574–586。
16. 家指的是家族或家庭，而墙、塘和浜都是中国村庄传统的叫法。
17. "Ask Ann Landers," *Chicago Sun-Times*, February 9, 1966.
18. 另一篇相似的分析，可参见Lucy Jen Huang, *The Impact of the Commune on the Chinese Family*, Tempo monograph。
19. M. Huc, *A Journey through the Chinese Empire*, vol. 2, pp. 76–77.
20. Walter Hampon Mallary, *China, Land of Famine.*
21. 人参长期以来被中国人、日本人和朝鲜人视为滋补良药。
22. Simon Leys, *Chinese Shadows.*

第十六章
不平静的世界：共产主义与美国

乍看上去，当下的美国似乎与共产主义扯不上关系，然而美国在历史上也曾如中国一样，在外界压力面前，不得不靠整个社会的内部机制去解决一些它们不能适应的问题。美国与中国一样曾经享有一段与世隔绝、自得其乐的漫长年月。太平洋和大西洋隔开了战乱的欧洲和动荡的亚洲，使美国人得以按自己的方式主宰自身命运。从心理角度，美国一度如同中国一样闭关自守。但是，几乎就在一夜之间，城墙被打碎，海洋化为池塘，地理优势不再意味着国家安全。如今，任何一个民族都不可能忽略外部的世界，也永远不再享有绝对的自由。世界瞬息万变，个人与国家生活则受其牵引，随之起伏。

在中美两国社会，有许多人无法面对人们惯常获得心理满足的模式与当下现实之间的矛盾，或者对未来悲观绝望，或者把回归过去视为唯一的希望。中国人梦想着重回传统的儒家社会；至于美国人，著名经济学家米尔顿·弗里德曼（Milton Friedman）所宣扬的绝对独立、不受任何约束的自由企业仍然受到许多人的追捧。同样，在两个社会里，一些人希望摆脱、逃避周遭的麻烦，选择到艺术、商业、娱乐、科学等领域去寻求避难；另一些人则希望找到一个唯一、简单的解决方案，譬如东方神秘主义或者别的什么，能在一夜之间扭转乾坤。这些都是城墙倒塌后通常会出现的状况。

然而，中美之间的相似就止步于此。这里我们必须再次讨论在保护外壳之下中美社会生活方式的巨大差异。中国人的生活是静止的。中国犹如一头睡狮,最大的问题要将她唤醒,使她从日益走向衰弱的麻醉状态下振作奋起。美国的情况恰恰相反。美国精神几乎等同于"活力"一词。我们在美国历史上看到的那种朝气蓬勃、开阔视野,以及在他处完全看不到的无忧无虑,绝不是偶然的。最初表现在欧洲思想里的那种不断扩张、进取的梦想,在美国人的生活方式里终获实现。它是美国的伟大成就,尽管美国国内外都有一些"优雅的灵魂"对随之而来的物质主义幽灵深感忧虑,但美国没有必要向这些人以及自己的良心致歉。

有许多人讨厌,甚至憎恨美国[1],但亚非各国里数以百万计的、挣扎在死亡线上的人仍然对它艳羡不已。衣食无忧的小资产阶级和知识分子当然不一样,这些人对所谓的物质主义是非常着迷的。1950年(正值朝鲜战争),中国共产党政府代表团成员在参加联合国大会时在纽约购物,美国媒体和情报机构认为这意味着他们的宣传工作取得了卓著的效果。事实上,中国游客在美国历来如此,忙着购买照相机、家用电器和汽车。在一些中国留学生心目中,理想生活就是住美国洋房(便利实用),吃中国美食(美味可口),娶日本太太(温顺体贴)。

除了所谓的物质成就,美国民主对那些在军阀、暴君和各式各样独裁者统治下饱受压迫的人而言,也具有极大的吸引力。美国政府存在种种问题,美国国内物质的极大丰富必须在其他方面付出代价,但是如果可以像美国人那样生活,世界上绝大多数受压迫、奴役的人都会毫不犹豫用任何代价去交换。

这是目前美国在亚洲面临困境的原因之一。就在不久以前,第三世界国家还在以惊讶、畏惧,甚至有些艳羡的目光仰视西方文明。可是西方文明与它们的传统是格格不入的。这些民族并不情愿接受西方模式,一度有些茫然失措。然而,二战之后,国际局势发生了巨大且迅疾的转变。有些民族已经掌握了制胜西方的方法;有些一度出于畏惧心理而被奴役的民族不但找到了西方列强的弱点,还见证了亚洲军队大败西方军队的奇迹；还有一些一度对西方文明叹为观止的民族，现在已经相信自己有能力改善物质生活，中止受他人奴役的命运。

造成动荡的导火索多种多样，各个政党的纲领、方法以及领导方式也各不相同。但是，最基本的情况在世界各地都是一致的。极少数尚处于殖民地或半殖民地状态的国家在竭力摆脱身上的束缚；刚刚获得独立、但政治经济状况仍十分薄弱的国家，以西方为榜样谋求进一步的发展。美国几乎在不知不觉中，就被卷入了这一世界各国挣扎向上的漩涡。

美国的困境

在耗费巨额资金帮助西欧恢复经济之后，美国继续投入巨资以保障它的军事安全。这并非出于慈善心理或一时的情感冲动，而是为了实现国防战略。欧洲内部的问题已经相当棘手，实际情况更远比想象中复杂。欧洲在各个历史时期的殖民地、受保护国和势力范围正处于相互纠缠的双重压力之中。世界各国的民族解放运动、国内革命及势力争夺中常常出现共产党的影子，美国作为反共的带头人，自然会被人们贴上帝国主义或其继承人的标签——人们确实有充分的理由这样做。在盲目地决定帮助法国人镇压越南独立运动后，美国接替了前殖民者的角色，并且将这场战争美国化。在这个过程中，美国先后试图帮助越南的末代皇帝保大，独裁者吴庭艳，军阀阮高奇、阮高绍等人保住权力，而其中有些人曾与法军并肩战斗，镇压自己的国民。不妨想象一下，美国民众怎么会容忍他们的政府首脑与敌人同流合污呢？

此外，即使在共产党的势力尚未渗透到的地方，美国出于某些政治需要，仍然认为有必要支持某一殖民势力或独裁者。美国至今并未用实际行动或相关政策表明：在看待南非共和国政府对黑人实施的极端暴行时，它确实能够理解非洲人民的感受。

在美国人看来，这不过是反共的一种手法。但在其他国家的人民看来，事情远不是如此简单。许多人认为莫斯科传来的攻讦看似与自己在日常生活中看到的现实并不抵触。美国用促成菲律宾的独立来证明自身立场，正如苏联着意渲染其境内乌兹别克人的幸福生活一样，不会产生多大作用。菲律宾人和乌兹别克人不关心埃及农夫、纳米比亚叛军、伊朗激进分子或中国农民的境遇。然而，他们对现状非常不满并决心改变，任何承诺关注其需要并表示将立即兑现承诺的"主义"都不会遭到他们的拒绝。[2]

在这方面，历史因素对美国是不利的。在新中国成立之初，亚洲及非洲各国对苏联的强权尚没有认识。他们唯一了解的就是欧洲列强的霸权。正如第十五章所述，北京城曾被包括俄国、美国军队在内的八国联军洗劫一空，但到了20世纪30年代，中国人已不再认为苏联是他们重大的威胁。这种心态迄今仍未改变；中国人还认为西欧各国代表最后一批殖民主义者，美国站在它们一边，共同抵制苏联。

在这样的背景下，只要美国站到过去及目前的殖民势力一边，它就立即成为对方宣传机器的攻击目标。让我忧虑的是，无论美国今后如何解释，亚洲接下来的几代人都不会相信在第三世界人民所关注的事务上，美国没有设立双重标准。

因此，不少观察家认为共产主义自二战结束之后已取得相当可观的进展。

完成工业化之后的西方在向世界其他国家伸出干预之手时，同样是不遗余力的。东亚各国和伊斯兰国家在这种扩张压力下不可能"悠然自在"地接受西方模式。时代的需求和压力加快了变革的步伐，这与红色莫斯科的存在无关。早在苏联顾问鲍罗廷（Borodin）到达广东之前，中国人已从欧洲、美国学到了立即行动的真理。正如美国人所说，在接触列宁思想及资本主义理论之前，中国人已经接受过挫折教育。孙中山在夏威夷一所英国教会学校接触到西方思想，视美国为中国未来的典范，倡导以三民主义——民族、民权、民生——为理想建立一个新中国，这个时点也比列宁到达圣彼得堡要早上许多年。

真正令美国人感到不安的不是共产党取得的"进展"，而是国际社会未经其许可就发生了翻天覆地的巨变，这恰如一个世纪前中国面临的窘境。直至1842年，中国人还习惯于被看作"天朝臣民"，被迫切要与中国建立邦交、效仿中华文明的"蕞尔蛮邦"所仰视。同样，美国人自以为高人一等，独立、慈悲、坚定不移，把美国视作上帝为其选民营造的天堂乐土。美国人乐于向穷人和不幸的人散发救济，恰如西部片里的"好人"一样，虽然不情愿被推选为地方治安官，但一定会竭力尽责、清除麻烦，以便让人们幸福地生活下去。[3]中国从迷梦中惊醒之后，对局势演变感到无能为力，除了顺应潮流，别无选择。美国人则到现在还未完全认清国际形势的走向。

自19世纪以来，世界发生了怎样的改变？一个明显的趋势是，军事优势正在失去它的作用。19世纪中叶以来，中国与西方的一系列军事冲突通常被称为"战争"，然而这些战事其实真的"微不足道"。在鸦片战争中，英国只派出少数军舰，主力舰"伏拉骥"号不过是一艘护航的轻型帆船。[4]1857—1858年间，英法联军兵力不超过1万人，然而这支联军不但拿下广东，且一路向北，先占领天津港，接着于1960年入侵北京，一把火将中国皇帝的行宫圆明园夷为平地。[5]

这些战事中最激烈的是1900年义和团运动，以慈禧太后和皇帝匆忙逃离京城，八国联军（包括美国军队）占领北京告终。1901年签订的《辛丑条约》做出了比以往任何不平等条约更大的让步，出让租界、开放港口、允许外国人在中国传教。胜利的一方不但获得在京城使馆区驻军的权力，还获得了高出当时美国联邦预算一半以上的巨额赔款。[6]在这场迫使当时拥有4亿人口的天朝大国屈辱投降的战争中，联军开进京城的兵力总数约为2万人[7]，战争从头至尾持续不到一年。

这与60年后美国在越南战争中的体验简直是天壤之别。在越战中，超过50万装备精良的美军，虽有强大的海空支援，却始终没能打垮越共的斗志和主力。在1900年，中国之所以如此迅速、轻易地屈服于一支小小联军，不是因为武器低劣、组织松散，而是由于全国人民面对西方进攻时在心理上缺乏斗志。在那个时代，全世界都在用敬畏、嫉恨和多少有些勉强的尊敬目光看待西方列强。

蒋介石领导下的中国在多次战败、大撤退后仍然拒绝投降，使日本首次领教了一个弱国同样可以痛挫军事化、工业化强国。中国此举将300万日军牵制在中国动弹不得，所造成的人力、物力消耗直接导致了日本败亡。假如有更多美国人吸取到日本侵华战争及朝鲜战争的教训，他们就会更有力、更迅速地站出来反对美国政府轻易卷入越南战争。遗憾的是，这个假设没有成真。

个人在群体内的威望在很大程度上取决于人们从不质疑其领导，自愿向其退让。如果他不得不挥舞大棒或耗费金钱，迫使众人认可他的权威，那么他实际上就没有树立起任何权威。一个国家的威望也同样如此。可惜，多数美国人还没有认识到这一点。

这就是美国目前的困境。它一度与世隔绝，但两大洋及门罗主义（Monroe Doctrine）已经无法再确保它与世界的隔绝。美国习惯了想帮助谁就帮助谁，随其心意干涉他国事务。它一向掌握着主动权。然而，现在这一切永远改变了。过去驯良的各个民族已武装起来，不会再为小恩小惠而感恩。它们不但对现状不满，而且没有耐心静待事态变好，甚至以接受苏联援助、接受共产主义为由威胁美国。美国已经失去了按其意愿选择援助对象的主动权。它必须要到处去救火，可出乎它意料之外的是，大火已经四处蔓延。

美国的选择

鉴于美国个人中心的生活方式，中国巨变自然会使美国人试图追究"失去"中国的美国政府的责任。然而，将共产主义的传播，尤其是它在中国的胜利，归咎于美国个别官员或国务院，岂不等于把20世纪30年代的大萧条完全归咎于胡佛总统和共和党？[8]"美国人接下来该怎么办"这个问题迄今仍然没有准确答案。

美国只有三条路可走：其一，继续支持台湾国民党政府当局为当前乃至未来中国的唯一合法政府；其二，围堵中国共产党政权；其三，主动缓和与中国共产党新政权的关系。

回顾过去，美国对华政策基于这三个方案构成了三个阶段。否定论——不承认中共政权——情感上虽可获得满足，但长远看来并不现实，不会带来任何实际结果。

为了满足自身的优越感，美国必然会选择第二条路——围堵中国共产党政权。不幸的越战和杜勒斯（Dulles）[①]愚蠢的多米诺理论[②]已为历史所摒弃，我们不应该再受到它们束缚。著名记者、普利策奖获得者大卫·哈伯斯塔姆（David Halberstam）已经用其逼真的记叙告诉我们艾森豪威尔等三任总统如何一步步使美国陷入泥沼。[9]

需要澄清的是，美国围堵中国共产党政权的政策基于两个错误的假设。首先是仅靠武力就能阻止苏联式或中国式的共产主义的继续传播。罗马当权者的反对从未能阻止基督教在欧洲的传播。而亚洲虽然承受着西方的军事压力以及社会、政治和教育等各方面的渗透，但是它的大多数人民不会接受基督教。人类学教给我们最重要的一课即文化的传播绝非偶然。外来文化若想在新的土壤里生根发芽，就必须适应这个社会的心理文化需求，本书称之为生活方式。

其次是中国人从古至今一直热衷于开疆拓土。西方人经过近300年的殖民历史，很自然地将自己的行为方式投射到中国人身上。中国历史上确实不乏为扩大版图而开启战端的帝王，但是中国的开

---

① 约翰·杜勒斯（1888—1959）：1953—1959年间出任美国国务卿，冷战初期美国外交政策的主要制定者。
② 多米诺理论：最早由美国总统艾森豪威尔提出。这一理念意在为美国加强对东南亚地区特别是中印半岛的扩张制造理论根据。

拓与西方殖民活动相比存在两大基本区别。

前文曾经提到，就整个民族而言，中国人不爱冒险，相互依赖的生活方式使他们具有向心性。移民是中国人最后的选项，只有在发生人力难以控制的天灾战乱时才被考虑。中国历史上的军事征服很少伴随大批中国人涌入被征服地定居的现象。在中国最具扩张性的汉、唐、明、清时期以及郑和七下西洋的实例中，皆是如此。蒙古帝国几乎征服了整个亚洲、大半个欧洲，然而我们从未看过有哪个中国人写的欧洲游记堪与《马可·波罗游记》媲美。

第二个区别是，中国君主对疆界内的国土及附属国国土是区别对待的。中国皇帝对国内叛乱毫不容情，但对于那些附属国，只要它们不致添乱，并且承认其藩属地位，中国皇帝往往听之任之，任由其按照自己的方式管理内部事务。在历史上，越南（安南）、泰国（暹罗）和缅甸等国都与中国维持着这样一种关系。这些王国的统治者定期派使者携带贡品前往中国首都，呈递国书，表示对中国朝廷的敬意，同时期望获得它的庇护。各国的具体情形不大相同，但是多数情况下，这些统治者期望获得中国君主颁授的印信，以此作为在本国统治的基础（或加持）。中国高级官员的官印，最大的足有一尺见方，是官员特权的象征。中国皇帝的国玺更是庄严尊贵。

藩属关系的建立有时完全基于附属国的意愿。据《宋书》（成书于公元6世纪初）记载，日本国王多次请中国朝廷认可其地位。[10] 暹罗与中国的藩属关系相对更持久、稳定。明朝初年（约在公元1378年），一位暹罗国王接受中国册封，并获得上镌"暹罗国王之印"的印玺。后来缅甸侵入暹罗，杀死暹罗国王，囚禁王储。新国王（王储幼子）继位（大约在公元1400年）后，专门请求明朝皇帝另赐一枚印玺（旧的那枚在战乱中遗失），称：

  暹罗部领数十国，非天朝印不得调兵。[11]

按照惯例，藩国使者在京城接受盛大款待，再带着中国皇帝的回礼返回。1736—1820年，暹罗进贡不少于23次，每次均由一名重臣率领10多个随从携带分别送给皇帝、皇后的大批礼物。这一行人海陆兼程，单程至少要走八九个月。暹罗1787年送来的贡品尤其丰厚，送给皇帝的是雄象雌象各一头、6只犀角、2条西洋毛毯、10卷西洋花布、300斤象牙、300根柚木、10具孔雀尾羽等；送给皇后的是，除大象之外，上述物品各自减半。[12]中国史书上没有确切记载回礼清单，但其中通常包括各式丝绸。有证据显示，中国皇帝格外慎重对待与藩国的外交。明朝一位皇帝就曾诏告（约在公元1375年）暹罗及其他藩国不必再进贡，以免劳民伤财。

中国与附庸国的交流从未伴随大规模的殖民或文化入侵。在过去的1000年，假如中国人像欧洲人一样热衷移民和传教的话，华人早就已经遍及南洋和西方各国，人数要比今天多上许多许多倍。[13]

中国与其附庸国的关系主要基于威望，不涉其他。因此，第一位西方使节被中国人当作进贡的使臣。乾隆皇帝在颁给英国使节的上谕中自称："其实天朝德威远被，万国来王，种种贵重之物，梯航毕集，无所不有。"

当然，历史上没有扩张倾向并不意味中国今后也将一直如此。中国在西方的压力下，为求复兴，不得不接受普及教育、共产主义思想等一些非本土事物。但重点在于，中国人与西方人相比一向不倾向于扩张，即便在中国共产党领导下，仍对军事冒险表现得谨小慎微。[14]假使中国共产党政权试图"干预"别国事务，那也必须被看作它对西方压力的回应。有些美国黑人希望在宿舍、教室等处设立黑白人种分别使用的公共设施。这不能被理解为他们想要推行种族隔离，而显见是其自卫的一种手段，至少是向白人至上的象征提出抗议。中国的行为是与之相似的。

事实上，中国人是否是扩张主义者并不那么重要。重要的是，美国需要制造一个特别的威胁，以便重建它历史上一度坚不可摧的

"围墙"。这才是围堵政策的真正根源。它的心理支撑是如此强烈，以至于美国人延迟了对第三种选项的慎重考量。它不愿与新中国缓和关系，直至美国在越战中一败涂地之后，这种心态才发生转变。

在1972年尼克松总统访华之后，尽管又有包括前总统杰拉尔德·福特（Gerald Ford）等一系列要人到访中国，但直到1979年两国才恢复正常的外交关系。这个过程之所以如此漫长，主要是由于中国中央政府坚持的三个前提条件，分别是:(1)与台湾当局"断交"；(2)中止美蒋之间的"共同防御条约";(3)撤出驻扎在台湾的美军。有趣的是，美国政治家安德鲁·杨（Andrew Young）在被卡特总统提名为驻联合国大使之后不久，在发言中宣称美国有意与越南恢复正常邦交关系。他为什么这样说？是因为美国需要"一个强大的越南"，一个像南斯拉夫一样独立的马克思主义国家，作为"中国'向外扩张'的缓冲"。可见，美国人实施围堵政策的心理至今不死。

在本书1953年版中，我曾写道：

> 支持与中共建交的人通常寄希望于这将成为瓦解"北京—莫斯科联盟"的第一步，他们认为毛泽东会成为亚洲的铁托。人们有理由认为中国不会像苏联那些东欧附庸国一样紧紧追随苏联，现在不是，今后也不会成为苏联的傀儡。但是反西方的情绪在中国如此强烈，我们不能期望中国政府会像铁托那样热情地拥抱西方。

当时，中苏关系尚未破裂。中苏关系的破裂曾使一些学者觉得困惑，但也令另一些人对中美关系向好抱有不切实际的期望。而我虽然正确地预测到中苏关系的破裂，但没有料想到北京会打破它自中美邦交正常化之后的一贯姿态，对华盛顿表现出极大热情。毕竟，在几年前，谁会想象可口可乐会在中国罐装并销售呢？

亚洲学会中国理事会（China Council of The Asia Society）在

1979—1980年的冬季通讯中指出:"20世纪80年代的中美关系将日益走向切实、复杂。学者交流、商贸旅游以及各层面的私人交往已经使美国人对中国的印象大为改观。"

我丝毫不怀疑中美交流将进一步走向"切实、复杂",然而我认为要谨慎看待"印象大为改观"这种说法。美国一直拒绝认清中美关系的现实,根源就在于美国人的生活方式。正如前文所述,这种生活方式的特征是害怕低人一等。美国人通过获取财富,以及在商业、宗教、人种,甚至两性关系的竞争中不断获胜来抵御这种恐惧心理。美国人高谈平等,而他们要的平等是自己必须比别人拥有更多平等。因此,美国人若要确立一个现实可行的对华政策,最大的绊脚石就是他们害怕失去这个国家的优越感,就如同自我中心的美国人要承认自己低人一等一样。然而,美国人对于祖国的自豪感,正在受到中国以及更多亚非国家的挑战。以下这番抱怨不是来自中国人,而是由一位与美国关系友好且其祖国接受了大量美援的印度人发出的。

> 最近我刚结束了对印度和几个东南亚国家为期5个月的访问。在那里,我再次意识到当地人对西方势力的憎恨主要是由于西方人的傲慢自大。"白人教父"自认为知道什么东西对于落后的亚洲人是好的,而且亚洲人必须拥护他们的主张,如果不接受,他们也要强加给亚洲人。正是西方列强的这种态度使得亚洲民主国家不愿接受——尽管它们的意识形态与西方民主相一致……这些批评不是共产党或无时无刻不在诽谤西方民主(尤其是美国民主)的游客提出的,而是那些读过托马斯·杰斐逊、亚伯拉罕·林肯、富兰克林·罗斯福的著作,了解美国历史和传统的亚洲人提出的……
>
> 现在,民主自由的亚洲国家共有5亿人民。他们的国家大多刚刚摆脱西方殖民者的统治。这些人正在为祖国的独立、自由、民主而努力奋斗……这一切会带来怎样的后果呢?答案就

是：亚洲人不愿再被忽视。他们拒绝再被看成世界的二等公民。再则，忽视这些刚刚独立的亚洲国家的蓬勃发展等于是在冷战中，以及在有些还算不上冷战的地区招惹事端……美国曾经赢得亚洲人民的普遍好感。虽然这种好感业已消失殆尽，但是亡羊补牢，犹未为晚。如果西方民主国家希望成为亚洲民主国家的朋友或同盟，就要接受它们并且平等相待。要么收获无保留的友谊，要么就将毫无友谊可言。[15]

脱胎于殖民地的史实及对家庭生活的重视，理应让美国人意识到没有谁比那些刚刚获得独立的国家和人民更加珍视自己的权利。然而，美国人却不能容忍这些亚洲人和非洲人对平等权利的声索。按照上文中的印度人所说，尽管美国人有争取平等的传统，但在看待他人的同等努力时，却表现出严重的"保留心理"。

一旦发现过去的弱者获得平等地位，自我依赖的人必然将其理解为自身优越地位的丧失。为了抵御内心的不安全感，美国人必须靠众人的赞扬、入住高等社区、加入私人俱乐部等显著标志来确保地位，有时甚至不惜向"劣等人"施加暴力，以免其逾矩犯上。就国家层面而言，经济援助往往不及军力的增加更能缓解对落后的忧虑。

在这一视角之下，我们便可理解为何二战以来美国向西欧提供的经济援助是所有东亚国家的2.5倍，年度军费则高达二战后历年来对外援助总和的好几倍。[16] 仅就援助而言，美国显然更倾向于援助欧洲，而非亚非各国。欧洲人作为白人，虽然不如美国，却仍要比亚洲人、非洲人优越。至于是选择援助还是武力，美国人根本不会任由他人决定。

除了武力之外，西方人对东方人的优越感有时还表现为对中国及中国人的"关爱"。

在70年代末，我和妻子受邀参加一些美国教育家及企业家妻子所组织的午餐会，并向她们简要介绍中国近况。这些女士将随同丈夫前往中国，进行一次时长3周的访问。她们匆忙翻看导游手册，快速学习中国历史地理知识。她们知道中国人不习惯付小费，那么该送导游什么礼物才能适当地表达谢意呢？如果到中国人家里做客，又该如何避免冒犯对方？

她们的研究材料里有一封长信，是其中一位女士的朋友提供的，据说这个朋友与中国有密切联系，而且中文流利。原信实在太长，在此只摘录以下部分：

> 我真为你们高兴，而且希望我正整理的行装是为了去中国而不是瑞士。两年前到访中国对我来说是一次真情之旅，我又见到了儿时的景象和街道……相信你们已经得到许多建议，以下建议或许有些雷同……带上一小瓶胶水……大多数邮票没有背胶，而且买的胶水也不好用；带纸面火柴——那里只有一种笨重的木盒火柴，不便携带（你可以通过火柴来辨识一个国家的生活水平和丰富性）……据某些报道，最不发达的国家仍在使用木盒火柴。

写信的人列出一长串必备品，从茶叶包、速溶咖啡到肥皂、餐巾纸。她在最末处总结了她与中国的"情感渊源"：

> 由于我们前往中国是为了作商务访问，他们（中方）总是急着让我们参观现代化的中国。但是，我却对过去的中国非常着迷。我还依稀记得在天坛公园的祭台下与姐妹们跳踢踏舞的情景。因此，我坚持去看了几个回忆中的地方。

凡是人类学家必然会如我一样，认为不能依据这封信里的信息来了解中国以及中国人。写信人对中国的认识不会超过在非洲打猎的白人对帮忙赶猎的非洲土著或是对被制成标本、挂在客厅的兽头的认识。可是，这些即将到中国访问的美国精英却一定会认真考虑她的建议。

重塑美国人对中国的认知固然仍存在许多问题，但有一点是明确的。那就是任何想要靠武力改变或阻止亚洲改变的人，以及盼望亚洲囿于传统、徘徊不前的人，其想法都显得太过不合时宜。

亚洲人、非洲人以及太平洋岛国居民不愿只守在原地向西方投去艳羡的目光，更不认为只有苏联或美国才知道未来要如何发展。这样的时代早已过去。作为地球上三大强国之中两强，苏联和美国应该懂得与弱者或穷国建立自愿合作关系的重要性，尊重它们希望按照自己的方式谋求发展的愿望。

为此，美国和苏联不仅要理性评估自身的需要，还要考虑亚非各国人民的需要；不仅要参照本国的是非观念，还要参照亚非国家的是非观念；不仅要分析国内的恐惧与忧虑，更要分析亚非各国的恐惧与忧虑；不仅要关心本国的安全和国际地位，更要关心亚非各国的安全和国际地位。

强国应该努力避免让尚未走向富强的国家产生自卑感。正如在任何一个社会，有钱人如果足够明智，就不会试图激起穷人的自卑和憎恶。当美国动用强大的空军要求北越投降，迫使其加入所谓的"无条件谈判"[17]时，人们很容易联想到《圣经》中大卫与歌利亚的故事。西方人崇拜大卫，是因为尽管双方实力悬殊，大卫仍巧妙地击败了巨人歌利亚。自我依赖的个体容易受到这种以弱胜强的大卫精神感召，为自身的科技成就而自豪。可是，北越以及西方以外各国的领导人就一定对大卫与歌利亚的故事一无所知吗？美国人一方面希望自己表现得如大卫一般勇敢无畏，同时又期望别的民族像懦夫一样向它投降，这种心态难道是符合理性的吗？

内部的敌人

上述讨论不是为了否定联合国善后救济总署（UNRRA）、美国国际开发署（AID）、和平护卫队（Peace Corps）及类似机构的意义，更不是在暗示美国顾问为各国提供的建议全然无用。然而，只要美国人的观念没有出现实质改变，这个框架将很难落到实处。在世界各国眼中，美国提供的援助太少，不足以产生效果；它的态度谈不上亲切，反而有些咄咄逼人；而且美国将大量资源消耗在武器生产上。

美国与世界各国的关系非常重要，可是它的重要性仍比不上来自美国社会内部的危机。自从苏联崛起，美国就在国际反共联盟中扮演着领导者的角色，并严密监视着共产主义对美国政界、劳工界、教育界、艺术界的渗透。对照日本人战后对共产主义毫不在意的态度，美国人对共产主义的恐慌太显而易见了。

为了实现帝国主义的野心，日本军国主义政府在二战期间与反共的德国纳粹党、意大利法西斯建立同盟。它入侵中国东北，打算以之为基地吞并整个中国。然而，自从日本放弃成为军事帝国之后，它并不像它的强大同盟——美国那样，格外关注国内及邻国共产主义的发展。但美国人为什么对共产主义如此恐惧呢？

我认为答案在于一种著名的心理机制：人最害怕的事物，往往对他最具吸引力。罗马皇帝下令禁绝基督教，把基督教徒关入狮笼；天主教会憎恨新教，建立宗教裁判所，将异教徒绑在火刑柱上活活烧死。但是，罗马人最终成了基督徒，天主教会放弃了一些教规，允许在祈祷式上不用拉丁语，在避孕药的使用及牧师、修女是否可以结婚等问题上面临愈来愈大压力。仅在义和团运动期间短暂迫害过传教士的中国人，反而成功地抵制了基督教的扩散。美国人如此畏惧共产主义，是不是因为这种意识形态含有某种极度吸引他们的内核呢？

我很难说服自己否定这一假设，因此，接下来，我要进一步分析个人中心的生活方式，以便证实这个看法。

1842年之后，不满现状的中国人有两种需求：经济需求，它不能全由土地改革解决，核心问题在于耗费无度的政府开支；心理需求，即要求重建民族尊严和个人的自信心。中国人之所以接受了共产党的领导，是因为它立即通过减税、反腐满足了人民的经济需求，还使受压迫者当家做主，参与更广泛的社会事务。中国共产党政府敌视并驱逐西方的在华势力，不管这些西方势力是否曾经对中国有过贡献。[18]

西方人的不满情绪与此全然不同，而且要复杂得多。我在本书中反复强调，美国人内心的不安定，主要缘于家庭和社群生活的碎片化以及因过度强调自我依赖而造成的个体孤立。这种不安定在西方各国非常普遍，在美国尤其突出。脱离家庭，又很难与同伴建立亲密关系，西方人不得不在征服物质世界、追寻终极真理的过程中寻找归属感与安全感。这一倾向表现为迥然不同的多种方式，譬如对乌托邦的想象及论述、科学探索、开发地球和太空上的未知领域、建立商业与殖民帝国、十字军东征及类似拯救人类灵魂的举动。可是，上述种种努力既不能满足个人内心深处对亲密关系的渴望，也不能帮助个人发现在亲密关系中才找得到的人生意义。

我认为重建归属感与发现人生的意义，即为共产主义思想对西方人的最根本的吸引力。

西方人本能地认为共产主义的吸引力与经济分配有关。在一定程度上，这是不争的事实。有证据表明在战后头几年[19]西欧支持共产党的人数上升到一个令人不安的数字，但随着欧洲经济的复苏，该数字又再度降低。这样看来，马歇尔计划（Marshall Plan）①的经费并没有空掷，舒曼计划（Schuman Plan）②等志在稳定欧洲经济的项目也发挥了重要的作用。但是就共产主义政党而言，我们必须看到，支持力度的衰减丝毫没有动摇它们的目标，不曾减弱真正的共

---

① 马歇尔计划：又称欧洲复兴计划，是二战后美国对被战争破坏的西欧各国进行经济援助、协助重建的计划，对世界政治格局产生了深远影响。
② 舒曼计划：1950年，法国外交部长舒曼发表了一项声明，提议"把法国、德国的全部煤钢生产置于一个其他欧洲国家都可参加的高级联营机构的管制之下"，"各成员国之间的煤钢流通将立即免除一切关税"。该声明通常被称为"舒曼计划"。

产党员的忠诚度，而共产主义事业对于西方独立个体的吸引力也没有消失。在亚洲乃至西方，意图摆脱经济、政治压迫的人们一定会义无反顾地加入任何一项带给他们希望的运动。中国人一旦达成基本目标，他们就容易满足现状，不再向类似运动提供进一步支持。正如前一章所述，这种心态是共产主义在中国获得发展的主要阻碍，而中国共产党领导人竭力克服的也正是这一点。但是，对于大多数西方人，即使生活富足，情感上的真空仍然有待填补。他们只有通过不断地向共同事业献身和发起新的征服才能获得满足。[20]

从马克思的历史辩证法及恩格斯、列宁和斯大林等人的经典阐释中，我们可以更为真切地看到共产主义的吸引力。首先，马克思主义的经济属性附着在一个更为重要的事实上，即它为人生提供了方向、目标及信念。它向共产主义信徒揭示了历史乃至日常生活的意义。它提供了一个可以誓死相随的信仰，这一信念进而使追随者相信自己不仅仅是加入了一个政党，更由此成为被历史所选择的人，将有幸指引人类的命运。简而言之，这些信徒将重获西方社会里因个体独立而被剥夺的认同感和使命感。其次，共产主义不像西方广泛宣传的那样，要求个体与西方文化的基本观念彻底决裂。前文已暗示过，事实上，共产主义比人们通常设想的更能融合西方生活方式主流中的一切趋势和特征。

在下面，我们先引述三位著名前共产党员的个人经历，再参照一份专门研究西方共产党的报告，看看它们是否能为本书提供更多的佐证。《上帝也失败》[①]（*The God That Failed*）一书由6个人的传记构成——分别是匈牙利裔英籍作家亚瑟·库斯勒（Arthur Koestler）、意大利作家和政治家依尼亚齐奥·西隆尼（Ignazio Silone）、非裔美国作家理查德·赖特（Richard Wright）、法国作家安德烈·纪德（Andre Gide）、犹太裔美国记者刘易斯·费舍尔

---

① 《上帝也失败》一书收集了冷战时期共产党员的论文，1949年出版时曾引起世界各国文化思想界的极大震动。

(Louis Fischer)及英国诗人斯蒂芬·司班德(Stephen Spender)的传记。

库斯勒：我接受了共产主义，因为我为此已经准备好了，而且我生活在一个四分五裂、渴求信仰的社会……我衷心接受……源于我的个人经历以及同时代的无数知识分子与中产阶级的经历，都已准备接受它；人的际遇各有不同，但这些人都面临着一个共同特性：以往的生活方式、道德伦理在战后欧洲迅速坍塌，同时又感受到来自东方的新的思想的诱惑……"看到光明"简直不足以形容这些新信徒内心的狂喜……现在一切问题都有了答案，怀疑和冲突成为痛苦的过去——过去已经离我们远去，那是一个只有无知的人才愿意停留的无色无味的恐怖世界。没有任何东西能惊扰信徒们内心的平静——除了偶尔担心会再度失去信仰以及生活的意义…… 从道德和理论上来看，这个政党都是绝对正确的……叛党者的灵魂是堕落的，走上了歧途；与之争执，甚至只听他们讲话都意味着与"魔鬼"打交道……（我们是）扭曲世界里唯一正直的人……那些沉湎于这个时代的幻象的人，经历了道德与理智的双重堕落，若不投身于一种对立的信仰，就只能一生承受悔恨与谴责。[21]

西隆尼：当我到了理性的年龄，对我冲击最深的现象是家庭和个人生活……和社会关系之间……鲜明的对比……对于我来说，加入共产党……不仅仅是宣誓加入一个政治组织；它意味着一种皈依，一种完全的献身……加入组织后，不得不改掉自己的姓名，与以前的亲人朋友断绝来往……党成为家庭、学校、教会、营地；要彻底摧毁眼前的世界，建立一个新世界。使每个激进分子逐渐与团体组织认同的心理机制，与某些宗教组织和军校是相似的，也将产生近乎相同的效果。每次牺牲都被当成个人为"解放全人类而付出的代价"。……认为只要将最优秀、最谨慎的年轻人诱惑进热火朝天的台球室就能使其远离共产党,是极端短视、极不明智的…… 我离开共产党的那一天,心情非常沮丧,那仿佛是一个致哀日,在为我逝去的青春而哀悼……我尽量避免……加入任何前共产党的组织或分裂出来的组织……因为我非常清楚这些组织的命运……它们都具有共产主义的缺点——狂热、集权和抽象……但是我对社会主义的信仰……在我心中比以往更为鲜活……我仿佛又回到了第一次与旧秩序对抗的时候:拒绝承认命运的安排,将有限的个人和家庭关系拓展到全人类,盼望四海皆为兄弟,坚信人类应该凌驾于所有压迫他的经济和社会机制……在此基础上还增加了……对人类努力超越自我且因而内心难获平静的敬畏感。[22]

赖特:我遇到了一些男人和女人……他们将成为我生活中最初的获得维系的人……吸引我的并不是共产主义的经济学,不是工会的强大势力,更不是地下政治的精彩刺激;吸引我注意力的是世界各地的工人的相似经历以及将分散但志趣相投的人们组织到一起的可能性……最后,用革命的语言来表达,黑人可以找到家园以及自身的价值……我一生中第一次完全发自内心地承诺……

(赖特谈到了对犯错误的党员罗尔斯的一次审判。)审判是在一种安静、非正式的状态下开始的。同志们坐在一起,就像几个邻居在评判谁偷了一只鸡一样。任何人都可以随时发言……但是,会议本身倒是结构严密,该结构的严密性与人类群居的愿望一样是极深刻的……一个中央委员会成员……站起来描述了一番世界局势……他描述了法西斯在德国、意大利和日本恐怖但尚可控的崛起……这里有必要纠正罗尔斯所犯的过错…… 第二位发言人谈论了苏联作为世界上唯一的无产阶级的祖国所扮演的角色……被告全程未说一个字……在同志们的心里,一个绝对标准必须要确立起来,以衡量他们的作为是成功抑或失败。最后,一位发言人走上前来,谈起芝加哥南岸地区(Chicago's South Side)、它的非裔人口、这些人遭受的种种磨难,并将这一切与世界范围内的斗争联系起来。然后,又有一个发言人……描述了共产党要在南岸做的工作。国际及国内形势与地方现状融为一场惊心动魄的道德批判,在场的人都参与其中……这个场面……使在场每个人心中都涌起一种全新的现实感,一种脚踏实地的感觉。除了教会和它的神秘传说,世界上还没有哪个组织能像共产党一样能使人们如此真切地感觉到人类与大地的存在。临近夜晚时,由罗尔斯的朋友们而非会议组织者提出了对罗尔斯的指控,他们正是最了解罗尔斯的人!……没有一个人是由于恐惧才站出来反对他,人人都是出于自愿……轮到罗尔斯为自己辩护的一刻……他站在那里,全身发抖;他想要说话,但一句话也说不出来……他的个性、他的自尊完全被摧毁了。他本可以不必如此卑微,如果他不认可和接受那种倾轧他的信念,那个让大家聚集在一起的共同信念。"同志们,"他说,……"我承认对我所有的指控……"没有人刺激、折磨和威胁他。他可以走出那里,选择再也不见任何一位共产党员。但是他不愿那样做,也不能那样做。共产主义社会的信念已经深入他的灵魂,生命不息,信念不止。于是,他继续说下去,他如何犯错,又将如何改造。[23]

另外3位作者虽然也受到共产主义思想的吸引,但并不是共产党的活跃分子,因此,我不打算在此引述他们的回忆。[24]可以说,他们的讲述和上面这几篇文字一样具有启示性,区别只在于他们是另一些"从远处崇拜的人"。假如有人以这些人不过是艺术家、知识分子而非典型共产党员为理由提出反对,我必须强调,艺术家及知识分子是其所处社会的一面镜子，足以代表有着真实的不满、需求和呼声的数以千万计的民众。

美国政治家、前旧金山市长罗西（A. Rossi）对法国共产党的组织及运作做了群体分析，并将其成果写入《共产党在行动》（*A Communist Party in Action*）一文。罗西根据一些颇具知名度的前共产党员的讲述，指出党员身份为个人提供了满足感。罗西在其著作中说道：

> （成为一名共产党员）……不像是加入其他政党，而倒像是加入教会，也就是说，虽然不是不能回头，但是一个人只要保持党员身份，就注定要与一种生活方式紧密相连——这种生活方式是如此不同，以至于要想适应它，多数情况下，都必须彻底地改变一个人的部分天性……无论组织和策略多么先进，党的领导对其成员原始的——或基本的——要求就是隶属……党要求掌控党员生活的方方面面，认为政治与个人之间没有清晰的分界。因此，激进派若不能一切听从党的安排，就会招致某些使他不得不停下来的后果。党即是他投入的运动、生于斯长于斯的社群、完全融入的生活方式。它是至高的存在……与其说是个政党，不如说是个教会……乔治·索雷尔①（Georges Sorel）在早期社会主义和工人运动中发现一些复制了基督教组织早期社群的传统和趋向的特征。共产党如索雷尔笔下的"福音派"社会主义，是可以满足大众和精英的某些深层次需求的……共产党的共产主义是一个有着自身的价值观、层级制及传统的"理想社会"，是社会中之社会，而且认为自己注定要打破其所处的那个社会。真正的共产主义者将自己视为另一种政治制度下的公民，遵守其法规并等待着可以将其加于他人的

---

① 乔治·索雷尔（1847—1922）：法国哲学家、工团主义革命派理论家，创立了革命社会主义理论。他认为动员非理性力量进行暴力革命，是实现社会主义的唯一方法。

那天。共产党是新社会的微缩模型，而鉴于新社会已在占地球六分之一的土地上成为现实，就更容易为人们所接受……共产党于是成为激进分子的家庭、生活方式和祖国；它的"精神"成为人们的最高价值，必须不停不歇地加以培育浇灌……无产阶级是如此重要，因为它的历史使命是代表大众利益。共产党作为无产阶级政党，是唯一能肩负起国家使命，乃至全人类命运的政党；因此，它身处金字塔的顶峰，一言一行都代表着广大民众。[25]

人们普遍认为这一切代表着某些与西方社会迥然不同的观念。罗西认为"新型政党"正在塑造"新法国人"。在此，我想引述美国历史学家克兰·布林顿（Crane Brinton）的《雅各宾派》（The Jacobins）中的几句话。布林顿的研究是一次针对西方社会革命政党，颇具开拓性、科学性的审视，对象是罗伯斯庇尔领导下的革命党，该党派主要由中产阶级而非无产阶级构成，在法国大革命时期上升至权力巅峰，与罗西的研究对象有极大的可比性。

根据雅各宾派之父、哲学家卢梭（Rousseau）的理论，布林顿强调"公众意志"是立法的基点：

如果一个人不能感受到人们神秘地服从于公众意志，如果他敢于以个人意志对抗社会意志，这就将是他心无善念的证据。他的意志受到魔鬼蛊惑。可是，人不可以毫无顾忌地作恶，阻止他反倒是解放他，是释放其自由天性，即社会意志。里摩日（法国中西部一城市）的雅各宾派……直白地说："这不就像是现实中亲兄弟的朋友以理性与人道的名义，强迫其接受救赎一样吗？"罗伯斯庇尔的话则更加简单明了："革命政府就是对暴君的专制。"[26]

就结果而言，卢梭的"公众意志"与马克思的"历史意志"有什么分别呢？假如将雅各宾派视为公众意志之承载，那么布尔什维克又为什么不能肩负历史意志呢？如果"革命政府（雅各宾派）就是对暴君的专制"的理论可以成立，那么"无产阶级专政（布尔什维克）"的主张是不是也可以成为"对暴君的专制"？

我们还会发现，在雅各宾俱乐部与共产党内一样，"仁慈、罪恶、异端、忏悔、重生同时并存。"理查德·赖特在回忆录中所述的对共产党员罗尔斯的审判，在雅各宾俱乐部里时有发生。布林顿指出，"人们召开集会，以审察所有社会成员的思想是否正确……一位狮子会（Lyons society）成员将此记录下来，试图弄清楚这一类公审在多大程度上拷问了个人的良心与承受能力，'这种审判个人良心及群众公正性的特别法庭非常可怕，但却是公正的。在公审会员及大量围观群众锐利而雪亮的目光注视下，人类最习见的虚伪、无耻一览无遗。'"此外还有，"罗伯斯庇尔及其追随者将自己看成少数的上帝选民……"，"坚信内心的公正"，"雅各宾派不认为反对派有错……但指责他们是有罪的"。上述引述说明罗西所谓的"新法国人"不管是在法国抑或其他西方国家，根本不是什么新现象。[27]

我费了如此大的力气解读雅各宾派、剖析西方共产党及其信仰者的情感和信念，是为了证明共产主义在美国及在欧洲不是什么新现象，而早已深植于西方世界的生活方式。高度抽象、绝对主义、黑白分明以及绝无缺点的教条在西方存在已久，且由此形成了传教热忱、极度自以为是、殉道、迫害异己及从不妥协。借助宗教术语和观念评价法国大革命及20世纪的苏联，斥之为"无信仰的国度"，不是西方人偶然为之，更不是宗教情感向世俗事务的转移，而是在自始至终贯彻西方的精神。

惠特克·钱伯斯①（Whittaker Chambers）及其同类在抛弃了宣称

---

① 惠特克·钱伯斯（1901—1961）：美国作家、编辑，一度加入美国共产党。

可以拯救全人类的共产主义之后，告诉人们只有跟随他们、拥抱其转向的另一种意识形态才能最终得救。对于那些自认为拥有光明和终极真理的人，他们的同伴当然仍置身黑暗之中，指引这些人脱离错误的道路正是其正义的使命。罗尔斯不正是被他的朋友们所指证的吗？谁还会比朋友们更热心于帮他改邪归正、洗清罪孽？

通过重建生活目标，意识形态和组织可吸引孤立的个人，且有可能将其转化为所谓的"内部敌人"。克劳斯·福克斯（Klaus Fuchs）事件虽被英国作家凯斯特勒（Koestler）称为"个案历史"，但这位原子能科学家向苏联提供高科技机密不是因为物质利益，而是为了支持他所献身的事业。原子能委员会（Atomic Energy Commission）主席戈登·迪恩（Gordon Dean）这样评价这一事件：

> 福克斯是这样一种人……显然不会像普通人那样容易被某些事物所收买。无论他受到何种规定的牵制，他都会做出自己的选择。我们该如何对付这样的人？这样的人通常极其聪明，也相当独立。他们是某种理想主义者，或许会成为共产主义者，但当下必定是理想主义者。在（安全）检查中，你一般很难识别这种人。[28]

迪恩在总结福克斯这类人带来的安全问题时是正确的，但是认为这些人不会"像普通人那样容易被某些事物所收买"就大错特错了。西方人的确可能为了别的事业而奉献忠诚，与福克斯投身共产主义一样，这是由于两种诱因带来了相同的驱动。西方人由于与福克斯相似、但指向不同的内心驱动而产生行动力，福克斯及其同志的危险性不过是这枚硬币的一面而已。根据对福克斯案及类似案例的研究，英国历史学家艾伦·穆尔黑德（Alan Moorehead）总结道，"每项叛国指控都一模一样：被控者发自内心地相信他所做的一切是正义的。"[29]

这些人内心的信仰正是布林顿所强调的雅各宾派"坚信内心的公正"——同样,正是这种信念支撑着早期基督徒不屈不挠地斗争,将传教士派往世界各个角落;支撑着西方科学家不断创造新的理念以及革命性的发明;支撑着不计其数的西方人民经受住了生死关头的考验,而中国人一般会选择在机会面前望而却步。所谓"内部敌人"的土壤在西方已经存在了数百年,不可能靠终端产品和安全检查彻底解决。在目前的危急时刻,我们需要小心谨慎,然而,一个重要却迄今悬而未决的问题是,我们该如何建立一种比忠诚委员会更有效的预防机制,使我们顺利通过即将到来的考验?

库斯勒认定他和同志们已经"准备好"接受共产主义,因为他们生活在一个"四分五裂、渴望信仰的社会里"。为了对抗共产主义,罗西曾提出法国由于"社群凝聚力越来越衰弱",应"倡导民众接受一种共产主义之外的价值观",以重建"全国统一的伦理基础"。我认为这个说法部分属实。社群凝聚力确实衰落了,但不是由于罗西所说的原因,罗西和其他人所指出的也并非是一条安全之路。罗西认为人们必须在政治社团内重建伦理基础。西隆尼希望人们相信"人类应该凌驾于所有压迫他的经济和社会机制"。两人的共同点显而易见,任由你如何表述。由罗西和西隆尼所代表的观点认为,对抗共产主义的方法是一个全新的理想、一种为信仰而战斗的信念,一次精神的重生,以及在政治、经济、社会等领域重建全新的个人主义伦理基础。他们想要的,只是加强原本就已存在的东西。

读到这里,一些读者可能会如我的朋友斯图尔特·格里·布朗(Stuart Gerry Brown)一样,指出这一分析的内在矛盾。假如共产主义恰好满足了以个人为中心的个体需求,为什么美国共产党吸引的民众从未超过10万人呢?

个人中心的美国人成年后希望挑战一切权威,且准备以任何方式与其他人展开竞争。他们惯于各行其是,"投注于自己的事业。"

因此,美国的现状是,尽管不存在一个控制所有人的极权政府,但涌现了无数个大大小小的极权组织,每个组织都有其最高领导、教义和仪典,足以对信众施以全面控制。个人中心的美国人在这些组织中获得亲密的人际关系(社交)、人生目标和确定性(安全感),以及与扭曲堕落的外部世界相对立的使命感(社会地位)。

不然,我们要如何解释美国宗教团体的不断兴起,从较为温和的法界佛教寺院(Dharma Realm Buddhist Monastery)、加州久宁玛巴佛学院(Nyingma Institute),到相当激进的以韩国文鲜明牧师(Rev. Sun Myung-Moon)为首的统一教(Unification Church)、西南农教会(Synanon)、科学宗教会社(Church of Scientology)及人民圣殿组织,等等。前文已经指出,支持这些运动的狂热分子并非都是穷困潦倒、愚昧无知之辈。许多在"佛教寺院"或"统一教"中极为活跃、对教主顶礼膜拜的信徒,是自美国名校毕业并获得高等学位的人。

在相互竞逐的极权主义组织之外,美国社会的另一现象也符合上述的分析,即暴力犯罪的持续增加,强奸、谋杀(尤其是无动机杀人)、袭击老人和残障人士,甚至伤害动物园的笼养动物,不一而足。

许多人认为这些混乱均由精神紊乱的人或少数罪犯造成。这让我联想到得克萨斯州达拉斯"异常行为研究中心"主任、精神病专家戴维·哈伯德(David G. Hubbard)几年前就几个劫机犯发表的评论。他认为他们是精神分裂患者,因缺乏阳刚之气等原因而充满挫败感。哈伯德宣称"劫机犯是特别的一类人,应该接受相关治疗",随后又坦承美国大概有800万人患有类似的精神疾病。[30]再加上每年约100万起乱伦案及数百万起虐童案和家庭暴力[31],我认为呈现在读者面前的绝非是以个人为中心的美国社会的剪影,而是它的本质。

精神专科医生将暴力视为罪犯获取关注的一种手段。但是,由于自我依赖的个体具有将个人意志强加于受害者的倾向,暴力行为又可说是构成国家层面极权主义的一小块基石。

　　暴力行为当然不会只存在于实行某一特定生活方式的社会。可是，在不同社会，暴力行为的数量和类型是不同的。如果美国人不能认识到暴力行为与极权主义之间的文化、心理联系，并以此为基础展开干预，就不可能期待暴力犯罪的减少，甚至难以阻止下一个人民圣殿教惨剧的发生。

　　可是，如果换一个角度看，宗教组织和暴力行为的存在又会不会是阻止美国社会走向极权主义的安全阀呢？

　　我一直试图用更精准的语言来表述——西方精神是个体脱离原初社群的产物。它造就了西方世界璀璨的物质文明，同时不断提供破坏现有一切成就的决心和动力。西方人基于抽象理念而建立法治政府、倡导人权，也以同样的理由在解放人类的名义下屠杀了成千上百万人。"至恶"的观念促使西方人毫不留情地抨击社会弊病，而为了成就"至善"，西方社会执意将自许的正义强加于每个社会成员乃至世界各民族身上。

　　我还希望进一步说明，自由个体的无目的性和不安全感，不可能经由任何形式的信仰重建而得到补偿，无论这一重建基于政治领域、经济领域抑或道德领域。以个人主义和自我依赖为源头，必将导致向极权国家的发展。这听起来虽然有些自相矛盾，但西方社会当下的趋势已足以证明这一点。为了达成自我依赖，奉行个人主义的社会瓦解了家族和社群的纽带，阻止人们在婚姻之外建立亲密关系，抨击传统和习俗，并且对不稳定和变化大加褒扬。一个社会如果缺失原初社群的凝聚，就会出现希特勒青年团、嬉皮士、曼森家族[①]（Manson family）、人民圣殿组织、反政府社团、三K党和犯罪集团。一个社会如果不愿让传统习俗作为指引，蛊惑人心者就会站起来加以煽动。一个社会如果任由人民受到不稳定和变化的驱使，就会有

[①] 曼森家族：20世纪60年代后期出现在美国加州的邪教组织。

"警察国家"出现,干预公民的私人生活。总之,假如人民不能有所"归属",觉得失去目标和不安全,"强权"(Big Brothers)将站出来接管这一切,替人们解决眼前的难题,为他们提供素来所渴望的一切。它准许民众在大游行、狂乱集会和有限的暴力中释放情感,放任他们追求西方精神世界的信仰——绝对真理、抽象教条、使命感、至善以及爱与恨的目标。它只索取一种代价,而千百万人已经证明人类愿意付出此种代价——拱手让出个人自由。

极端个人主义就这样最终毁灭了它想要捍卫的自由,西方社会在其亲手建造的基石上撞了个粉身碎骨。伴随着终极武器的出现,西方人掌握了摧毁整个世界的力量。美国与西方列强联手敲开日本与中国的国门,插手亚洲事务,最后却不得不用原子弹攻击日本本土,为是用围堵政策还是反弹道导弹系统来防范中国而日夜忧虑。这多么具有讽刺意味!破坏者要百般设法地防御来自他人的破坏。

共产主义对西方和中国的吸引力根本是两回事,然而,就本质而言,它获得发展的动力皆来自两个社会的弱点。尽管眼下共产主义在中国获得胜利,而在西方世界暂时驻足不前,但我坚信,长远来看,鉴于以个人为中心的西方人在各类组织中表现出的不可逆转的极端主义,西方各国更容易陷入某种极权主义的危险。

中国人不习惯于抽象理念。他们相信本民族的优越性,但从不认为自己是上帝的选民,是在别人濒临毁灭时仍将生存下去的唯一一群人。他们不认为世界或人类有绝对的善恶之分,以及存在纯粹的正义或非正义。在宗教、哲学,乃至于政治上,中国人都不会崇拜唯一的神。中国人缺乏传教热情,不管传播的是基督教抑或马克思主义。他们不关心向无知的人传递真理,更不用说在漠然或毫无兴趣的人群里强制推行。全民皆兵、阶级斗争、无可回避的战争、无条件投降——这都是西方生活方式的产物,对中国人而言则极其陌生。中国人认为不可宽恕的"罪孽"是父子反目、自相残杀,是个人、阶级、种族、宗教乃至国家必欲摧毁对方而在废墟上重建新生的意愿。

本书关注的焦点正是人们为什么要这样做。中国人有自己的位置、有归属，不会将自己彻底交给神明（英雄），不会去寻求不可知的无限，更不会试图彻底掌控有限的世界。中国人的根本动力是让自己也让别人活下去，由此保留他们最珍视的东西——原初社群里稳定的人际关系，同时确保核心圈以外的关系对它是一种辅助而非威胁。原初社群保护民众自由，避免政权强加的负担，它与各种在民间和借由传统发展起来的保护性机构成为介于个人与政权之间的缓冲物。然而，在西方，个人、自由与国家、威权之间，随着时间流逝这一类的缓冲变得越来越薄弱。被个人主义和自我依赖的观念成功削弱、摧毁的恰是由稳定人际关系形成的保护壁垒。在饱受困扰的废墟里，极权主义悄然而生。

中国人或许是由于受了前一世纪西方的影响，已经很容易受到这些方式的吸引。不要低估中国共产党精英的决心。它是一个按西方模式建立的久经考验且勇于献身的领导集体，在中国转型期发挥了不容小觑的影响力。共产主义中国过去30年的波折清楚地表明，它已经开始像西方那样划定战线，而这是中国人以前从未做过或抗拒去做的。

我们由此应该坚信：一个由2000年文明史证明固执地拒绝根本性改变的社会，若想实现全面变革，所有成员必须达成一致，共同努力。希特勒或斯大林，不可能单枪匹马打天下，都必须得到无数愿为心目中的英雄或共同事业献身的狂热信徒的支持。中国人缺少的恰好是这种为共同事业（尤其是带来激进变革的事业）执着献身的精神。中国人在原初社群中满足了自身的社会需求，责任、义务和权力交织成网将其紧紧捆绑。他们没有理由作茧自缚，更没有时间和热情忙于其他的事。

将这种心态转化成一种永久性的战斗精神，可不仅仅需要对塑造中国人和这种生活方式的社会机器进行简单的修补。这需要彻底摧毁原有的体制，并通过创建全新的体制造就西方类型的个体——孤立，缺乏安全感和目标感，亟亟于寻找归宿以及可以为之奋斗的理想。这意味着共产党若要"全盘西化"，就不得不毁灭中国人最珍视的东西——家族和乡土情结。上一章中我们已经看到，中国领导人并未就此大动干戈，新中国最基层的单位——公社——依然深深植根于家族和乡土关系。通过新的生产及分配方式、宣传手段、思想教育和工作分配，人民公社使个人与公社、公社与国家建立了更为紧密的联系。

几经波折，中国共产党领导人似乎认识到，要想建立一个长治久安的社会，必须按照适合中国现实的方式而不是斯大林的理论来执掌政权。共产主义在中国的未来必然与它在西方的命运大不相同。[32]

中国人的生活方式孕育了原初社群与地方机构中稳固的人际关系以及与之有关的种种心态，因此极权主义在中国很难获得发展。而在西方国家，特别是美国，就不会出现这种深层的抵抗。西方世界通往极权之路已被打通，但它在中国则尚未开启。将强大的军队派往各地战场不能解除这种基本的威胁，战争让人们悲哀地看到西方人如何缺乏安全感和目标，它们只会加速极权主义的胜利——无论胜利的象征是希特勒、斯大林，抑或某个尚在等候闪亮登场的人物的上台。

西方政治家与公众人物迫切要求对抗社会主义或急或缓的发展，满怀激情地呼吁整个社会重回父辈的年代，但这都不能阻止极权主义阔步向前。因为从前人崇尚自我依赖、忽略原初社群和社区组织开始，自由个体便开始了寻找安全感和人生目标的旅程。除非西方社会能够通过某些体制重建凝聚力，否则，即便拥有政治自由、宪法和对人权的尊重，失去目标的西方人仍会选择一起向极权主义投降，以自由为代价换取他们渴求的人生目标和安全感。这一威胁既不遥远，更不虚幻，它就在我们身边真实存在，不可能通过政党轮替得以终结或削弱。美国人必须从原初社群这一源头入手，直面和对抗它。

中国人和美国人应该共同为阻止极权主义而奋斗：中国人不应过度沉溺于原初社群中相互依赖的生活方式，美国人则需要重建最基本的社会单元。在对抗极权主义的战争中，中国人的任务是保留那些千百年来一直促成社会稳定的力量源泉；而美国人的任务是弱化自我依赖，提高人与人之间的相互依赖。

注释：

1. 这里我们需要注意的是怨恨或憎恨与嫉妒是相称的。
2. 在讨论共产主义对西方人的吸引力时，我们应该看到还存在另外一种共产主义意欲满足的"不满"及"需求"。
3. William H.Blanchard, *Aggression American Style* 一书生动地记录了美国人拒绝权力诱惑、保护弱小的心理特征。然而，在欧洲人对外殖民的过程中拒绝权力诱惑的例子其实并不罕见。
4. Sir Richard Dane, "China and the So-called Opium War," The Asiatic Review 23（1929）:611-624, and G.E. Gaskill, "A Chinese Official's Experiences During the First Opium War," *The American Historical Review* 39（1933）:82-86.
5. Yen-yu Huang, "Viceroy Yeh Ming-ch'en and the Canton Episode（1856-1861）," *Harvard Journal of Asiatic Studies* 6（1941）:37-127.
6. 中国同意付给列强的赔款为3.33亿美元，利息为4厘，分39年还清。美国当年联邦政府的预算为5.9亿美元。
7. 计为1万名日军，携24门炮；4000名俄军，携16门炮；3000名英军，携12门炮；2000名美军，携6门炮；800名法军，携12门炮；300名德军和意军。见Rev. Frederick Brown, *From T'ientsin to Peking with the Allied Forces*。作者布朗神父是天津卫理公会主教派（Methodist Episcopal）的传教士，受雇于英国远征军情报署（British Intelligence Unit of the British Expeditionary Force）。关于义和团运动的全面介绍，请见Chester C. Tan, *The Boxer Catastrophe*。
8. 对共产党执政前中美关系感兴趣的读者可以参阅Tang Tsou, *America's Failure in China*, 1941-1950。
9. Halberstam, *The Best and the Brightest*.
10. *Sources of Japanese Tradition*, compiled by Ryusaku Tsunoda, William Theodore de Bary, and Donald Keene, pp.9-11. 虽然中国军队从未进入日本，日本国王仍然有这种要求。
11. Fu-yi Li, "中国文化对泰国的影响" in Sun-sheng Ling et al, 《中泰文化文集》, pp. 236-237. 暹罗是另一个中国从未驻军的国家。
12. 同上, pp. 63-64。
13. 更详细的说明，请参见Francis L.K. Hsu, "The Myth of Chinese Expansionism,"

Journal of Asian & African Studies 13, nos.3-4（1978）：184-195。
14. John K. Fairband, "New Thinking about China," *Atlantic Monthly*, June 1966, pp. 77-78.
15. J.J. Singh, "How to Win Friends in Asia," *The New York Times Magazine*.（该作者时为美国印度人协会主席。）
16. 1949—1968年美国向东亚提供的援助金额为66亿3813万4000美元，向欧洲提供的援助金额为152亿2754万6000美元，见 Operation Report, December 31, 1967, Agency for International Development, Washington, D.C., p.43. 1965—1968年美国每年向东南亚提供的军事特别款项大约分别为1亿300万美元；58亿1200万美元；201亿3300万美元；265亿4700万美元。在同一时段，美国的国防预算分别是：459亿7300万美元；541亿7900万美元；674亿5700万美元；773亿7300万美元，见 The Budget in Brief, Fiscal Year 1970. 预计1980—1983年国防预算分别为1304亿美元、1462亿美元、1655亿美元、1859亿美元，见 The Budget in Brief, Fiscal Year 1981. 1978年美国对外援助金额总数为20亿9790万美元，约为1979年国防预算的2%。其中8%（1亿6500万美元）用于欧洲，20%（4亿5210万美元）流入东亚，绝大部分（14亿8080万美元）用于中东，见 U.S. Statistical Abstracts, 1980。
17. 当本书第二版出版之时，美国人仍怀有这种心理。在巴黎和谈的第二年，美国国防部长莱尔德（Laird）谈及美国恢复对北越的局部轰炸是为了"震慑"河内当局以加大其谈判诚意。随后，尼克松总统发出进攻柬埔寨的命令，被白宫官员在圣弗朗西斯科的发言中解释为要"说服河内……美国的行动不可预测"。（*Sunday Star-Bulletin and Advertiser*[Honolulu], May 17, 1970）
18. 约翰·海因斯（John Hayes），作为在中国出生的美国长老会传教士，1951年曾在中国入狱10个月，对此表示了极大不满。被释后，他接受 *U.S News and World Report*（March 13, 1953）的访问，把中国士兵逮捕他的行为描述为"表演"。有30名士兵奉命来抓他。"全国都是这样吗？"记者问。"不"，海因斯答道，"他们只是证明一个事实，那就是新政府可以在任何需要的时候把美国人送进监狱……"（p.36）
19. 据引一位支持共产党的法国制模工人保罗先生（Monsieur Paul Dumard 所说：

"见鬼，在任何社会里我都得干活。我要为我的家庭考虑。孩子们需要穿鞋，我的妻子需要一件大衣。要不我的钱从哪儿来？工人们想要的就只是生活得好一点儿，自己和孩子们都获得更多机会。

"我不在乎是资本主义还是社会主义能让工人们过上好日子。这对我来说没什么不同。我不想革命，我只想改变。别的国家的工人在做什么不关我事。他们从来不关心我；我为什么就该要关心他们？他们会打好自己的战斗，我也有我自己的战斗要打。

"我说的话反正也不会有任何影响。

"我想要的只是好好享受生活。毕竟人只能活一次。当你死的时候，你知道自己曾经好好活过。见鬼，我也不知道。我就只是想过上好日子，仅此而已，这要求过分吗？"（见 *The Politics of Despair* by Hadley Cantril, pp.221, 222）
20. 就这一问题更深入的分析，见 Philip E. Slater, *The Pursuit of Lonliness: American Culture at the Breaking Point*。
21. *The God That Failed*（1949），edited by Richard Crossman: Abridgement of pp. 17, 20, 23, 24, 34-35, 55-56 by Arthur Koestler. Copyright 1949 by Richard Crossman; reprinted by permission of Harper & Row, Publishers, Inc.

22. *The God That Failed* (1949), edited by Richard Crossman: Abridgement of pp. 96, 98-99, 113-114 by Ignazio Silone Copyright 1949 by Ignazio Silone; reprinted by permission of Harper & Row, Publishers, Inc.
23. *The God That Failed* (1949), edited by Richard Crossman: Abridgement of pp.117-118, 155-156 by Richard Wright. Copyright 1944 by Richard Wright; reprinted by permission of Harper & Row, Publishers, Inc.
24. 一些前共产党员在后期作品中表达了相似的观点,见Granvile Hicks, *Where We Came out*, p.90。
25. A. Rossi, *A Communist Party in Action* (New Haven, 1949)。为免有人认为这只是法国独有的社会弊病,请参见 *Report on the American Communist* by Morris L. Ernst and David Loth。Ernst 和 Loth 从基于 300 名共产党员个人经历的研究中得出的结论与罗西的上述看法并无本质不同。
26. Crane Brinton. *The Jacobins: An Essay in the New History* (1930), p.215.
27. 布林顿在研究雅各宾派后并未停止对革命和革命特性的探究。在晚期论著*The Anatomy of Revolution*中,他着手确定革命所具有的"共性"。(p.214 and pp. 216-217 of revised edition)
28. A copyrighted interview in U.S. *News & World Report*, November 24, 1950.
29. Alan Moorehead, *The Traitors*, p. 214.
30. Hsu, "Kinship is the Key," *The Center Magazine*, pp.4-14.
31. Ray E. Helfer and C. Henry Kempe, eds., *The Battered Child*, pp. 24-25。
32. 关于共产主义中国的表现是会继续根植或偏离中国模式,更深入的分析请参见 Francis L.K.Hsu, "Chinese Kinship and Chinese Behavior" in Ping-ti Ho and Tang Tsou, eds., *China in Crisis*, vol. I, pp.579-608. Godwin C. Chu and Francis L. K. Hsu, eds., *Moving A Mountain: Cultural Change in China*。

后记
目的与成果

> 序幕早已拉开,未来在你我手中。
>
> ——安东尼奥,《暴风雨》①

至此,本书对中美两个民族的比较研究已经接近尾声。这两个国家皆可被视作伟大历史文明的继承者、创造者和参与者。文明的本质是一种理解人、神、万物的特定方式,中国文明远在孔孟对它做出总结、阐释和深化之前,就已存在了许多个世纪,而美国人常常忽略掉他们的文明有着几乎同样悠久的历史,一度曾为柏拉图、苏格拉底等哲学家所诠释、渲染和丰富。

一些社会学家认为以个人为中心的美式生活是工业社会的特征,而以情境为中心的中式生活是乡土社会的特征。更有甚者,一些社会学家预言随着现代化、工业化在乡土社会的逐步发展,中国社会的生活方式将会转向以个人为中心。[1]

对此观点我不敢苟同,若果真如此,将工业化引入所谓的不发达国家将是很简单的工作。发达国家只需提供资源、建设工厂,这些因素就会自发地在不发达国家生长、繁衍。曾经参与对外援助项目的人一定知道事实并非如此。是人类创造、维持和加速了工业化,这种关系不能颠倒。为了达成这一目的,现代文明的参与者不仅被

---

① 《暴风雨》是莎士比亚独立完成的最后一部剧作,以宽恕和和解为最重要的主题。安东尼奥是剧中一个为篡夺爵位不惜陷害自己哥哥的野心家。

迫仰视工业化的成果，还必须发展出一种重视对物的控制远胜于人际关系的世界观。现代生产方式曾经隐秘，现在必然对人的行为构成影响，但是将前者视为后者的源头，无异于把车厢置于马匹之前。

这种观念显然不符合西方历史的发展进程。以个人为中心的美式生活的起源远远早于古希腊、古罗马、中世纪和文艺复兴，更不用说宗教改革运动和工业革命、法国大革命和美国独立战争。在西方记录史前洪水的传说中，就可以找到这种生活的影子。

为了惩治恶人，上帝任由洪水泛滥，杀死除诺亚及其家人以外的所有人类。诺亚造了一艘方舟，带着妻子、三个儿子和儿媳们，连同洁净的动物各七对以及不洁净的动物各一对，躲过了这场灾难。洪水退后，他们来到阿勒山。诺亚和妻子用适当的仪式感谢上帝，之后与儿子、儿媳共同生活了一段日子。有一天，诺亚喝了自酿的酒，在酒精的作用下，躲在帐篷里自慰。含（Ham）看到这一幕，告诉了两个兄弟；他们都很鄙夷诺亚的行为。随后发生了一些争吵，诺亚有意赐福于闪（Shem）和雅弗（Japheth），就诅咒含，想让含的儿子迦南（Canaan）做闪和雅弗的奴隶。[2]于是，三个儿子带着各自的妻子离开家，过起了自己的日子。

洪水来临时，诺亚已经600岁，他的父亲拉麦（Lamech）刚刚去世5年。他母亲的情况我们不得而知。按照洪荒时期的传说，人们的寿命相当长，拉麦去世时777岁，诺亚也是在950岁才死去。在诺亚的父亲去世仅仅5年后，难道他的母亲不会还活着吗？然而，诺亚和传说叙述者都没有谈及她的情况。

诺亚一家从未回到他们在洪水之前生活居住的地方。洪水退去后，他们一直没有还乡的打算，诺亚也不惦记父亲和母亲的墓地。诺亚和儿子们在一起的时间也不长久。他们发生争吵，之后便分开了。使他们分离的原因是醉酒和性。诺亚在洪水前后的奇特经历，不可避免地会在个人中心的西方社会中奠定家庭以夫妻关系为主导的基调。

东西方神话传说的鲜明对比实在令人震惊。我要在此简要介绍一下中国有关洪水的传说：

尧和舜（据说在位时间分别为公元前2357—前2258年和公元前2258—前2206年）是德高望重的部落首领。尧年老时，一场大洪水肆虐神州。尧派鲧去治水，最终失败了。于是，尧决定退位，由能干且受人爱戴的舜继位。舜放逐了鲧，任命鲧的儿子禹接替他继续治水。禹经过多年奔波劳碌，足迹踏遍整个神州，终于消灭了洪水。治水期间，禹曾三过家门而不入。由于治水成功，充满感激的舜后来将王位禅让给禹。

在中国神话里，没有受神明庇佑而躲过灾难的人物（如诺亚），所有人都获救了；没有中国人（或其中某个群体）乘船避难、逃往他地的情节，人们一直留在他们生息繁衍的土地上；更没有父子反目的情节，禹竭力完成了父亲未竟的事业，不但未损害父亲的名誉，更以其功绩光耀祖先。最后，禹在外工作多年，从未回家探望妻子，表现出大公无私的品德。

禹在洪水前后的经历，同样奠定了在相互依赖的中国社会，家庭以父子关系为纲的基调。

历史上是否真的存在过大洪水、诺亚或大禹并不是重点。重点是，数千年来，不同的民族仍在按自己的想象创作、润色并传颂着与之相似的故事。西方人依旧像诺亚一家一样不关心祖先和家族传承，中国人则必定对大公无私的尧、舜、禹大加赞誉。没有根的西方人不停寻找为之奋斗的事业（与理想、社会或宗教有关），在它四周筑起高墙，作为宗教或武力扩张的基地。[3]中国人受到家族与乡土的束缚，不喜迁移，只关心保护原初社群的完整和利益，对超出这一范围的抽象形式、社会弊端、乌托邦及宗教毫不在意。

在按照自己的方式生活了许多个世纪之后，中国人与西方世界以外的许多民族一样，不可能再延续这条道路。中国文化在异族统治的元朝和清朝得以继续发扬光大，但进入近现代之后，中国人从传统里却找不出应对西方挑战的办法。西方世界主宰了人类的命运。然而矛盾的是，在军事征服激起了如此巨大的反抗之后，西方文化对世界的影响却远远落后于这一进程。为了生存下去，世界各国不得不仿效西方，接受西方援助，或者自己动手按西方的模式（民主、专制或二者结合）改造旧的体制和个人。

在模仿西方体制、接受迥然不同的信仰和追求的过程中，西方世界以外的各民族经受了许多成长和变革的阵痛，而且在不同程度上被迫与西方世界中相互对立的势力结盟。这恰巧发生在西方内部分裂愈演愈烈而新式武器杀伤力达到史无前例的程度的一个时期。假如西方世界的紧张局势引爆第三次世界大战，中立或"第三势力"的立场都不能使非西方国家免遭战争带来的毁灭。无论选择何种政治立场，世界人民当下的命运似乎比以往更与西方各国的命运紧密相连。

作为西方阵营的领导者、地球上最强大的国家，美国对世界负有其他国家难以比拟的重大责任。就连孤立主义者也不得不承认许多对外责任无法避免，正如非西方国家也难以冀望摆脱卷入那些实质是西方斗争的运动一样。然而，如果美国不能首先认识到对内的责任，它就无法更有效地履行对外责任。导致世界性灾难的竞争只能在西方社会内部得到控制。因此，美国——作为西方世界自由阵营中最强大的一个——必须指明应对内部危机的办法。

在国家内部，上述问题表现为个人及群体之间的斗争——激情犯罪、利益纠纷、种族冲突、宗教迫害、政治分歧，等等，在国与国之间则体现为周期性战争、长期处于备战状态。这些都是建立在极端个人主义之上的生活方式所造成的负面结果。因此，鉴于欧洲的个人主义在美国演变成彻底的自我依赖，美国人的不安全感自然也是最强烈的。美国的财富和权力体现了自我依赖的积极一面，迄今为止它缓和了个人与他人相隔离所造成的不安全感。如果这种孤立所造成的紧张、恐惧必须通过另一场世界大战得到发泄，我们就很可能再次面对美国人生活方式的危机,正如大萧条时期所揭示的那样。

只要有心为之,物质的损毁是可以修补的,最危险的其实是心理上的隐患。自我依赖的个人爱走极端,秉持一分为二的世界观,善恶各占一半,一方的毁灭就等于另一方的成功。这一信念不但驱使无数民众为两次世界大战而疯狂、献身,在战后又把同盟变成敌人,敌人化为同盟。今天,我们似乎又要重蹈覆辙。美国、中国、俄国,按任何一种组合,都将在一场新的战争中耗尽国力。而且,我们有理由相信一段时期后相似的局面还将再度上演,敌对双方改换同盟,磨刀霍霍并酝酿着下一场较量。这种画面一度占据着麦克阿瑟将军(General MacArthur)的脑海。他在20世纪50年代初期的一次国会发言中说:

> ……科技已使大规模杀伤性武器发展到令人震惊的地步,战争不再用掷骰子的方式决定……谁是赢家,谁来制定规则。(现代战争)……已经打破了传统法则……战争一度是政治解决争端失败后的最终选择。但现代战争本质就是失败的。上两次大战已经证明了这一点,胜利者不得不把失败者扛在肩上。
>
> 如果再来一次世界大战,大家都会遭受这种毁灭性打击。我记得一位哲人曾说过……只有那些死去的人才会感到幸福……(《生活》,1951年5月14日)

将现实生活中的物质主义倾向转化为精神领域的新倾向,这种虚妄的逃避手段既不能使人们走出战争怪圈,更无法应对国内的社会问题。情境中心的中国社会里创造和谐的因素并不是所谓的亚洲精神。指明探索原子及宇宙奥秘的现代物理学家的显著进展正越来越接近于东方的奥义玄学,同样不会使我们所面对的情况有任何改善。[4] 无论科学、哲学及宗教是否曾为西方物质文明奠定基础,物质主义倾向都不是抽象严密的西方思维体系的根源。中美双方的差异不在于是强调物质还是精神，而在于中国人将人际关系视为生活之核心，从而造就了相互依赖的生活方式；美国人则试图从中逃脱，于是孤立的个体为了保护自己而产生控制物质世界的欲望。为了脱离人群，崇尚个人主义的西方人在绝对的精神世界里寻找情感慰藉，其热诚程度是中国人素未听闻的。这些因素促使自我依赖的美国人建立了一个令全世界既爱又恨的国家。在这个国度里同时盛行极端理想主义与物质主义至上，二者构成了明显的冲突。嘲讽、嫉妒美国的人，以及真正为它感到困惑的人全都忽略了解释这种现象的关键，即个人无法与他人建立亲密关系。

本书一直在回避以下两个问题：中美两种生活方式哪一个更好？原因何在？我们已经密集地回顾了两国人民各自创造的文明之间的对比，在此，我想请读者大胆地做出一点价值判断。但是，我们必须首先假定，文明为人而存在，反之则不成立，于是问题就变成：哪种生活方式可以为人类带来更多福祉？

什么是人类福祉？我认为至少不应该是简单地活着。如果活着就是人类福祉，那么人便与牡蛎毫无区别。

我认为人类福祉至少由以下两方面构成：第一，解除肉体痛苦，最常见的就是饥饿和营养不良[5]，以及自然灾害和疾病造成的身体损伤；第二，消除心理上的不安全感，尤其是对他人、对丧失个人地位的恐惧以及厌世心理。

中国人的生活方式在第一个方面表现得太糟糕，以至于近代中国被西方称为"饥荒之国"。相比之下，美国人的生活方式不但已取得经济、工程和生物医药等方面的巨大成就，而且仍在领导人类开展与疾病对抗的战争。

时至今日，人们对美国的关注多数集中于经济领域：衰退、通胀和能源危机。天才的美国人有能力解决这一切。我毫不怀疑美国经济将再一次证明自己强大的实力。至于能源危机，它根本算不上一个问题。只要美国人少开一点车，再多节约一点，美国不但能自给自足，还可以对外出口能源及能源技术。

然而，美国人的生活方式在人类福祉的第二个方面表现不佳。它拥有强大的娱乐业，一方面愉悦人们的感官，而且就拓展知识及视野而言，也能丰富人们的思想，但社会上的苦闷还是无处不在。人在失去目标时，一定会感到厌世。为了排遣无聊，他不得不寻找新的刺激或敌人，即使只在想象之中。与个体孤立和缺乏亲密关系相伴而来的恐惧、焦虑是如此强烈，将驱使许多人敌视他们的同伴，去追求他们不可能实现或必须以伤害自己及他人为代价才能实现的愿望。这就是为什么在穷人和边缘人、在富人和功成名就者中都存在如此之多的蓄意破坏、非理性杀人和集体骚乱的原因。许多美国人在光天化日之下都不敢独自走入公园或旅游景区；女孩和低龄儿童被告知要警惕其男性亲属；城市和郊区住宅加设种种安全设备，俨然成为老人们的监牢。人们的生活变得如此不可预测，美国完全应该被称为"失去信任的国度"。[6]

孔子、孟子、朱熹、王阳明和曾国藩的处世之道，无法让中国民众过上殷实富足的生活，免受歉收、瘟疫的影响。同样，毕达哥拉斯、路易斯·巴斯德（Louis Pasteur）、爱迪生、亚历山大·贝尔（Alexander G. Bell）和亨利·福特（Henry Ford）的所有伟大发明也不能使大多数美国人敞开心灵，摆脱对人类同伴的恐惧。

中国人在一系列的挫折中逐渐懂得仅靠中国传统的道德伦理已经不足以帮助他们屹立于世界民族之林。中国经历了屈辱、动荡以及与国内外敌对者浴血奋战的100多年，才终于走到今天，看到了较为光明的前景。

前方的路并不平坦，甚至还会有反复。据媒体报道，近来在北京出现卖淫、某地发现以权谋私等现象，这只是浮出水面的几个案例。人的思想还将进一步的转变。"四人帮"的垮台绝不会是革命坎途上最后一次起伏。本书第二章提到的蒋爱珍杀人案、一名男子在北京火车站制造爆炸，致使10人遇难及数十人受伤（据美国媒体在1980年11月初报道）、湖南常德一名党支部书记被枪杀（《湖南日报》，1980年10月20日），这些事件是否预示着未来将会出现更多的暴力行为？邓小平宣布将要逐渐引退，这似乎意味着一次有序的权力交接，然而中国人尚未解决人口控制的问题，也还不清楚如何在回避困扰着西方工业国家的诸多陷阱的同时，大力推动四个现代化。不过，中国领导人以及民众似乎已下定决心要改换方向。

与此同时，美国人仍未意识到他们的生活方式中某些基本原则有待改变。美国人将自我依赖的强化、各种福利措施的推出、在精神分析法的帮助下深入了解个体心理，加强包括性在内的各种感官满足，统统视为人类的进步。[7]美国人拒绝承认这些行为会导致社会顽疾的进一步恶化。我不止一次听到或看到这样一种言论：暴力和对人的恐惧是人们为生活在自由社会而必须付出的代价之一。

人类是群居性动物。人们相互交往不仅是为了功利目的，更重要的是获得情感上的交流。功利性的效用只关乎技能，大多数人通过训练就能获得。在《公平就业法案》（Fair Employment Law）确保黑人及其他少数族群获得过去只为白人保留的培训和就业之后，相关立法可以进一步促进和加强它的作用。但人的情感很难用技能训练的方法养成，它所关乎的是人的心灵。立法在这方面也没有什么作用，因为就连最完备高效的法律和执法机构也不能把不相爱的两人转化成一对佳偶。事实上，外部干预常常适得其反，使情况更加糟糕。

自我依赖的美国人对个人隐私极为注重。他们擅长从功利目的而非情感交流的角度开展人际交往，因为与后者相比，前者无须过多地敞开内心。许多作家误以为这种西方尤其是美国生活中常见的个人孤立就是人类生活的常态。

在这样一个基本由功利目的而非情感交流所凝聚的社会里，个人的孤立不是唯一的陷阱。人们还要面对怀疑、憎恨、暴力、分离主义等苦果。在这种情况下，治疗美国社会问题的良方，诸如提高生产力、消灭贫穷、实现种族平等——都非治本之策。但是，上述措施远未见到成效，而且除非美国人愿意认识并直面某些更基本的问题，即使它们的确有所成效，也无法治愈社会顽疾。

所谓更基本问题就是，人与人的关系而不是对物质世界的控制，才是决定个人及群体之间是和平还是冲突、个人是幸福还是痛苦的关键。因此，忧心忡忡的美国人在谈及提高个人生活质量时，他们最应该考虑的其实是如何改善人际关系的质量。

如果对财富的占有仍是个人获得情感安全的首要方式，白人就不会为了提高黑人和贫民的生活水平而让渡自己的财富，而当一部分黑人和贫民富裕起来后，他们同样不会愿意向其他黑人、贫民让渡财富。此外，那些相信财富足以解决一切人类问题的人不妨反思一下纳粹德国与日本帝国主义的教训。在工业实力和国家军力发展至巅峰时，德国和日本在彼此之间、与世界各国之间是否有意愿和平相处呢？

调整这种基于自我依赖的生活方式，使人际关系更受重视，是一件非常困难的事。人们很容易适应新型号的汽车，却很难改变看待人、神、万物的基本心态。在20世纪初期，有些中国改革者曾不切实际地奢谈中国的全盘西化。然而，到了今天，假如美国改革家心存美国吸收东方文化的冀望的话，他们同样会感到失望。两个民族都受限于悠久的历史，在自然演变或革命的过程中，历史必须要扮演极为重要的角色。

但是，许多美国人，尤其是年轻人，已经在尝试生活方式的改变。在20世纪60年代，他们试图通过校园和街头的消极抵制和破坏行为进行改变。这类骚动在70年代渐渐销声匿迹，而在同一时期涌现的新的变化正日益活跃起来。现在在美国，成员共享一切财产的微型社区不再罕见。人们对参与者在某种伪装下互相触摸的敏感性实验已司空见惯。在生活实验剧院（Living Theatre）里，全裸或半裸的演员和观众相互拥抱，打成一片。

已故的摇滚歌星詹尼斯·乔普林（Janis Joplin）有一句名言，宣称人的情感远比知识重要。她说，"知识分子制造了无数个问题，却给不出答案。你的生活可能被各种思想环绕，但仍然要一个人回到家里。你所真正拥有而尤为重要的东西就是情感。音乐告诉了我这一切。"这段话被《新闻周刊》（1969年2月24日）所引用，该媒体还在报道中称乔普林比"格雷厄姆牧师"①（Billy Graham）影响了更多的人"。乔普林和猫王普里斯利（Elvis Presley）早已故去，然而数不清的摇滚乐队和福音牧师仍在传递他们的精神，各自拥有大批的追随者。

这些现象与到处弥漫的反战情绪，以及年轻人放弃优渥的家庭条件，选择在陌生人中间过一种无组织但有亲密身心交流的生活，不仅相互关联且同时指向一点：年轻人渴望与彼此、与整个世界建立联系，放弃财富和优越地位而保持心灵的开放，放弃施舍的优越感而持续给予他人以关怀。年轻一代提出想要做真实、不伪装的自己，让生活更有意义，这就是他们所要表达的愿望。

若要为整个社会建立一种发展更深刻、持久的人际关系的发现与强化机制，必须从孕育人类的摇篮——家庭入手。我们首先要重新评估美国社会里的家族制度。为实现这一目的，我们有必要调拨一部分国家财富以设计和开展相关的基础研究。

美国人通常认为国会议员的首要职责是制定法律，而法律是社会身份的体现。人们常说"不能通过立法来实现家庭和谐和种族和睦"。我们必须意识到立法同样不能解决遵守法律的问题。难道立法者、美国总统及其幕僚们不应该少制定一些新法，将更多的创造力用于探究如何修正社会的情感模式吗？这样人们才会更多地遵守现有法律，减少违法及寻找法律漏洞的行为。我们必须打破这一恶

---

① 比利·格雷厄姆（1918—　）：美国著名牧师，一生致力于传播基督教福音。

性循环——制定新的法律，违法行为上升，相关调查与判决随之增多，及制定更多法律以防范违反新法的行为。

为此，政府部门和教育部门的领导可以大有作为。我希望他们有足够的远见，来平衡国家的基本任务和长期目标。几年前，《读者》（*Reader's Digest*）（1977年5月刊）发表了一篇节录自《新闻周刊》的文章，题为"我们的法律太多了"。该文以专家看法和统计数据表明美国法院已受困于堆积如山的案件。文章最后建议，减轻如此重负的途径之一是将吸食大麻等行为合法化。

且不争辩哪些行为应被合法化，在我看来，这样的举措只是权宜之计。它们对那些要求立竿见影的人来说很有诱惑力，但长期看来没有任何益处。某些行为的合法化，无法阻止出现更多新的违法行为。若要从根源加以解决，我们必须减少社会犯罪的诱因或对其心理需求加以引导。美国人应从家庭和小学教育开始着手。

家庭是人类成长的第一个舞台。美国政府官员为何不倡导公众的关注，组织各种学术会议以讨论、设计新的家庭模式，使之成为社会稳定与进步的快乐源泉呢？

再则，鉴于托儿所和小学是塑造儿童性格的关键时期，它们同时向家长提供紧密合作的机会，这类创新应同时考虑学校和家长，二者可以起到相互促进或抵消的作用。我们需要家庭—学校的新型合作模式。政府官员是否可以通过公开听证会和工作委员会来解决以下问题：非西方的读物要如何更好地融入美国的学前和小学教育？如何让父母们明白自己应该比老师承担更多的教育子女的责任？

美国大学有经济系、政治系以及经济管理系，但从未听说有家庭系。美国政府设置了教育部、住宅和城市规划部、财政部和劳工部，唯独缺少家庭部。如果家庭对于人们如此重要，美国人难道不应在重点大学和政府里分别设立一个专门针对家庭的、独立且具权威性的机构吗？

在所有的研究和评议面前，美国人必须要坚持一个基本点，那就是无论文明带给这个世界的是哲学、太空探索、道德规范、利润、空调还是洗衣机，它都是为人类而存在的，为了所有的男女老幼、白人和黑人、水管工和教授而存在；反之则不成立。任何一种文明都不能横行霸道，以它的名义要求人类牺牲身心的健康。

因此，我们对这一话题的研究和评议必须避免当下流行的观念，即把工业化和现代国家的需要当作终极目标，而人类应该接受各种训练以迎合该目标。我们反而要向自己提出一个远为重要的问题：面对工业化和现代国家的需要，我们要如何建立并维系彼此之间的感情，把他人当作同伴而不是一种工具？或者，我们是否应该尝试对工业化和现代国家作出调整，使其不至于干扰人们把彼此视为同伴的那种情感？

让我们一起来呼吁自我依赖的美国人为了自身利益而推动这些新的研究与评议。自我依赖是伟大的价值观，然而能发挥其优势的社会环境已经发生了显著的改变。理想不能脱离社会环境而运行，恰如诚实虽然是好的价值观，但在外交上，它并不总是最佳的策略。美国人需要一种新的社会架构，以便受到珍视的理念能合理地运行，而不致导向不良的后果。

新的社会架构不能依靠利他主义，因为人都有一点私心。但是自我依赖的美国人应该认识到，选择支持寻找一种能维护国内外和平的新型社会架构不但符合自身利益，更是在为子孙后代求福祉。新型社会架构的基石就是人类必须摆脱以往人类事务中的巫术思维。人们过去通过祝祷或念咒来求雨而现在学会了修筑大坝；过去靠牧师和巫医治病而现在用 X 射线和盘尼西林。正因为西方在自然科学领域的巨大贡献，全世界已逐渐摒弃前现代时期对宇宙充满巫术色彩的理解。

可是，巫术思维仍广泛存在于人类行为和人际关系中。[8]现代人认为沙地筑塔是愚蠢的，但仍想要强迫毫无意愿的他国共建一个帝国同盟。现代人不会在建造飞机或火箭时掺入劣质铬金，却想用瞒天过海的手法克扣他人应得的利益，任由误导视听的广告或宣传在国内外散布半真半假的信息。

总之，现代人在人类事务中依然沉湎于语言的魔力。[9]月光下的恋人们总会在彼此耳边倾吐带有魔力的话语。但是只有爱的存在，才能让这些话语继续保有它们的魔力。任何话语也替代不了真爱。如果对这一支配人类行为的基本原则缺乏认识，现代人就会继续认为当他把一个平底锅称为铲子时，他就能把它变成铲子，或用同样手段将专制化为民主，将种种渎神的享乐变为对上帝的崇敬。

我们应该认识到，人类事务和物质世界一样，凡事都有代价，不可能不付出就有收获。这个代价或许是金钱、精力、伤痛、革命、战争或死亡；我们或者子孙后代总要付出这个代价，不可能永远逃避下去。在家庭中，一对夫妻如果对父母不尊敬、不体贴，就不可能指望将来孩子们会尊敬和体贴他们自己；在世界上，凭借武力欺凌压迫他国的国家早晚会得到同样的报应。作为欧洲最卓越、最富有的后裔，美国正在偿还而且还将继续偿还欧洲祖先对世界各国犯下的恶行，而且这代价不能仅用金钱计算。美国当下的种族冲突只是为美国人在过去300年来奴役黑人所付出的少许代价。假如黑人被憎恨白人的情绪所俘虏，对此不加克制的话，他们以及他们的后代也早晚要为今天的行为而感到后悔。

自我依赖的人要认识到人不可能长生不老。每一个人都是过客，我们应该愉快地走完这场人生之旅，尽量为自己及子孙后代免除身心苦恼。为此，我们应该在尚有时间的情况下，让他人也感到愉快。每个人在走向生命的终点时，即便自我依赖的人也不希望那是一切的终结。如果一个人意识到一生中的所作所为，并没有为子孙后代留下尚未偿还的债务，难道他这漫漫一生不算是活得有目标，死后亦有成就感吗？

注释：

1. 社会学家威廉·古德看到工业化和中国家族体系的不兼容性，提出应小心这种过分简化的假设。(见William J. Goode, *World Revolution and Family Patterns*, pp.369–371)。
2. 现代版《圣经》一般选择隐去诺亚自慰的内容或改为较中性的陈述，如"他喝了园中的酒便醉了，在帐篷里赤着身子。迦南的父亲含看见他父亲赤身，就到外边告诉他两个弟兄。"按照新的表述，人们将很难理解为什么看到父亲裸体会使三个兄弟如此羞愧，以及为什么含只是把父亲光着身子的事告诉了两个兄弟，就让诺亚如此迁怒于含？
3. 为免有些读者认为改宗是犹太—基督教的传统，请参见以下亚历山大大帝在撤离古印度时的行为。这是由一位人类学家、希腊和丹麦的彼得王子（Prince Peter）所记录的："亚历山大虽然对周遭不可理解的局势感到吃惊，但依然坚持自己的观点而无所畏惧。在从比亚斯河撤退和穿越俾路支沙漠之后，一到达苏萨城，他就安排他的一万随军与伊朗女子结婚。在前往巴比伦时，他刚走到美索不达米亚的奥比斯（Opis），就已大限将至。他最后一次举行盛大宴会，所有人一起举杯畅饮，共同高歌人类统一和宇宙和谐的美好乐章。"("The importance of Alexander the Great's Expedition for the Relations Between East and West," a paper delivered at Amsterdam Institute of the Tropics, 1965, p.7.)
   中国历史上远征的帝王从未做过与之相似的行为。
4. Fritjof Capra, *The Tao of Physics*, and Gary Zukov, *The Dancing Wu Li Masters*.
5. 性生活的剥夺当然也是肉体上的痛苦之一。然而，我没有听说过任何社会或群体中的禁欲，不是基于多数民众自愿的基础的。
6. 我们将美国描述为"失去信任的国度"，当然不是想说所有美国人都是彼此怀疑的。正如我们把中国说成"饥荒之国"，也不意味着全体中国人都在忍饥挨饿。
7. 显然，这一趋势在美国仍在加速，随处都能感受到对身体健康和物质享受的强调。大众对意识内在奥秘的强烈关注体现在心理分析方法的流行，尤其是心理分析小说上，如C.P Snow的*The Sleep of Reason*, Philip Roth的*Pornoy's Complaint*。在性的方面，不仅有相关研究向大众揭露同性恋也能获得与常人一样的性快感（*Homosexuality in Perspective*, Boston, 1979），还有一对自我标榜为"性专家"的夫妇裸体宣传其插图版的性爱手册（*San Francisco Sunday Examiner and Chronicle*, February 17, 1980）。
8. 美国为数众多的UFO迷不但是此种思维模式的体现，且展示出它可以发展到何等极端程度。然而，UFO迷相信的只是外星球存在"活的"生物，而不相信这些外太空的"飞行器"是鬼神在操纵。
9. 在某种程度上，持此种观点的人认为更有效的沟通或该领域更深入的研究有助于缓和并解决我们所面临的现实问题。然而，如果亲子、种族及各国之间的目标不可调和，那么即使增进再多的沟通，也解决不了代际问题、种族冲突和国际斗争等问题。

中国与西方简史对照

许薇拉 整理

中西年代	中 国	西 方
公元前2000年	**新石器时代** **夏朝**（大约前1994— ） ◇耕种 ◇种植稻米，饲养猪、马等动物 ◇种植小麦、黍 ◇陶制车轮 ◇养蚕 **商朝**（约前1766或1523— ） ◇铜器 ◇象形文字出现 ◇青铜器 ◇祖先崇拜、龟甲占卜	**铜器时代** ◇克里特文明。自克里特岛传播至特恩斯、麦斯纳、阿哥斯（前2000—前1400） ◇用石头或砖块建造的城镇出现 ◇灌溉、毛纺、商业、货币出现，用马车作战 ◇埃及和巴比伦有高度发展的文字 ◇《汉谟拉比》法典（公元前1750） ◇克里特文明全盛时期，与埃及贸易繁荣（前1600—前1500） ◇埃及新王朝（前1580—前1090） ◇高度发达的城市生活
公元前1500年	◇铜制器皿和武器 ◇城市生活中出现行业贸易，物物交换，使用贝壳作货币 ◇刻骨或竹简书写	◇埃赫那吞王朝（前1379—前1362） ◇摩西率领犹太人在埃及暴动（公元前1225— ） ◇沿海居民活动开始（前1200） ◇赫梯王朝终结，特洛伊沦陷
公元前1000年	**西周**（约前1122或1027— ） ◇封建社会 ◇《诗经》 ◇《史记》 **东周**（前770— ） ◇诸侯征战及外交 ◇铁器时代、成文法出现（公元前536） ◇诸子百家	**铁器时代** ◇希腊在诸岛及小亚细亚建立殖民地（前1000—前500） ◇希伯来人建立以色列和犹太王国（公元前933） ◇亚述帝国（前933—前625） ◇迦太基城建立 ◇罗马建立（前753） ◇希伯来先知 ◇佛祖临世（前536—前483） ◇罗马帝国兴起（前510）

续表

中西年代	中国	西方
前500年	**秦（前221— ）** ◇秦始皇统一中国 ◇修建万里长城 ◇中国封建帝制建立 **西汉（前206— ）** ◇司马迁著《史记》 ◇武帝派张骞出使西域（前138—前126） ◇丝绸之路开通	◇雅典与斯巴达作战（前431—404） 　苏格拉底 　柏拉图 　亚里士多德 　亚历山大大帝（前336— ） ◇罗马与迦太基争斗
公元前100年	◇征服朝鲜 ◇罢黜百家，独尊儒术 ◇汉明帝派班超率军至里海——中国军队深入西方最远的一次	◇恺撒大帝执政（前45）、发明儒略历 ◇由中国至罗马的丝绸之路开通 ◇犹太希律王海洛德在位（前31—前4） ◇基督诞生（前4）
公元后	**东汉（25— ）** ◇佛教由印度传入	◇罗马文学的黄金时代 ◇罗马帝国全盛期
100年	◇道教兴起 ◇发明纸和瓷器 ◇使用指南针	◇基督教开始传播
200年	**三国鼎立：魏蜀吴（220或222—263或286）** ◇晋朝 ◇五胡乱华	◇马可·奥勒留在位 ◇基督教建立
300年	◇人口大规模向华中及华南迁移 ◇道教与佛教传播	◇玛雅帝国建立 ◇宗教裁判所成立（325） ◇圣奥古斯丁
400年	**南北朝时期（420—589）** ◇中国人远赴印度取经、两国开始文化接触	◇日耳曼民族占领罗马

续表

中西年代	中国	西方
500年	◇北方入侵的游牧民族被同化 ◇南朝经济文化兴盛 **隋朝**（589— ）	◇《查士丁尼法典》问世（533） ◇养蚕术传入欧洲（544） ◇伊斯兰教传播
600年	◇大运河开通，中国统一，重修长城 **唐朝**（618— ） ◇实行科举制度 ◇近东宗教传入（拜火教、摩尼教及伊斯兰教），贸易兴盛	
700年	◇李白、杜甫两大诗人	◇伊斯兰教教徒征服西班牙（711—715） ◇法兰克人大败伊斯兰教教徒（732） ◇法兰克文化兴起，查理曼大帝在位（768—814）
800年	◇中国文化传至日本	◇拜占庭抵抗伊斯兰教教徒（867—886） ◇英格兰阿尔弗德大帝在位（871—899）
900年	**五代十国**（907— ） ◇混乱时期 ◇辽国建立 **北宋**（960— ） ◇妇女缠足、活字印刷	◇奥托一世在位，再次统一神圣罗马帝国（936—973） ◇法兰西第一任君主雨果·卡佩执政（987）
1000年	◇使用纸币，商业兴起 ◇使用火药 ◇航海	◇丹麦人征服英格兰（1014—1016） ◇克努特在位，兼任丹麦、挪威、英格兰国王（1019—1035） ◇东西教会分裂（1054） ◇诺曼人征服英格兰（1066） ◇第一次十字军东征（1099）
1100年	◇城市化 ◇新儒家思想 **南宋**（1127年— ） ◇朱熹（1130—1200）集儒家思想于大成	◇印加文明巅峰（1100） ◇十字军东征：（1147—1149），（1189—1192），（1202—1204），（1218—1221），（1228—1229），（1248—1254），（1270）

续表

中西年代	中国	西方
1200年	**元朝**（1279— ） ◇蒙古人兴起	◇巴黎大学、牛津大学成立（1200） ◇大宪章完成（1215） ◇马可·波罗来中国（1217） ◇墨西哥阿兹特克文明巅峰（1250） ◇英国议会政治开始（1295）
1300年	◇犹太教、伊斯兰教、基督教及藏传佛教传入 ◇欧亚两大洲军事交锋	◇百年战争（1337—1453） ◇但丁 ◇黑死病（1348） ◇意大利文艺复兴
1400年	**明朝**（1368— ） ◇极权帝制发展至巅峰 ◇郑和下西洋	◇乔叟 ◇古腾堡《圣经》出版 ◇达·芬奇 ◇发现美洲（1492）
1500年	◇第一次与现代西方世界接触（葡萄牙和荷兰） ◇倭寇入侵东南沿海	◇基督教改革运动（1541） ◇莎士比亚（1564）
1600年	◇玉米、红薯、烟草自美洲引进 ◇耶稣会传播科学与福音 **清朝**（1644— ） ◇康熙字典	◇西方殖民及传教在全世界展开（1600） ◇清教徒抵达美洲（1620） ◇"五月花"号约法 ◇哈佛大学成立（1636）
1700年	◇乾隆盛世 ◇帝国扩张，领土延伸至西藏、新疆、内外蒙、东北 ◇人口大量增加及内部迁移	◇工业革命（约1750） ◇富兰克林的电学实验（1752） ◇美国独立战争和美国成立（1775—1783） ◇法国大革命（1789—1815） ◇拿破仑
1800年	◇第一次鸦片战争（1840—1842） ◇第二次鸦片战争（1856—1860） ◇太平天国运动（1850—1864） ◇中法战争（1884—1885）	◇拉美独立运动（1800—1850） ◇门罗主义（1823）；爱默生、孟维尔 ◇美国南北战争（1861—1865）；林肯 ◇沙皇尼古拉二世（1894—1917）

续表

中西年代	中国	西方	
	◇中日战争（1894—1895） ◇百日维新（1898） ◇中国"门户开放"（1899）	◇亚非洲进入殖民时代（1800—1900）	
1900年	◇义和团运动	◇美国城市化开始	
1910年	◇辛亥革命（1911）；孙中山 **中华民国成立**（1912— ） ◇袁世凯 ◇胡适白话文运动 ◇五四运动（1919） } 军阀时期	◇第一次世界大战（1914—1918） ◇俄国十月革命（1917）	
1920年	◇中国共产党成立（1921）	◇国际联盟成立 ◇大萧条（1929） ◇甘地	
1930年	◇工业化开始，建立现代银行与货币 ◇抗日战争（1931—1945）	◇罗斯福任总统（1933—1945） ◇希特勒上台（1934） ◇第二次世界大战（1939—1945）	
1940年	◇废除不平等条约（1942） ◇抗日战争结束（1945） ◇解放战争（1946—1949）	◇日军偷袭珍珠港（1941） ◇原子弹轰炸广岛（1945） ◇联合国成立（1945） ◇冷战开始（1945） ◇殖民主义进入尾声，印度独立（1947）	
1950年	**中华人民共和国成立（1949）** ◇马克思主义的发展、土改、集体农场 ◇"一五"计划（1953—1957） ◇第一部宪法出台（1954） ◇反右运动（1957） ◇"大跃进"（1958）	◇朝鲜战争（1950—1953）	前殖民地国家纷纷独立
1960年	◇中苏分裂（1960） ◇第一次核爆试验（1964） ◇"文化大革命"开始（1966）	◇美国介入越战（1961） ◇肯尼迪遇刺（1963） ◇学生运动，黑人暴动	

续表

中西年代	中 国	西 方	
1970		◇和平运动	
		◇阿以冲突（1967）	
		◇人类登上月球（1969）	
	◇中华人民共和国恢复联合国合法席位（1971）	◇石油组织国家酝酿涨价（1971）	
	◇尼克松访问中国（1972）	◇越战结束（1973）	
	◇至1975年为止，中国已与140个国家建交，包括菲律宾	◇"水门事件"（1974）	
	◇毛泽东逝世、"四人帮"垮台、"文化大革命"结束（1976）	◇卡特当选总统（1976）	暗杀与恐怖主义时代
	◇邓小平复出（1977）	◇第一例试管婴儿诞生（1978）	
	◇中日建交（1978）	◇伊朗霍梅尼执政（1979）	
	◇中美建交（1979）	◇埃及与以色列签订和平条约	
	◇邓小平访美（1979）	◇先锋二号宇宙飞船从土星传回信息	
	◇对越自卫反击战（1979）	◇伊朗激进分子扣留美国人质	
		◇苏联入侵阿富汗	
		◇金价由226美元（1978）暴涨至524美元（1979）	
1980	◇试射洲际导弹	◇美国经济衰退	
	◇中美在文化、技术、教育等领域开展交流	◇津巴布韦由黑人执政	
	◇"四人帮"受审	◇联合国大会决议要求归还所有阿拉伯土地。以色列国会投票通过耶路撒冷为新首都（1980年7月）	
		◇里根当选美国总统	

译后记

2006年6月，在美国学习生活4年后，我与爱人带着3岁的儿子一起回到了中国。直到今天仍常有人问起"为什么要回国"。是啊，为什么要回国？我也时常问自己。就物质生活而言，中国与美国的差距是有目共睹的。就家庭生活而言，已经成家生子的我，回国仅仅因为"想念父母"似乎有些牵强，况且在交通、信息高度发达的时代，亲人之间保持联络往来也并非难事。此外，当时中国已经掀起了新一轮赴美留学的热潮，且不断向低龄化发展。依常理，就算是为了下一代的成长也值得留在那里吧。所以，我只能说回国之举不过是"跟着感觉走"而已，缘由难辨。只记得当时怀着既兴奋又有些忐忑的心情，开始了新的生活。

直到读过许烺光先生的《美国人与中国人》，我才恍然大悟，明白了那种"感觉"从何而来，也认识到自己感性选择的背后其实蕴含深刻的哲理，更值得高兴的是，许先生对中美两国人抽丝剥茧的透彻分析让我确信当年的选择是正确的。让我满心欢喜回到祖国的不过是缘于一个"情"字——亲情、乡情、人情。在以情境为中心的生活方式下长大的中国人，以原初群体为核心构建起来的血脉亲情与邻里乡情，以及与之相关的待人接物、为人处世的理念和方式是他们安身立命之基石，是满足他们心理需求之根本。旅居国外，想念的不只是父母，更是想念那种血脉相守、亲情相依的生活方式。另外，许先生有关儿童心理发展的论述也让我更加确信对于孩子来说最好的教育应该是先传承再创新。在中国的土地上成长，汲取本土的养分。扎根本土，而后面向世界，这不失为一条新时代的成长路径。

许先生在描述美国文化现象时表现出了对美国社会文化的广泛了解和深刻认知，语言流畅，内涵丰富，表述地道；在描述中国文化现象时采用通俗易懂又极具中国特色的表达方式，客观真实，生动传神。在旁征博引、挥洒自如地阐述观点时，许先生的语言更是犀利风趣，一针见血，痛快淋漓。只有他这种对两种文化都有独到深刻见解的人才能如此自如地游走在两种文化之间，深入浅出地阐释差异。许先生在中国出生成长，在美国工作生活，对于两国都怀有深深情愫，该著作的字里行间都体现了他对两国人民深切的人文关怀。

自品读原著，着手翻译之初我便一直心怀敬意。许先生睿智的观察、深刻的思辨、严密的推理、科学的结论深深触动了我的心灵，也让我深刻感受到自己肩负使命的沉重。在整个翻译过程中，我逐字逐句，精心推敲，不敢有丝毫的懈怠。在翻译与中国相关的内容时，我尽量采用汉语的习惯表达方式；而在翻译与美国及其他西方文化相关的内容时，我尽量避免过度意译，保留了一定西方思维的痕迹，意在表现作者独特的思考和表达方式。翻译的最高境界是能在内容和形式上与原文保持一致。许先生的行文既有学者的客观严谨，又有长者的慈蔼亲切，看似一针见血的快言快语，实为引人深思的哲理警句。我尽心聆听许先生的声音，尽力忠实展现许先生的思想。

在接触到《美国人与中国人》原著之前，我对许先生一无所知；在译著完成之后，我不仅了解了许先生作为一名"边缘人"的生命历程，更从这位睿智的人类学家的眼睛里，我仿佛看到了纷繁世界里中美两个民族在各自发展道路上所走过的心路历程，从中映射出他们的过去、现在和未来。在感叹自己当初的孤陋寡闻之余，更庆幸自己竟有幸成为许先生呕心沥血之巨著的译者。

翻译的过程漫长而艰辛，有冥思苦想求一词而不得的苦恼，也有灵感一来佳句泉涌的快乐，锤炼了语言，拓展了视野，开阔了心胸，对世界的认识从广度到深度都大有提升。感谢众多亲朋好友的支持和陪伴，让我拥有了坚持不懈的勇气和精益求精的力量。借此机会特别鸣谢中国农业大学人文与发展学院梁永佳教授委以重任并悉心指导，不辞辛劳完成了繁重的校订工作。感谢父母始终如一的关爱和信赖，感谢姐姐沈彩练、姐夫熊振前不遗余力的帮助，感谢爱人金危危给予了精神和物质上的双重关怀，感谢懂事的儿子飞扬每晚给在电脑前忙碌的妈妈送来酸奶。最后，衷心感谢后浪出版公司的编辑们在整个翻译过程中给予的大力支持，并在后期细致审阅译稿、修正完善，精心设计制作，使得这一译著能如此精美地呈现给读者。

由于本人水平有限，翻译难免差错，欢迎读者指正。

沈彩艺

中国农业大学人文与发展学院外语系

2015年春

出版后记

自20世纪30年代起,以本尼迪克特为代表的人类学文化心理学派逐渐兴起,第二次世界大战的战时需要更使得这一学派对于国民性研究一时间变得炙手可热。本尼迪克特因在《菊与刀》一书中一针见血地指出日本人"即顺从又不甘任人摆布,既忠诚不二又会背信弃义,既勇敢又胆怯,既保守又善于接受新事物"的矛盾的、双面性的民族性格而扬名于世界。许烺光先生的《美国人与中国人》首版于1953年问世,亦是这一时期相关著作中的佼佼者。作为第一部运用人类学方法总体比较中美文化的著作,《美国人与中国人》将两个民族的行为和习惯置于各自的价值体系中进行分析,不但可以帮助美国人理解中国人,更可以帮助中国人理解美国人生活中一切重要和细微的方面。美国总统尼克松在1972年访华前,白宫幕僚将本书推荐为其必读的三部重要参考书之一。

就国民性格研究而言,《美国人与中国人》充分反映了其所处时代的人类学发展特色。对于中美两国的观察,它选取了一个相对特殊且有趣的视角,在众多中美研究著作显得卓尔不群。

首先,1883年诞生的人类学在第二次世界大战前后出现由初民社会转向巨型文明社会研究的趋势。在这一潮流面前,研究简单社会之必需的传统田野调查显露了极大的局限性,人类学学者不得不寻找新的研究手段。许烺光先生所属的文化心理学派重点关注小说、电影、神话、民间故事、宗教经典、传统哲学等文献与一般民众的活动、言论、问题中所表现出的价值、感情、成见之间所共有的模式,探索大多数人所共有的人格特质、价值取向，从而描绘出关于整个社会特征的全面性简要通则。《美国人与中国人》一书中处处可以见到此类方法的运用。许烺光先生从艺术、两性、教育、宗教、政治和经济等几乎所有人类生活领域入手，将看似微不足道、互不相关的平凡琐事投射在国民性格的大幕上，并凸现出中美两种截然不同的文化心理的形貌。

其次，它揭示了如何透过研究人类心理来了解较大社会文化发展趋势。本尼迪克特的《菊与刀》在本质上是透过"人格"揭示日本社会整体特征。"人格"这个概念是指受社会关系与文化因素影响而形成、某一社会文化体系共有的心智，它很快就因定位含混而饱受抨击（本书第三章注释也简略提及）。许烺光先生在此基础上潜心研究，提出了诸多工具、假设、方法，将从整体性视角研究巨型文明社会的理论系统向前推进了一大步。在《美国人与中国人》中体现得最为鲜明的是，用更加严谨的"基本人际状态"——美国人"个人中心"与中国人"情境中心"——取代人格在研究中的作用。基于两种迥异的文化心理，许烺光先生在本书第三部分着重解释它们如何各自在中美两国造成一系列看似毫不相关、实则源自于同一种文化心理的社会痼疾。《美国人与中国人》于1981年完成第3次修订，为了回应当时时代迫切需要解决的政治命题，许烺光先生在本书最后用整整两章的篇幅阐述、预测了共产主义在中美两国的发展及未来命运。

人类社会有丰富的内涵，许烺光先生所专注研究的巨型文明社会就更是如此。要认识其中的规律与奥妙，我们只能一步一脚印地踏实前行。在研究中坚持采用科学方法，当然至关重要。许烺光先生一生中为突破文化心理学研究工具的粗陋、不够精确等局限投注了大量心血，除了在自序中强调的"边缘人资格"，更以"许氏假说""心理社会均衡理论"等不断推动理论建设的发展。1977年，许烺光先生以其在文化心理学领域的卓越贡献而被选为美国人类学协会主席。

巨型文明社会研究的困难之处在于它不但复杂，而且本身仍处于不断的流变之中。自本书1981年完成最后一次修订以来，伴随着苏联解体、伊拉克战争、"9·11恐怖袭击事件"等，新的变化在美国社会层出不穷，而20世纪70年代末的改革开放更给中国带来了翻天覆地的改变：传统上的大家族在现代中国社会越来越成为稀有现象，家族观念对于中国人的影响力随之式微；中国经济则因更多地结合市场因素，表现得比开放初期更具灵活性；等等。读者在若干细节处或许会感到本书未能充分贴合中美两国社会的现状，但这并不影响从许烺光先生的真知灼见中汲取认识巨型文明社会的营养。虽然时光流逝使本书表现出一定的局限，但我们应从它所处的时代背景和工作条件出发给予历史的理解。

《美国人与中国人》是文化心理人类学领域的一部重磅之作，后浪出版公司对于将它的最终修订版引入国内十分重视，早在2006年公司成立之初就已将此事列入出版计划。当时，中国台湾南天书局已于2002年推出繁体版的《美国人与中国人》，译者徐隆德先生是许烺光教授在美国相知相交多年的得意门生兼好友。我们一度想用徐先生的精彩译本在大陆推出简体版，为此专门联系了徐先生并获得了他本人的同意。然而，事有不巧，徐先生已将该书译稿的版权售给中国台湾"国立"编译馆，我们要采用徐先生的译本还须获得对方的授权。事情至此变得较为复杂，虽经多年的等待和争取，我们最终还是不得不放弃最初的想法。

本书面世之时距最初立项已过去了11年，历经不少波折，但在我们的出版经历中却仍称不上是"难产之最"，这诚如一位作者的感叹"一本书的出版几乎和它的写作一样艰难"。值得庆幸的是，一部好的作品不会因岁月逝去而失去自身的光彩。

服务热线：133-6631-2326　188-1142-1266

服务信箱：reader@hinabook.com

后浪出版公司
2017年7月

图书在版编目（CIP）数据

美国人与中国人 /（美）许烺光著；沈彩艺译. -- 杭州：浙江人民出版社，2017.11（2024.1 重印）

ISBN 978-7-213-08060-9

Ⅰ.①美… Ⅱ.①许…②沈… Ⅲ.①文化心理学—对比研究—中国、美国②民族性—对比研究—中国、美国 Ⅳ.① G05 ② C955.2 ③ C955.712.1

中国版本图书馆 CIP 数据核字 (2017) 第 128719 号

浙江省版权局
著作权合同登记号
图字：11-2017-207

Americans and Chinese
Copyright © 1981 by Francis L. K. Hsu.
This edition arranged with University of Hawaii Press
Simplified Chinese edition copyright © Ginkgo (Beijing) Book Co., Ltd.

美国人与中国人

［美］许烺光　著　　沈彩艺　译

出版发行：浙江人民出版社（杭州市体育场路 347 号　邮编　310006）
筹划出版：银杏树下
出版统筹：吴兴元
责任编辑：潘海林
责任校对：张志疆　陈　春
特约编辑：刘晓燕
营销推广：ONEBOOK
装帧制造：墨白空间·李渔
印　　刷：北京盛通印刷股份有限公司
开　　本：655 毫米 × 1000 毫米　1/16
印　　张：31
字　　数：450 千
版　　次：2017 年 11 月第 1 版
印　　次：2024 年 1 月第 5 次印刷
书　　号：ISBN 978-7-213-08060-9
定　　价：99.80 元

后浪出版咨询（北京）有限责任公司　版版权所有，侵权必究
投诉信箱：editor@hinabook.com　fawu@hinabook.com
未经许可，不得以任何方式复制或者抄袭本书部分或全部内容
本书若有印、装质量问题，请与本公司联系调换，电话 010-64072833